「서울대학교 법학연구소
법의지배센터 연구시리즈 2007-1」

언론과
법의 지배

정 종 섭 편저

博 英 社

이 책은 Microsoft 사의 'Rule of Law' Fund의 지원을 받아 출판되었음.

Seoul National University
MS Rule of Law Center
Research Series 2007-1

Mass Media and Rule of Law

Edited By
Jong Sup Chong

2007

Pakyoungsa Publishing Co.
Seoul, Korea

발 간 사

서울대학교 법학연구소 법의지배센터는 2003년 Microsoft사의 재정적 지원으로 설립된 이래 한국사회에 법의 지배 이념을 확산하는데 기여할 수 있는 연구활동, 세미나 개최 및 교육활동을 지속적으로 전개해 왔다. 그동안 법의지배연구 시리즈로서 "절차적 정의와 법의 지배(2003)," "국제기준과 법의 지배(2004)," "사회적 차별과 법의 지배(2005)," "법치주의의 기초: 역사와 이념(2005)," "NGO와 법의 지배(2006)"를 비롯한 여러 권의 단행본을 발간한 바 있다.

이번에 간행되는 "언론과 법의 지배"는 우리 사회에서 현재 언론이 차지하는 비중을 감안할 때, 언론이 우리나라 법의 지배 이념의 확산에 어떻게 기여할 수 있으며 언론의 역할 수행과정에서 법치주의 이념에 벗어난 관행과 제도를 어떻게 바람직한 방향으로 재정립할 수 있는지에 관한, 법적인 관점에서 언론의 법치주의 관련성을 종합적으로 조명하는 국내 첫 연구결과이다. 그동안 법의 지배 이념의 확산을 위한 노력의 주체로서 정부나 법조계의 역할은 당연히 강조되었으나 국민에게 정보를 전달하고 여론을 형성하는 가장 중요한 역할을 하는 언론의 역할은 직접 학문적·정책적 분석의 대상이 되지 못하고 있었는바, 그러한 여건에서 이 책이 출간됨은 더욱 의의가 크다고 할 수 있다.

이 책이 발간되기까지는 우선 편집자이자 프로젝트 전체의 책임을 맡아 주신 정종섭 교수님, 기획단계부터 마지막까지 힘을 보태 주신 김재형 교수님, 제주도 워크숍에서 기조연설을 해 주신 성낙인 교수님과 모든 참석자 여러분께 우선 진심으로 감사를 드린다. 2001년 이후, 특히 법의지배센터가 설립된 2003년 이후 법의 지배센터 연구사업을 재정적으로 지원해 주고 있는 Microsoft사의 Bradford Smith 수석변호사, Pamela Passman 부수석변호사, Diane D'Arcangelo 변호사, 그리고 제주도 워크숍에 직접 참여해 주신 정재훈 변호사님께 감사드린다. 또한 법의지배센터 연구사업에 항상 관심을 가지고 2005년도 사업의 일환인 본 프로젝트를 지원해 주신 호문혁 서울대 법대 학장님, 정인섭 법학연구소장님께도 깊이 감사드리고자 한다. 마지막으로 행정적으로 궂은일을 마다하지 않고 성심성의껏 도와 준 차현숙, 조민아 조교가 없었으면 이 책의 출간이 불가능하였음을 밝혀둔다.

2007년 8월

서울대학교 법과대학 법의지배센터장 장 승 화

서 문

이 책은 "언론과 법의 지배"라는 주제하에 논의한 내용을 책으로 엮은 것이다. 우리 사회에서 법치주의를 실현하고자 하는 경우에 각 영역마다 법적인 논의들과 쟁점들을 살펴볼 필요가 있는데, 이번에는 언론영역에서의 법의 지배에 관하여 논의하였다.

통상 이러한 논의는 몇 개의 연구발표와 토론으로 이루어지는데, 이번의 논의는 그러한 방식을 탈피하고 이론과 실무에서 어느 정도의 경험과 경륜이 있는 전문가들이 모여 허심탄회하게 우리 사회에서 언론과 관련된 쟁점들을 바로 논의하는 방법을 채택하였다. 이러한 방식이 통상의 세미나의 방식보다 훨씬 입체감이 있고 현실의 문제들을 보다 효과적으로 포착할 수 있다고 보았기 때문이다.

언론에서 법치주의를 실현하는 과제에서는 논의하여야 할 주제들이 무척이나 많다. 그래서 이번의 모임에서는 우선 준비모임을 여러 차례 하면서 분야를 크게 국가와 기업과 언론의 관계, 국민의 알권리와 언론, 언론보도의 피해와 구제, 언론의 공정성과 언론윤리, 미디어의 새로운 패러다임, 포털사이트의 등장과 새로운 언론 환경으로 정하였다. 이는 이론과 실무에 종사하는 이들의 지식과 경험을 한데 내놓고 심도 있는 논의를 하기 위함이었다.

이러한 결과 방대한 논의들이 진행되었는데, 그 발표한 의견만도 무려 40개에 달하고, 토론에서 나온 의견은 매우 다양하고 심도 깊은 내용이었다. 이번에 책으로 출판하면서 지면의 제한으로 이러한 토론내용을 모두 싣지 못한 것이 아쉬움으로 남지만, 언론분야에서 이론과 실무에서 선도적으로 활동하는 분들이 직접 참여하고 논의하였기에 그 성과는 이 분들의 활동에 나타나리라고 믿는다.

이 책에서의 논의에서는 결론이 난 것도 있고 연구과제로 제안된 것도 있고, 언론 실무에서 보다 깊이 고려하여야 할 과제도 제안되었다. 이러한 주제들은 한

번에 모두 답을 구할 수 있는 것이 아니라 앞으로 연구자들과 실무가들이 계속 연구하고 생각하면서 답을 찾아가야 할 성질의 것이기도 하다. 때로는 학자의 연구논문에서 때로는 법원의 재판에서 때로는 언론사의 실천에서 그 결과가 나타날 것이다. 우리는 이러한 결과를 기대하면서 이번 모임을 만들었다.

다만, 심포지엄을 마치고 그 성과를 출간하는 마당에 아쉬운 점은 시간과 공간의 한계로 인하여 보다 많은 분들을 모시고 논의를 하지 못한 것이다. 이는 우리에게 앞으로의 과제로 남아 있다. 차후 어느 시기에 다시 남은 문제들에 대하여 논의하는 장을 마련할 것을 구상해 본다.

이번의 "언론과 법의 지배"의 심포지엄에 참여하신 모든 분들께 다시 한번 감사의 말씀을 드리고, 그 논의의 성과를 책으로 출판하여 주신 박영사의 관계자 여러분들께도 고마움의 마음을 전한다.

2007년 8월

편저자 정 종 섭

차 례

제 2 장 알권리와 언론

제3장　언론보도와 피해

제 4 장　언론의 공정성, 언론윤리

제5장　미디어의 새로운 패러다임

제 1 장

국가 · 기업 · 언론

제 1 절　법의 지배 측면에서 살펴본 기업과 언론의 관계

김　　준　　기*

Ⅰ. 머 리 말

한국 사회에서 언론과 기업의 관계를 살펴보면 언론기관은 그 자체가 경제 주체가 되어 기업체와 다름없이 활동하고 있다. 또한, 산업자본, 금융기관, 그리고 일반 독자에 이르기까지 다양한 경제 주체와 유기적인 관계를 형성하면서 이익을 창출하고 영업활동을 펼치면서 공공재까지 제공하고 있다. 이와 같은 환경 속에서 언론이 단순히 수요와 공급의 시장원칙(market mechanism)에 따라 운영될 때, 공정하고 성실하게 "제 4 부(Fourth Estate)"로서의 사회비판적인 기능을 제대로 수행할 수 있는지가 의문이다. 언론이 기업과의 역학관계 속에서 본연의 사회적인 역할을 수행함에 있어서 어떠한 영향을 받는지, 부정적인 측면은 없는지, 어떠한 제약이 있는지 등을 조사할 필요가 있다. 이 논문에서는 기업과 언론의 관계를 법의 지배 특히 기업지배구조의 측면에서 조명하려고 한다.

언론의 기능은 정치 · 경제 · 사회 · 문화 모든 영역에서 중요하다. 특히, 공공부문은 물론이고, 민간부문에서도 언론의 견제, 감시, 비판의 역할은 중요하다. 예를 들어 민간기업의 지배구조에 대하여 논할 때 흔히 경영진, 주주, 종업원, 채권자 등

* 연세대학교 법과대학 교수.

의 다양한 이해당사자 간의 균형과 견제에 관한 문제로 접근하지만 언론의 역할 또한 간과되어서는 안 된다. 최근에 외국의 경우에는 엔론이나 월드컴 같은 대규모 기업의 붕괴사태 이후에 언론의 역할이 더욱더 조명을 받고 있다. (Dyck, Zingales 2002). 그 만큼 언론의 사설, 탐사보도, 뉴스 등의 기능은 민간부문에서 광범위하고 중요하게 작용한다. 신속하고 정확한 정보의 전달부터, 정책형성의 참여 및 여론형성, 사회를 대변하는 비판기능에 이르기까지 다양하게 기여해야 할 것이다.

사안의 논의는 크게 두 가지 각도에서 접근할 것이다. 첫째, 기업과 언론의 관계를 살핀다. 특히, 언론사의 소유구조에 따라 언론의 역할이 어떠한 영향을 받고 있는지를 점검할 것이다. 둘째, 세계적으로 급변하는 언론산업의 변화 속에서 광고수입에 대한 의존도가 언론보도에 어떠한 변화를 가지고 오고 있는지를 모색하고자 한다. 궁극적으로는 언론매체의 다양성과 다원성에 따라 기존의 뉴스전달 방식이 파격적으로 변화하고 있는 상황에서 접근을 해야겠지만, 지면의 한계상 이 글에서는 조사 범위를 전통적인 언론기관 중에서 방송사와 신문사로 국한할 것이다.

Ⅱ. 기업과 언론의 관계: 언론기관의 소유구조 중심으로

이 장에서는 언론이 소유구조에 따라 어떠한 영향을 받고 있는지를 점검할 것이다. 방송기관은 주요 지상파 방송사 외에 다수의 케이블 방송사와 종합 방송사가 있고, 신문사는 10개 이상의 주요일간지 및 지역 신문과 더불어 전문 경제지 등이 뉴스를 공급하고 있다. 먼저 지상파 방송사와 신문사의 소유와 관련된 법제도를 살펴보면 우리나라에서는 언론의 소유를 다양한 방법으로 규제하고 있다는 점을 알 수 있다. 신문사와 방송사간의 겸영도 금지되고 있는 상황이고, 방송법과 공정거래법 등에 따라서 대규모기업집단과 외국 기관에 의한 언론기관의 소유도 제한하고 있다.

신문사의 경우, 소유구조를 분석하여 보면 주요 전국지, 통신사와 경제지는 〈표 1〉과 〈표 2〉와 같이 요약된다. 많은 외국 국가와는 달리 산업자본이 신문사를 직접 소유하는 경우는 많지 않고 예외적이란 점을 발견할 수 있다. 주로 개인 사주나 사주의 친인척 혹은 관련된 재단이 지분의 다수를 소유하거나 신문사의 임직원 등이 우리사주조합 같은 형태를 통해서 경영에 참여하는 경우가 대부분이다. 반면에 기업체 소유의 경우는 포스코가 서울신문의 19.40%를 보유하는 것과 제일제당과 CJ개발이 각각 중앙일보의 17.51%와 7.3%를 차지하고 있는 예가 있을 뿐 예외적이다.

〈표 1〉 전국지/통신사의 주요주주

전국지/통신사	주주명	지분율(%)
경향신문	임직원	70.04
	한국개발금융㈜	3.61
	기타	26.35
국민일보	국민지주㈜	100.00
동아일보	인촌기념회	24.14
	김재호	22.18
문화일보	㈜문화일보 우리사주조합	38.46
	재단법인 문우언론재단	30.63
	재단법인 동양문화재단	30.63
	개인주주	0.28
서울신문	우리사주 조합	39.00
	재정경제부	30.49
	포스코㈜	19.40
	한국방송공사	8.08
	기타	3.03
세계일보	(재)세계기독교통일신령협회유지재단	39.16
조선일보	방상훈 (특수관계인 58.52%)	30.03
중앙일보	홍석현 공동대표	43.80
	제일제당	17.51
	CJ개발	7.30
한겨레	우리사주조합	38.24
한국일보	장재구	49.15
	장재민	25.42
	㈜서울경제신문	25.42
연합뉴스	한국방송공사	42.35
	㈜문화방송	29.09

(출처: 한국언론재단, 2005년 언론 경영실태 분석)

지상파 방송사의 경우에는, 공영방송인 문화방송의 경우에는 방송문화진흥회가 주식의 70%를 보유하고 있으며, 나머지 30%는 정수장학재단(구 5.16 장학회)이 가지고 있다. 한국방송공사는 정부가 100% 출연한 기관이다〈표 3〉. 반면에 민영방송사인 서울방송의 경우만 주식회사 태영이 30%의 지분을 소유하고 있다. 신문사와는 달리 개인이나 직원의 우리사주조합 등을 통한 소유형태는 찾아보기 힘들다. 따라서, 소유구조 측면에서는 서울방송을 제외하고는 기업과 관계가 상대적으로 분리되어 더욱 독립적으로 운영될 수 있는 여지가 존재한다.

〈표 2〉 경제지의 주요 주주

경제지	주주명	지분율
매일경제	(재)정진기언론문화재단	51.00
	매일경제신문사 사우회	20.80
	이서례	28.20
머니투데이	장귀희	9.03
	홍선근	8.11
	박무	5.73
	한국신용평가정부㈜	5.53
	㈜새로닉스	5.53
	세종증권	5.53
	㈜중앙일보사	4.24
	팬택여신투자금융㈜	4.61
	기타	51.69
서울경제	장재구	36.90
	장재민	27.70
	장중호	18.50
	장재근	4.60
	장일희	4.60
	㈜한일시멘트	7.70
한국경제	현대자동차	29.57
헤럴드경제	㈜카리아	45.56
	한국무역협회	21.60
	㈜대농	12.26
	기타	20.58

(출처: 한국언론재단, 2005년 언론 경영실태 분석)

〈표 3〉 방송채널의 소유구조

	방송사		최대주주 또는 출연기관	운영채널	
				TV	라디오
공영 방송 네트 워크	한국방송공사 (9개 지방총국 16개 지방국)		정부 100%	2채널 - KBS 1 - KBS 2 ※위성 1, 2	7채널 - 1AM, 2AM - 1FM, 2FM - 사회교육방송 - 국제방송 - 사랑의소리
	문화방송 (19개 지방사는 독립법인 운영)		방송문화진흥회 70% 정수장학재단 30%	MBC TV	MBC AM MBC FM
민영 방송 네트 워크	서울방송		태영 30%	SBS TV	SBS AM SBS FM
	1차 지역민방	부산방송	한창 30%	PSB TV	PSB FM
	1차 지역민방	대구방송	청구 30%	TBC TV	TBC FM
	1차 지역민방	광주방송	송촌건설 30%	KBC TV	KBC FM
	1차 지역민방	대전방송	우성사료 30%	TJB TV	TJB FM
	2차 지역민방	인천방송	동양화학 30%	ITV	-

따라서, 신문사와 방송사는 각기 다른 소유구조 형태를 지니고 있는데 지배대주주가 기업이거나 사주가 개인인 경우 언론사의 보도나 제작에 어떤 영향을 미치는지가 의문이다. 일반 기업체의 운영논리를 적용한다면 절대지분을 가진 대주주가 그에 상응하는 지배력을 가지는 것은 지극히 당연한 사유재산의 행사라고 볼 수 있다. 특히, 언론기관의 경우에는 많은 대기업의 순환출자와 같은 방법으로 소유구조가 왜곡되어 있지 않기 때문에 대주주의 경영참여는 더욱더 당연한 측면이 있다. 그러나, 언론의 공익성과 독립성을 강조하는 일각에서는 사주의 지배력이 단순한 경영활동을 떠나 공정한 언론의 기능을 저해하고 악용되는 경우를 우려하여 소유지분을 제한하거나 규제해야 한다는 입장을 제기하기도 한다.

실제로 기자들을 상대로 한 설문조사에 따르면 오프라인 언론 매체의 경우, 사주나 사장이 언론의 자유를 직·간접적으로 제한하는 대표적인 요인 중 하나로 작

〈표 4〉 언론의 자유를 직·간접적으로 제한하는 요인(3순위까지 응답의 합)

	광고주	사주/사장	편집·보도국 간부	기자 자신 자기 검열 및 조직 내적 구조	정부/정치권력	언론법·제도	이익 단체	독자 시청자	시민 단체	기타
2003	44.5	-	77.1		60.3	22.7	22.8	27.9	22.5	2.1
2005 (오프라인)	60.2	43.6	43.4	42.8	39.8	18.3	15.9	17.1	15.3	1.6
2005 (온라인)	69.7	53.9	46.1	48.1	37.2	14.7	11.8	10.7	5.9	2.0

※ 2003년에는 '사주/사장'이란 항목이 없었고, '편집 · 보도국 간부'와 '기자 자신의 자기 검열 및 조직 내적 구조'가 하나로 묶여 '편집 · 보도국의 내적 구조'라는 항목이 있었는데, 이에 대한 응답률은 77.1%였다. (출처: 오수정 2005, 한국의 언론인 2005, 서울: 한국언론재단(26-27면)).

용한다고 보고 있다〈표 4〉.[1] 설문조사에 따르면 기자들의 3순위까지의 응답을 합한 결과 43.6%가 이와 같이 생각하고 있으며 이는 두 번째로 큰 요인으로 집계되었다. 온라인 언론의 경우에는 사주나 사장의 영향력이 53.9%로 더욱 강하게 인식되고 있다. 결국, 사주나 사장의 지배력이 클수록 해당 언론기관의 독립성과 공정성이 침해될 가능성은 상대적으로 증가한다고 나타났다. 기업에 대한 감시나 비판 역할을 수행해야 하는 경우에는 이해관계가 더욱 우려된다. 그러나, 사유재산을 출자하여 기업경영에 따른 막대한 손실위험을 감수하고 있는 사주의 의결권도 인정해야 하는 부분이 있으므로 무조건적인 언론의 자유를 위해 경영판단에 따른 경영참여를 차단하는 것은 간단한 문제가 아니다.

Ⅲ. 기업광고, 서비스시장과 언론의 역학관계

전세계적으로 언론기관의 판매수입 대비 광고수입 의존도는 놀라운 속도로 증가하고 있는데 이에 기업과 언론의 관계가 재정립되고 있다. 신문사의 경우 영국의 대표적인 기관인 Observer, Independent on Sunday, Independent와 Guardian 등

1) 오수정, 한국의 언론인 2005, 한국언론재단, 27-28면.

을 살펴보면 광고수입이 전체 매출의 75%를 차지하고 있다.[2] 미국의 신문업계통계를 분석해 보아도 1956년에 71%에 이르던 광고의존도는 갈수록 심화되어 2000년도에는 82%에 도달했다.[3] 선진국의 지상파 방송사의 경우도 상황이 비슷한데, 일례로 캐나다의 민영방송사는 매출의 90% 이상이 광고에서 비롯되고 있으며 이는 세계 여타 민영방송사와 유사한 수준일 것이다.[4] 세계 광고시장을 분석해 보면 2003년의 경우 광고시장의 38.8%는 방송사들이 차지하여 그 비중이 제일 많았고 그 다음에 30.8%는 신문사 몫이었다.

현재 한국의 언론사도 유사한 상황에 직면하여 주요 언론기관의 매출 중 광고에 대한 의존도가 상당히 증가하였다. 특히, 주목해야 할 것은 한국 산업구조의 특성 때문에 전체 광고비 중에서 대표적인 대기업이 차지하는 비중이 연간 20%에 이르고 있다. 2003년도 기준으로 4대 매체(TV, 라디오, 신문, 잡지) 광고비 총액 5조 328억원 중 삼성, 현대, SK, LG 그룹 등 4대 대규모기업집단이 지출하는 광고비는 약 1조 386억으로 전체의 20.6%를 차지했다고 조사되었다〈표 5〉.

〈표 5〉 4대 매체 광고비 중 4대 대규모기업집단의 비중(단위: 백만원, %)

연도	4대 매체 광고비 총액(A)	삼성		현대		SK		LG		합계(B)	점유비중 (B/A)
1998	2,609,478	128,124	4.9	126,058	4.8	101,635	3.9	157,605	6.0	513,422	19.7
1999	3,602,733	203,569	5.7	208,826	5.8	140,344	3.9	207,867	5.8	760,606	21.1
2000	4,603,828	222,420	4.8	216,864	4.7	139,422	3.0	292,038	6.3	870,744	18.9
2001	4,097,163	208,767	5.1	164,641	4.0	206,641	5.0	235,464	5.7	815,513	19.9
2002	5,284,000	291,352	5.5	195,391	3.7	253,685	4.8	311,266	5.9	1,051,694	19.9
2003	5,032,800	307,973	6.1	199,949	4.0	238,203	4.7	292,485	5.8	1,038,610	20.6
2004	4,669,500	300,720	6.4	190,856	4.1	215,045	4.6	-	-	-	-

출처: 광고시장과 4대 매체(TV, 라디오, 신문, 잡지) 광고비 총액은 제일기획에서 발간한 『광고연감』의 '광고비분석' 에 게재된 자료를 정리한 것임. 광고시장 전체 총액에는 4대 매체 광고비 이외에 SP, 옥외, 케이블, 온라인 등이 포함되어 있음. 4대 재벌 각각의 광고비 지출액 자료는 KADD 자료에서 정리. 참여연대 삼성보고서(2005).

2) David Edwards and David Cromwell, *Guardians of Power*, Pluto 2006.

3) Richard Picard, U.S Newspaper Ad Revenue Shows Consistent Growth, Newspaper Research Journal, 제23권(2002).

4) 공영방송의 경우에는 20.7%에 불과하다. Broadcasting and Telecommunication, Statistics Canada, 제36권 2호(2006. 7).

일례로 종합 일간지 중에서 한국의 대표적인 대기업인 삼성그룹에 대한 광고수입 의존도를 살펴보면 서울신문(17.1%, 59억 8500만원), 경향신문(16.7%, 63억 2900만원), 문화일보(15.1%, 40억 8300만원), 한겨레(14.6%, 61억 3400만원) 순으로 15%에서 17%에 이르고 있다.[5] 특히 진보적이고 비판적인 매체로 알려진 경향신문과 한겨레의 경우도 특정 대기업의 광고수입에 상당히 의존하고 있다는 점은 주목할 만하다. 삼성그룹과 관련된 광고수입을 매출액 기준으로 순위를 산정하면 중앙일보(5.0%, 124억 5800만원), 조선일보(4.1%, 119억 4400만원), 동아일보(5.6%, 117억 8100만원), 한국일보(95억 3800만원) 순이다.[6] 방송사의 경우에도 대기업 광고수입에 대한 의존도가 높은데, 일례로 일년 광고매출액이 5000억원을 상회하는 방송사 중에서는 MBC는 593억 2000만원, SBS는 549억 6800만원, KBS2는 510억 9600만원으로 삼성그룹이 방송 3사 전체의 광고매출액의 10%를 차지하고 있다.[7] 따라서, 경제력 집중이 심화된 한국의 실정에서는 언론기관의 광고수입원도 편중되어 있기 마련이다.

〈표 6〉 2005년 부문별 총 광고비(단위: 억 원)

구분		2005년 광고비	2004년 광고비	2003년 광고비	2005년 성장률(%)	2005년 구성비(%)
4대매체	TV	21,492	22,350	23,671	-3.8	33.5
	라디오	2,683	2,653	2,751	1.1	3.8
	전파계	24,175	25,003	26,422	-3.3	34.3
	신문	16,724	17,436	18,900	-4.1	23.7
	잡지	4,368	4,256	5,006	2.6	6.2
	인쇄계	21,092	21,692	23,906	-2.8	29.9
	4대매체	45,267	46,695	50,328	-3.1	64.2
옥외광고		7,358	7,027	7,283	4.7	10.4
4대 매체 광고제작, 기타		7,315	6,722	6,582	8.8	10.4
뉴미디어	케이블TV	4,868	3,999	2,975	21.7	6.9
	온라인	5,669	3,927	2,700	44.4	8.0
	스카이라이프	62	31	-	100.0	0.1
	소계	10,599	7,957	5,675	33.2	15.0
총 계		70,539	68,401	69,868	3.1	100.0

5) 〈시사저널〉 [2005년 9월 9일](830 · 831호). 〈미디어오늘〉 2005년 9월 12일자.
6) 전게.
7) 〈미디어오늘〉 2005년 8월 10일자.

이러한 상황에서 광고주가 신문의 편성과 편집에 있어 가장 막대한 영향을 미칠 수 있다는 사실은 놀랄 일이 아니다. 2005년 기자들을 상대로 한 한국언론재단 조사에서 오프라인의 경우 60.2%의 응답자가 언론의 자유를 직・간접적으로 제한하는 가장 큰 요인으로 광고주를 꼽았다〈표 4〉. 온라인 매체의 경우에는 그 비중이 69.7%에 달하였다. 이 중에서 특기할 만한 것은 2003년의 조사와 비교했을 때, 정부나 정치권력의 영향력이 급격히 낮아지고 있으나 광고주의 영향력은 크게 증가하고 있다는 점이다. 또한, 기자들 입장에서는 광고주와 정치권력, 사주 등의 영향력이 편집이나 편성 과정에서는 감소하고 있지만, '언론의 자유를 직・간접적으로 제한하는' 요인으로는 여전히 남아있다. 끝으로 방송사 기자는 사주나 사장 혹은 광고주가 편성에 미치는 영향력이 신문사 기자가 느끼는 것보다 다소 약한 것으로 나타났다.

대안언론의 급부상과 언론산업의 혁신으로 기존의 언론기관은 전통 오프라인 매체나 광고수입에 더 이상 의존할 수 없다. 미국의 신문업계의 경우 오프라인 광고는 2006년 1분기 때는 전년 대비 상대적으로 1%에도 못 미치는 부진한 증가율을 보이고 있는 반면에 인터넷에서 발생하는 수익률은 급격히 증가하여, 같은 기간에 35% 증가하였다고 한다.[8] 신문사가 운용하는 웹사이트는 전세계적으로 1999년부터 2003년 사이에 2배 증가하였다. 2043년이면 미국에서는 오프라인 신문산업이 멸망할 것이라고 예고되고 있다.[9] 인터넷포탈, 무료신문 및 일간지(AM7, Z Magazine, ZNet 등)등의 공급이 늘어나면서 뉴스를 전달하는 매체는 포괄적으로 다변화되고 있다. 전세계적으로 무료신문은 2003년에 전년 대비 16% 상승하고, 5년 대비 24%나 많아졌다. 급속도로 진행되는 방통융합도 같은 맥락에서 접근할 수 있다. VOD(주문형비디오), 와이브로, 인터넷 전화(VoIP), 데이터방송, TV포털 IPTV 등과 같이 방송과 통신의 융합이 다양하게 진행되고 있다. 특히, 인터넷 같은 대안매체는 제작과 배포 등에서 발생하는 출판비용을 대폭 절감할 수 있으므로, 광고수입에 대한 의존도가 상대적으로 적다. 따라서, 언론과 광고주인 기업간의 역학 관계는 끊임없이 급변하고 있으며 궁극적으로는 소수의 산업자본에 의존할 필요 없이 다양한 형태의 기업체나 유통경로 통해서 광고를 확보하는 시대가 예상된다.

끝으로, 다자적인 무역규범 틀 안에서 운용되는 국제통상제도도 기업과 언론산업에 상당한 변화를 가져올 것이다. 무역자유화정책에 발맞춰 무역장벽의 철폐가

8) Newspaper Association of America.

9) Philip Meyer, *The Vanishing Newspaper: Saving Journalism in the Information Age*, University of Missouri Press, November, 2004; "Who Killed the Newspaper," Economist, 2006. 8. 26.

지속적으로 요구됨에 따라 일반적인 제품시장은 물론 언론시장이나 광고시장 등과 같은 서비스시장도 궁극적으로 개방의 대상이 될 시기가 멀지 않다. 2003년 3월을 기준으로, 한국미디어 시장은 GDP의 1.3%에 달하는 10조원의 규모를 기록하였다. 예를 들어 현재 한-미자유무역협정의 협상 과정에서도 논의되고 있는 의제 중에는 케이블 TV와 위성 TV의 소유지분확대가 있다. 이 밖에도 한국방송광고공사의 광고독점 축소나 해체 등도 논의의 대상이 될 수 있다. 한국방송광고공사의 기능이 축소되면 지역방송사, 중소방송사, 라디오 등에 미칠 여파를 우려하는 목소리가 고조되고 있다. 반면에 언론시장이나 광고시장이 개방되면 보다 다양한 정보제공자나 광고주가 시장에 참여하여 일부 언론이나 국내 대기업에 국한된 언론매체나 광고 의존도는 다원화되고 분산될 수 있는 측면도 있다. 따라서 시장개방이 방송의 공공성 실현에 순기능으로 작용할 수도 있다. 따라서 기업과 언론의 유기적인 관계는 다양한 측면에서 재정립될 것이다.

Ⅳ. 결　　론

언론과 기업의 역학관계를 법의 지배 차원에서 살펴보면 언론은 사업체의 경영이란 시장논리 때문에 과거에 비해 상당한 영향을 받고 있다. 특히 광고의존도의 급격한 증가로 기업지배구조와 같은 분야에서 제 4 부로서의 사회비판적인 기능은 저해되고 있는데 이것이 경제력집중이 심화된 산업구조하에서는 더욱 우려된다. 정책대안이나 대책을 수립하고자 한다면 혁신을 도모해야 하는 언론산업의 변화 속에서 모색해야 할 것이다. 특히, 언론매체의 다원화에 따라 기존의 언론매체보다는 인터넷과 같은 대안매체로 뉴스전달 방식이 파격적으로 이전되고 있기 때문에 다양한 각도에서 고려되어야 한다. 법제도적인 차원에서 접근하면 법령의 정비나 보완을 추진하여 문제를 해결하는 방법을 추진할 수 있겠다. 또한, 다자적인 국제통상제도하에서는 언론을 포함한 서비스시장의 자유화가 장기적으로는 필연적인데, 장벽의 철폐와 개방의 수순에 따라 변화에 대응해야 하겠다. 끝으로, 언론기관 자체적인 자율규제나 윤리적인 행동강령 등도 강화되어야 한다. 결국 범세계적으로 전통적인 신문사나 방송사는 기업과의 관계에 있어 예전 같이 본연의 역할을 엄정하게 수립할 수 있을지 걱정된다.

참고문헌

『광고연감』.
〈미디어오늘〉 2005년 9월 13일자.
〈시사저널〉 [2005년 9월 9일] (830 · 831호).
안동근, "권력, 언론, 시민과 여론: 한국 사회의 부패 구조에 관한 이해," 한국부패학회보 10, 4 (2005): 35-56면.
오수정, 한국의 언론인 2005, 서울: 한국언론재단.
참여여대 삼성보고서 (2005).
한국언론재단, 2005년 언론 경영실태 분석.

Newspaper Association of America.
Universal McCann.
World Association of Newspapers.
Broadcasting and Telecommunication, Statistics Canada, 제36권 2호 (2006. 7).
David Edwards and David Cromwell, Guardians of Power, Pluto 2006.
Alexander Dyck, Natalya Volchkova, Luigi Zingales, "The Corporate Governance Role of the Media: Evidence from Russia," NBER Working Paper No. 12525 (September 2006).
Alexander Dyck, Luigi Zingales (2002), "The Corporate Governance Role of the Media" in R. Islam ed. The right to tell: The role of the Media in Development, The World Bank, Washington DC.
Philip Meyer, The Vanishing Newspaper: Saving Journalism in the Information Age, University of Missouri Press(November, 2004).
Greg Miller, "The Press as a Watchdog for Accounting Fraud," Journal of Accounting Research, December 2006, vol. 44, issue 5, pages 1001-1033.
Richard Picard (2002), U.S Newspaper Ad Revenue Shows Consistent Growth, Newspaper Research Journal, Vol. 23.
Jonathan Reuter & Eric Zitzewitz (2006), "Do ADS Influence Editors? Advertising and Bias in the Financial Media," The Quarterly Journal of Economics, MIT Press, vol. 121(1), pages 197-227.
"Who Killed the Newspaper," Economist, 2006. 8. 26.

제 2 절 언론과 홍보(PR)의 관계: 윤리와 현실

신 호 창*

Ⅰ. 언론과 홍보(PR)

현대와 같은 다원화된 사회에서는 언론이 PR정보원에 의존하는 비중은 모든 부분에 걸쳐 확대되었다. 언론이 기업에 대한 정보, 정부 정책에 대한 보도를 하는 데 있어서, 기업 및 정부의 보도자료 및 설명에 의존하지 않을 수 없게 되었다. PR 기능은 여기에 그치지 않는다.

PR은 국민의 알 권리를 충족시켜 건전한 여론을 형성케 하고, 기업을 선진화 시키며, 민주주의를 앞당기는 아주 중요한 기능을 담당한다고 볼 수 있다. 홍보(public relations)란 조직(기업, 공공기관, 협회, 병원, 학교)의 생존과 불가분의 관계가 있는 공중과의 커뮤니케이션을 효과적으로 수행하여 조직을 유지 발전시키는 21세기 최첨단 사회과학 경영전략이다. 공중이란 언론, 사원, 고객, 지역주민, 주주, 정부, 국회, 행동주의자 단체, 동종업자 등을 말한다. 우리가 자주 사용하고 있는 노사관계, 기업문화, 언론관계, 지역사회 관계, 기업의 대정부로비, 캠페인, 고객만족, 이미지제고 전략, 주주관계, 현지화 프로그램이란 실제 홍보에서 파생된 전략이다.

PR학자 컬립(Cutlip 1994)은 그의 저서 "Unseen Power: Public Relations. A History"에서 전쟁, 혁명, 각 분야의 개혁 등 미국 변천사를 방대하게 재조명한 후에,

---

* 서강대학교 영상대학원 광고PR학과 교수.

미국 역사는 일반인에게 보이지 않았던 힘이 작용하여 발전할 수 있었다고 설파한다. 컬립은 보이지 않았던 힘이란 바로 PR이었다고 말한다. 영국학자 핌로트(Pimlot 1951)는 1940년대 후반 '왜 미국이 짧은 역사에도 불구하고 민주주의를 영국보다 더 일찍 확립할 수 있었을까'에 대하여 연구를 하였다. 미국에서 1년 동안 미국의 민주주의를 연구한 후에 'PR이 미국 민주주의의 기초가 되었다'고 그는 저서에서 결론을 내렸다. 그는 만일 정부가 국민, 교회, 노조, 대학생, 지역주민 등과의 충돌을 해결하지 못하거나 이들에게 일관성 있게 발언하지 못한다면 현대 행정은 마비가 된다고 경고했다. 예를 들면, 클린턴은 취임과 함께 여론의 힘을 얻어 의료개혁의 법제화를 시도하였지만 초기의 높은 지지에도 불구하고 결국에는 실패를 하였다. 이는 뉴스 미디어에 대한 몰이해로 개혁의 내용이나 영향이 보도되기보다는 특정개인(대변인 힐러리)을 중심으로 이슈가 다뤄지도록 했기 때문이었다(Hendrix 1998).

홍보시대라고들 한다. 경쟁이 심화되면 될수록 조직이 살아남기 위해서는 공중을 설득하고 이해시키는 것이 무엇보다도 중요하기 때문이리라. 일차적으로는 언론이라는 공간에 조직이 전달하고자 하는 정보를 의도적으로 게재하려는 '언론플레이'라 일컬어지는 퍼블리시티(publicity)에서부터, 대정부 로비, 해외국가홍보, PR을 활용한 마케팅 전략, 주주관계 커뮤니케이션 전략, 위기 관리 커뮤니케이션 전략, 지역사회 전략, 사원 대상 커뮤니케이션 등 홍보 전략이 다원화되면서 사회는 더욱 과학적이며 체계적인 세련된 홍보전략을 요구하고 있다.

언론관계는 국정홍보의 일부 기능에 불과하지만, 실제 이것도 민주 정부가 반드시 실행해야 할 작업이다. 언론관계는 정부, 기업, 협회, 압력단체, 개혁 또는 반개혁 세력, 특수 집단 등 모든 조직이 자신들의 정보나 주장을 국민에게 전달하여 여론의 지지를 얻기 위해 대언론 퍼블리시티를 꾀하는, 즉 모든 조직이 수행하는 활동이다. 이를 정부가 하면 통제라는 식은 오히려 시대에 뒤떨어진 발상이다.

홍보는 정부 및 기업 성공의 바로미터이다. 약하고 무능력한 정부 및 기업일수록 홍보를 제대로 수행하지 못한다. 그런데, 문제는 비합리적 언론관계 상황 때문에 기업과 정부가 언론관계에 너무 힘을 쓰다 보니, 정작 조직 발전을 위한 글로벌 수준의 홍보 프로그램을 가동하지 못하고 있다.

Ⅱ. 언론과 홍보(PR) 관계

언론입장에서 보면, 오늘날 다원화된 조직 사회에 대한 취재를 위해서는 PR실무자가 제공하는 정보에 의존할 수밖에 없다. 또한 광고나 협찬을 제공하는 기업이나 행정기관은 언론사의 주요한 수입원이다. 이에 PR실무자는 이러한 상황을 악용하거나 부정한 방법으로 언론인과의 관계를 맺으면서, 불완전한 정보를 언론에 제공함으로써 자신이 담당한 조직에게 유리하도록 정보의 흐름을 조정하고자 한다.

언론인들은 PR 실무자들에게 상반된 감정을 갖고 있는데 정보를 얻기 위해 의존하고 있으면서도 한편으로는 사실을 조작하는 것이 아닌가 의심한다. PR 실무자들은 언론인들을 수용자로, 혹은 보다 넓은 공중에 도달하기 위한 매체로 그리고 공중의 알 권리를 대표하고 그것에 반응하는 게이트키퍼로 인식한다.

PR의 기능을 생각하려면 흔히 매체를 다루는 것으로 여겨지며 다른 많은 기능을 하고 있지만 실제로 매체 관계가 많은 부분을 차지하고 있는 것이 사실이다. 매체 보도는 조직의 운영 모든 부분에 긍정 혹은 부정적인 영향을 미칠 수 있으며, 공중의 신뢰도와 지지는 매체에서 어떻게 다뤄지냐에 따라 자주 결정된다. 그렇기 때문에 PR 실무자는 매체의 기능과 기자들이 어떻게 일하는가에 대해 잘 알아야 한다.

기자들과 PR 실무자들의 관계는 매우 상호의존적이다. 비록 기자들은 PR 실무자들의 자료를 쓰기 꺼려하는 것처럼 보이고 싶어 하겠지만 경제적으로 각 조직을 대표하여 홍보하는 사람들의 도움 없이 보도를 하는 것은 거의 불가능할 정도로 비용이 매우 높으며 실제 50% 이상이 보도 자료에 의한 것이며, 뉴스 80% 이상이 홍보 결과이다. 또한 공중들에게 그들의 삶에 영향을 미치는 것에 대해 알리겠다는 기본적인 목표는 같기 때문에 이 동질성은 정보를 공중들에게 제공하는 협력적인 시스템을 구축하는데 바탕이 된다. 기자와 실무자. 이 둘 사이의 엄청나게 많은 커뮤니케이션의 양은 이들의 상호의존성을 단적으로 보여주고 있다.

취재원과 정보원으로서의 PR실무자와 기자와의 관계는 상호 이해나 인식의 차이 때문에 부정적인 오해와 편견을 가져오기도 한다. 가령 PR실무자는 본인이 속해 있는 조직의 이익을 위해 퍼블리시티를 제공하지만 이를 보도에 반영하는 것은 언론의 담당이기 때문에, 기자와의 친밀도를 쌓기 위해 비공식 접촉을 우선 할 수 있으며, 긍정적 기사는 과장하고 부정적 기사는 축소, 은폐할 수 있다. 또한 기자는 개인적 친분 때문에 뉴스성이 없는 기사를 소개하거나, 기사를 담보로 하여 촌지 또는 광고성 대가를 요구할 수 있다. 실제로 PR실무자와 기자는 동반자적 관계이면서도 상호 부정적인 시각이 늘 존재하여 왔다. 이는 친맥을 우선시하는 독특한 한국적인 문화상황에서 기인한 것일 수 있지만, 급변하는 글로벌 환경에 대한 PR의 중요성과는 달리 아직 국내에서는 올바른 언론관계가 확립되지 못했기 때문이라 할 수 있다.

웨슬리와 맥린(1957)의 매스커뮤니케이션의 모델은 우리 사회의 정보 흐름을 요약하여 잘 보여준다(그림 1). 이 모델에서 X는 뉴스거리가 되는 정보와 사건 등을 말하며, B는 언론의 독자, 시청자와 같은 수용자를 의미한다. A가 정부일 경우에는 B는 지역주민, 정책고객, NGO를 의미하며, 기업일 경우에는 소비자, 주주, 협력기관, NGO 등이 될 수 있다.

A는 메시지를 의도적으로 선택하고 전송하는 개인 또는 사회조직을 말한다. 따라서 바로 대변인과 같은 정보원을 일컫는데, 매스컴 정보의 흐름상 첫번째 게이트키퍼에 해당된다. 정부의 정책홍보관, 기업의 홍보실무자 등이 주로 이 역할을 담당한다. 장관 또는 기업체 사장이 기자회담을 한다면 이들이 바로 A의 역할을 수행한다 하겠다. C는 B가 필요한 정보를 비의도적으로 선택하여 전달하는 역할을 하는데 바로 기자를 말한다. 정보 흐름에 있어서 두 번째 게이트키퍼에 해당된다.

언론관계란 조직(A, 정부, 기업 등)이 공중(B, 지역주민, 주주, NGO, 소비자 등)과의 커뮤니케이션을 하는데 매개역할을 담당하는 언론(C)과 원활한 관계를 유지하는 것을 의미한다. 언론관계는 궁극적으로 조직 활동에 대한 국민적 지지를 획득하는데 그 목적을 둔다. 기본적으로는 자발적이며, 공개적이며, 지속적으로, 조직에 대한 객관적이고 정확한 정보를 언론에 제공하여 보도를 하도록 하는 것이다. 언론

〈그림 1〉 웰슬리 & 맥린의 매스커뮤니케이션 모델

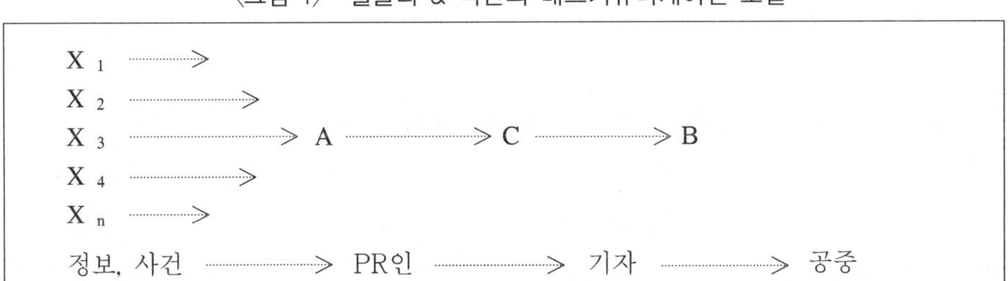

뉴스의 흐름을 보여준다. 여기서는 PR실무자인 A를 거치지 않고 기자(C)와 공중(B)에 직접 전달되는 정보의 흐름과 피드백에 대한 화살표는 생략되었다.

관계를 담당하는 공보 또는 홍보실무자는 조직 활동 및 정책에 대하여 기자들을 이해시키고 이들의 적극적인 협조를 유도하여야 한다. 또한 언론을 통한 홍보를 함으로써 조직이 제공하는 서비스 업무 및 수익사업의 생산성을 높이고, 조직과 공중 사이에 갈등이 발생하였을 때에는 언론보도를 통하여 공중을 적극적으로 설득하기도 한다. 더 나아가서는 조직과 조직관리자의 이미지를 높이고 신뢰도를 증진시키기 위해서 언론에 적절한 정보를 제공하여 보도를 유도하기도 한다.

이 모델을 정당과 언론 관계에 접목시켜 보면 이 관계가 여론 형성에 어떻게 작용하는지 알 수 있다. 정당 대변인은 정당활동과 관련된 정보를 가지고 있으며, 이 중에서 자신들 또는 자신들이 속한 정당에 유리하게 작용할 수 있는 정보만을 기자들에게 알려준다. 한편, 기자들은 자신들이 적극적으로 국회의원의 정치활동에 대하여 취재한 정보나, 국회의원이 전달하는 정보 중에서 국민에게 알릴 필요가 있는 정보를 선택하여 언론매체를 통하여 보도하게 된다. 따라서 국민은 대변인(또는 국회의원, 보좌관)이 전달하는 정보 중에 기자가 선택한 정보만을 정치 뉴스로 수용한다.

현대에 있어서 국민이 직접 국회의원을 접하는 경우가 극히 드물기 때문에, 국회의원에 대한 정보는 거의 언론에 의해서 받는다고 볼 수 있다. 그러므로 언론이 국회의원 및 정당에 대한 소식을 어떻게 보도하느냐에 따라서 국회의원 및 정당에 대한 부정적 혹은 긍정적 평가를 국민은 내리게 된다. 국회의원은 언론의 보도내용을 국민의 의견으로 간주하여 왔다. 이는 언론이 막히면 국민의 귀도 막힌다는 점과 언론이 올바른 역할을 할 경우에는 국회의원이 국민을 위한 정치를 할 수밖에 없다는 것을 시사한다.

Ⅲ. 정보원과 미디어 관계와 윤리

홍보와 언론과의 관계는 크게 합리적인 관계와 비합리적인 관계라는 두 개로 나눌 수 있다. 먼저, 합리적인 언론관계란 보도자료 배포, 기자회견, 기자간담회 등을 통하여 언론에 조직의 객관적이고 정확한 정보를 제공하여, 국민에게 알릴 의무가 있는 언론인들의 취재보도 활동을 도와주는 것이다. 비합리적인 관계란 물질적인 방법(촌지, 기자단, 골프 접대, 광고)과 심리적인 방법으로 조직에 대한 부정적인 정보는 차단하거나 축소 보도하게 하며, 긍정적인 정보만 언론들이 확대 보도하도록 하는 것을 말한다.

언론관계 연구의 윤리적 측면을 다루는 연구들은 합리적 언론관계가 정당하고 윤리적으로 실행되고 있는지에 그 초점을 맞춘다. 비합리적인 관계란 분명한 비윤리적인 행태이기에, 아예 연구할 가치가 없다는 식이다. 비합리적인 언론관계란 그 사회에서 존재하지 않거나, 일부 몰지각한 인사들에 의해서 행하여지지만, 일단 비합리적인 언론관계에 의한 정보 조작이 드러나면 여론에 의해서 반드시 징벌을 받을 정도이다. 또한 아무리 간단한 선물이더라도 언론인 또는 PR실무자의 품위를 떨어뜨리며, 뉴스취재보도에 영향을 끼치어 바람직하지 않다고 생각하고 있다.

정보원과 매체가 갖는 관계양상을 서로의 의존도나 이해가치의 공유 등에 따라서 정보원과 기자 관계는 다음의 세 가지 유형으로 나눌 수 있다(그림 2). 첫째 유형은 독립적 관계 유형이다. 여기서 정보원(홍보실무자)과 미디어(또는 기자)는 독자적인 사회체계의 구성원으로서 존재한다. 둘째 유형은 정보원과 기자의 관계가 상호 영향을 미치는 상황이다. 비록 양쪽이 서로 다른 조직기구에 속해 각각의 목적을 위해 일을 하고 있으나 그들이 맡은 커뮤니케이션 역할로 인해 서로 협조하게 되는 관계라고 하겠다. 세 번째 유형의 경우는 뉴스 정보원과 기자 중 어느 한쪽이 다른 한쪽에 완전히 종속된 관계이다. 즉, 정보원과 기자가 속해 있는 조직체계의 이해관계가 동일하기 때문이다. 이 둘의 역할은 더 이상 독립적으로 이루어지지 않게 된다.

정보원과 뉴스미디어와의 관계는 그들이 몸담고 있는 사회적 조건과 상황에 따라서 이 중 어느 하나의 관계양상을 갖게 되지만 가장 흔히 나타나는 관계양상은 두 번째 유형의 관계양상이다. 뉴스 기구는 매일 싫든 좋든 정기적으로 일정한 양의 뉴스라는 상품을 생산해내는 기구이다. 신문의 경우라면 지면의 크기만큼, 방송의 경우라면 뉴스제공 프로의 시간만큼 뉴스를 만들어내야 한다. 때문에 뉴스미디어로서는 일관성 있게 매일 일정한 양의 뉴스 생산 재료를 안정적으로 공급해줄 수 있는 조직체(정부기관 및 기업체를 비롯한 기타 정치, 경제, 사회기구)와의 관계를 필수적으로 필요로 한다. 뉴스미디어가 뉴스를 생산해내는 기구라면 이 같은 사회적 기구들은 조직체 활동의 결과 뉴스미디어가 필요로 하는 뉴스의 기초 자료를 생산해내는 또 다른 정보 생산기구이기 때문이다. 이에 따라, 정보원은 정보원대로 자신이 필요로 하는 수용자 공중에 도달하기 위한 채널로서 미디어에 의존해 있으며, 미디어는 미디어대로 뉴스 생산 활동의 기초 자료를 공급해주는 공급원으로서 조직체 정보원의 뉴스제공에 의존하게 되는 기능적 상호의존관계에 있다.

조직체 정보원(홍보실무자)과 뉴스 미디어(기자)의 기능적인 상호의존성 때문에 정부 또는 기업의 홍보실무자가 미디어의 뉴스 보도에 영향을 미치게 될 가능성은 항상 존재한다. 정치 · 경제 · 사회 · 교육 · 문화 부분과 같은 주요 뉴스 메뉴들은 많은 부분들이 조직화된 정부기구들과 경제단체 · 기업 · 사회 문화단체들의 공식적 정보원을 통해서 채워진다. 뿐만 아니라 뉴스 메뉴가 전문적인 것일수록 보다 전문적 정보자료 수집이 가능한 조직 단체로부터 나오는 보도자료나 자료제공에 의존하게 된다. 이 중에서도 특히 중요한 정보제공원은 정부 및 정부 관련기구와 기업체 등을 포함하는 경제기구이다. 따라서 보도자료나 홍보성 자료제공으로 표현되는 이들의 언론관계 PR 활동은 미디어 뉴스내용에 가장 큰 영향력을 행사하는 '공공정보 체계'(Public Information System)를 구축한다.

결과적으로 미디어의 조직체 정보원 의존증상은 조직체 정보원(홍보실무자)이 제공하는 안건들이 쉽게 미디어 안건이 되도록 만드는 것에서 더 나아가 조직체 정보원의 시각이나 견해가 걸러지지 않은 채 그대로 미디어에 반영되는 결과를 가져올 수도 있다. 뿐만 아니라 공식정보원이 대변하는 기관이나 기구를 위태롭게 할 수 있는 항목들이 생략되는 결과를 가져오기도 하며, 이와 비슷하게 지역사회의 경우, 지역사회의 주민생활보다는 지역사회 기구의 이해를 보호하고 대변하는 경향을 나타내기도 한다.

이것은 조직체 정보원이 사회현실을 구성하는 사건과 사안의 '일차 규정자'로서 작용한다는 것을 의미한다. 이런 점에서, 미디어는 단지 일차 규정자가 제공하는 자료(안건 설정과 안건의 해석 및 정의)를 수용자에게 전달하는 현실의 '이차 규정자'일 따름이다. 이것이 바로 조직체 정보원과 미디어의 관계이며 미디어 뉴스 종사자에게 요구되는 전문직 의식에 상응하는 언론관계 종사자의 전문직 윤리의식이 필요한 이유이다.

〈그림 2〉 홍보담당자(정보원)와 기자와의 관계

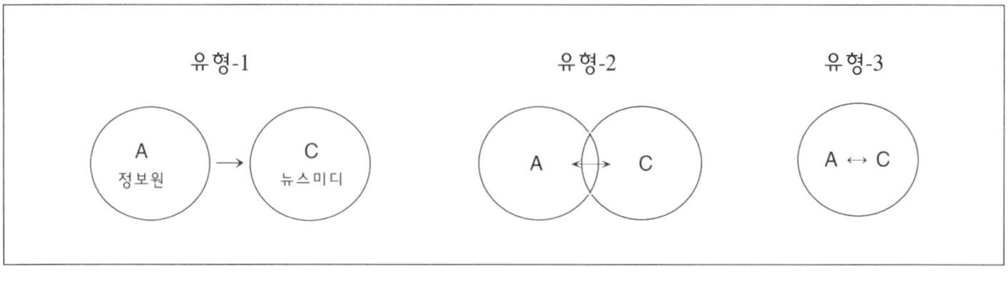

Ⅳ. 언론관계 활동들

신호창, 김미현(2002)은 '언론관계 전술'을 분석한 결과 PR실무자는 개인적인 특성이나 언론의 특성을 고려한 기자 지향적인 전술을 가장 중요하며 생각하며, 이와 더불어 언론의 윤리적 측면이나 회사의 이미지, 뉴스 가치 등에 준하여 언론전술을 펼치고 있는 것으로 나타났다. 기자들은 PR실무자들의 언론관계 중 기초적인 업무인 퍼블리시티를 가장 중요하다고 생각하고 있어 기자와 PR실무자가 보도자료의 공정성에 대해서는 일치된 의견을 보였다.

PR실무자들과 기자들의 '윤리의식'을 분석한 결과 PR실무자들과 기자들 모두 서로의 관계증진을 위해서 금품제공을 제외하고는 식사대접이나 때에 따른 선물, 기사 수정 요청 등 그 정도가 약할 경우는 해도 괜찮다는 인식을 가지고 있었다. '언론관계 활동'에 대해서 PR실무자들은 기자들에게 적극적으로 협조하며 회사이미지 상승을 위해 노력하는 등 스스로를 긍정적으로 평가하고 있는 반면, 기자들은 PR실무자들이 뉴스가치보다는 자사의 보호를 위해 많은 노력을 하고 있으며, 과장보도나 많은 양의 보도자료 배포한다고 생각하는 등 PR실무자들의 언론관계 활동에 대해 부정적인 인식을 더 많이 가지고 있는 것으로 나타났다.

2002년 밝혀진 언론관계 전술은 1994년 신호창의 연구에서 나온 합리적 전술, 비합리적 전술, 언론연구, 효과적 전달과는 다른 기자지향 전술, 언론윤리 전술, 회사이미지 전술, 뉴스가치 전술 등 4가지 요인으로 설명되었다. PR실무자 입장에서 볼 때 자사가 의도하는 언론보도를 위해 언론관계를 중요하게 생각하면 할수록, 기자와 PR실무자간에 상호 영향을 주기보다는 기자에게 종속되는 형태의 종속적 언론관계로 변화할 수 있음을 의미하는 것이라 하겠다. 종속적 언론관계는 곧 비공식적 커뮤니케이션이 존재함을 의미하며 인맥형 친분주의로 설명되는 한국의 사회구조와 동일한 메커니즘을 가진다고 하겠다.

한편 1994년 연구에서는 국내 언론관계모형을 정보 왜곡형, 보도자료 의존형, 적극적 홍보형, 합리적 정보 처리형, 상호 이해형 등 다섯 개의 모형으로 설명하며 한국기업에서는 이러한 다섯 가지 모형이 고루 존재하는 형편이라고 설명하였다. 그러나 2002년 연구에서는 선행연구와는 달리 한국의 PR모형이 기자 중심형, 보도 자료형, 정보 왜곡형, 정보 관리형, 적극적 홍보형 등 5가지의 모형으로 나타났다(표 1).

국내 PR실무자들은 궁극적인 목적인 자사의 언론보도를 달성하기 위해 기자중심으로 언론관계 활동을 펼치되 구태의연한 방식보다는 합리적으로 정보를 처리하고 상호이해 방식을 채택하는 등 기자중심의 발전적인 PR활동을 하는 것으로 나타났다. 또한 보도자료를 다량으로 배포하거나 과장하여 전달하기 보다는 객관적으로 정확히 전달하기 위해 노력하고 있으며, 회사의 위기 상황이나 부정적 정보에 대해서 늘 감시하고 관리하는 역할을 하고 있는 것으로 나타났다. 결국 국내 PR실무자들은 언론의 게이트 키퍼인 기자와의 관계를 가장 중요하게 생각하기 때문에, 국내 여건상 그러한 언론관계가 상호 의존적, 보완적인 관계가 아닌 종속적인 관계라 하더라도 현 상황을 받아들여 그에 맞는 발전적인 언론관계 활동을 펼치기 위해 노력하고 있음을 보여주고 있다.

결과적으로 기업체 PR실무자들과 언론인 사이에는 부정적 상호인식의 차이가 변함없이 존재하고 있으며, 국내의 언론관계가 그루닉(1996)이 주장한 PR의 가장 이상적 형태인 쌍방균형모형(Two-way symmetric)으로 가기에는 어려운 것으로 확인되었다. PR의 중요성이 더욱 증대될수록 오히려 이러한 기자 중심적 언론관계는 심화되는 것으로 보여 진다. 2002년 연구에서 나타난 것처럼 PR실무자들은 발전적인 형태의 PR활동을 지향하나 언론관계가 상호 긍정적, 협조적인 관계로 발전하는 것이 아니라 종속적인 관계로 유지, 강화되고 있기 때문에 어느 한쪽만의 일방적인 변화는 무의미함을 설명하는 것이라 하겠다.

한편, 홍은희(2006) 연구에서는 기자에게 주어지는 언론사 내부의 경영적 통제 요인이 취재활동으로 관계를 맺는 홍보원 즉 홍보실무자에 대한 인식을 좌우하는 것으로 나타났다. 또한 기자는 홍보가 '무료광고'를 목적으로 하고 있다는 부정적인 인식이 강하기에, 기자가 홍보원을 '무료광고가 아닌 뉴스를 위한 정보 제공원'으로 인식하는 것이 중요하다고 홍은희는 말한다.

PR실무자들이 전문성을 갖추고, 객관적이며 정직한 보도자료를 배포하고, 긍정적 언론관계를 위해 자부심을 갖고 노력을 한다 할지라도 이를 지켜보는 입장에 있는 언론이 권위의식과 기존의 부정적 인식을 버리지 못한다면 PR의 중요성이 강조되고 PR산업이 성장한다고 해도 오히려 인식의 차이는 더욱 심화될 것이다. 또한 PR실무자가 겉으로는 윤리적인 입장에 근거한 PR활동을 한다고 하면서도 현실적으로는 어쩔 수 없는 상황이라는 체념 하에 비윤리적인 과거의 언론관계 활동 즉 촌지, 접대, 비공식적 관계 유지, 청탁의뢰 등을 답습한다면 한국의 언론관계 발전을 기대하기는 어려울 것이다.

〈표 1〉 1994년 대비 PR실무자의 언론관계활동 요인변화

1994년		2002년	
요인	언론관계활동	요인	언론관계활동
합리적 정보처리형 (요인 1)	- 언론에 대한 사전연구를 통한 뉴스화 노력 - 사회적으로 가치있는 뉴스제공 - 정보 객관적, 정확히 전달 - 회사에 관한 최신정보를 기자들이 원할 때마다 제공 - 왜곡된 정보는 정정토록 추가정보 제공	기자중심형 (요인 1)	- 회사에 관한 최신정보를 기자들 이 원할 때마다 제공 - 사회적으로 가치있는 뉴스제공 - 기업공개 원칙하에 언론에 항상 문 열어놓음 - 기자들의 의견을 수렴하여 언론관계 효과적 수행 - 기자들이 원하는 정보를 적극적으로 제공
상호이해형 (요인 2)	- 기자들이 원하는 정보를 적극적으로 제공 - 기자 위주의 방법으로 회사소식 제공 - 기업공개 원칙하에 언론에 항상 문 열어놓음 - 기자들의 의견을 수렴하여 언론관계 효과적 수행	보도자료형 (요인 2)	- 왜곡된 정보는 정정토록 추가정보 제공 - 기사채택 및 삭제를 위해 담당기자 접촉, 전화 - 기사채택을 위해 많은 양의 보도자료 배포
정보왜곡형 (요인 3)	- 회사의 이미지 손상 정보를 차단하거나 축소 노력 - 기사채택 및 삭제를 위해 담당기자 접촉, 전화 - 회사의 정보를 과장 전달	정보왜곡형 (요인 3)	- 회사의 정보를 과장 전달 - 정보 객관적, 정확히 전달 - 문제발생시 브리핑, 취재에 응하지 않음
적극적 홍보형 (요인 4)	- 기자회담이나 간담회 선호 - 보도자료 배포나 기자회견시 전문화된 용어사용 - 홍보효과에 대한 목표설정	정보관리형 (요인 4)	- 회사의 이미지 손상 정보를 차단하거나 축소 노력 - 회사의 부정적 정보를 자발적으로 제공치 않음
보도자료 의존형 (요인 5)	- 많은 양의 보도자료 배포로 경영진 만족시킴 - 기사채택을 위해 많은 양의 보도자료 배포	적극적 홍보형 (요인 5)	- 전문적인 PR교육을 받았거나 받고 있다 - 기자회담이나 간담회 선호

Ⅴ. 언론관계 변화 없이 정부 및 기업 발전 없다

공개적이고 완전한 정보의 전달은 사회 발전을 위해 매우 필요하다. 따라서 정보 전달에 있어서 게이트키퍼로서의 역할을 수행하는 PR과 언론의 관계는 주목할 가치가 있는 것이다. 우리 사회에서 건전한 정보의 흐름을 누가 더 왜곡시키고 있는가? 접대를 제공하는 자인가, 접대를 받는 자인가? 로비스트인가, 로비의 대상인가? 언론인인가, 정보원 또는 홍보인인가?

홍보인은 각종 조직의 정보를 1차적으로 게이트키핑하는 저널리스트이기 때문에, 홍보인은 언론관계에서 언론을 깨끗하게 해야 할 사회적 책임이 있다. 정보의 자유로운 흐름과 국민의 알권리를 보장하기 위해 반드시 짚고 넘어가야 할 부분이 바로 홍보윤리이자 홍보개혁이다.

하지만, 홍보개혁이 그동안 관심을 받아오지 못한 것은 1) 언론의 자유와 책임이 사회적 과제로 부각되어 언론인의 책임 있는 행동의 확보가 더 시급하였기 때문이며, 2) 홍보연구 교수가 상대적으로 적어 학계의 관심이 없다시피 하였으며, 그리고 3) 홍보인이 스스로를 전문가로 인식하지 못하여 왔기 때문이다.

그동안 우리는 정치인은 정치인대로, 경제인은 경제인대로 언론을 비합리적 수단으로 관리, 장악하면서 언론인의 사회적 사명을 망각케 하였다. 그 결과, 우리 사회에서 다음과 같은 악순환이 되풀이되어 왔다: 비합리적 수단을 활용한 보도통제 → 언론인의 편향된 보도 → 정치 · 경제적 기득권자의 권세 유지에 도움 → 사회 분위기의 혼탁화 촉진: 정직하면 손해다는 식으로 변화 → 기득권자의 부당한 이득 획득 → 능력 이상의 힘을 유지하기 위한 언론통제 시도.

그러나, 정보를 의도적으로 전달하고자 하는 홍보인들이 윤리적으로 무장이 되었다면, 결코 언론인들이 비윤리적이 될 수가 없게 된다. 윤리적인 홍보인은 합리적인 언론관계를 맺게 되고 언론의 국민을 위한 역할을 도와준다. 그리고 우리는 정의로운 사회를 건설할 수 있는 것이다.

언론개혁론자들은 안과 밖이 호응해야 한다고 한다. 언론인을 안이라고 본다면, 홍보인은 안도되고 밖도 되는데, 정확히 표현하자면 속을 감싸고 있는 껍질이라고 보면 된다. 만약에 홍보실무가 비윤리적이라면 기자들이 섭취하는 정신적 영양분(기사거리)이 애초부터 비위생적인 그릇에 담겨 있게 되는 것과 같다.

우리 사회가 홍보를 전문영역으로 인정해 주고 홍보인을 우대하고 감시 비판하며, 언론인은 홍보인을 건설적인 동반자로 인식하였을 때에 비로소 홍보개혁도 이뤄지고 언론개혁도 실현된다. 지금은 홍보와 언론이 불건전하거나 비합리적 관계를 형성하고 있는데, 둘 다 동시에 변화되지 않는다면 정부와 기업 더 나아가서 한국 사회의 발전은 어렵다는데 그 문제의 심각성이 있다.

요컨대, 언론과 홍보관계의 윤리성과 합리성은 우리가 생각하는 것보다 훨씬 중요하다. 왜냐하면, 언론과 홍보 관계가 정상화된다면, 우리의 언론개혁은 촉진되어 언론 책임시대가 실현되고, 건전한 여론이 형성되며, 정부나 기업은 글로벌 수준의 효과적인 다양한 홍보 전략들을 추진할 여력이 생겨 조직 발전을 꾀할 수 있기 때문이다.

홍보가 선진화되면 홍보에서 언론관계가 차지하는 비율이 적어진다. 홍보가 미치는 영역이 단순히 언론뿐만 아니라 지역주민, 주주, 사원, 소비자, 정부, 압력단체 등으로 확대되고, 언론은 하나의 홍보메시지 전달 매체에 불과하게 된다. 그리고 언론인은 지금과 같이 권력을 향유하는 사람이 아니라 존경받는 주요 여론선도층일 뿐이다. 진정한 언론인이 되는 것이다.

기업과 언론 및 권력과 언론의 유착, 이는 언론인이 야기한 문제인가 또는 홍보인이 야기한 문제인가? 이제까지 우리의 관심은 언론의 문제에 두고 있었다. 그러나 이제는 시각을 바꿔야 한다. 왜냐면, 이는 기업, 정부, 사회 발전을 위해서 반드시 관심을 두어야 할 사안이기 때문이다.

참고로, 이제 언론관계도 글로벌 스탠더드(global standard)를 추구해야 한다. 이를 위해 특별 상황에 대한 법적 규정화를 고려할 필요가 있다. 한국의 경우, 특별 상황에 대한 법적 규정화가 선진국보다 늦게 정비된다. 예를 들면, 미국의 증권거래위원회 SEC(Securities and Exchange Commission)에서 M&A 및 공개 매입 등에서 발생하는 비윤리적 문제를 해결하기 위해 커뮤니케이션의 투명성을 주제로 하는 Regulation M-A를 1999년 제정하였고, 2001년 엔론사태 이후 샤베인-옥슬리법을 제정하여 회계업무와 재무 보고서에 대한 감사가 심화됨으로써 기업은 그들의 투명성을 더욱 강요받을 수밖에 없게 되었다. 대우 및 SK글로벌 회계부정 사태를 겪은 한국에서는 아직 이에 상응하는 완성된 조항이 없는 것으로 안다.

참고문헌

김영욱, 윤하나 (2004), PR 실무자와 언론인의 사적 관계에 대한 중요성 인식과 PR 직업 윤리에 대한 상호 인식, 홍보학연구, 8-1, 302-338면.

신호창 (1993), 매스컴윤리: 바람직한 언론관계의 형성을 위한 PR윤리에 대한 고찰, 한국외국어대학부설 국제커뮤니케이션연구소 세미나 발표논문.

신호창 (1994), 기업의 대 언론관계와 발전적 모델에 관한 고찰, 광고연구 제23호, 117-147면.

신호창 (1997), 언론관계와 홍보윤리: 문제의 진단과 이론적 분석틀 제시를 위한 연구, 홍보학 연구, 창간호, 210-237면.

신호창 (1997), 언론관계와 홍보윤리: 문제의 진단과 이론적 분석틀 제시를 위한 연구, 홍보학연구(한국홍보학회 학회지), 창간호, 210-237면.

신호창, 차희원 (2000), 한국 PR전문화를 위한 윤리강령의 필요성과 방향에 대한 연구, 홍보학연구 4-2호, 232-258면.

신호창, 김미현 (2002), PR실무자와 기자의 언론관계에 관한 상호 인식 비교 연구, 홍보학연구, 6-1, 81-120면.

신재화 (1999), PR실무자와 기자의 비공식 관계에 대한 상호인식, 서강대 석사학위논문.

홍은희 (2006), 신문사 경영적 통제요인과 기자의 홍보원 인식에 관한 연구, 홍보학연구, 10-1, 66-86면.

Cutlip, S. M. (1994), The Unseen Power: Public Relations, A History(Hillsdale NJ: LEA).

Pimlott, J. A. R. (1951), Public Relations and American Democracy(Princeton, NJ: Princeton University Press).

Grunig, J. E. & Grunig, L. A. (1996), Implications of Symmetry for a Theory of Ethics and Social Responsible in Public Relations. Paper presented to the Public Relations Interest Group, International Communication Association.

Grunig, J. E. & Hunt, T. (1984), Managing Public Relations(New York, NY: Holt, Rinehart and Winston).

Hendrix, J. A. (1998), Public Relations Cases, 4th ed.(Belmont, CA: Wadsworth).

Westley, B. B. & MacLean, M. S. (1957), A Conceptual Model of Communications Research, Journalism Quarterly, Vol. 65.

제 3 절 새로운 홍보환경에 따른 국정홍보시스템 변화

서 강 수*

Ⅰ. 문제의 인식

지금은 홍보가 중시되는 시대이다. 정부, 공기업, 사기업, 시민단체 등 할 것 없이 많은 분야에서 홍보의 중요성이 커지고 있다. 공공분야에서도 최근 몇 년 동안 홍보조직이 강화되고 대민관계가 중요시되면서 홍보가 강조되어 왔는데, 특히 참여정부에서는 '정책은 홍보다', '홍보와 정책은 동전의 양면과 같다' 등의 홍보슬로건에서 보듯이 홍보를 강조하고 있다. 민간부문에서도 홍보경력을 가진 인사들의 부상이 두드러지고 조직의 위기와 이슈관리를 담당하는 홍보조직의 강화도 일반화되고 있다. 왜 이렇게 홍보가 최근에 와서 사회전체의 큰 화두가 되었는가? 여러가지 요인이 있겠지만 우선은 우리 사회의 실질적 민주화 경향으로 남녀, 노소, 직업에 관계없이 이해관계에 대한 개인의 목소리가 커졌으며, 인터넷 등 쌍방향 커뮤니케이션 수단의 발달로 사회 전반에 걸쳐 의사전달기능이 크게 활성화한데 기인한 것으로 보인다.

정부홍보도 이러한 시대적, 사회적 변화를 반영하여 과거 대언론홍보 중심에서 다양한 홍보매체수단을 활용 및 사회적 의제관리기능 등으로 홍보중심점이 이동하

* 국정홍보처 컨텐츠운영단장.

고 있다. 또한 늘어난 커뮤니케이션을 사회적 담론으로 집약하고 정책에 대한 일반 국민의 이해를 최대한 반영한 여론을 바탕으로 정책을 수행하고 있다. 과거처럼 관료, 전문가, 엘리트, 학자 등이 모여 합리성에 기초하여 정책을 결정하면 물리적 기구에 의해 집행이 담보되는 시대는 지난 것이다. 결국 정부는 국민들에게 정책입안, 결정, 집행, 환류 등 전 과정에 걸쳐 건전한 여론형성을 위한 환경조성과 여건 마련을 위해 최대한 노력을 기울여야 하는 시대가 된 것이다. 또한 의제경쟁에 있어서도 언론과의 이분법적인 경쟁에서 이익단체, 시민단체, 사이버상의 여론 등 민주화와 디지털화에 따르는 많은 집단과의 경쟁으로 다원화되어 가고 있다.

Ⅱ. 홍보환경 변화내용

1. 뉴미디어의 등장과 새로운 여론영역의 출현

멀티 디지털미디어 시대에는 정보생산에서 소비에 이르는 전 과정에 대한 통제권이 생산자에서 수용자 개인에게 이양되어 UCC(User Created Contents)가 증가하고 커뮤니케이션이 활성화되면서 정보공유를 촉진하여 자연인이 여론형성과 정책결정과정에 큰 영향을 미친다. 네티즌들은 자신이 만든 사적네트워크(미니홈피, 블로그)의 주인이기도 하지만 이슈에 따라서는 다른 사적 또는 집단적 네트워크(카페, 커뮤니티, 포털, 기관 웹사이트)와 연계해서 지역사회에서 전국으로, 글로벌 수준으로 네트워크를 확장시키면서 엄청난 여론형성력을 가진다.

또한 새 미디어 기술의 출현과 대중화는 다양한 담론과 주장들이 생산되고 전달될 수 있는 새로운 환경을 만들어 냈다. 즉 사이버공간은 새로운 강력한 공론장(public sphere)으로 부상하기 시작했고, 이러한 새로운 공론장의 등장은 주류에서 소외되었거나 제도개혁을 희구해 온 네티즌들, 시민단체, 운동가그룹, 참여 지식인들도 참여할 수 있는 기회와 공간을 얻을 수 있게 되어 소위 주류 미디어가 생산하는 논리와 주장을 반대하고 기존의 논조를 비판할 수 있는 기회를 얻게 되었다. 따라서 여론형성에 있어 보다 다양한 의견이 수용될 기회가 커졌고 더 많은 참여속의 균형성을 갖게 된 것이다.

나아가 인터넷을 매개로 한 여론 생성과 흐름은 사이버공간에서 형성되는 전자공론장과 매스미디어를 중심으로 형성되는 현실공론장이 상호작용하면서 병존할 수 있는 새로운 여론형성의 광장이 조성되었다. 실제로 인터넷에서 한 개인이 제기한 문제가 네티즌들의 화두가 되고 나중에 신문·방송으로 파급되어 정부정책에 큰 영향을 미친 사례를 많이 볼 수 있다. 결국 과거 신문, 방송중심의 매체환경이 디지털매체의 등장과 함께 훨씬 복잡하고 다양해진 것이다.

2. 실질적 민주화 진전—의사결정 구조의 민주화

오늘날 한국사회는 제도적, 절차적 정당성으로서의 민주주의, 투명하고 공개적인 과정으로서의 민주주의는 완결단계에 도달했으며 이러한 외형적 민주주의 이후에는 갈등을 조정하고 의사소통을 위한 민주적 의제 경쟁이 민주화 핵심과제로 등장하였다. 국정운영 방식도 과거 물리적 권력기구에 의한 국정운영에서 의제관리 중심으로 전환되어 국민의 자발적 동의가 정책성공의 결정적 요소로 작용하면서 민주주의의 핵심과제는 '건강한 의사소통'을 확보하는 것이 되었다. 따라서 모든 정책의 입안, 형성, 결정과 집행에는 국민과의 끊임없는 대화와 소통을 통해 이해와 동의를 구해야 하며 실체적, 절차적 정당성만으로는 정책수행의 충분조건이 될 수 없는 시대가 되었다.

3. 정부와 언론과의 관계 변화

정부와 언론과의 관계는 과거 통제하고 밀착되어 있던 시대에서 견제와 균형의 시대로 선진화되었다. 또한 과거 소수에 의해 독점되어온 사회적 의제형성 및 주도적 역할이 미디어 환경변화와 실질적 민주화의 진전에 따라 다양한 그룹과 방식에 의해 형성되고 경쟁되고 있다. 따라서 정부홍보도 매체홍보가 상대적으로 줄어드는 반면 새로운 홍보수단을 활용한 대국민 직접 커뮤니케이션이 증가하고 다양한 집단을 상대로 하는 홍보, 특정고객을 대상으로 하는 홍보 등 과거의 매체홍보 중심을 탈피하고 언론매체와도 의제경쟁을 하는 시대로 변해가고 있다. 참여정부의 대언론정책은 이러한 시대적 변화를 반영하고 있다.

Ⅲ. 국정홍보 방향설정

이러한 제반 여건을 감안한 참여정부의 홍보철학은 ① 최대한 정보공개를 통한 의제관리, ② 정책과 홍보의 결합, ③ 대언론과는 건전한 긴장관계 또는 의제 협력관계형성을 들 수 있다. 정부홍보의 궁극적인 목표는 최대한 공개된 정보를 바탕으로 국민들의 이해와 관심을 반영하여 정책을 관리하는 것이다. 즉 정부홍보는 최적의 여론 환경을 조성하여 왜곡되지 않고 자유로운 담론형성을 통해 정책의 입안, 계획, 결정, 집행, 환류를 최대한 지원하는 것으로서, 이를 위해 국민과 양방향 커뮤니케이션을 최대한 활성화하고 이를 저해하는 요소는 억제하는 역할을 담당한다.

이러한 홍보철학을 바탕으로 변화하는 환경에 부응하기 위한 참여정부의 정부홍보방향은 크게 4가지로 ① 대국민 직접 커뮤니케이션 확대, ② 정책의제 경쟁력 제고, ③ 건전한 여론형성 환경조성, ④ 신매체를 활용한 새로운 홍보방법 개발 등으로 나누어 볼 수 있다.

이러한 철학과 홍보방향을 바탕으로 국정홍보처는 정부홍보를 과거의 대인홍보중심에서 시스템홍보로 중심을 전환하고 있다. 공정성, 투명성, 객관성 등의 원칙하에 실질적 민주화, 새 미디어환경 등 새로운 시대적 변화를 고려하면, 인맥이나 인적관계에 의존하던 대인홍보는 한계에 직면하여 효과를 기대하기 어렵기 때문이다. 시스템홍보는 크게 정책홍보와 언론대응시스템홍보로 나눌 수 있는데 정책홍보는 민주화시대에 '홍보없는 정책은 완결될 수 없다'는 명제 하에 홍보의 중요성을 강조하고 있다. 반면 언론대응시스템은 아무리 정책에 대한 홍보가 잘 이루어져도 전달이 잘못되면 정책정보에 왜곡이 발생하기 때문에 언론의 잘못된 보도에 대해 체계적으로 대응하는 시스템을 의미한다. 이러한 과정을 통해 생산적인 의제경쟁이 이루어지고 국민들은 올바른 정책정보를 바탕으로 정부정책에 대한 자기의 의견을 제시하여 결국 건전한 사회적 담론형성에 이바지할 수 있게 되는 것이다.

Ⅳ. 국정홍보시스템 소개

이러한 철학과 원칙을 감안하여 추진해온 참여정부의 홍보 및 언론대응시스템을 주요한 것 중심으로 크게 4가지 카테고리로 나누어 소개하고 이러한 시스템에 대해 외부로부터 평가되고 거론된 반응을 함께 기술한다.

1. 대국민 직접 커뮤니케이션 확대

대국민 직접 커뮤니케이션을 확대하기 위해 03. 9월 만든 국정브리핑은 국민과 대화하고 소통하기 위한 거버넌스 시대의 대안매체이다. 즉 정책생산자 자신이 생산해 낸 정책을 국민에게 설명하는 채널로서, 정책에 대한 언론보도에 대해 투명하고 적극적인 수용과 비판을 통해 정책을 검증하고 품질을 제고하자는 취지에서 비롯된 것이다. 주요 콘텐츠는 정책뉴스와 해설, 언론보도에 대한 수용과 반론 등으로 구성되며 국정브리핑 초기 화면에서 그날그날의 언론보도 내용과 분석, 그리고 정부의 의견과 조치내용을 실시간으로 소상히 알려주고 있는 인터넷 매체인 것이다.

또한 과거부터 운영해 오던 KTV를 정책중심방송으로 개편, 특화하여 정책 관련 뉴스 및 프로그램을 대폭 늘림으로서 대국민 커뮤니케이션 확대를 꾀하고 있다. 정책정보를 신속, 정확하게 전달함으로서 국민들의 국정참여의 폭을 넓히고 국정에 대한 이해를 제고할 수 있도록 하는 정책방송으로서, KTV는 참여정부 들어와서 정부 고위관계자들의 정례브리핑 생중계를 비롯하여 정책책임자와 실무자들이 직접 출연할 뿐 아니라 다양한 분야의 전문가 강의, 공공목적의 세미나중계 및 경제관련 프로그램 등 정부정책정보제공 전문채널로서의 역할을 수행하고 있다.

또한 "국민=고객"이라는 기본인식하에 민간의 고객관리기법(CRM)을 벤치마킹하여 정책을 필요로 하는 사람들에게 선별, 제공하는 정책고객서비스는 정부정책과 관련한 오피니언 리더와 일반 국민들을 대상으로 이메일을 통해 각종 정책정보를 제공하거나 여론수렴활동을 지속적, 체계적으로 전개하는 인터넷 홍보사업이다. 2004년 2월부터 실시하고 있으며 현재 전 부처에 걸쳐 약 815만명의 정책고객을 대상으로 하고 있다.

이외에도 끊임없이 발달하는 뉴미디어 기술에 맞추어 라디오, TV 등을 통한 국정홍보 광고에 이어 DMB 서비스 추진도 고려하고 있으며 와이브로(Wibro)를 통한 KTV의 인터넷방송도 추진 중이다. 민간 포털 등과 협조를 위한 네트워크를 구축하고 블로그, 미니홈피, 지식검색, 오픈사전 등을 통해 대국민 직접 커뮤니케이션을 확대하고자 노력하고 있다.

2. 언론대응업무의 체계화

건전한 여론형성을 돕고 정책의제의 경쟁력을 강화하기 위해 국정홍보처는 분석, 대응업무를 시스템화하였다. 『국내언론보도종합』, 『부처의견 및 조치』, 『정책기사 점검시스템』으로 이어지는 일련의 시스템이다. 매일아침 정책의제 중심으로 신문 · 방송 · 인터넷 정책보도 종합판을 제작하여 국정브리핑에 등재하고 해당 부처는 '부처의견 및 조치'와 반론기고를 함으로서 국민들로 하여금 정책 관련 사실이 무엇인지 초기에 알도록 하려는 시스템이며 이러한 조치내용은 자동으로 각 부처 언론보도 대응 및 수용 DB로 볼 수 있는 정책기사점검시스템에 의해 통합 관리되고 있다.

주요 목적은 언론보도와 부처입장의 균형 전달을 통해 정책이해도를 높이고 언론의 잘못된 보도에 대한 조기대응으로 사실관계를 분명히 함으로서 오보를 최소화하기 위한 것이다. 나아가 매일 언론보도에 대한 '부처의견 및 조치' 결과를 종합 · 기사화하여 국정브리핑에 게재함으로서 언론보도에 대한 명확한 정부입장을 가시화하고 있다.

이러한 『부처의견 및 조치』는 바로 『정책기사점검시스템』과 연계됨으로서 정부정책에 대한 언론보도 대응 및 수용과정을 DB화하여 효율적으로 의제를 관리하고 있으며 작년까지는 건전비판, 문제보도 대응, 정책참고보도, 문제성보도 등 4단계로 나누었으나 금년부터는 단순화하여 대응기사, 수용기사 둘로 분류하고 있다. 2005년에는 건전비판 수용건수가 584건, 문제보도 대응이 449건이었으며 올해는 상반기인 6월 말 현재 수용 368건, 대응 238건이다. 참고로 2005년 언론중재위원회를 통한 정부기관의 중재신청은 119건이며 이 중 108건이 정정보도, 반론보도, 기고 등으로 구제된바 있다.

3. 언론과의 건전한 관계형성

국정홍보처는 홍보활동 원칙을 명문화하여 국민의 알권리 확대 및 합리적 취재지원 관행의 제도적 기반을 마련('05. 8)하였다. 개방, 공평, 정보공개의 원칙에 따라 공평한 취재를 지원하고 개방형 기자실 운영 및 브리핑 실시하고 정보공개와 체계적 취재응대 등 언론과의 관계를 투명하고 건전한 관계로 개선하고자 노력하고 있다. 또한 여론형성 독과점과 유착의 피해를 없애기 위해 가판구독을 금지한 바 있다.

이러한 정부 노력에 대해 언론과 때때로 마찰과 갈등이 있었지만 이제는 제도화, 관행화되어 정부와 언론과의 관계가 "건강한 긴장관계," "협력적 의제경쟁관계"가 형성되어가고 있다. 최근 간이 설문조사에 의하면 담당공무원과 출입기자들도 이러한 취재 및 대응시스템에 어느 정도 익숙해졌고 이해도도 많이 높아진 것으로 나타나고 있다.

4. 부처간 홍보협력 강화

정책홍보의 일관성을 유지하고 정책의 신뢰도를 증진하고자 부처간 정책과 홍보를 조율하여 홍보시기, 전략, 방식, 메시지 등을 종합 점검하고 있다. 즉 전 부처의 주요 정책발표 일정을 조정하거나 정책별 홍보 포인트와 홍보방법을 논의하여 정책효과가 극대화될 수 있도록 협의하는 것이다. 부처간 협력을 조직적으로 뒷받침하면서 정책과 홍보를 연계하기 위해 05. 3월 당시 각 부처 기획관리실과 공보관 통합하여 정책홍보관리실을 만들었는데 이를 통해 정책과 홍보가 유기적으로 연계되어 동일한 비중으로 인식되고 정부서비스가 공급자에서 수요자 중심으로 전환되어 정책 신뢰도도 크게 제고되었다. 총 45개 기관이 정책홍보관리실을 설치하고 있으며 민간홍보전문가 69명을 신규로 충원하여 정책 입안부터 수립·집행까지 여론수렴과 홍보를 연계하여 추진하고 있다.

Ⅴ. 홍보시스템에 대한 주요쟁점 진단(평가)

이러한 시대적 요청과 미디어발달로 인한 홍보분야의 혁신이 때때로 일부 언론과 마찰을 빚기도 하였다. 참여정부 출범 이후 국민과의 커뮤니케이션 중요성을 강조하면서 '시스템홍보', '기획홍보', '배달홍보', '뉴미디어를 활용하는 감성홍보', '정책정보 공개 및 체계적인 대응시스템' 등 새로운 홍보컨셉과 기법을 대거 도입 실시하면서, 일부 언론과 국회로부터 정권홍보, 과잉대응, 일방홍보, 전문성 부족, 홍보효과 미지수 등의 지적을 받아왔다. 이러한 여러 가지 논란과 쟁점에 대해 금번 세미나에서 논의된 내용을 추가하여 향후 국정홍보 업무에 반영하고자 한다.

지난 8. 23일 한나라당 박찬숙의원 주최로 열린 "참여정부 국정홍보, 이대로 좋은가" 토론회에서도 이와 유사한 문제들을 검토한 바 있다. 당시에도 참여정부 국정홍보에 대해 찬반양론이 팽팽히 맞서 좋은 대조를 보였는데, 옹호론자들은 참여정부의 국정홍보가 최근의 쌍방향 커뮤니케이션으로의 환경변화에 부응하여 대국민 직접홍보를 강화한 점을 높이 평가하고 또한 가판구독 금지, 브리핑제, 문제보도 적극대응 등과 함께 정부홍보시스템의 체계화와 전문화 등의 국정홍보활동에 높은 점수를 주었다.

반면에 비판론자들은 기존 미디어와 갈등관계를 가장 큰 문제점으로 지적하였으며 한미 FTA홍보 관련 문제와 언론에 대한 사전검열, 사실왜곡, 홍보 관련 예산낭비, 1,300만명(실제: 815만명) 정책고객, 기사조작, 정부의 언론매체 운영 등을 문제점으로 지적하였다.

1. 언론대응 및 대응시스템 관련

언론대응건수가 참여정부에 와서 급증하고 있고, 문제보도 대응은 언론을 옥죄기 위한 수단이라는 주장과 함께 언론대응과 평가시스템이 언론과의 관계를 악화시키는 요인이라는 비판이 주류를 이루고 있다. 또한 '부처의견 및 조치' 업무에 대해 일반 공무원들이 심리적 압박을 느끼고 있다고 주장하였다. 즉 언론대응이 언론과의 관계에 부정적인 영향을 주고 일반 공무원들에게도 부담으로 작용한다는 내용이다. 반면에 건전비판은 언론의 지적내용을 정책에 반영하는 것이므로 언론에서도 이견이 없는 긍정적인 변화이며 현 언론정책의 최대의 수확은 정부와 언론과의 관계정상화라고 하는 긍정적인 평가도 보도되고 있다.

언론대응건수 증가 및 적극 대응 관련, 잘못된 보도에 대한 언론대응은 정책을 국민들에게 알려야 하는 정책담당자가 당연히 수행해야 할 정책점검활동이며 언론대응이 늘어나는 것은 이러한 추세를 반영하는 것이다. 과거의 비공개적, 비공식적 언론대응방식이 공개적, 공식적으로 투명화 된 요인도 크다고 할 수 있으며 2005년도에 언론중재위원회를 통한 피해구제율이 약 90%에 가까운 점을 감안하면 현재의 대응이 지나치다고 볼 수 없다. 또한 대응업무는 과거부터 해 온 것이며 다만 이러한 업무를 컴퓨터시대에 맞게 체계화한 것이 정책기사점검시스템인데 체계화

작업이 과잉대응으로 비춰진 면도 있다.

2. 국정브리핑 관련

비판내용은 정부가 매체를 운영할 수 있느냐는 것과 함께 국정브리핑도 언론의 영역으로 보아 언론으로서의 책임성을 다해야 하고 운영 공무원의 정치적 중립성 위배여부이다.

우선 "매체로서의 성격"을 보면, '국정브리핑'은 정부가 운영하는 홍보수단으로 보아 운영에 문제가 없고, '언론이나 아니냐'는 논쟁은 인터넷의 발달로 언론의 영역이 확대되고 있는 상황에서 큰 의미가 없다고 보여진다. 또한 의제경쟁을 위한 커뮤니케이션의 장은 언론 고유의 독점적 영역이 아니며 어떠한 홍보매체도 당연히 참여가 가능하다는 점에서 국정브리핑 역할과 의미를 부여해야 한다.

둘째, "기사로서의 책임성" 관련, 국정브리핑 기사로 인해 피해가 발생할 경우 현행 법령상의 모든 책임을 져야 한다. 즉 "언론중재 및 피해구제에 관한 법률" 등 기사로 인한 피해조항은 국정브리핑 기사에 대해서도 적용이 된다.

셋째, 정치적 중립성 관련, 국정브리핑 직원이 수행하는 업무는 홍보활동이므로 홍보처직원으로서의 당연한 책무이다. 국정브리핑은 정부조직법 제24조 '국정홍보처의 관장업무'와 대통령훈령 '국정홍보업무의 강화에 따른 규정'에 따라 합법적으로 운영되는 정부홍보매체이므로 홍보활동을 하는 것은 당연한 것이다.

3. 국정과제 홍보 관련

한미 FTA, 부동산정책, 비전 2030 등 범국가적 중요성을 가진 정책홍보의 경우, 관계부처와 국정홍보처는 공동협의 하에 대국민 이해를 위한 최선의 홍보방법을 강구한다. 국민들의 이해와 동의가 정책성공과 직결되기 때문이다. 그러나 이러한 노력이 과잉홍보나 예산낭비 등 비판대상이 되는 경우가 있는데, 최근 한미 FTA홍보를 둘러싼 공방이 대표적이다. 한미 FTA홍보 관련, 국정브리핑의 대학생 허위인터뷰, 국정홍보처장의 'KBS스페셜'(6. 4)과 MBC 'PD수첩' 보도에 대한 편파성 이의제기, TV광고(38억 소요) 적절성 여부, 1차 협상시 현지 홍보지원문제 등 더운 6-7월을 화끈 달군 바 있다.

그러나 많은 부분은 본질논쟁이라기보다 오해나 불충분한 이해, 때로는 고의적인 일방적 주장, 논점이나 관점의 차이로 인한 것이 많으므로 차분한 공론의 장을 마련하여 생산적 논의를 한다면 오히려 국가적으로 중요한 국정과제의 공동 해결방식 차원에서 바람직할 수도 있다. 유사한 국정과제로서 '부동산정책'과 '비전 2030'도 최근 '부동산 개그'(9. 7), '비전 2030, 재원 축소발표'(9. 7) 등 제목으로 정부가 궤변, 현실왜곡, 통계조작을 하고 있다고 언론의 비판을 받은 바 있다.

4. 국정홍보처 역할 관련

홍보가 주요 화두가 되면서 홍보 주무부서로서 국정홍보처는 수시로 언론의 비판대상이 되고 있다. 정부가 국정브리핑을 운영하여 언론기능까지 담당하고 있으며 홍보평가가 공무원들에게 큰 부담으로 작용하고 있을 뿐 아니라 평가기준도 국정브리핑 등 정부운영매체 중심으로 한다는 등 사소한 부분도 언론의 관심으로 부상하고 있다. 얼마 전 과거 영상홍보원장 사임 관련 뉴스가 부상되기도 했고 공무원대상 간이 설문조사도 "국정홍보처의 어이없는 설문조사"란 세찬 비판을 받기도 했다. 또한 지난 2월 잠깐 논의하다가 사라진 라디오 운영 문제는 "신문-24시간 라디오 만들려 했다" 제목으로 뉴스화되었다.

위에 나열한 비판내용도 비본질적, 감정적, 과장 등이 많고 관점의 차이와 일방적 주장 등 감정문제가 더 큰 비중으로 보여지는 만큼, 성실한 설명노력과 대화로 해결해 나가야 할 것이다. 다만 국정홍보처 역할 및 정체성과 관련된 문제는 미디어 시대의 홍보역할에 대한 개념정립과 타국의 사례 등을 참고하여 좀더 포괄적인 연구를 병행할 필요가 있다고 보여진다.

5. 과잉홍보 등 홍보제도 전반

일반적으로 홍보를 지나치게 강조한다는 소위 '홍보지상주의'를 많이 지적하고 있다. 지난 8월에도 '정책위한 홍보인지, 홍보위한 정책인지'란 제하로 지난 2년간을 비교하면서 홍보예산이 62.9%가 증가했고 전 부처 홍보인력도 다른 공무원에 비해 18배나 늘어났다는 비판기사가 있었다. 또한 각 부처 브리핑제도가 형식적이고 알맹이 없는 내용으로 운영되고 있다는 문제도 제기되고 있다.

홍보 관련 예산과 조직을 둘러싼 논란은 당연히 제기될 수 있지만 과장통계는 지양되어야 하며, 과잉홍보라는 지적에 대해서는 시대적 홍보환경을 감안할 때 수용하기가 어려우며 실질적 민주화시대에 비판받을 일이 아니고 오히려 장려되어야 한다. 홍보결핍이 오히려 권위주의나 시대착오적으로 비춰져 비판을 받아야 할 것으로 보인다. 또한 대언론 정책브리핑의 형식성과 무성의는 국민의 알 권리와 정책정보 공개의 정신을 고려할 때, 겸허히 수용하여 운영방법을 개선하고 미진한 부분은 추가 취재가 가능한 방법 등도 고려해 보아야 한다.

6. 새로운 홍보수단 관련

정책고객서비스의 정책고객문제와 관련, 고객 815만명에 대한 개인정보보호법 위반문제와 스팸메일 문제를 언론과 국회에서 제기되고 있다. 이외 2006년 1월 청와대가 4대 포털사이트에 청와대 블로그를 설치한 것에 대해서도 일부 언론은 '끊임없는 대안매체 만들기'로 비판적 시각을 나타내고 있다. 개인정보보호문제는 법을 존중하여 추진상의 미비점을 보완할 수 있는 대책을 마련하여야 하지만 대안매체는 홍보환경이 좋지 않은 상황에서는 적절한 대안매체를 만들고 이를 통해 제도매체와 의제경쟁을 통해 국민에게 최대한의 알 권리를 제공해야 한다. 현재 뉴스를 취급하는 포털의 언론기능여부에 대해서는 현재 논의가 활발히 진행되고 있으므로 함께 검토할 필요가 있다.

Ⅵ. 결 어

전장에서 논의된 쟁점을 크게 분류하면 3가지로 볼 수 있다. 즉 ① 시스템 자체와 관련되는 근본적인 문제, ② 운영상의 문제점, ③ 단순 지엽적인 문제 등이다. 1항과 관련한 근본적인 문제는 전문가와 이해관계자들이 참여한 가운데 좀더 전문적인 차원에서 분석, 검토하여 개선방안을 찾아야 할 것으로 생각되며, 2항의 운영상의 문제는 각 부처와의 협의를 통해 개선토록 하고, 3항의 단순 지엽적인 문제들은 자제하거나 시정하는 방법으로 개선책을 찾을 수 있을 것으로 보인다.

이번 세미나에서 참석자들은 새로운 홍보시스템에 대해 관심과 함께 몇 가지

비판적 평가를 제시했다. ① 국가가 매체를 갖는 데 대한 적절성문제, ② 홍보란 이름으로 하는 국가홍보의 효과성 문제, ③ 민간과 비슷한 형태의 홍보방법의 타당성, ④ 언론대응에 있어서 국가의 이해 당사자로서의 적절성 등이 주된 내용이었다.

국가가 KTV나 국정브리핑과 같은 매체를 가질 수 있는가에 대해, 토론자는 외국의 사례를 보아도 운영에 문제가 없으나 정부매체의 파워가 크지 않기 때문에 실효성의 문제는 여전히 남는다고 주장한다. 그러므로 현재 국정홍보처가 운영하고 있는 KTV는 정부정책의 전달수단으로서 운영은 문제가 없고 다만 효율적이냐는 것은 별개의 문제로 다루어져야 할 것이다.

또한 광고나 홍보는 표면적으로 드러나면 효과가 떨어지는데, 홍보의 이름으로 행해지는 국가홍보는 효과성을 기대할 수 없고 신뢰성과 행정력 낭비를 가져온다고 하는 비판에 대해서는 광고성 홍보에 대해서는 적용할 수 있지만 정책소개성 홍보는 한계가 있으므로 구분하여 시행하면 의미가 있다고 보여진다.

민간기법을 활용한 정부홍보가 적절한가하는 문제에 대해서는 공사간의 구분이 점차 모호해지고 민간의 선진기법을 벤치마킹하는 추세를 감안하면 민간과 유사한 홍보가 반드시 문제가 있다고는 보여지지 않는다.

마지막으로 언론대응에 있어서 당사자로 나서는 것이 적절한가에 대해서도, 언론의 '비판'이 아니라 '잘못된 보도'에 대해서 하는 것이므로 정책을 올바로 전달한다는 차원에서 보면 대응이 오히려 책임있는 조치라고 할 수 있다.

지금까지 참여정부 출범 이후의 홍보시스템에 대해 제기되고 있는 쟁점에 대해 구체적으로 검토해 보았는데, 실질적 민주화라고 하는 시대적 요구를 수용하고 급변하는 미디어환경을 반영하기 위해 도입, 실시하고 있는 정책홍보시스템이 부분적으로 이해 부족과 오해로 인해 갈등이나 마찰이 있는 것처럼 보여지는 점이 아쉽다. 이러한 홍보시스템은 한 마디로 여론형성을 위한 사회적 소통을 최적화하려는 것이므로 방법이나 과정상의 문제점을 보완하면서 계속 발전시켜 나가야 할 것이다.

새로운 홍보환경에 따라 새롭게 시행되고 있는 국정홍보시스템은 역사가 길지 않아 언론이나 국민으로부터 생소한 부분이 많이 있지만 이번 세미나와 같은 학문적 평가와 검토를 통해 정부시스템 속에 정착되고 국민들에게도 많이 소개되어 좀 더 성숙된 제도로 발전하기를 바란다.

제 2 장

알권리와 언론

제 1 절 국가안보와 언론자유의 갈등과 쟁점

김 종 철*

Ⅰ. 들어가는 말

국가의 가장 주요한 임무 중 하나인 국가안전보장(National Security)과 민주사회의 주요 운영원리인 표현의 자유는 끊임없이 충돌하고 갈등한다. 국가안보의 본질적인 속성이 주요 정보의 기밀화 등 비밀주의인데 비해 표현의 자유는 사회적 공론 형성을 위해 공개적이고 민주적인 정보의 소통을 필요로 하기 때문이다. 따라서 전제국가가 아니라 국민이 스스로 통치하는(self-governing) 현대 민주주의 국가에서는 정부와 언론 사이에 어느 정도의 마찰은 불가피하다.

우리나라의 경우 1987년 민주화 이후 이러한 갈등이 본격화됐으며, 최근에는 국민의 대표인 국회의원들과 정부 간에 기밀 공개를 놓고 대립하는 등 새로운 양상도 나타나고 있다. 우리나라에서 있었던 주요 갈등의 사례를 역사적으로 간략하게 정리한 뒤 국가안보 보도와 관련한 주요 쟁점과 법원의 판단 등을 살펴보고자 한다. 국가안보를 둘러싼 정부와 언론의 갈등을 적절한 수준에서 관리, 절충하거나 미연에 방지하는데 하나의 시사점이 될 수 있을 것이다.

---

* 한겨레신문 논설위원.

Ⅱ. 국가안보와 언론자유의 주요 마찰 사례

1. 87년 민주화 이전 시기[1)]

1950년 6.25 전쟁을 겪은 데다가 61년 이후 반공주의를 앞세운 군사정권의 등장으로 권위주의 정권 아래에서는 국가안보 문제와 관련해 언론이 정부의 가이드라인을 거의 절대적으로 따랐다고 해도 과언이 아니다. 언론사에 대한 허가권을 정부가 쥐고 있었던 점도 국가안보 관련 사안에 대한 언론의 적극적인 보도를 가로막는 요인이었다.

이 시기의 갈등은 취재 경쟁으로 인해 간첩 체포 등 일종의 단발성 사건을 정부의 허락 없이 보도한 것이 대부분이다. 또 86년 〈말〉지의 '보도지침' 보도처럼 국가안보와는 전혀 관계가 없는 사안을 정치권력이 정권 유지차원에서 억지로 사건화한 경우도 있다. 그러나 당시 정치권력은 단순한 보도 실수 등에 대해서도 신문사 발행허가를 취소하거나 보도 기자를 비롯해 언론사 간부들을 구속기소하는 등 직접적인 제재를 가했다.

1) 경향신문의 간첩 사건 보도와 발행취소 처분

〈경향신문〉은 1959년 4월 3일 서울 성북경찰서에서 붙잡은 간첩 사건을 '간첩 하모 체포'라는 제목의 기사로 보도했다. 당국은 이 기사가 간첩 하씨와 접선하려던 다른 간첩들의 도주를 용의하게 했다며 이날자로 경향신문에 대해 발행허가취소 처분을 내렸다. 정부를 비판했던 이전의 다른 기사 4건도 발행허가 취소의 이유로 들었다.

서울고등법원은 그해 6월 판결문에서 "이 기사는 다른 신문에서도 흔히 볼 수 있는 내용의 기사이며, …(중략) 발행인이나 편집책임자에게 하등의 고의나 과실이 있음을 인정하기 어려우므로 … 신문발행취소의 이유로 할 수 없다"고 밝혔다.

2) 대구매일신문의 영덕 간첩과 중앙일보의 간첩사건 보도

〈매일신문〉은 1965년 12월 간첩이 영덕군에 침투해 무기 등을 산에 숨겨둔 사

1) 박철언, 언론자유와 국가안보의 상충과 조화에 관한 연구(한양대 박사학위 논문 1989년)와 이민숙, 언론의 자유와 국가기밀(경상대 석사논문 2001년)을 참조.

실을 발견한 경찰이 간첩 체포를 위해 비밀 공작 중인 것을 알고 이를 보도했다. 검찰은 반공법의 이적죄 혐의로 이들을 기소했지만, 1심 대구지방법원은 "… 피고인들이 고의적으로 수사기관의 간첩체포공작을 방해해 적을 이롭게 하기 위한 행위라고 단정적으로 판단하기 어렵다"며 무죄를 선고했다. 2심 재판부도 검찰 항소를 기각했다.

〈중앙일보〉의 대전 주재 박영구 기자는 71년 7월 당국이 여자간첩 용의자를 검거한 사실을 보도했다. 당국은 이로 인해 간첩 추가 체포 계획이 실패했다며 박 기자를 반공법과 국가보안법 위반 혐의로 기소했다. 2심 재판부는 "역공작 실패 원인이 기사 보도에 있더라도 기사송고는 간첩 체포작전을 방해해서 반국가단체를 이롭게 할 의사 내지는 비판적 인식이 있었다고 인정하기 어렵다"며 무죄를 선고했다.

3) 동양통신 군사기밀 누설 사건

〈동양통신〉의 국방부 출입기자였던 전제열 기자는 68년 6월 21일자에 국방부가 국회 국방위에 제출한 68년도 제 1 회 국방부 추가경정예산요구 개요서(2급 비밀 분류)와 설명서(3급 비밀) 등을 입수해 '전투태세 3개년 계획 확정, 금년 1차년도 40억 반영' 제목으로 기사를 내보냈다. 이에 대해 검찰은 군사기밀 누설과 이적 혐의(반공법 위반)로 편집부장과 사회부장, 전 기자를 구속 기소했다.

그러나 1, 2심 법원은 이 문건은 일반인의 방청이 허가된 국방위에서 장관이 이미 설명한 내용이며, 여당 의원들 귀향보고자료에도 수록된 것으로 기밀로 볼 수 없다며 무죄를 선고했다.

4) 월간 말의 보도지침 보도 사건

월간 〈말〉지는 1986년 9월 6일 특집호에서 '보도지침'(85년 10-86년 8월)을 보도했다. 검찰은 민주언론운동협의회의 김태홍 공동대표와 신홍범 실행위원, 자료를 건네준 한국일보 김주언 기자에 대해 "내용 중에서 … 등 대한민국이 외국과의 관계에 있어서 대한민국의 이익을 위하여 보지하여야 할 외교상 기밀사항이 포함돼 있다"며 형법의 외교상 비밀누설죄 등으로 기소하고, 국가모독죄와 국가보안법 위반 혐의를 추가했다.

1심은 유죄(김태홍, 신홍범은 집행유예, 김주언 선고유예)를 선고했으나, 고법과 대법(96년)은 "신문에 이미 보도됐던 사안들로 기밀로 볼 수 없다"며 전원에 대해 무죄를 선고했다.

2. 민주화 이후 시기

국민들의 6월 항쟁으로 이뤄진 6.29 민주화 선언은 언론에도 큰 변화를 가져왔다. 언론 발행을 허가제로 규정하고 있는 언론기본법을 폐지하기로 하는 등 언론자유에 대한 독소 조항의 제거를 담고 있었기 때문이다. 이로 인해 〈한겨레신문〉과 〈세계일보〉〈국민일보〉 등 새로운 신문들이 창간됐으며, 〈기독교방송〉도 뉴스 기능을 회복했다. 언론은 그동안 금기시됐던 기밀을 독자적으로 취재해 그 내용을 능동적으로 보도하기 시작했다. 이는 민주화 이전 시기의 갈등 사례와는 명백히 다른 것이다.

1) 월간조선과 신동아의 이후락씨 인터뷰 보도 사건[2)]

두 월간지는 1987년 10월호에 김대중 납치사건(73년)과 관련해 이후락 당시 중앙정보부장을 인터뷰해 기사화했다. 이후락씨는 이 사건과 관련해 당시 박정희 대통령의 지시는 없었고 살해할 계획도 없었다며 다만 자신과 중정이 관련됐음을 시사하는 발언을 했다. 문화공보부는 책 발간 직전에 '공권력 개입'부분에 이의를 제기하면서 전체 기사를 삭제할 것으로 요구했다가 거절당하자, 게재 불가를 통보하면서 인쇄를 중단시켰다. 당시 여당인 민정당에서 "언론사 자율과 책임에 맡긴다"고 방침을 정한 뒤 정부도 더 이상 문제삼지 않았다.

2) 조선일보, 중앙일보 국정감사 기밀자료 보도[3)]

〈중앙일보〉는 1996년 10월 14일 국방위 국정감사 비공개회의에서 국방부가 보고한 비밀자료를 의원 등을 대상으로 취재해 '북한 타격 목표 12곳'이라는 제목으로 보도했다. 이에 앞서 〈조선일보〉는 11일 '무인 정찰기 부대 창설'을 보도했다. 〈중앙일보〉 자료는 2급, 〈조선일보〉 자료는 3급 군사비밀이었다.

국군 기무사는 기사를 쓴 〈중앙일보〉 최훈 기자와 〈조선일보〉 허용범 기자를 군사기밀 누설 혐의로 각각 두 차례 소환(공개 조사 이어 별도로 시내 모처에서 비공개 조사)해 취재 경위 등을 추궁했다. 검찰은 이듬해 기소유예 처분했다.

---

2) 박철언, 이민숙, 위의 두 논문.

3) 1990년대 이후 갈등 사례는 한국언론재단 KINDS(www.kinds.or.kr)의 주요 일간지 보도기사 검색.

3) 한겨레신문의 안기부 해외공작원 보고 보도

〈한겨레신문〉은 97년 대선을 앞두고 안기부가 김대중 후보에게 타격을 입힐 계획으로 북한을 상대로 공작을 벌였던 이른바 '북풍'과 관련된 일련의 문건을 단독으로 입수해 98년 2월초부터 보도했다. '오익제 편지 활용계획' '오익제 편지사건 관련 기본 대응계획'(97. 12. 7) 등 안기부의 정치개입을 폭로하는 내부 문건에 이어 안기부의 '해외공작원 정보보고'의 내용을 3월 18일 전면 공개했다. 내용은 안기부의 비밀요원이 중국에서 북쪽 관계자를 만나 협조를 요청하는 것으로, 97년 초부터 98년 2월까지의 비밀 공작과 북한 접촉 동향을 담은 것이다. 〈한겨레신문〉은 이 날 지면에서 자료 공개를 결정한 이유에 대해 "남북관계에 끼칠 영향과 안기부 해외 정보조직이 입게 될 피해 등을 고려해 신중한 태도를 취하지 않을 수 없었다. …극히 일부의 내용만 보도하고 후속보도를 유보했다"며 "〈조선일보〉와 〈내일신문〉 등이 이 자료의 존재와 일부 내용을 축약해 보도함으로써 부분적이고 부정확한 보도로 불필요한 의혹이 증폭되는 상황에서 자료를 될수록 상세히 소개해 안기부의 북풍 공작에 대한 국민들의 알 권리를 충족시키는 것이 옳다는 결정을 내렸다"고 밝혔다. 그러나 안기부의 불법적인 비밀공작 내용이 워낙 충격적인 탓에 보도로 인해 발생한 정보기관의 해외비밀 공작원의 노출 등과 관련한 본격적인 논쟁은 벌어지지 않았다.

북풍 사건과 관련해 권영해 안기부장이 징역 5년, 자격정지 3년을 선고받았으며, 임광수, 임경묵, 고성진 등 안기부 간부 3명도 징역 1년 6월-8개월에 집행유예 4-2년 및 자격정지 2-1년씩을 선고받았다.

4) 시사저널의 안기부 조직표 공개

〈시사저널〉은 98년 2월 26일자에서 북풍 관련 보도를 하면서 '최초 공개 안기부 조직표, 북풍 개입한 40명 문책' 기사에서 안기부 조직표와 일부 간부들의 신원을 공개했다. 안기부의 판매금지 가처분신청에 대해 서울지방법원은 "국가기밀로 법에 의해 공개할 수 없는 기사 일부와 도표를 삭제하지 않으면 26일자 시사저널을 판매할 수 없다"고 했으나 이미 배포된 잡지의 회수 폐기 요구는 받아들이지 않았다.

5) 오마이뉴스의 국정원 간부 사진 보도

인터넷신문인 〈오마이뉴스〉는 2003년 6월 20일 노무현 대통령이 국정원을 방문해 간부들과 찍은 기념사진을 36시간 동안 공개했다. 국정원 보안업무관리규정에는 국정원 직원의 경우 정무직인 원장, 1, 2, 3 차장, 기조실장 외에는 신원이나 직책, 사진 등이 일체 비밀이다. 문제의 사진은 청와대 전속 사진사가 내부자료 용으로 찍은 것으로 〈오마이뉴스〉의 요청에 따라 별 조건없이 제공한 것이었다. 문제가 된 뒤 〈오마이뉴스〉는 청와대의 사진 유출을 비판했다.

3. 노무현 정부에서의 새로운 양상

국가 기밀을 둘러싼 이전까지의 갈등이 정부와 언론 사이에 있었다면 노무현 정부에서는 정부와 면책특권을 가진 국회의원들 사이에 자주 벌어지고 있다. 정부가 기밀자료라고 통지한 상태에서 의원들에게 열람을 허용하고 있지만, 의원들은 기밀로서 가치가 없거나 공개되는 것이 더 낫다는 자발적인 판단에 따라 이를 적극적으로 공개했다.

1) 야당의원의 적극적 공개

2004년 10월 통일외교통상위의 통일부 국정감사장에서 한나라당 정문헌 의원이 북한 급변사태에 대비한 정부의 비상계획인 '충무계획'(2급 비밀)의 일부 내용을 공개했다. 정부의 항의를 받아들여 여야의 합의로 발언 내용을 속기록에서 삭제하기로 했으며, 통일부는 언론에 대해 국가기밀인 점을 고려해 보도하지 말 것을 요청했다. 그러나 〈중앙일보〉는 1면 머릿기사로 이 계획을 보도했다. 이 내용은 중국과 일본에도 크게 소개됐다.

한나라당 박진 의원은 같은 해 10월 국방위 국정감사에서 한국국방연구원의 '전쟁여건 변화 모의분석' 보고서(2급 비밀)의 일부 내용을 '한국군 단독 전력으론 16일 만에 수도권이 붕괴된다'는 보도자료에 담아 기자들에게 배포했다. 박 의원은 며칠 뒤 육군본부 감사에서는 "현재 한-미 연합군의 전시대비 비축 탄약의 총 보유량은 군사작전상 목표(60일)의 59%에 불과하며, 미군이 보유한 탄약을 제외하면 한국군의 비축량은 10일치(추정)에 불과하다"는 보도자료를 냈다. 또 화기별로 구체적인 탄약 확보량을 날짜별로 제시했다. 같은 당의 송영선 의원도 탄약과 관련해 비슷한 내용의 보도자료를 냈다. 탄약비축량과 화기별 비축일자 등과 관련된 내용은 국방부가 군사기밀 3급으로 취급하는 것들이다. 여당인 열린우리당은 정문헌, 박진 의원을 국회 윤리위에 회부했으며, 이듬해인 2005년 1월 기밀유출과 관련해서는 처음으로 두 의원에 대한 징계(공개경고)를 결의했다. 두 의원은 "정상적인 의정 활동을 저해하고 국민의 알권리를 침해한다"고 반발했다.

민주노동당 권영길 의원은 2005년 10월 통일부 국정감사에서 "한미양국이 '북한군 격멸', '북한정권 제거'를 작전 목적으로 하는 UNC/CFC 작전계획 5027을 수정, 최신화(작전계획 5027-04)하기로 합의했다"며 관련 문서를 공개했다. 기무사는 유출 경위 조사를 위해 권 의원에게 참고인 출석을 요구했으나 권 의원은 거부하고 "앞으로도 평화를 위협하는 군사기밀은 계속 공개하겠다"고 밝혔다.

2) 여당의원도 비밀 공개

열린우리당 최재천 의원은 2006년 1월 주한미군의 전략적 유연성 협상과 관련한 국가안전보장회의(NSC) 상임위 회의록(3급 비밀)을 공개했다. 청와대 내부 조사 결과 대통령의전비서관실에 근무하는 외교부 직원이 유출한 것으로 확인됐으며, 외교부는 이 직원에 대해 국가공무원법상 성실의무 및 비밀엄수의 의무, 보안업무규정 및 청와대 보안업무내규 위반 혐의 등으로 정직 3개월을 내렸다.

Ⅲ. 국가안보 보도 갈등에 대한 주요 쟁점

1. 기밀 지정의 자의성

국가기밀은 중요성과 가치 정도에 따라 미국은 Top secret(1급 비밀), Secret(비밀), Confidential(기밀)로, 우리나라는 이에 해당하는 1, 2, 3급으로 나누고 있다. 1급 비밀(미 top secret)은 보통 누설되는 경우 외교관계가 단절되고, 전쟁을 유발하며, 국가의 방위계획 정보활동 및 국가방위상 필수불가결한 과학과 기술의 개발이 위태롭게 하는 등의 우려가 있는 비밀이다. 2급(secret) 비밀은 누설될 경우 국가안전보장에 막대한 지장을 초래할 우려가 있는 비밀이며, 3급(confidential)은 누설될 경우 국가안전보장에 손해를 끼칠 우려가 있는 비밀이다. 등급 구분 기준이 추상적이고 모호하다.

게다가 기밀 지정의 권한은 미국이나 우리나라 모두 행정부가 가지고 있다. 이른바 행정부의 특권(Executive Privilege) 또는 대통령의 특권(President Privilege) 이론에 바탕을 두고 있다. 대통령의 특권은 영국의 국왕특권 원리에서 나왔는데, 국왕특권의 원리는 재판에서 증거가 공개되는 것이 공공이익에 반하는 것이라고 주장할 수 있는 권한을 말한다.[4] 문제는 행정부가 지정하는 기밀이 기밀로서의 정당성을 가지고 있는지가 점검되거나 객관적으로 검증되지 않는다는 점이다. 잣대가 자의적일 수 있다. 또 때로는 안기부의 오익제 관련 북풍 내부 문서처럼 정부기관의 불법적인 행위도 기밀로 규정되기 일쑤다. 민주사회에서 정부가 정한 기밀이 성역으로 남아 있기 어려운 까닭이다.

더구나 기밀 지정은 사회가 복잡해지면서 더욱 늘어나는 추세이다. 우리나라의 경우 군사기밀보호법에 의해 지정하는 군사기밀만 해도 2005년 기준으로 1급 9건, 2급 22만 9700여건, 3급 36만 7900여건에 이른다. 더구나 기밀 해제에 대한 명확한 규정이 없어 한번 지정되면 언제 풀릴지 아무도 모르는 게 우리나라의 실정이다.[5] 미국은 반면에 등급에 따라 일정 시일이 지나면 특별한 연장조처를 취하지 않는 한 자동적으로 풀리도록 규정하고 있다.

이처럼 자의적인 기밀 지정과 기밀 남발의 우려가 있음에도 우리나라 법원은 1990년대 중반까지는 표현의 자유보다는 기밀 보호에 무게를 두는 경향이 강했다. 1995년 대법원은 국가보안법상 국가기밀의 개념에 대해 "반국가단체에 대하여 비밀로 하거나 확인되지 아니함이 대한민국의 이익을 위하여 필요한 모든 정보자료로서, 순전한 의미에서의 국가기밀에 한하지 아니하고 정치, 경제, 사회, 문화 등 각 방면에 관한 국가의 모든 기밀사항이 포함되며, 그것이 국내에서의 적법한 절차 등을 거쳐 널리 알려진 공지의 사항이라고 하더라도 반국가단체인 북한에게는 유리한 자료가 되고 대한민국에는 불이익을 초래할 수도 있는 것이면 국가기밀에 속한다"며 공지의 사실도 비밀에 속한다는 종래의 판례를 유지했다.[6]

국가기밀에 대한 엄격한 해석이 최초로 내려진 것은 1997년 헌법재판소의 결정에 의해서였다. 헌재는 국가기밀의 일반적 의미에 대해 "일반에게 알려지지 아니한 것, 즉 비공지의 사실(넓은 의미)로서 국가의 안전에 대한 불이익의 발생을 방지하기 위하여 그것이 적국 또는 반국가단체에 알려지지 아니하도록 할 필요성, 즉 요비익성이 있는 동시에 그것이 누설되는 경우 국가의 안전에 명백한 위험을 초래

4) 김수훈, 국민의 알권리와 국가안보와의 관계에 관한 연구. 연세대 행정대학원 석사학위 논문
5) 군사기밀보호법 제 6 조에는 "군사기밀로 지정한 사항이 군사기밀로서 계속 보호할 필요가 없게 된 때에는 지체없이 그 지정을 해제하여야 한다"고만 돼 있을 뿐이다.
6) 이민숙, 위 논문.

한다고 볼만큼 실질적 가치가 있는 것, 즉 실질비성을 갖추어야 한다"고 규정했다. 그동안 폭넓게 해석됐던 국가기밀의 요건으로 '명백한 위험을 초래한다고 볼만큼 실질적 가치가 있어야 하는 것'으로 한정했다. 이에 대법원도 그해 7월 16일 전원합의체 판결로 헌재의 견해를 따랐다. 대법원은 "정치 경제 사회 문화 등 방면에 관하여 반국가단체에 대하여 비밀로 하거나 확인되지 아니함이 대한민국의 이익이 되는 사실, 물건 또는 지식으로서, 그것들이 국내에서의 적법한 절차 등을 거쳐 이미 일반인에게 널리 알려진 공지의 사실, 물건 또는 지식에 속하지 아니한 것이어야 하고, 또 내용이 누설되는 경우 국가의 안전에 위험을 초래할 우려가 있어 기밀로 보호할 실질적 가치를 갖춘 것이야 한다"고 밝혔다.[7] 정부가 비밀이라고 지정한 것은 모두 기밀이라는 형식적 비밀설 대신에 실질적으로 보호할 가치를 갖춘 것만 기밀이라는 실질적 비밀설을 택한 것이다. 또 이에 대한 처벌 기준도 '명백한 위험'이 있을 경우로 처벌의 기준을 구체화했다. 미국에서는 1919년 연방대법원의 Holmes 판사가 표현의 자유를 제약할 수 있는 조건으로 '명백하고 현존하는 위험'(Clear and Present Danger Test) 판례를 세웠다.

2. 갈등 표출시 규제 방법

국가안보 보도를 둘러싼 정부와 언론 간의 마찰이 있을 때 언론에 대한 규제를 어떻게 할 것인가는 언론자유와 관련해 매우 중요한 문제다. 규제가 지나칠 경우 민주주의 운영 원리인 언론 자유를 심각하게 훼손하는 반면에 규제가 없을 경우 언론의 무분별한 경쟁으로 인해 국가안보가 위험에 빠질 가능성이 있기 때문이다.

미국의 경우 언론에 대한 직접적인 규제보다는 누설자를 처벌하는 간접적인 규제를 취하고 있다. 1971년 뉴욕타임스와 워싱턴포스트의 베트남전과 관련된 국방부 극비문서 보도 때 미 행정부는 신문사를 대상으로 보도 금지 가처분신청은 냈지만, 보도 기자나 해당 언론사 간부들을 조사하거나 기소하지 않았다. 부시 행정부에서 진행되고 있는 리크 게이트에서 뉴욕 타임스의 주디스 밀러(Judith Miller) 기자가 구속된 것은 매우 예외적이다. 그러나 밀러 기자 역시 기사 자체(밀러 기자는 기사를 보도하지도 않았음)가 아니라 CIA 비밀요원의 이름을 기자에게 누설하는 불법행위를

---

7) 이민숙, 위 논문.

저지른 취재원을 밝히라는 판사의 명령을 거부해 법정모독죄로 처벌받았다.

물론 미국의 경우에도 1985년 소련 간첩 펠튼 사건 때 미 정부가 워싱턴포스트에 대해 내용을 보도할 경우 통신첩보에 관한 비밀 보도를 금지한 연방법 제798조에 의해 처벌하겠다고 했던 것처럼 언론에 대해 때때로 위협을 가하기도 한다. 그러나 실제로 언론인을 구속하거나 기소한 것은 거의 없다. 이는 '언론의 자유를 제한하는 어떤 법도 만들어선 안된다'는 수정 헌법 제 1 조에 따라 정부가 언론 활동을 가능한 보장하고, 또 연방대법원도 언론 자유를 최대한 보장하는 판결을 축적해온 결과이다.

대신 미국은 국가기밀을 지키는 방법으로 누설을 한 공직자를 강하게 처벌하고 있다. 부시 정부의 리크 게이트 역시 비밀요원을 보도한 언론을 처벌하기 위한 조사가 아니라, 부시 행정부 내부의 누설자를 단죄하기 위한 조사다. 기밀 출구를 막음으로써 기밀을 보호하는 동시에 언론 자유를 직접적으로 침해하지 않는 절충 방안을 취하고 있는 셈이다. 이처럼 출구를 봉쇄해도 양심적인 내부 고발이 있어 언론을 통한 권력 견제가 가능하다. 71년 미 국방부 비밀문서를 언론에 전한 다니엘 엘즈버그(Daniel Ellsberg)가 보도가 이뤄진 뒤 연방검찰에 자수해 당국이 그를 절도와 음모, 간첩죄 등의 혐의로 기소했지만, 법원은 무죄를 선고한 예가 대표적이다. 이 역시 민주주의 운영의 적절한 균형점이라고 할 수 있다.

이에 비해 우리나라는 국가보안법(제 7 조 제 1 항: 국가의 존립 · 안전이나 자유 민주적 기본질서를 위태롭게 한다는 정을 알면서 반국가단체나 그 구성원 또는 그 지령을 받은 자의 활동을 찬양 · 고무 · 선전 또는 이에 동조하거나 국가변란을 선전 · 선동한 자는 7년 이하의 지역에 처한다)과 군사기밀보호법 등을 적용해 언론인에 대한 직접적인 처벌을 비교적 손쉽게 해왔다. 1950년대에는 간첩 체포 보도로 인해 다른 간첩이 도망갔을 것이라는 추정만으로도 당국이 신문사에 대한 허가 취소 조처를 했으며, 1960, 70년대에도 기자와 데스크 등 언론인들을 국가안보를 위협했다는 이유로 구속하는 일이 빈번했다. 민주화 이후에는 언론인이 국가안보 보도와 관련해 구속 기소된 경우는 없지만, 소환 조사 등 위협적인 상황은 계속됐다. 더구나 정치 상황의 변화에 따라 국가보안법 등에 의한 언론인의 직접 처벌 가능성도 여전히 존재하고 있다.

Ⅳ. 맺는 말: 국가안보와 언론자유의 양립을 위해

앞에서 살펴봤듯이 민주화가 이뤄진 이후에는 기밀 보도와 관련해 언론을 직접 처벌하려는 정부의 시도가 거의 없어졌고, 법원도 표현의 자유를 옹호하고 확대하는 경향을 보이고 있다. 이에 따라 정부가 지정한 각종 기밀에 대한 언론의 보도가 이전보다 더 활발해질 가능성이 있다. 그러한 긴장과 갈등은 건강한 민주사회의 바탕이다.

문제는 기밀 등 국가안보와 관련된 사안을 어디까지 보도할 것인가에 대한 언론 내부, 나아가 사회적인 공감대가 우리나라에서는 아직 제대로 형성돼 있지 않다는 점이다. 정부가 자체적으로 분류한 1, 2, 3급이라는 기준이 언론에게 기밀을 보도할지 말아야 할지를 판단하는 잣대가 될 수 없음은 분명하다. 다른 기준이 필요하다.

미국 시카고대학의 Stone 교수가 나눈 기밀 분류법은 이런 점에서 언론에게 시사점이 될지 모른다. 그는 정부가 유지하는 비밀을 1, 2, 3급이 아닌 세 가지 범주로 나눈다.[8] 첫째는 정당하지 못한(illegitimate) 비밀이며, 둘째는 정당하지만 뉴스가치가 있는(legitimate but newsworthy) 것, 셋째는 정당하고 뉴스가치가 없는(legitimate and non-newsworthy) 것이다. 첫째 비밀은 정부 관리들의 판단착오, 무능, 비행, 부패, 범죄 등에 관한 것이다. 그럼에도 관리들은 이를 국가안보라고 주장하면서 덮으려고 한다. 하지만, 이런 비밀은 자기 통치사회에서는 드러나야 하는 것들이다. 두 번째 범주의 비밀은 보도하면 국가안보에 해가 될 수도, 진실에 한걸음 다가가는 잠재적인 가치(value as a step to truth)도 될 수 있는 것들이다. 예를 들어 군인들의 총이 자주 오작동을 일으킨다는 군사 기밀을 보도하면 국가이익에 해가 되기도 하지만 궁극적인 개선을 가져오기도 한다. 어느 쪽 이익이 큰지 따지기 힘들지만, 그는 이 범주의 비밀도 보도해야 한다고 본다. 세 번째 범주는 적국의 암호를 해독했다는 종류의 비밀이다. 이는 국가 이익에 해를 끼치며, 진실로의 한걸음 가는 가치가 있다고 하더라도 단지 조금밖에 없는 것들이다.

물론 어떤 비밀을 언론이 입수했을 때 이와 같이 셋 중 하나의 범주로 구분해 내는 것이 쉽지 않다. 사회적 경험과 공감대가 판단의 근거가 될 수밖에 없다. 셋을

8) Geoffrey R. Stone, Freedom of the Press v. National Security(조지 W. 부시 정부 때 하원 정보특위에 제출한 글로 google에서 검색).

구분하기는 어려울지 몰라도 세 번째 범주의 비밀은 그래도 판단하기가 비교적 쉬울 수 있다. 따라서 Stone 교수의 말대로 언론은 세 번째 부류의 비밀을 보도하지 않도록 주의를 기울이면 된다. 흥미를 충족시키는 것 외에는 다른 보도이익이 전혀 없기 때문이다. 정부 쪽에서도 세 번째 부류의 비밀, 즉 국가이익에 명백하게 해로운 비밀의 보도는 당연히 막아야 한다. 이 때 어떻게 막을지가 문제다. 언론에게는 보도할 광범한 권한을 보장하고 동시에 정부에게는 누설을 금지시키는 강한 권력을 줌으로써 자유와 비밀의 가치를 조화시키는 미국식 해법에 주목할 필요가 있다. 물론 국가기밀에 대한 언론의 적극적인 취재 보도는 무질서하고 사회적 혼란을 야기하는 것으로 비칠 수도 있다. 하지만 예일대의 헌법학자로서 20세기 헌법해석의 권위자였던 알렉산더 비켈(Alexander Bickel)은 미국식 해법에 대해 "이것은 확실히 '질서가 없는 상황(disorderly situation)'이지만 우리가 할 수 있는 최선이다. 만약에 우리가 정부에게 언론을 벌할 너무 많은 권력을 주면, 우리는 공공 이익에 대한 많은 희생을 무릅써야 한다. 또 우리가 비밀을 통제하는 너무 적은 권력을 정부에게 주면 우리는 비밀을 너무 많이 희생해야 한다"고 말했다.[9] 민주사회에 대한 통찰력 있는 관찰이다.

우리나라도 남북 분단이라는 특수 상황에 놓여있기는 하지만, 국가안보 사안의 보도에 대해 언론을 직접 처벌하는 것은 표현의 자유를 심각하게 위협할 수 있다는 점에서 아무리 신중을 기해도 지나치지 않는다. 기밀에 대한 관점과 기밀 보도로 인한 국익의 이익 형량에 대한 견해가 정부와 언론이 같을 수는 없기 때문이다. 또 규정이 모호해 법 적용이 자의적이 될 가능성이 큰 국가보안법의 관련 조항은 하루 빨리 손질해야 할 것이다.

언론 역시 사회적 공기로서의 성숙한 자세와 책임의식이 요구된다. 1985년 펠튼 간첩 사건 때 미국 워싱턴포스트는 주요 정보를 85년 9월에 입수한 뒤 수개월 동안 내부 검토뿐 아니라 국익에 치명적인 손실을 가져올 부분이 없는지에 대해 정부 쪽과 여러 차례 협의한 끝에 독자적인 판단으로 세부 내용은 삭제하고 큰 줄거리만을 보도했다. 이처럼 정부의 절제와 언론의 성숙한 태도가 어우러질 때 국가안보와 언론자유는 적절한 긴장 속에서 양립하면서 민주국가 발전에 기여할 수 있을 것이다.

9) Geoffrey R. Stone, 위 글.

제 2 절 법원과 언론

한 위 수*

1. 서 론

법원과 언론의 관계는 기본적으로 권력에 대한 감시, 비판하는 기구로서의 언론과 사법권을 행사하는 국가기관으로서의 법원의 관계이다.

언론은 법원이 헌법과 법률에 의하여 위임받은 사법권을 제대로 행사하고 있는가에 대하여 부단히 감시하고 비판하면서 법원을 견제하는 기능을 한다. 반면, 언론의 자유가 남용될 경우 국가안보, 사회질서에 대한 위협 또는 타인의 인격권에 대한 침해를 가져오므로 법원은 언론이 관련된 민사·형사 등 재판사건에 대한 판결을 통하여 언론의 위법행위를 처벌하거나 손해배상을 명하는 등으로 언론을 규제한다.

그러나 법원과 언론은 서로 비판과 견제를 하는 관계만은 아니다. 사법권의 독립과 언론의 자유는 둘 다 현대 민주주의에 필수 불가결한 요소로서, 행정부와 입법부 등 정치권에 의한 사법권 및 언론에 대한 간섭과 규제로부터 서로를 지켜주는 역할을 한다. 즉, 언론은 사법부가 행정부나 입법부로부터 부당한 압력을 받을 경우에 여론형성기능을 통하여 법원을 지켜주는 역할을 하며, 법원은 헌법과 법률의 해석을 통하여 언론에 대한 위헌적인 입법을 무효화시키거나 언론에 대한 부당

* 서울고등법원 부장판사.

한 제소 등에 의한 압박으로부터 언론을 지켜주는 역할을 한다.

2. 법원과 언론 관계의 변천

과거 권위주의정부 시절에는 한때 판사의 인사권도 대통령이 행사할 만큼 사법권의 독립이 제대로 확보되지 않았고 언론 또한 활동이나 보도내용에도 제약이 많았다.

또한 언론에 대한 통제는 주로 행정부에 의한 것이었고 1970년대 동아일보광고사태나 1980년대 보도지침사건에서 보는 바와 같이 법률에 근거한 조치라기보다 사실상의 힘의 행사라는 성격이 더 많았다. 그리하여 이른바 필화사건으로 간간히 형사문제가 되기도 하였으나 민사소송으로 제기된 경우는 극히 드물었으며 특히 공직자 등 공인에 대한 비판의 자유 내지 헌법상 보호되는 언론의 자유와 관련하여 언론기관의 면책 여부가 논란된 적은 거의 없었으므로 재판에서도 실정법을 기계적·형식적으로 적용하여 사건을 처리함에 그친 경우가 대부분이었다.

그러나, 민주화의 진전으로 인하여 언론에 의한 보도의 자유가 대폭 확대되고 종래의 사실상의 힘에 의한 언론의 통제는 불가능하게 되었고 다른 한편 국민들의 권리의식도 고양됨으로써 1990년을 전후하여 언론의 보도가 잘못되었음을 이유로 한 언론관계 소송이 폭증하게 되었으며(1980-1989년간은 인격권침해관련소송이 60건이었는데, 그 후 10년간 139건으로 2.5배 증가하였고, 언론중재위원회 중재신청건수도 1990년 157건에서 2000년 607건으로 3.8배 증가하였다고 한다), 또한 법원에서도 종래 실정법을 기계적으로 적용하는 데서 벗어나 헌법상 언론의 자유 보장의 취지에 부응하여 언론을 보호하는 다양한 판례이론을 정립하고 이를 적용함으로써 법원의 판결은 국회가 제정한 법률에 못지않게 중요한 언론활동의 규준이 되고 있다.

3. 언론에 대한 사법부의 영향

우리 헌법은 제24조에서 언론의 자유를 보장하고 있으나 언론활동에 대한 1차적인 규제는 국회가 제정한 법률에 의하여 이루어진다. 예컨대 신문, 잡지 등 정기간행물 및 인터넷신문은 관할 행정청에 등록을 하여야 하고(신문등의자유와기능보장에관한법률 제12조) 지상파방송사업 또는 위성방송사업을 하고자 하는 자는 방송위원회의 추천을 받고 정보통신부장관의 허가를 받아야 한다(방송법 제9조 제1항).

한편, 취재목적으로 타인의 문서를 절취한 경우는 형법상 절도죄로, 보도로 인하여 타인의 명예가 훼손되는 경우에는 형법상의 명예훼손죄로 처벌되며, 또한 민사상 불법행위로서 손해배상과 함께 정정보도 등 명예회복을 위한 처분이 부과될 수 있다.

그러나 언론사업 또는 언론활동을 규제하는 법률이 헌법에 위반되는 경우에는 헌법재판소의 위헌결정으로 그 효력을 상실하게 되며, 나아가 어떤 법률이 그 자체 위헌은 아니라고 하더라도 헌법상 언론의 자유를 보장하는 취지를 감안하여 그 해석에 의하여 제한적으로만 적용되는 경우가 있게 된다.

또한 법률은 그 성질상 일반적·추상적으로 규정될 수밖에 없고 구체적으로 어떤 행위가 법률에 위반되는지는 법원의 판결에 의하여 정하여지므로 언론활동의 구체적 허용범위를 정하는 기준으로서의 법원의 판결은 커다란 중요성을 가지게 된다.

우리나라의 헌법재판소는 전통적으로 언론자유를 두텁게 보장하는 입장에서 헌법을 해석해왔고, 법원에서도 언론보도에 대한 민, 형사상의 재판에서 판례이론에 의한 위법성조각사유를 폭넓게 인정하여 언론의 자유를 보장해왔다. 아래에서는 그중에서도 대표적이고도 중요한 판례들을 본다.

(1) 헌법재판소의 결정

헌법재판소는 1989년 활동을 개시한 이래 일찍부터 언론의 자유를 적극적으로 옹호하는 입장의 결정을 내려왔다.

먼저 헌법재판소는 1991. 4. 1. 선고 89헌마160 결정에서 민법 제764조에 의하여 명예훼손에 대한 원상회복조치로 사죄광고를 명하는 것은, 국가가 자기의 신념에 반하여 자기행위가 비행이며 죄가 된다는 윤리적 판단을 형성·강요하여 외부에 표시하기를 명하는 것으로서 양심의 자유에 반하고, 그 구체적 내용이 국가에 의해 결정되면서도 마치 본인의 자발적 의사형성인 것같이 표현되는 것이어서 인격의 존엄과 가치의 확보 내지 인격권에도 큰 위해가 되며, 사죄광고의 강제는 피해자의 명예회복을 위하여 꼭 필요한 수단도 아니므로 위헌이라고 판시하였다. 이로써 종래 명예훼손적 보도에 대하여는 대부분 손해배상과 함께 언론사에 사죄광고를 명해오던 관행은 사라지게 되었다. 이는 우리와 유사한 법제도를 가지고 있는 일본에서는 최고재판소가 사죄광고제도가 합헌이라고 판결(最高裁判所 1956. 7. 4. 大法廷判決 判例時報 80號 3面)한 것과 비교하면 우리 헌법재판소의 앞선 헌법의식을 알 수 있다.

나아가 헌법재판소 1992. 6. 26. 선고 90헌가23 결정은, 정기간행물을 발행하는 신문 등의 언론·출판기관은 일정한 물적 시설을 구비하도록 하고 발행인에게 해당시설을 등록하게 하는 것은 위헌이라고는 할 수 없으나, 그 "해당시설"은 임차 또는 리스 등에 의하여도 갖출 수 있는 것이므로 이 해당시설을 자기소유인 경우에만 등록할 수 있도록 하는 것은 신문발행인의 자유를 제한하는 것으로서 위헌이라고 판시하였다. 이로써 정기간행물로서의 신문발행의 요건이 대폭 완화되었다.

또한 헌법재판소 2006. 6. 29. 선고 2005헌마165등 결정에서는, 일간신문의 지배주주에 의한 신문의 복수소유를 규제하는 '신문등의 자유와 기능보장에 관한 법률'(이하, '신문법'이라 한다) 제15조 제 3 항은 신문의 복수소유가 언론의 다양성을 저해하지 않거나 오히려 이에 기여하는 경우도 있을 수 있는데도 신문의 복수소유를 일률적으로 금지하고 있어서 필요 이상으로 신문의 자유를 제약하고 있다는 이유로 헌법불합치를 선언하였고, 신문사업자를 일반사업자에 비하여 더 쉽게 시장지배적 사업자로 추정되도록 규정한 신문법 제17조는 신문의 다양성 보장이라는 입법목적 달성을 위한 합리적이고도 적정한 수단이 되지 못하므로 평등권과 신문의 자유를 침해하여 헌법에 위반된다고 판시하였으며, 시장점유율이 높은 신문사에 대하여는 신문발전기금을 지원할 수 없도록 규정한 신문법 제34조 제 2 항 제 2 호는 합리적인 이유 없이 발행부수가 많은 신문사업자를 차별하는 것이므로 평등원칙에 위배된다고 판시하였다. 위와 같은 결정은 우리 헌법이 보장하는 언론의 자유는 단순히 보도의 자유, 표현의 자유뿐만 아니라 특히 신문의 사경제적·사법적(私法的) 조직과 존립 및 활동까지 보장한다는 의미를 가짐을 명백히 하고 있다.

나아가 위 헌법재판소의 결정은, 정정보도청구의 소를 민사집행법상의 가처분 절차에 의하여 재판하도록 규정한 '언론중재 및 피해구제등에 관한 법률'(이하, '언론중재법'이라 한다) 제26조 제 6 항 본문 전단은 엄격한 증거가 아닌 소명에 의하여서도 정정보도가 가능하게 하므로 소송을 당한 언론사의 방어권을 심각하게 제약하여 공정한 재판을 받을 권리를 침해하고 언론사로서는 사후의 분쟁에 대비하여 진실임을 확신할 수 있는 증거를 수집·확보하지 못하는 한 사실주장에 관한 보도를 주저하게 되는 위축효과를 초래하므로 언론의 자유를 지나치게 제한하는 것으로서 위헌이라고 판시하였다. 이 결정 또한 언론중재법에 의한 정정보도신청의 남용으로 보도가 위축되지 않도록 배려하고 있는 것이다.

(2) 법원의 판결

법원도 언론관계소송이 증가되기 시작하는 1980년도 후반 무렵부터 보도로 인하여 명예훼손 등 인격권이 침해되었음을 이유로 한 민·형사소송에서 헌법상 언론의 자유 보장의 취지를 살려 언론을 보호하는 판례이론을 전개해왔다.

먼저 대법원 1988. 10. 11. 선고 85다카29 판결은, "형사상으로나 민사상으로 타인의 명예를 훼손하는 경우에도 그것이 공공의 이해에 관한 사항으로서 그 목적이 오로지 공공의 이익을 위한 것일 때에는 진실한 사실이라는 증명이 있으면 위 행위에 위법성이 없으며 또한 그 증명이 없더라도 행위자가 그것을 진실이라고 믿을 상당한 이유가 있는 경우에는 위법성이 없다고 보아야 할 것이다"고 판시하여 가사 보도 내용이 허위라고 하더라도 보도 당시 그것이 진실이라고 믿을 상당한 이유가 있었음을 입증한 때에는 언론사가 면책될 수 있도록 하였다.

이는, 우리 형법 제310조가 "위법성의 조각"이라는 표제 아래 "형법 제370조 제 1 항의 행위[사실의 적시에 의한 명예훼손]가 진실한 사실로서 오로지 공공의 이익에 관한 때에는 처벌하지 아니한다"고 규정하고 있어 종래에는 보도의 진실성을 입증한 경우만 면책되던 것을 헌법상의 언론의 자유를 보장하기 위한 판례이론에 의하여 언론의 면책 범위를 확대하고 언론의 활동공간을 증대시킨 기념비적인 판결로 평가된다.

한편, 대법원 2000. 7. 28. 선고 99다6203 판결은, "민법상 불법행위가 되는 명예훼손은 의견 또는 논평을 표명하는 표현행위에 의하여도 성립할 수 있지만, 단순한 의견 개진만으로는 상대방의 사회적 평가가 저해된다고 할 수 없으므로 의견 또는 논평의 표명이 사실의 적시를 전제로 하지 않은 순수한 의견 또는 논평일 경우에는 명예훼손으로 인한 손해배상책임은 성립되지 아니한다"고 판시하였다(다만, 사실의 적시란 반드시 사실을 직접적으로 표현한 경우에 한정할 것은 아니고, 간접적이고 우회적인 표현에 의하더라도 그 표현의 전 취지에 비추어 그와 같은 사실의 존재를 암시하고 또 이로써 특정인의 사회적 가치 내지 평가가 침해될 가능성이 있을 정도의 구체성이 있으면 족하다고 하였다).

이는 의견에 대하여는 그 기초가 되는 사실이 진실하다면 명예훼손소송의 위협으로부터 해방시킨 것으로서(다만 표현이 지나치게 모멸적인 경우를 제외하였다), 특히 사설이나 논평 등 의견의 표명이 언론의 주요 활동영역인 점에서 이 판결 또한 언론의 자유의 폭을 비상하게 넓힌 획기적인 판결로 평가되고 있다(우리와 비슷한 법률제도를 가진 일본에서도 아직 이처럼 의견표명을 두텁게 보호하는 판결이 나오지 아니하였다).

한편, 2000년을 전후하여 공인들이 그들에 대한 비판을 억제할 목적으로 명예훼손소송을 제기하는 경우가 급증하게 되자 언론을 보호하는 새로운 판례들이 나오게 되었다.

즉, 대법원 2002. 1. 22. 선고 2000다37524, 37531 판결은, "언론 · 출판의 자유와 명예보호 사이의 한계를 설정함에 있어서 공적 존재에 대한 공적 관심사안과 사적인 영역에 속하는 사안 간에는 심사기준에 차이를 두어야 하며 공공적 · 사회적인 의미를 가진 사안에 관한 것인 경우에는 언론의 자유에 대한 제한이 완화되어야 한다"고 하면서, "당해 표현이 공적인 존재의 정치적 이념에 관한 것인 경우 이에 대한 의혹의 제기나 주관적인 평가가 진실에 부합하는지 혹은 진실하다고 믿을 만한 상당한 이유가 있는지를 따짐에 있어서는 일반의 경우에 있어서와 같이 엄격하게 입증해 낼 것을 요구해서는 안되고 그러한 의혹의 제기나 주관적인 평가를 내릴 수도 있는 구체적 정황의 제시로 입증의 부담을 완화해 주어야 한다"고 판시하였고, 대법원 2002. 12. 24. 선고 2000다14613 판결은, "좌와 우의 이념문제에 관한 표현의 자유는 넓게 보장되어야 하고 이에 관한 일방의 타방에 대한 공격이 타방의 기본입장을 왜곡시키는 것이 아닌 한 부분적인 오류나 다소의 과장이 있다 하더라도 이를 들어 섣불리 불법행위의 책임을 인정함으로써 이 문제에 관한 언로를 봉쇄하여서는 안 된다"고 판시하였으며, 대법원 2003. 7. 8. 선고 2002다64384 판결은, "공직자의 도덕성, 청렴성에 관한 의혹의 제기는 악의적이거나 현저히 상당성을 잃은 공격이 아닌 한 쉽게 책임을 추궁하여서는 안되며," "정당의 정치적 주장에는 국민의 지지를 얻기 위하여 어느 정도의 수사적인 과장표현은 용인될 수 있으므로 정당 대변인의 정치적인 논평의 위법성을 판단함에 있어서는 이러한 특수성도 고려되어야 한다"고 판시하였다. 또한 대법원 2006. 3. 23. 선고 2003다52142 판결은, "언론사에 대한 감시와 비판 기능은 그것이 악의적이거나 현저히 상당성을 잃은 공격이 아닌 한 쉽게 제한되어서는 아니 된다"고 판시하여(그 이유로서, 언론사가 타인에 대한 비판자로서 언론의 자유를 누리는 범위가 넓은 만큼 그에 대한 비판의 수인 범위 역시 넓어야 하고 언론사는 스스로 반박할 수 있는 매체를 가지고 있어서 이를 통하여 잘못된 정보로 인한 왜곡된 여론의 형성을 막을 수 있으며, 일방 언론사의 인격권의 보장은 다른 한편 타방 언론사의 언론자유를 제약하는 결과가 된다는 점을 들고 있다), 결국 우리 대법원은 공인에 대한 비판 또는 의혹제기를 넓게 허용함으로써 언론의 자유를 두텁게 보장한다는 입장을 명백히 하고 있다(일본에서는 아직도 이처럼 공인에 대한 비판 또는 의혹제기를 넓게 허용하는 판례이론이 정립되지 아니하였다).

끝으로, 하급심의 판결이지만 서울중앙지방법원 2006. 8. 11. 선고 2006고합177 판결은, 불법으로 수집된 통신비밀을 보도하는 것은 통신비밀보호법 위반으로서 형사처벌의 대상이지만 다만 취득한 정보의 내용이 국가의 안전이나 질서유지, 공공복리의 근간을 이루는 매우 중대한 공공의 이익과 직결되는 것이어서 보도를 통하여 그 정보에 대한 공공의 관심사를 충족시켜 주는 것이 언론기관에 부여된 사회적 책무를 다하는 것이라고 판단되는 경우에는 위법성이 조각될 수 있다고 판시하면서, 이른바 안기부 X파일을 보도한 MBC기자에 대하여 무죄를 선고하였다

4. 언론과 재판

사법부의 재판이 언론기관의 보도에 커다란 영향을 미침은 앞서 본 바와 같으나 언론기관의 보도도 사법부의 기능과 재판에 중대한 영향을 미친다.

언론과 마찬가지로 사법권의 독립은 현대민주주의의 필수요소가 되고 있으나 사법부는 입법권을 가진 국회, 예산과 군대, 경찰을 가진 행정부에 비하여 그 지지기반은 헌법의 규범력과 국민들의 신뢰밖에 없다고 할 것인바 언론의 부당한 보도에 의하여 이러한 신뢰가 무너진다면 사법권의 독립 그 자체가 위협을 받게 된다.

나아가 직업법관에 의한 재판제도를 가지고 있는 현재의 우리나라에서는 재판에 관련한 보도가 재판의 결과에 큰 영향을 미치지는 아니하겠으나 앞으로 배심, 참심제 등이 도입될 경우 재판에 관련한 보도가 재판결과에 영향을 미칠 우려가 농후하므로 이에 대한 대비가 필요하다.

(1) 보도와 공정한 재판

먼저 형사사건보도에 있어서 수사단계에서부터 피의자를 범인시하여 대서특필하는 보도는 피의자 또는 피고인이 공정한 재판을 받을 권리에 영향을 미칠 수 있

다. 이러한 우려는 배심제를 택하고 있는 영미법계에서는 지극히 심각하여 법원은 재판에 영향을 줄 수 있는 사건에 관한 보도를 금지하는 명령(gag order)을 발하는 경우가 허다하고, 이러한 명령은 공정한 재판을 받을 권리를 위하여 필요한 것으로 언론의 자유를 침해하는 것이 아니라고 보고 있고 오히려 이러한 조치를 취하지 아니하면 그 재판이 무효가 될 수 있다는 판결(대표적인 사례로서 Sheppard v. Maxwell, 384 U.S. 333 (1966) 등이 있다)도 있다.

배심제를 채택하지 아니하고 직업법관이 유·무죄를 결정하는 우리나라의 사법제도에서는 그러한 우려는 비교적 적다. 형사소송법상 엄격한 절차에 의하여 조사된 증거만을 가지고 유무죄를 결정하도록 되어 있고, 직업법관은 언론에 보도되는 수많은 범죄사건을 재판한 경험도 있어 사건에 관한 언론보도를 곧바로 진실인 것으로 믿지는 아니할 것이기 때문이다.

그러나 판사가 언론보도에 의하여 영향을 받을지 모른다는 피고인의 우려까지 완전히 씻기는 힘들 것이다. 우리나라 형사소송법은 형사사건에 대한 판사의 선입견을 배제하기 위하여 공소장일본주의를 채택하여 판사는 제1회 공판기일에는 공소장만을 가지고 임하도록 하고 있음에 비추어, 피고인으로서는 공판 전에 피고인을 범인시한 언론보도는 판사에게 예단을 주리라고 우려하고 판결결과에 대하여 쉽게 승복하지 않을 것이며 이는 사법부에 대한 신뢰에도 부정적 영향을 미치게 된다.

(2) 판결에 영향을 미치려는 보도

나아가 사건에 대한 보도가 부수적으로 재판결과에 영향을 미칠 우려를 초래하는 것이 아니라 언론에서 의도적으로 판결결과에 영향을 미치기 위한 보도를 하는 경우도 종종 발견된다.

민사 또는 형사 재판이 진행중인 사건에 대하여 당사자 일방의 주장을 대대적으로 보도하는 시사특집프로그램 등이 그 대표적인 경우이다. 이는 재판에 영향을 미치려는 의도 그 자체만으로도 사법권의 침해에 해당하여 결코 정당화될 수 없으며, 만일 그러한 보도와 같은 취지의 판결이 선고되면 설사 보도와는 무관하게 그 판결이 선고된 것이라 하여도 상대방은 언론의 압력에 굴복한 판결로 판단하여 이에 승복하지 않으려 할 것이므로 사법부에 대한 국민의 신뢰에 결정적 타격이 된다(만일 언론의 보도 방향과 다른 판결이 선고된다면 언론의 신뢰성이 타격을 입을 것이다).

이러한 보도는 허위보도가 아닌 한 그 자체로서 민 · 형사적인 제재를 가하기는 쉽지 아니할 것이므로 윤리강령 등에 의한 자율규제나 방송위원회의 방송심의 및 제재 등에 의한 외부적 규제가 절대적으로 요구되는 사항이다.

(3) 부당한 재판 비판

요즈음 재판진행과정이나 재판결과에 대하여 비판하는 기사가 적지 아니한바, 국민이 위임한 사법권을 행사하는 법관의 행위인 재판도 언론의 비판의 대상이 됨은 당연하고 또 이를 통하여 법문화의 발전이 기대될 수도 있다.

그러나 재판비판이 위와 같은 긍정적 효과를 발휘하기 위해서는 그것이 객관적인 사실의 기초 위에 선 법리적 · 논리적인 비판이어야 할 것이다(그런 점에서 하급심의 명백한 실수로 피고인이 불이익을 입게 되었음을 비판하는 기사, 대법원에서 무죄의 취지로 파기된 하급심 판결에 대하여 증거판단상의 잘못을 지적하는 비판기사 등은 결코 탓할 수 없다).

그러나 법관이 법률문제에서 언론과 다른 견해를 취한 것에 대하여 마치 외부의 압력이나 변호사와의 유착관계 등으로 이른바 '봐주기판결'을 하였다는 등의 근거없는 의혹보도를 하는 경우가 있다.

이러한 부당한 재판비판은 법관에 대한 불신과 함께 재판제도 자체에 대한 불신을 초래하여 사법부의 독립을 위협할 우려를 안고 있다. 즉 일반국민은 전문적인 지식을 요하는 판결이유의 논리적 과정에는 관심이 없고 결과에만 주목하기 쉬운데 언론의 부당한 재판비판기사를 그대로 믿고 재판제도 자체를 불신하게 되어 재판에 의한 분쟁의 해결보다 힘에 의한 해결을 추구하게 되고, 나아가 소송이 제기된 경우에도 법률적으로 접근하기보다 권력이나 언론을 통한 압력을 행사하거나 재판부와 친분관계에 있는 변호사를 통하여 자기에게 유리한 결과를 이끌어 낼 수 있다고 생각하고 그러한 시도를 할 가능성이 있음을 부인할 수 없다. 그러한 경우 사법제도의 존재가치에 대한 몰가치 법과 양심에 따라 독립하여 재판하는 근대적 사법의 본질을 오인하여 재판의 공정을 해하고 사법부의 독립을 위협하는 지경에 이를 것이다.

그리하여 영미에서는 이러한 부당한 재판보도에 대하여는 법정모욕(contempt of court)으로 형사처벌을 가하고 있는바, 우리나라는 영미와는 법체계를 달리하고 있으므로 이를 법정모욕으로 처벌할 수는 없겠지만, 부당한 재판비판기사가 재판부에 대한 명예훼손 등에 해당할 경우에 그에 따른 민·형사상의 제재를 가할 수 있을 것이다(실제로 수차에 걸친 부당한 재판비판에 대하여 반론보도를 신청하여 인용된 사례가 있다).

5. 결 론

누구나 알고 있듯 언론의 자유와 사법권의 독립은 민주주의의 필수요건이다. 오늘날 민주화의 진전으로 언론과 사법부의 활동공간이 확대되긴 하였으나 아직도 완전하지는 않다. 언론자유의 남용으로 국가안보, 사회질서 또는 타인의 권리가 침해되는 경우에는 법원은 판결로써 이에 제재를 가하여야 할 것이고 언론도 사법부가 국민이 위임한 사법권을 제대로 행사하고 있는지 부당히 감시하고 비판하여야 함도 지극히 당연하다. 한편, 사법부는 재판을 함에 있어 언론의 비판 및 의혹제기 기능이 위축되지 않도록 언론의 자유를 최대한 보호하여야 할 것이고, 언론도 입법부나 행정부의 부당한 압력으로부터 사법부를 지켜주는 방패의 역할을 할 것이 요구된다.

우리 사회의 민주화와 국민들의 인권의식의 고양에 따라 언론관련 재판사건이 많아졌고 이에 사법부는 언론의 자유를 보장하는 방향으로 판례이론을 정립해오고 있는바, 언론으로서도, 공정한 재판과 사법권독립이란 중대한 공익을 위하여, 그릇된 보도로써 사법부에 대한 국민의 신뢰를 해치는 일이 없도록 유의하여야 할 것이다.

제 3 절 변화하는 언론 환경과 법원

우 지 숙*

Ⅰ. 서 론

본고에서는 언론과 법원의 관계에 대해 지금까지 어떠한 논의가 있어왔으며, 이 논의들을 통해 어떠한 결론과 시사점을 얻을 수 있는지, 또한 어떠한 새로운 문제들이 제기될 수 있는지를 알아보고자 한다. 지금까지 언론과 법원에 대해 이루어진 선행연구들을 통해 사법관련 언론 보도의 문제를 중점적으로 살펴보고, 언론의 자유와 공정한 재판, 자유로운 언론과 독립된 법원이 공존 가능한 것인지 알아본다. 나아가 최근의 제도적, 환경적 변화로 인해 민주주의와 법치주의를 위한 핵심적인 기관들이라고 할 수 있는 언론과 법원의 관계가 어떠한 도전을 받는지에 대해 고찰한다.

언론과 법원은 다양한 방식으로 상호관계를 맺고 있는데, 크게는 언론에 대해 법원이 영향을 미치는 경우와 법원에 대해 언론이 영향을 미치는 경우의 두 가지로 나누어 볼 수 있다. 언론에 대해 법원이 영향을 미치는 경우는 언론과 관련한 다양한 문제에 대해 법원이 사법적 결정을 내리는 경우, 특히 언론이 재판의 당사자가 되는 경우를 의미할 것이다. 최근 들어 언론관련 법령들이 제개정되고 언론을 대상으로 하는 소송 사건들이 늘어나면서 이러한 주제는 계속하여 다루어질 것이

* 서울대학교 행정대학원 교수.

라고 본다. 두 번째는 언론이 법원에 대해 영향을 미치는 문제로서 주로 재판관련 보도의 문제점 및 개선 방향 등에 대한 연구가 이루어져 왔고, 사법권의 독립[1]과 언론의 자유, 자유로운 언론과 공정한 재판(free press and fair trial)이라는 측면에서 많은 논의가 있어 왔다. 다음 장에서는 언론의 사법 관련 보도에 대한 기존 논의들을 살펴보기로 한다.

Ⅱ. 언론의 사법관련 보도

국내에서 언론과 법원의 관계가 가장 체계적으로 다루어진 것은 1995년 "언론과 사법"이라는 주제로 개최된 근대사법 백주년 기념 심포지엄에서였고, 언론을 민주주의의 구현을 위한 핵심적인 장치로서, 사법을 법치주의의 구현을 위한 주요 장치로서 보고 이들간의 상호관계를 조명하려 하였다. 물론 다양한 법학서적에도 보도의 자유와 공정한 재판의 문제가 설명되어 있으며, 법원행정처에서 1996년과 2001년 등 수차례에 걸쳐 법조출입기자 심포지엄을 개최한 바 있고, 2006년 한국언론법학회 언론세미나에서 전문영역에 대한 언론의 취재보도 및 법원의 판결에 대한 연구들이 발표되었다. 이 연구들을 바탕으로 하여 국내의 언론과 법원의 관계를 간단히 조명해 보기로 한다.

먼저 언론의 재판과정 보도는 공정한 재판을 위한 재판공개주의에 입각하여 중요성을 갖는다고 할 수 있다. 공개주의는 일반국민에게 법원의 재판과정에 대한 방청을 허용하는 것을 말한다(임병국, 1999).[2] 그러나 언론의 접근과 보도로 인해 관련 당사자의 인권이 침해되거나 법의 권위가 오히려 추락할 수 있다는 점도 간과할 수 없다. 또한 언론기관에게 공개를 널리 허용할 경우 관련 당사자나 재판부가 여론의 영향을 받을 수 있다는 데 문제의 소지가 있다(임병국, 1999). 따라서 사법부가 업무상 불가피하게 또는 과잉되게 언론의 접근을 차단하려는 정도와 언론

1) 사법권의 독립이란 형식적으로는 입법부와 행정부로부터 사법부의 조직과 운영의 독립을 의미하지만, 실질적으로는 사법권을 담당하고 있는 법관이 구체적 사건에서 어느 누구의 지시나 명령에 구속되지 않고 독자적으로 심판함을 말한다(권영성, 김상겸에서 재인용). 따라서 정치권력으로부터의 독립과 함께 언론이나 여론으로부터의 독립 역시 중요하다고 할 수 있겠다.

2) 헌법과 법원조직법은 공개재판을 받을 권리(헌법 제27조 제 3 항)와 공개재판의 원칙(헌법 제109조), 재판의 심리와 판결의 공개(법원조직법 제56조 제 1 항)를 규정하고 있다.

이 국민의 알 권리를 충족시키고자 또는 상업적 이유로 법원에 접근하려는 정도가 충돌하여 긴장관계가 발생할 수 있는 것이다.

그동안 몇몇 연구자들이 법원이 재판의 공개주의에 방해가 되는 경우를 지적하였는데, 법원 및 재판관들의 언론에 대한 배타적, 권위주의적 태도(현상엽, 1996; 이상현, 1994), 사법관련보도를 하기 위한 취재환경에 존재하는 장벽으로서 검찰, 경찰, 법원이 정보제공에 지나치게 인색하고 국민의 알 권리와 기자의 취재 간 관계에 대한 인식이 부족하다는 점 등이었다(이상현, 1994).

또한 많은 연구들이 사법과정에 대한 언론 보도의 문제점을 지적하고 있다. 시청자를 확보하기 위해 과다하게 범죄사건을 보도하거나(신평, 1985) 특히 형사사건에 대해 자극적인 보도를 하는 경우 언론재판에 의해 피의자 및 그 주변사람이 사회적으로 낙인이 찍히는 등 인격권이 침해되고 공정한 재판의 기회를 갖지 못하는 경우를 들고 있다(신평, 1985; 유재천, 1985; 이광범, 2001; 한위수, 1994). 또한 법용어의 선택에 신중을 기하지 못하여 부정확한 용어를 사용하고(신평, 1985; 한위수, 1994) 불필요한 사항까지 보도하여 프라이버시를 침해하거나 당사자 중 일방의 주장만을 듣고 반영하는 등의 보도기술 및 윤리적 문제에 대해서도 지적하고 있다. 한편 사법의 특성이나 절차를 이해하지 못한 상태에서 특정 재판에 대해 비판하는 경우도 지적하였고(한위수, 1994; 유재천, 1985), 사법부는 분쟁이 최종적으로 해결되는 장으로서 인정되어야 하는데 이에 대해 사후 비평을 할 경우 입법부와 사법부, 민간 간의 경계를 혼란스럽게 한다는 견해도 있었다(박준선, 2005).

그러므로 재판보도의 문제점과 관행을 개선하는 것이 절실한 과제라 할 수 있을 것이다. 문제는 이를 어떻게 개선할 수 있을까 하는 방법적인 측면인데, 이에 대해서는 규범적인 당부 이상의 대응책이 별로 제안되지 않고 있다. 예를 들어 "공정하고 책임있는 자세"를 가져야 한다, 비판은 "성실한 입장에서, 악의없이, 또 사법의 적정한 운용을 해할 의도가 없이" 행해져야 한다, "성급하고 부당한 압력을 가하는 식이 되어서는 안된다" 등의 규범적인 주장들(신평, 1985)이 주를 이루었다. 비교적 구체적인 개선방안을 제시하는 경우에는 무죄추정의 원칙과 익명보도의 원칙을 택하여 피의자가 체포되더라도 실명을 밝히지 않고 가능하면 인권의 침해를 최소화하는 것(박용상, 1985; 한위수, 1994), 용어의 측면에서도 "범인" 등과 같은 단정적 표현을 지양하고 표제에서도 역시 단정적 표현을 피하는 것(한위수, 1994), "패륜아," "뻔뻔스럽게," "악덕업자" 등 감정표현이 들어간 표현을 자제하고 피고인이 유죄로 확정된 경우에도 개인을 악인시하는 것보다 범죄의 발생원인과 사회에 주는 영향 및 예방책 등을 객관적으로 논평하는 태도를 택할 것(한위수, 1994), 그리고 수사기관의 발표나 주장을 언론이 여과없이 보도하는 관행을 피하고 피의자의 반론을 적극적으로 게재할 것(한위수, 1994) 등을 제안하고 있다. 또한 언론이 자율적으로 윤리규범을 정립하여 지킬 것, 특히 재판관계의 취재와 보도에서 지켜야 할 상세한 내용을 윤리규범으로 만들어 준수할 것을 강조하고, 기자의 전문성을 제고하기 위해 재교육과 연수 등을 강화하고 대기자, 전문기자 제도 등을 도입하는 방안을 제시하고 있다(박용상, 1985, 이광범, 2001).

결론적으로 많은 연구자들이 언론의 바람직한 재판보도 방식으로서 "재판에 대한 논평이나 비평은 객관적인 사실에 입각하여 논리적인 것이 되어야 할 것"(한위수, 1994)이라는 점에 동의하고 있으나, 재판에 대한 논평뿐 아니라 언론의 어떠한 보도나 논의도 과연 "객관적"일 수 있는가 하는 점을 생각해 보면 언론의 사법관련 보도 문제를 접근하는 데 아직도 근본적인 어려움이 있다는 점을 알 수 있다. 언론의 "공정성"과 "객관성"이라는 것은 그 개념이 매우 복잡하고 다층적일 뿐 아니라, 현실을 재구성할 수밖에 없는 언어와 언론의 본질 및 뉴스제작의 관행 등 때문에 기술적으로 공정하고 객관적이라고 평가되는 언론보도가 오히려 기존의 이데올로기와 기득권 세력을 정당하고 자연스러운 것으로 옹호하는 결과를 낳게 될 수도 있는 것이다(Tuchman, 1972; Tuchman, 1978). 이러한 측면에서 공정하고 객관적인 언론이란 실제로는 존재할 수 없는 신화(myth)일 뿐일 수도 있다. 그렇다면 사법부의 독립이 공정하고 객관적인 언론에 의해 지켜질 수 있다고 볼 수 있는지 의문이 남는다.

이렇게 상당히 많은 선행연구에서 언론의 사법관련 보도에 대해 논의하였고, 이를 통해 언론으로부터의 사법의 독립성 및 언론의 사법에 대한 비판과 논의라는 상충되는 이념을 조화시키고자 노력하였으나, 과연 자유로운 언론과 공정한 재판, 또는 자유로운 언론과 독립된 법원의 공존이 가능한 것인가에 대해서는 아직 해답을 제시하고 있다고 보기 어렵다. 법원의 독립과 언론의 자유간의 긴장관계는 규범적 논의에 의해서만은 해소되기 어렵고, 이러한 논의 안에서도 법의 지배를 지향하는 법치주의의 목표와 정보에 대한 자유로운 접근과 논의를 지향하는 민주주의의 목표가 조화를 이루기보다는 따로 존재하는 모습을 보이고 있기 때문이다. 법치주의와 민주주의의 문제에 대해서는 결론 부분에서 다시 다루도록 하겠다.

Ⅲ. 법원에 대한 언론의 영향과 법원의 독립성

지금까지 법원에 대한 언론보도 관련 연구들을 살펴보았는데, 언론과 법원의 관계라는 측면에서 본다면 언론의 사법관련보도는 인격권의 침해 및 피의자 등 당사자의 공정한 재판을 받을 권리를 지키기 위해서도 중요한 문제이지만, 재판부가 공정한 재판을 할 수 있는가의 여부와 관련하여 더욱 중요한 이슈가 된다. 즉, 언론의 보도에 의해 재판부가 영향을 받을 것인가, 나아가 언론의 법원에 대한 영향력이 어느 정도일 것인가 하는 문제이다.

언론의 보도에 의해 재판부가 영향을 받을 것인지, 받고 있는지 하는 문제에 대해서는 몇 년 전까지만 해도 연구자들이 상당히 낙관적인 입장을 보여 왔다고 할 수 있다. 우리나라 법원의 경우는 그래도 언론의 영향 또는 여론의 영향에서 상당히 자유롭다고 평가되어 온 것이다(신평, 1985; 팽원순, 1985).[3] 이러한 평가는 우리나라 법관은 전문직으로서의 특성을 많이 갖고 있다는 판단에 근거하는 듯하다. 우리나라 법관을 전문적인 판단을 하는 존재로 보는 이유는 대체로 두 가지로 논의되고 있다. 첫째는 법관들이 선출직이 아닌 임명직이라는 점에 기인하는데, 재판관을 선거로 뽑는 것이 아니기 때문에 개인적인 이해에 구애됨이 없이 보다 전문적인 지식을 바탕으로 판단을 내릴 수 있다는 점에서 사회적인 신뢰를 얻고 있는 부분이 있었다는 점이다(김옥조, 2005; 유재천, 1985; 팽원순, 1985). 둘째는 시민의 사법참여제도가 없었다는 것이다. 우리나라는 영국이나 미국과는 달리 배심제나 참심제를 도입하지 않고 직업재판관이 전문적으로 판단을 하는 제도를 채택하고 있기 때문이다.[4] 재판관 역시 사람이라는 점에서 언론의 보도 내용이나 여론으로부터 심리적인 영향을 받을 수는 있다고 본 경우에도, 이러한 심리적인 영향 역시 양형을 결정하는 측면에 제한적으로 나타나고 유죄냐 무죄냐 하는 판정 자체에는 영향을

3) 한 연구자는 "우리나라에 있어서도 언론사의 보도에 의해 판사나 검사가 그 사법적 판단을 내릴 때 다소의 영향을 받을 수 있으리라고 생각은 되어지지만, 아직까지 우리나라에서는 과열된 언론의 보도와 그것에 의해 상승된 사회적 여론 때문에 판사가 잘못된 재판을 했다고 알려진 예는 없는 것으로 안다"라고 쓰고 있다(신평, 1985).

4) 참심제는 전문판사와 일반인이 혼합된 재판부에서 사실과 법률의 결정을 하는 것으로서 독일의 법제사에서 발전되어 중부 및 동북부 유럽에서 시행되고 있으며, 배심제는 법관이 아닌 일반인이 사건의 사실관계만을 결정하고 법관이 법률에 대한 판단을 하게 되는 일종의 분업체제로서 주로 영미법계에서 발견된다.

미치지 않으리라고 보는 입장이 더 많았다(김옥조, 2005; 유재천, 1985; 팽원순, 1985). 특히 전통적인 언론인 신문에 대해서는 더 그러하였는데, 우리나라에서는 신문이 재판의 결과를 좌우한다는 의미의 “신문재판”은 일단 있을 수 없다고 생각해야 한다고까지 주장된 바 있다(팽원순, 1985). 다시 말해 법원이 국민이나 여론에 의해 통제받을 가능성은 상대적으로 적었다고 보고 있고, 이는 지금까지 사법부의 독립을 논할 때 정치권력으로부터의 독립 여부가 더 논의의 대상이 되었던 이유이기도 할 것이다.

그렇게 본다면 법원이 언론 또는 여론의 영향을 별로 받지 않으리라고 볼 수 있었던 이유는 법원의 독립을 유지하면서도 언론의 비판과 견제 기능을 유지할 수 있는 어떤 합의점이나 조정의 가능성을 찾았기 때문이라기보다는, 우리나라 사법부의 제도와 체제가 국민으로부터의 거리를 유지하는 방식으로 만들어져 있었기 때문이라고 보는 것이 더 맞을 듯하다. 우리나라와 달리 일찍이 배심제 등 국민의 사법참여제도를 실시하여 온 영국이나 미국에서는 길항관계에 있게 되는 공정재판과 자유언론의 관계를 언론윤리에만 맞기지 않고 이를 조정할 법제도적 장치를 만들어 놓은 것과도 비교할 수 있다.[5] 이에 비해 우리나라는 부당한 재판기사가 재판부에 대한 명예훼손에 해당할 경우에만 그에 따른 민형사상의 제재를 가할 수 있을 뿐이다(임병국).[6]

이렇게 우리나라의 경우는 언론의 자유와 국민의 알 권리라는 목표를 독립된 법원과 공정한 재판이라는 목적에 배치되지 않도록 하기 위해 주로 언론의 윤리적 차원에 기대어 왔다. 그럼에도 불구하고 언론과 여론으로부터의 사법의 독립이 가능하다고 여겨졌던 이유는 법원 관련 제도가 국민과의 거리를 유지하는 방향으로 만들어져 있기 때문이라고 볼 수 있다. 그렇다면 이러한 제도적 차원에서 변화가 일어나거나 다른 이유로 인해 법원과 국민과의 거리가 좁혀질 경우 언론과 법원의 관계 역시 변화가 일어날 수 있다는 것이다. 이러한 환경의 변화에 대해 살펴보기로 한다.

---

5) 영국의 법정모욕법(the Contempt of Court Act)이나 미국의 유지명령(protective order, 일명 재갈명령) 등이 있다(김옥조, 2005; Pember, 2000).

6) 또한 방송에 대해서는 방송심의관련규정을 통해 재판부가 방송사에 관련 보도의 자제를 요청하거나 방송위원회 심의위원회가 재판관련 방송에 대해 신중을 기할 것을 권고할 수 있지만 이 권한을 거의 사용하지 않고 있어서 한계가 있다고 볼 수 있다.

Ⅳ. 변화하는 환경과 사법

1. 제도적 측면

법원과 국민의 거리 또는 관계가 달라질 수 있는 가장 큰 가능성은 재판제도에 대한 국민의 참여로부터 나올 수 있다. 우리나라 정부는 현재 사법개혁방안의 하나로 2007년부터 일반시민이 재판제도에 참여하는 "국민사법참여제도(또는 시민사법참여제도)"를 도입하려 하고 있다(안경환 · 한인섭, 2005). 아직 국민사법참여제도의 구체적인 절차와 모습이 결정되지는 않았지만 아마도 배심제와 참심제의 혼합형태가 되기 쉬울 것이다(김옥조, 2005). 어떠한 형태로든 일반국민이 사회적 분쟁을 최종적으로 처리하는 재판의 과정에 참여하게 되면 이들이 전문법관보다 언론의 보도나 여론 등에 의해 더 크게 영향을 받으리라고 볼 수 있는가 하는 점이 관건일 것이다. 이에 대해 비법률전문가이기 때문에 일반 국민이 피의사실 공표에 따른 선입견의 형성이나 여론으로부터의 영향에 더 좌우되리라는 우려가 계속 제기되어 왔고(김옥조, 2005; 김기창, 2005; 박원순, 2005), 심지어는 우리나라 국민들이 감정적이고 자신과의 관계에 의해 판단에 영향을 받는 온정주의 등을 심하게 가지고 있어서 언론의 보도와 대중의 여론에 사법이 더 크게 영향을 받을 수 있다는 보고도 있었다(한규석, 안경환 · 한인섭에서 재인용, 2005; 김옥조, 2005). 그러나 한편으로는 직업법관 역시 언론에 노출되지만 재판의 제 과정을 거쳐 합리적 결론에 도달하려 한다는 점을 생각할 때, 일반 국민의 경우에도 연고가 있는 경우를 기피하도록 하고 대외적 접촉을 차단하며 특정인의 의견이 전체를 좌우할 수 없게 하는 평의제도를 활성화하는 등 제도를 통해 보완할 수 있다는 의견도 있다(안경환 · 한인섭, 2005). 결국 일반 국민이 재판에 참여할 경우 언론이나 여론으로부터 법관보다 더 영향을 받게 될 것인가 하는 것은 여러 가지 방법으로 탐색해 보아야 할 경험적인 질문으로 남을 수밖에 없는 것이다.

또한 직업법관의 경우에는 언론의 영향을 어느 정도 받는지 여부도 역시 경험적으로 테스트해야 할 문제이다. 기존의 연구자들이 대부분 우리나라의 재판관은 언론이나 여론의 영향을 별로 받지 않는 듯하다고 본 것에 비해, 법조인들의 연고주의가 오히려 더 심각하다는 비판도 있었고(안경환 · 한인섭, 2005), 최근 수년간은 법관이 여론으로부터 자유롭기 어렵다는 주장이 점점 제기되어 왔다. 점점 재판부가 국민들의 시선을 의식하고 여론의 영향을 받는 듯하다는 느낌 역시 여러 관련자들에 의해 전해지고 있다(허만, 1996; 이진우, 1996 등). 최근 들어 법관들 스스로도 이러한 우려를 표명하고 있는데, 2005년 한 판사는 "피의사실의 공표와 이에 대한 언론의 보도가 법관으로 하여금 사회여론을 무시하고 피고인에게 유리한 판결을 하기 위해서는 대단한 용기가 필요한 상황을 만든다"고 언급하였고(프레시안, 2005), 2006년 6월 김능환, 박일환 대법관 후보에 대한 국회인사청문특별위원회에서 두 후보는 모두 법관의 독립성을 위협하는 가장 큰 요인으로 언론과 시민사회단체 등 여론의 압력을 꼽았다(국민일보, 2006). 또한 2004년에는 조선일보 기자들이 법관 60명을 대상으로 인터뷰한 내용을 특집으로 실어, 많은 법관들이 시민단체와 여론의 압박에 어려움을 겪고 있다고 하였으며 시민단체의 주장이 재판에 직접적인 영향을 줄 수 있다고 대답한 판사도 다수 있었다고 보도하였다(조선일보, 2004). 따라서 언론이 재판부나 법관개인에게 미치는 영향은 아직 단정적으로 결론을 내리기 어려운 문제이며, 시대적, 환경적 변화와 함께 달라질 수 있는 문제라는 점에서 향후 연구가 필요하다고 하겠다.

그러나 이보다 더 중요한 것은 어떠한 조건 하에서 일반국민이나 법관이 언론이나 여론으로부터 영향을 덜 받을 수 있을 것인가, 또는 나아가 어떻게 영향을 받아야 공정한 재판이라는 목적과 배치되지 않을 수 있는가 하는 문제이다. 법관이나 사법과정에 참여하는 시민이 여러 단계의 절차를 거치면서 많은 정보와 의견에 노출될 수밖에 없다고 한다면, 이들이 언론을 통해서든 다른 매체를 통해서든 듣게 되는 여러 정보와 의견들을 잘 판단하여 결정을 내릴 수 있는지 하는 여부가 더 중요해질 것이다. 이와 관련해서는 앞에서 언급한 제도적 문제와 함께 재판의 과정에 참여하는데 필요한 덕목과 능력은 무엇인지, 어떠한 커뮤니케이션의 태도와 기술 또는 판단력이 필요한지, 이러한 태도와 기술 및 판단력을 갖도록 하기 위해서는 어떠한 교육과 실험들이 필요한지에 대해서 고민을 해야 할 것이다.[7)]

즉 법원에 미치는 언론과 여론의 영향은 국민을 사법재판에 참여하게 하는 제도적 변화로 인해 더욱 문제가 된다기보다는 변화하는 환경에 의한 복합적인 결과

7) 이를 위해서는 숙의(deliberation)와 토론의 개념들을 적용하여 논의를 계속할 필요가 있을 것이다. 이는 결국 법치를 지속가능하게 하는 조건으로서 일컬어지는 시민적 덕목의 문제와도 연결이 될 것인데, 뒤에서 논의하기로 한다.

로 인해 법원과 국민의 거리가 좁혀짐으로써 더 커질 수 있다고 생각할 수 있다. 그중에서도 법원과 국민의 거리를 좁히고 있는 중요한 요인은 정보매체환경의 변화라고 할 수 있다. 언론의 개념이 처음에는 전통적인 언론인 신문에서 시작하여 이제는 방송, 다채널 텔레비전, 인터넷에 이르기까지 다양한 매체들이 언론의 역할과 기능을 하고 있고 기존 언론과는 다른 새로운 역할과 기능도 하고 있는 상황이다. 다음 장에서는 정보기술의 발달로 인한 매체 및 커뮤니케이션 환경의 변화가 법원에 미치는 영향은 무엇인지 살펴본다.

2. 미디어 및 커뮤니케이션적 측면

매체환경의 변화가 법에 미치는 영향에 대한 분석적, 실증적 연구는 찾아보기 어렵고 주로 추측, 또는 개인적 경험에 의한 논의가 대부분이다. 매체환경의 변화로서 가장 먼저 나타난 것은 방송의 출현이라고 할 수 있는데, 방송이 재판에 미치는 영향은 크게 2가지로 나눌 수 있다. 첫째로는 방송의 재판관련 보도가 미치는 영향이고 두 번째는 재판과정의 녹화, 촬영, 중계방송 등으로 인한 변화이다. 이 중 법정내에서의 재판 촬영 및 방송은 미국을 제외한 거의 모든 나라에서 금지되고 있고, 미국의 경우 재판을 촬영할 권리가 표현의 자유로서 보장된 것은 아니지만 대부분의 주에서 1심 또는 1심과 2심의 민사와 형사사건을 촬영하는 것을 허용하고 있다(Siegal, 2002). 또한 미국에는 24시간 내내 법정 내에서의 상황을 실시간으로 중계해주는 네트워크 채널 Court TV가 있을 뿐 아니라, 이 채널의 웹사이트에서는 상호작용적 서베이를 통해 일반국민들이 자신이 또 한 사람의 배심원이라고 생각하고 의견을 표명하거나 판결을 내려 볼 수 있게 하고 있다. 재판정 내 과정을 방송함으로써 사법절차에 대한 신뢰가 늘어나거나 사법에 대한 교육의 효과를 기대할 수 있다는 의견이 있는 반면, O. J. Simpson 사건에서처럼 형사재판을 드라마화한다는 비판과 함께 법정에서의 카메라를 허용하지 말하여 헌디는 주장도 있다(Cripe, 1999).

한편 방송의 보도가 재판에 미치는 영향은 신문보다 더 클 수도 있다. 특히 우리나라와 같이 지상파 방송의 시청률이 높은 경우 그 영향력이 더 클 수 있고 만일 여러 지상파 방송사가 서로 다르지 않고 일관적인 내용의 보도를 하는 경우에는 더욱 그러하다. 우리나라에서는 지상파 방송이 재판에서 쟁점이 되는 부분을 다룸으로써 재판에 영향을 미치려 한다는 의혹이 제기된 적이 여러 차례 있었지만,

실제로 재판에 미치는 영향에 대해 분석한 연구는 찾기 어렵다. 2004년 MBC PD 수첩에서 송두율 교수 재판에서 쟁점이 되는 부분을 다루어 방송이 의도적이든 비의도적이든 재판에 영향을 미칠 수 있지 않은가 하는 논란이 있었다. 이 때 대법원은 사전에 "재판이 계속 중인 사건을 다룰 때에는 재판 결과에 영향을 줄 수 있는 내용을 방송해서는 안 된다"는 방송심의 규정 제11조를 들어 MBC측에 신중을 기해 줄 것을 요청하는 공문을 보냈으나 받아들여지지 않았다.

또한 같은 해 노무현 대통령의 탄핵 문제와 관련한 방송이 편파적이었다는 비난이 제기되었었고, 당시 방송위원회의 의뢰로 이루어졌던 언론학회의 보고서는 어떤 기준으로 보아도 탄핵방송이 공정한 보도라고 보기 어렵다고 결론을 내린 바 있다(이민웅 외, 2006). 이러한 방송의 보도와 함께 신문의 보도, 인터넷상에 나타나는 시민들의 의견 등에 대해서도 크게 논란이 있었지만, 결과적으로 재판에 어느 정도 영향을 미쳤는지를 실증적으로 조사하기는 매우 어렵다는 점에서 그 영향력은 다만 심증적으로 유추되고 있다. 또한 공정성의 의미나 기준 자체에 대해서도 많은 논란이 있고, 구체적인 "사실"만을 보도하는 것, 대립 관계가 있는 경우 상반된 양측의 주장을 "균형"있게 보도하는 것, 사회적, 역사적 "맥락" 하에서 보도하는 것 등 여러 가지 차원들이 서로 다른 의미를 가질 뿐 아니라 함께 공존하기도 어렵다는 점에서 보도의 공정성을 통해 법원의 독립을 꾀하는 것이 매우 어렵다는 점을 다시 한 번 생각할 수 있다(Woo, 1996).

신문과 방송 등 대규모 매체를 통해 전달되는 내용뿐 아니라 인터넷을 통해 유통되는 관련 정보, 이에 대해 이용자들이 글을 읽고 올림으로써 확산되는 의견들 역시 재판에 영향을 미칠 가능성이 있을 것이다. 미국 클린턴 대통령의 정치 컨설턴트였던 딕 모리스는 인터넷과 직접 민주주의에 대한 그의 책에서 인터넷이 사법체제를 어떻게 변화시킬 것인가에 대해 논하면서, 클린턴 대통령 탄핵논쟁에서 케네스 스타검사는 "여론의 법정"에서 패함으로써, "법률의 법정"에서는 이겼을지 모르지만 상원에서는 패하게 되었다고 주장했다(모리스, 1995). 검사가 법정에서 계속 승소하는 동안 클린턴과 백악관은 계속적인 항소와 모든 가능한 법적 절차를 신청하여 시간을 끌면서 스타검사의 집요한 조사 및 시간끌기 등에 대한 공격 보도자료를 계속 돌렸고, 검사가 대부분의 법률적 논거를 증명하고 승리하였음에도 불구하고 장기간의 조사에 대한 대중의 인내심이 한계에 도달하면서 검사의 위치는 점점 불리해졌다는 것이다(모리스, 1995). 여론의 법정(court of public opinion)이 법률의 법정(court of law)만큼이나 중요하거나, 더 중요할 수도 있는 시대가 되었다는 것에 대해서는 미국의 다수 법학자들도 인정하고 있다(Brown, Jr., 2004; Cripe, 1999).

또한 새로운 매체의 등장으로 인해 법이 받게 되는 더 근본적인 도전들에 대해서도 생각해 볼 필요가 있다. 매체의 발달로 인해 기존에는 배타적으로 접근가능했던 법적 정보가 점점 더 많은 사람들에게 노출되고, 그 결과로서 법조인과 비법조인 간의 차이가 점점 적어지게 된다. 컴퓨터와 인터넷으로 인해 법적 정보도 쉽게 전자화되고 유통되게 되는데, 이에 따라 일반인에게 노출되는 법적 정보의 양이 많아지고, 법원의 결정들이 전에 비해 빨리 알려지게 되고, 재판의 결과에 대한 비판 역시 쉬워진다는 것이다(Katsh, 1989; 카트시, 1995). 우리나라에서도 대법원의 주요한 판결요지가 컴퓨터 통신망 천리안을 통해(황정근, 1996), 그리고 최근에는 인터넷을 통해 제공되고 있다. 지금까지 구체적인 사건에 대해 가장 많은 정보를 가지고 법적 고민을 하는 기관이 결국 사법부라는 점에서 그 권위가 더욱 인정되어 왔다면(박준선, 2005), 매체의 발달로 향후 정보의 양이나 접근에 대한 기존의 역학관계가 달라질 수도 있다는 점에서 비밀유지의 의무를 가지고 있으면서 반론의 기회도 갖기 어려운 법관들의 입장은 점점 어려워질 수 있는 것이다. 따라서 이전의 언론과 법원의 관계 논의에서는 주로 언론에 의해 재판의 과정과 결과가 영향을 받는 차원에 대해 주목하였지만, 이제는 재판 및 법원에 대한 일반인의 접근이 늘어났다는 점에서 법원의 위상 자체에 변화가 오는 것은 아닌지가 중요한 질문이 된 것이다.

아이러니 하게도 기존의 사법관련보도에 대한 논의에서는 언론인의 사법제도 및 절차에 대한 전문성 부족이 공정한 재판 및 사법의 독립성을 해칠 수 있는 요인으로 지적되었다면, 이제는 오히려 비법조인들의 사법에 대한 지대한 관심과 접근 가능성으로 인해 법조인의 전문가로서의 배타성이 줄어들고 이에 따라 사법부의 권위 또한 약해질 수 있는 상황으로 가고 있다. 모리스도 그의 결론에서 인터넷에 의한 대부분의 변화가 민주주의를 위해서는 유익할 수 있지만 사법분야에서만은 그렇지 않다고 보고 있다(모리스, 2000). 이렇게 민주주의를 위해 바람직한 것과 사법분야에서 유익한 것이 서로 다르다면, 민주주의와 법치주의는 서로 상충하는 개념이 되는 것인가? 결국 민주주의를 위해 법치주의를 포기해야 하는 것인가? 민주주의와 법치주의 중 한 가지만을 택해야 하는 것인가? 만일 그렇다면 언론과 법원에 관한 논의는 다시 원점으로 돌아갈 수밖에 없는 듯하다.

이와 관련해서는 우리나라의 한 판사도 같은 지적을 한 바 있다: "재판이라고 하는 무대는 결코 사상의 자유시장이 아니다. 재판은 엄밀하게 법적으로 규율된 절차 하에서 증거법의 틀 속에서 다루어지는 법정기술을 통해 행해지고 … 그러므로 언론의 자유의 근거로서 제시되는 "사상의 자유시장론"은 재판과정에서는 그 토대를 잃는 것이다 …"(신평, 1985). 그런데 문제는 이제 "재판의 무대가 더 이상 사상의 자유시장에서 자유로울 수 있는가?" 하는 질문이 이제는 매우 현실적인 문제가 되었다는 것이다. 현재와 과거의 중요한 재판에 대한 정보를 누구나 쉽게 입수할 수 있고 법률가들은 재판과정이 전개될 때 인터넷상의 반응을 모니터할 수 있다는 것은 이제 피할 수 없는 현실이 되었다. 배심제를 택하고 있는 미국에서도 편파적이지 않은 배심원단(impartial jury)을 얻기 위한 방법으로서 여러 가지 제도를 만들어 놓았지만, 그럼에도 불구하고 언론을 통제하는 것은 상당히 어려운 일이고 배심원들의 매체 이용을 통제하는 것은 현실적으로 더욱 어려운 일인 데다가 특히 인터넷을 통해 정보를 얻거나 유출하는 것을 통제하는 것은 거의 불가능한 일이 되었다(Bell & Odysseos, 2002; Patrick, 2002). 이렇게 급변하는 매체 환경에서 공정한 재판과 공정한 언론을 위한 여러 가지 법적, 제도적 장치들은 실효성을 거두기 어려울 것이다. 즉 사상의 자유시장, 통제되지 않는 정보의 흐름, 모든 이가 참여할 수 있는 토론의 장으로부터 자유로울 수 없는 것이 사법부의 현재이고 미래인 것이다. 그러므로 전통적인 의미에서의 언론재판 또는 여론재판의 문제점과 대응방안을 논의하기보다는 매체환경의 변화로 인한 여론의 재판에 대한 영향력이 어느 정도 어떤 방식으로 나타나는지를 구체적으로 가늠하는 것이 우선되어야 할 것이고, 더 중요한 것은 대인간 커뮤니케이션, 인쇄매체, 전자매체로 이어지는 환경의 변화 속에서 법원, 법의 지배, 법치주의의 역할이 어떻게 변화하는가를 탐색하는 것이다.

Ⅴ. 다시 법치주의로, 그리고 숙의 민주주의로

변화하는 매체 환경과 이로 인한 사상의 자유시장에 의해 법원이 영향을 받는다면, 법치주의의 종말이자 민주주의의 승리를 의미하는 것인가? 여기서 다시 한 번 법치주의의 개념과 민주주의와의 관계를 생각해 볼 필요가 있다. 법치주의의 개념을 형성하는 중요한 요소로서 삼권분립의 원칙, 절차적 정의, 인간에 의한 지배가 아닌 법률에 의한 지배, 사법부의 독립성 등을 들 수 있을 것이다(김도균 외,

2005). 우리나라의 역사적, 현실적 상황에 비추어 본다면 1895년 구한말 재판소구성법이 시행되면서 사법권이 행정권에서 분리되어 형식적인 의미에서의 법치주의가 시작되었다고도 볼 수 있겠다. 이후 사법부의 정치권력으로부터의 독립이 계속 논란이 되었으나 최근 들어서는 언론매체의 발달로 여론으로부터의 독립이 더욱 문제가 되고 있는 것이다. 이에 대해 지금까지의 논의는 주로 언론의 비판적 보도와 전문성 부족 등을 문제의 소지로 보고 언론의 공정한 보도, 정확성, 신의 등을 제안하고 기대해 온 듯하다. 그러나 애석하게도, 또는 당연하게도 "언론이 공적 기능을 망각해서는 안된다"(김상겸, 2006)는 주문에도 불구하고 현대의 언론과 새로운 매체들은 공적 기능을 분명히 망각할 것이라는 데 문제가 있다. 또한 윤리적, 제도적 논의의 차원을 넘어서서 새로운 매체 환경에서는 정보의 통제 자체가 실현되기 매우 어려워 법원과 국민의 거리는 좁혀질 수밖에 없는 것이다.

그러므로 이제는 법치주의 기본 개념이면서도 가장 정치철학적, 정치도덕적 측면에서 어려움을 주고 있는 문제, 즉 입법과 행정에 시민들이 참여하는 참여민주주의의 확대, 그리고 비판적 여론을 형성화하는 의사소통적 민주주의의 확대를 앞으로의 법원, 또는 법치주의 개념이 감싸안을 것인지의 문제를 정면으로 탐색해야 한다(김도균 외). 현실로 다가온 일반 시민의 사법참여제도 도입과 관련하여 앞에서 언급하였듯이, 일반시민과 법관들이 재판의 과정에 참여하는 데 어떠한 커뮤니케이션의 태도와 기술을 가져야 하는지, 많은 정보와 의견들을 거쳐 합리적 결정에 이를 수 있게 하는 숙의적(deliberative) 토론의 환경은 어떻게 만들어갈 수 있는지를 검토해 보는 것이 필요할 것이다. 특히 서로 반대되는 의견을 가진 사람들 간의 논쟁이 가능한가 하는 점에도 주목할 필요가 있다. 이는 바로 의견을 바꿀 수 있는 가능성이 있는지, 즉 다른 쪽의 의견이나 새로운 정보를 듣고 자신이 처음 지녔던 생각을 변화시킬 수 있는지 여부가 사법제도의 핵심이 될 수 있기 때문이다. 법관을 포함한 모든 사람은 선입견이나 편견이라는 것을 가질 수밖에 없다. 어떠한 상황이나 사람을 처음 접할 때 갖게 되는 인상이나 의견 자체를 없애거나 문제삼을 수는 없다. 하나의 상황이나 사건에 대해 정해진 절차를 통해 변론을 듣고 숙고하며 논의하고 토론하는 과정을 거쳐서 사실관계를 판단하고 법리적 결정을 내리는 것이 사법제도의 기본이다. 이 과정에서 자신이 처음 가졌던 의견을 스스로든 설득에 의해서든 바꿀 수 있는 가능성이 법치를 실현하기 위한 핵심이 될 수 있는 것이다. 서로 다른 이해관계와 견해를 가진 시민들이 서로 자유롭게 논의하고 근거를 제시하려는 태도를 견지하며 공공적 논의의 결과인 규범에 대해 승복하려는 태도 등이 숙의의 조건이라고 보았을 때, 이는 몽테스키외의 법치론에서 출발한 시민적 덕목(civic virtue)이라는 가치와 연결될 수 있을 것이다. 그렇다면 숙의민주주의, 시민공화주의 또는 자유공화주의의 입장에서 강조하는 숙의 또는 평의[8]의 과정을 법치와 민주주의를 연결하는 고리로 생각해 볼 수 있을 듯하다.

그러면 숙의를 실현하기 위한 환경이라는 측면에서 현재 우리나라는 어떠한 위치에 와 있다고 할 수 있을까? 시민적 덕목으로서 흔히 일컬어지는 자신이 속한 공동체에 대한 관심과 사랑, 좋은 사회를 만들어 나가려는 태도와 적극성(activism) 등의 측면에서 보면 우리나라는 상당히 성숙해 있다고도 볼 수 있다. 특히 참여정부의 출발과 함께 이러한 참여적 덕목은 더욱 가치를 인정받고 있다고 하겠다. 문제는 참여적 환경과 다양한 사람들이 서로 다른 의견에 대해 토론하는 환경이 서로 반드시 일치하지는 않는다는 것이다. 저명한 정치학자이며 커뮤니케이션학자인 머츠는 최근의 연구에서 사람들의 참여가 활발히 이루어지는 체제와 사람들이 다양한 의견에 대해 함께 토론하는 체제는 서로 같지 않으며, 참여 민주주의의 이념들과 숙의 민주주의의 이념들은 함께 가지 않는다는 경험적 근거를 제시하였다(Mutz, 2006). 적극적으로 참여하는 사람들은 자신의 의견을 설파하고 다른 사람을 설득하는 데에는 큰 노력을 기울이지만, 이들의 토론은 주로 비슷한 의견을 가진 사람들 가운데에서 활발히 일어나는 것이고, 이러한 열정 안에 의견을 달리하는 사람들과의 대화는 설 자리가 없다는 것이다(Mutz, 2006). 우리나라에서도 역시 참여 민주주의적 덕목은 상당히 갖추어진 반면 숙의 민주주의의 덕목은 아직 성숙하지 못한 것이 아닌가 하는 연구결과들이 조심스럽게 제시되어 왔다(윤영철, 2000 등). 머츠는 이러한 숙의의 환경을 만들어 내기 위해서는 사회적 상호작용을 위한 실천적 기술들이 가장 필요하다고 보고, 여러 가지 대화의 세팅에서 나와 다른 의견을 어떻게 다루어야 하는지에 대한 규범이나 지침들이 부재한 것이 숙의 민주주의가 자리를 잡지 못하는 가장 큰 이유라고 보았다(Mutz, 2006). 이러한 기술들은 매우 어릴 때부터 가르쳐지고 성인이 된 후에도 지속적으로 실천되어야 한다는 것이다.

이제는 언론이나 커뮤니케이션 시스템 내에서의 법의 지배를 추구하는 것과

8) Deliberation을 배심제의 맥락에서는 "평의"로 해석하는 경우가 많고 보다 넓은 의미에서 사용될 때에는 "숙의"로 해석하는 경우가 많다. 본고에서는 맥락에 따라 숙의와 평의의 용어를 함께 사용하였다.

함께 커뮤니케이션 기술 환경의 발전이라는 맥락에서 법관을 비롯한 모든 시민이 법치주의에 기여할 수 있는 덕목은 무엇인가를 질문하고 이를 현실적으로 찾아가는 것이 필요할 것이다. 사법제도는 숙의의 과정을 실천하는 이상적인 모델이 될 수도 있고, 국민의 참여가 이루어지는 정도에 따라 숙의의 과정을 경험하는 교육의 장으로서도 기능할 수 있을 것이다. 이러한 측면에서 본다면 최근 일어나고 있는 언론과 법원의 변화를 모리스와 카트시가 주장하는 것처럼 사법부의 위기 또는 그 위상의 추락으로 보기보다는, 오히려 사법부가 민주주의의 핵심적인 기관으로서 작용할 수 있는 가능성을 보여주는 것으로도 해석할 수 있을 것이다. 이러한 가능성을 현실화하기 위해서는 다양한 차원에서의 노력이 필요하겠지만 그 중에서도 경험적, 실증적 연구들을 통해 법원과 언론 및 여론의 관계, 또는 언론 환경의 변화가 법원 및 법관에 미치는 영향을 검증해 보고, 나아가 사법제도 안에서 숙의를 가능하게 하는 환경적 조건들을 찾아보는 것이 중요하다. 결국 새로운 환경 하에서 언론과 법원간의 관계, 나아가서 민주주의와 법치주의가 제기하는 문제들에 접근하기 위해서는 법학과 정치학, 커뮤니케이션학 등의 분야를 망라하는 다학문적(interdisciplinary) 노력이 필요하다는 것으로 결론에 갈음하고자 한다.

참고문헌

김도균 외, 법치주의의 기초: 역사와 이념, 서울대학교 출판부, 2005.

권영성, 헌법학원론, 법문사.

김옥조, 미디어법, 커뮤니케이션 북스, 2005.

딕 모리스, Vote.com: 인터넷과 직접민주주의, 그리고 쌍방향 대화, 마르케, 1995.

안경환 · 한인섭, 배심제와 시민의 사법참여, 집문당, 2005.

이민웅 외, 방송 저널리즘과 공정성 위기, 지식산업사, 2006.

임병국, 언론법제와 보도, 나남, 1999.

김기창, 피의사실공표와 인권침해 공청회 발표, 2005. 7. 1.

김상겸, 검찰.경찰의 전문영역 수사와 법원의 판결, 한국언론법학회 제 4 회 언론세미나 발표문, 2006. 4. 27.

박용상, 사법과 언론 — 언론이 사법이 미치는 영향 —, 언론과 사법 세미나 제 2 주제 발표문, 1985.

박원순, 삶의 질: 법률 서비스 — 시민의 사법 참여, 법과 사회 18, 2000, 213-263면.
박준선, 기대반 우려반 "판결비평," 한겨레일보 테마대담, 2005. 4. 12.
신평, 사법과정보도의 문제점과 그 영향, 언론중재, 1985 봄.
유재천, 여론의 형성과 사법부, 언론과 사법 세미나 제 3 주제 발표문, 1985.
이광범, 재판관련 보도의 문제점과 전문성 제고 방안, 언론중재, 2001 여름호.
이상현, 사법관련보도 취재환경과 정보접근, 언론중재, 1994 가을호.
이진우, 1996년 법조출입기자 심포지엄 토론.
팽원순, 보도의 자유와 공정한 재판 — 미국의 경우를 중심으로 —, 언론중재, 1985 봄.
한규석, 국민의 사법참여: 그 필요성과 고려해야 될 한국인의 심리, 한국법심리학회 춘계학술자료집, 2004.
한위수, 법관이 본 사법관련보도의 문제점과 제언, 언론중재, 1994 가을.
허만, 법조출입기자 심포지엄 토론, 1996.
현상엽, 출입기자가 본 사법부, 1996년 법조출입기자 심포지엄 주제발표문.
황정근, 법조출입기자 심포지엄 토론, 1996.

국민일보, 〈대법관 후보 인사 청문회〉, 2006. 6. 26.
조선일보, 〈흔들리는 판사들〉, 2004. 8. 13.
조선일보반대시민연대, 논평 〈누가 진짜 사법부의 독립성을 침해하나〉, 2004. 8. 18.

Kelly L. Cripe, Empowering the Audience: Television's Role in the Diminishing Respect for the American Judicial System, 6 *UCLA Entertainment Law Review* 235, 1999.
Ronald A. Goldfarb, *TV Or Not TV: Television, Justice, and the Courts*, New York: New York University Press, 1998.
Ethan Katsh, *The Electronic Media and the Transformation of Law*, New York: Oxford University Press, 1989.
Don R. Pember, *Mass Media Law*, New York: McGraw-Hill, 2000.
Paul Siegal, *Communication Law in America*, Boston: Allyn & Bacon, 2002.
Gaye Tuchman, *Making News: A Study in the Construction of Reality*, New York: The Free Press, 1978.
Gaye Tuchman, Objectivity as Strategic Ritual: An Examination of Newsmen's Notion of Objectivity, *American Journal of Sociology*, 77: 660-679, 1972.
Jisuk Woo, Television News Discourse in Political Transition: Framing the 1987 and 1992 Korean Presidential Elections, *Political Communication*, 13: 63-80, 1996.

제 4 절 공적인물의 인격권 및 사생활 보호와 언론의 자유

— 캐롤라인 공주 사건을 중심으로 —

송 석 윤*

Ⅰ. 서 론

언론의 자유와 인격권의 충돌시에 이를 비교형량하는 기준으로 우리나라의 최고법원들이 제시하는 기준은 ① 공적 인물인가의 여부, ② 표현의 내용이 공적 영역 또는 사적 영역에 속하는가의 여부, ③ 표현이 여론형성이나 공개토론에 기여하는지의 여부, ④ 피해자가 당해 표현의 위험을 자초한 것인지의 여부 등으로 요약될 수 있다.[1] 하지만 보다 구체적으로 각 기준이 무엇을 의미하는가를 명확히 규정하기란 쉽지 않다. 이 문제와 관련하여 독일 연방헌법재판소와 유럽인권법원이 1999년과 2004년에 각기 다른 판단을 하여 현재까지도 적지 않은 논란이 되고 있다. 이 글에서는 이 결정문을 비교 분석함으로써 우리에게 주는 시사점을 얻을까 한다.

---

* 서울대학교 법과대학 교수.

1) 이와 관련된 대표적인 결정례로는 대판 2002. 1. 22, 2000다37524와 헌재결 1999. 6. 24, 97헌마265를 들 수 있다.

Ⅱ. 사건의 개요

1993년 이래로 독일의 대중잡지들은 모나코의 캐롤라인공주의 사진을 입수하여 본인의 동의를 받지 않고 기사와 함께 게재하였다. 이 사진들은 파파라치라고 불리는 직업적인 사진사들이 캐롤라인공주의 일상생활을 다양한 측면에서 촬영한 것들이다. 첫째는 캐롤라인공주가 시장에서 장을 본다든지 야외에서 승마를 하는 등 공개된 장소에서의 사적인 행위들이고, 둘째는 공개된 장소에서 자녀들과 함께 있는 것을 촬영한 것이며, 세 번째는 본인의 주택 외부이면서 일반에 대한 공개성의 정도가 다양한 술집, 음식점, 입장료를 내는 해수욕장 등의 장소들에서 촬영된 사진들이었다. 세 번째의 경우에서는 보다 구체적으로 공개된 음식점이지만 사람들의 눈에 잘 띄지 않는 구석진 자리에 남성동반자와 자리 잡은 경우, 손님이 가득한 공개된 술집에 있는 경우, 고액의 입장료에 의해 출입이 통제되지만 내부에는 다중이 있는 해수욕장의 경우 등이 문제되었다.

캐롤라인공주는 자신의 사진을 게재한 잡지가 발간되지 않도록 함부르크의 주법원에 소송을 제기했다. 이 소송에 대한 민사판결에서는 문화저작권법(Kulturhebergesetz)이 적용되었는데 관련조항의 내용은 다음과 같다:

> 제22조 초상은 당사자의 동의가 있어야 전파되거나 공중에 전시될 수 있다. 동의의 여부가 문제되는 경우에 당사자가 그려진 데 대해 보상을 받았으면 동의한 것으로 본다.
>
> 제23조
>
> (1) 제22조에서 요구되는 동의가 없더라도 다음의 경우에는 전파되고 전시될 수 있다.
>
> 1. 현대사 영역에서의 초상
> 2. 인물이 경치나 장소의 주변에서 부속물에 불과한 그림과 사진
> 3. 묘사된 인물이 참가한 집회, 행진 등의 그림과 사진
> 4. 주문에 의해서 제작되지 않았으며 전파나 전시가 높은 예술적 의미를 지니는 초상
>
> (2) 확산이나 전시에 의해 당사자 또는 당사자가 사망한 경우 그의 가족의 정당한 이익이 침해되는 때에는 그렇지 않다.

함부르크의 주법원은 캐롤라인공주가 본인의 출생배경으로 인해 독일 문화저작권법 제23조 제 1 항 제 1 호에 근거하는 '현대사의 절대적 인물'(absolute Person der Zeitgeschichte)에 속한다고 하면서 문제가 되는 사진들은 모두 공적인 장소에서 촬영된 것이므로 이를 감내해야 한다고 하였다. 캐롤라인공주의 일상생활이 이를 촬영하려는 자들에 의해 항시적으로 방해받는다고 해도 이는 공중의 정당한 정보욕구와 이를 충족시키려는 데에서 나오는 결과라는 것이다. 또한 함부르크의 주법원은 개인의 사적 영역은 집의 현관문에서 끝나는 것이고 또한 이를 집의 담장으로까지 연장한다고 해도 이 사안에서 다른 결론을 가져오지 않는다고 했다. 이후 함부르크 주 고등법원 역시 같은 취지의 결정을 내렸다.

이후 독일 연방대법원은 1995년에 내린 결정에서 함부르크법원이 취한 입장을 원칙적으로 인정하면서도 각각의 유형의 사진에 대해서는 조금 다른 판단을 내렸다. 독일 연방대법원은 우선 함부르크법원과 마찬가지로 캐롤라인공주가 현대사의 절대적 인물에 속한다고 보았다. 연방대법원은 현대사의 절대적 인물이 되는 기준을 "여론이 특정인물의 초상을 중요하며 주목할 가치가 있다고 보며 이에 상응하여 사진에 대해 진정한 정보수요에 의해 정당화되는 관심이 공중에게 있음이 인정되는 경우"라고 제시하면서 모나코를 다스리는 왕의 맏딸인 캐롤라인공주가 이에 해당한다고 보았다.

하지만 독일 연방대법원은 현대사의 절대적 인물에 속하는 사람들도 사생활의 영역을 향유하고 존중받을 권리가 있음을 강조하면서 함부르크의 법원과는 달리 이러한 권리가 자신이 주거하는 공간에서 뿐 아니라 일정한 조건하에서는 주택 외부에서도 인정되어야 한다고 보았다. 일반에 공개되지 않는 한적한 장소를 선택하였고 또한 주변의 방해를 받지 않고 홀로 있으려 하며 한적한 곳이라는 믿음 하에 공개된 장소에서와는 다른 행동을 하는 것이 객관적으로 인식될 수 있는 경우가 이에 해당한다는 것이다. 이러한 기준에 따르면 캐롤라인공주가 옥외음식점에서 남성과 함께 있는 사진을 잡지에 게재하는 것은 인정될 수 없었다. 이는 옥외음식점에서 잡은 자리의 한적함에 근거하는 것이었다.

또한 독일 연방대법원은 현대사의 절대적 인물인 경우 공적인 업무를 수행하는 것이 아닌 사적인 생활의 모습이더라도 공개된 장소에서 이루어지는 한 그 사진에 대해 공중이 지니는 관심은 적절하다고 보았다. 현대사의 절대적 인물에 속하는 사람은 공적인 장소에서 자신의 모습을 촬영한 사진이 공표되는 것을 인용해야 하며, 그녀가 어디에서 머물고 어떠한 모습으로 공개된 자리에 나타나는지를 알고자 하는 대중의 욕구는 정당하다는 것이었다.

Ⅲ. 독일 연방헌법재판소의 결정

캐롤라인공주는 이러한 독일 연방대법원의 판결에 대해 독일 연방헌법재판소에 독일기본법 제2조 제1항과 제1조 제1항에 근거하는 자신의 일반적 인격권이 침해되었다고 주장하면서 헌법소원을 제기하였다.[2)]

헌법소원사건을 심사함에 있어 우선 이 사안에서 적용되는 문화저작권법 조항의 위헌여부가 문제되었다. 독일 연방헌법재판소는 이 사안에서 적용되는 문화저작권법 조항을 개별인격의 존중과 공중의 정보욕구 사이의 적절한 균형이 이루어진 합헌적인 조문으로 전제하고 연방대법원의 판결이 관련 기본권을 충분히 존중했는가를 살피는 심사를 하였다. 문화저작권법의 조항은 일반적 인격권뿐 아니라 기본법 제5조 제1항 제2문이 보장하는 언론의 자유와도 관련되었으므로 연방헌법재판소는 이 사안에서 충돌하는 일반적 인격권과 언론의 자유의 헌법적 기준을 제시하였다.

1. 사적 영역의 내용적·공간적 기준

독일 연방헌법재판소는 캐롤라인공주가 현대사의 절대적 인물에 속하는 것은 의문의 여지가 없었다고 보고 사적 영역의 기준을 제시하였다. 일반적 인격권에서 도출되는 사적 영역의 보호는 내용이나 공간에 의해 결정되는 문제였다. 우선 정보의 내용이 인간생활의 사적인 부분에 속해서 그 내용이 알려지면 당사자가 난처해지든지 주변으로부터 불이익을 받는 경우가 이에 속하였다. 공간적인 측면에서의 사적 영역의 보호에 대해 연방헌법재판소는 사람이 외부로부터 관찰되거나 통제받지 않고 휴식을 취할 수 있는 영역이 공간적으로 보장되는 것을 의미한다고 보았다. 연방헌법재판소는 공적 인물 역시 타인의 관찰로부터 자유로운 사적 공간을 향

2) BVerfGE 101, 361.

유할 권리가 보장되어야 한다고 하면서 선출되어 공직을 수행하는 사람도 직무수행과 무관한 부분에서는 사생활이 대중에 공개될 필요가 없다고 하였다.

또한 연방헌법재판소는 주택이 사적 영역임은 물론이지만 사적 영역을 이에 국한하는 것은 불합리하다고 보았다. 업무나 언론의 추적으로부터 자유로이 휴식을 취할 수 있으려면 주택 이외에도 휴양지와 같은 한적한 자연이든 기타의 장소이든 간에 대중의 관심으로부터 벗어날 수 있는 공간이 보장되어야 한다는 것이었다. 하지만 연방헌법재판소는 주택외부의 사적 영역을 일반적으로 확정할 수는 없으며, 장소를 구함에 있어 당사자가 공중의 관심으로부터 벗어나려고 의도하는 것이 객관적으로 인정될 수 있는가의 여부에 따라 결정될 수밖에 없다고 보았다. 공간적으로 사적 영역인가는 구체적인 상황을 보면서 판단하게 된다는 것이다.

이러한 기준에서 볼 때 당사자가 많은 사람들과 함께 움직이게 되는 장소는 애초에 사적 영역이 될 수 없으며 사적인 내용이나 공간이더라도 본인이 동의한 경우에는 보호대상에서 제외된다.

2. 오락적 내용의 보도와 여론형성에의 기여

이어서 독일 연방헌법재판소는 언론의 자유와의 관련 속에서 이 사안을 심사하였다. 연방헌법재판소는 언론의 자유를 "언론매체의 유형과 지향, 내용과 형식을 자유롭게 결정하는 권리"라고 정의하면서 화보나 사진을 사용하는 여부와 정도에 대한 결정도 당연히 이에 속하며 그 대상에는 사물뿐 아니라 인물도 포함된다고 보았다. 또한 기본권적 보장의 여부가 매체의 유형이나 수준 또는 구체적인 보도내용에 의해 좌우되는 것은 아니라고 하였다. 이러한 구별은 궁극적으로 언론매체에 대한 국가권력의 평가로 귀결되어 언론의 자유의 본질에 저촉되기 때문이다.

이어서 독일 연방헌법재판소는 오락적인 내용의 보도와 언론의 자유의 관계에 대해 구체적으로 심사하였다. 여기서 언론의 자유는 개인의 의사형성과 사회적 여론형성에 기여하는데 이러한 의사의 형성이 정치적 영역에서만 이루어지는 것은 아니라는 것이 연방헌법재판소의 관점이었다. 또한 민주주의에서 특히 중요한 정치적 의사형성 역시 포괄적이고 다양한 의사소통의 과정에서 이루어지는 것이며 특정한 관점에 따라 의사소통의 유형을 중요한 것과 그렇지 않은 것으로 구별할 수는 없다는 것이었다. 독일 연방헌법재판소는 특히 정보전달기능과 오락기능 사이의 장벽이 무너지고 오락의 형식으로 정보가 유통되거나 양자가 융합되는 경향(Infotainment)에 주목하였다. 오락 자체도 단지 휴식이나 현실도피에의 욕구만을 충족시키는 데 그치지 않고 현실을 전달하며 또한 이야깃거리를 제공하는데, 이는 인생관, 가치, 행위모델 등과 연결되어 진지한 토론이나 사회적 통합의 과정으로 연결된다는 점을 연방헌법재판소는 지적하고 있다. 따라서 오락적 요소 역시 언론의 자유를 보장하는 목적에 부합하고 그 보호영역에 포함되게 된다.

오락적 요소가 언론의 자유에 포함됨은 인물에 대한 보도에서도 마찬가지였다. 연방헌법재판소는 민주적 투명성과 통제의 관점에서 논란의 여지가 없는 정치인뿐 아니라 그 밖의 공적 인물에 대해서도 공중의 관심이 정당하다는 점을 인정하였다. 공적 인물에 대해 특정한 기능이나 사안에 국한되지 않고 보도하는 것은 언론의 임무에 상응하며 오락적 기사에서의 인물에 대한 보도 역시 언론의 자유의 보호영역에 포함된다는 것이다. 따라서 이 경우에도 당사자의 인격권과 비교 형량을 하게 되고 문제를 사실에 기초하여 진지하게 다루었는가 아니면 호기심만을 충족시키는 순전히 사적인 내용을 전달했는가에 따라 판단하게 된다는 것이다.

3. 아동의 특별한 보호

사적 영역과 관련된 이 사안에서 독일 연방헌법재판소가 특히 강조한 것은 아동보호의 문제였다. 연방헌법재판소는 아동은 스스로 책임질 수 있는 인격체로 성장하는 과정에 있으므로 다중의 관심이나 관찰로부터 자유롭게 자라날 수 있어야 하며 따라서 성인보다 두터운 보호를 받아야 한다고 보았다. 아동에 대한 사적 영역의 보호는 일차적으로 부모의 책임이지만 동시에 국가의 책임이기도 하므로 아동의 일반적 인격권은 아동이 건강하게 성장하는데 필요한 생활여건을 마련하도록 국가에 의무지우는 기본법 제 6 조 제 1 항과 제 2 항에 의해 보다 강화된다는 것이다.

4. 소 결

독일 연방헌법재판소는 현대사의 절대적 인물, 즉 공적 인물의 요건을 정보에 대한 대중의 욕구를 기준으로 판단하여 캐롤라인공주가 모나코를 대표하는 공적인 역할을 수행하는 사진이 아니더라도 이를 게재하는 것이 허용된다고 보았다. 또한 언론이 법적 한계 내에서 공익적 내용인지의 여부를 판단할 수 있는 충분한 재량의 여지를 확보하는 것이 의사형성 및 언론의 자유의 핵심에 속하고 오락적인 내용 역시 이에 포함된다고 하였다.

독일 연방헌법재판소는 장소적 한적함과 관련하여 홀로 있으려는 의도를 객관적으로 인식할 수 있으며 한적함을 믿고 공중 속에서와는 달리 행동하는 것을 의미한다고 하였다. 또한 이 사안과 관련하여 연방헌법재판소는 중요한 것은 이러한 장소적 한적함 자체이지 사진의 촬영이 당사자가 모르게 또는 기습적으로 이루어졌는가는 결정적이지 않다고 보았다.

하지만 캐롤라인공주가 자녀들과 함께 찍힌 사진들에 대해서는 헌법적 관점에서 새로이 심사하지 않을 수 없었으므로 이들 사진에 대한 헌법소원은 받아들여졌다.

Ⅳ. 유럽인권법원의 결정

독일 연방헌법재판소의 결정에 만족하지 못한 캐롤라인공주측은 2000년에 독일을 상대로 유럽인권법원(Europäischer Gerichtshof für Menschenrechte)에 제소하였다. 이 사건을 맡은 유럽인권법원 제 3 부는 2004년에 독일 연방헌법재판소와는 상이한 결정을 내렸다.[3)]

1. 사생활존중과 언론자유의 충돌과 해결 기준

유럽인권법원은 사진을 게재하는 것도 언론의 자유에 포함됨을 전제로 하면서도 본 사안에서는 타인의 좋은 평판과 권리가 관련되며 이념의 전파가 아니라 개인의 개인적이고 내밀한 정보가 문제된다고 보고 있다. 또한 대중오락잡지에 사진이 게재되는 것은 당사자에게 지속적인 부담을 주며 경우에 따라 사생활의 심각한 침해를 넘어 추격당한다는 느낌까지 줄 수 있음을 강조한다. 유럽인권법원은 상호

3) 여기서는 Europäische Grundrechts-Zeitschrift(이하 EuGRZ) 2004, 404-416면에 게재된 결정문을 기초로 서술한다.

충돌하는 사생활 보호와 언론의 자유 사이의 조화를 구하는데 있어 언론에 게재된 사진과 기사가 "공중의 관심사에 대한 토론"(Debatte von allgemeinem Interesse)에 기여할 수 있어야 한다는 기준을 제시하고 있다.

이러한 기준으로 판단할 때 유럽인권법원은 사안에서 문제되는 사진과 기사가 청구인의 사생활에 대한 일부 대중의 호기심을 충족시키는 것만을 목적으로 하고 있다고 본다. 청구인이 지니는 지명도에도 불구하고 사회의 일반적인 관심사에 대한 토론에 기여하는 데에 이르지 못한다는 것이다. 유럽인권법원이 사생활존중과 언론의 자유를 비교형량하는 기준으로 사진과 기사가 공중의 관심사에 대한 토론에의 기여를 제시하면서 이 사안의 경우가 이에 해당하지 않는다고 한다면 이는 유럽인권선언이 보장하는 언론의 자유의 보호영역에 속하지 않고 따라서 법익의 조화를 꾀하는 비교형량의 대상에도 포함되지 않음을 의미하게 된다.

2. 공인인지의 여부

유럽인권법원은 캐롤라인공주가 문화행사나 자선행사에서 왕가를 대표하는 역할을 하지만 국가나 국가기관에서 공식적인 직함을 지니고 있지는 않으므로 기본적으로 공인에 속하지 않는다고 보았다. 따라서 공중의 정보권을 인정하여 특별한 경우에 공적 인물의 사생활에 대해 적용된다고 보더라도 이 사안에는 해당되지 않는다는 것이다.

3. 현대사의 절대적 인물

유럽인권법원은 독일의 법원들이 문화저작권법에 근거하여 현대사의 절대적 인물의 범위를 정하는 방식에 문제를 제기하였다. 현대사의 절대적 인물에 속하게 되면 사생활 및 초상권의 보호와 관련하여 적지 않은 제한이 가능해지므로 이는 공직에 있는 정치영역의 인물들에게 국한되어야 한다는 것이었다. 유럽인권법원은 캐롤라인공주가 왕실의 구성원이라는 이유로 대중과 언론의 관심이 되고 있지만 그녀가 공식적인 직책을 지니지 않으므로 사적인 인물이고 따라서 현대사의 절대적 인물에 속한다는 해석은 잘못된 것으로 판단하였다.

4. 장소적 한적함

유럽인권법원은 이어서 현대사의 절대적 인물에 속하는 사람이 자신의 사생활을 보호받을 수 있는 상황과 언론에 노출될 수 있는 상황을 정확하게 알아야 하므로 그 범주를 정확히 할 필요성을 강조하면서 독일의 법원들이 제시한 기준이 충분하지 않다고 보았다. 장소적 한적함이라는 기준이 이론적으로는 명확해 보이지만 당사자가 이를 미리 인식하기에는 현실적으로 애매하다는 것이다. 하지만 유럽인권법원이 보다 구체적인 기준을 제시하고 있지는 않다.

5. 당사자의 인지와 동의 문제

사안 자체에서는 사진을 잡지에 게재하는 것만이 문제되었음에도 불구하고 유럽인권법원은 사진이 촬영된 방식에 대해서도 관심을 기울였다. 게재된 사진들이 당사자의 인식과 동의 없이 촬영되었는데 공적인 영역에 속하는 인물들의 일상생활이 파파라치들에게 노출되고 있다는 점을 고려할 필요가 있다는 것이다. 유럽인권법원은 특히 사적 정보를 획득하고 배포할 수 있는 기술이 크게 발달하는 현실 속에서 사생활보호에 보다 많은 주의를 기울여야 함을 강조하였다.

6. 소수의견

이 사안을 심사한 제 3 부의 재판관은 7인이었는데 그 중 2인의 재판관이 소수의견을 내었다. 소수의견은 다수의견과는 달리 캐롤라인 공주가 공적 인물에 속한다고 보면서 공적 인물의 사생활에 대한 사진과 기사 역시 공적인 토론에 기여한다고 보았다. 따라서 이는 기본적으로 사생활존중과 언론의 자유를 비교형량해서 해결할 문제였다.

따라서 소수의견은 공적 인물의 사생활존중의 영역이 집의 현관문에서 끝나는 것이 아니고 공개된 장소에서도 지켜져야 하지만 그 정도는 일반인과는 다르다고 본다. 이 사안에서는 결국 그 경계를 정하는 것이 문제라는 것이다. 소수의견은 경계를 정하는 기준으로 독일연방헌법재판소가 제시한 장소적 한적함은 지나치게 좁다고 보면서, 공적 인물이 언론의 취재로부터 보호받으려 하는 "정당한 희망"을 가질 수 있는 모든 상황에서 사생활의 존중이 언론의 자유에 우선한다는 기준을 제시한다.

V. 결 론

유럽인권법원의 결정이 있은 후 독일에서는 이에 대해 적지 않은 비판이 있었으며 이에 대한 논의는 지금도 진행 중이다. 문제는 단지 인격권 내지 사생활의 보호와 언론의 자유 사이의 충돌과 조화에 그치지 않는다. 독일 연방헌법재판소와 유럽인권법원의 상이한 결정은 동시에 유럽통합의 법적 과정 속에서 구성국가의 문화적 다양성을 어느 정도 인정할 것인가라는 법적 통합의 수준에 관한 어려운 문제를 제기하고 있다.

각 법원의 논점별 입장

	공적 인물 여부	사적 공간의 기준	정보의 오락적 요소	아동보호	촬영의 인지여부
함부르크주의 법원들	해당	주거지		불감안	
독일 연방대법원	해당	장소적 한적함		불감안	
독일 연방헌법재판소	해당	장소적 한적함에의 객관적 인식 가능한 의지	여론형성 기여	감안	중요하지 않음
유럽인권법원의 소수의견	해당	언론으로부터 보호받으려는 정당한 희망	여론형성 기여		
유럽인권법원의 다수의견	불해당	장소적 한적함의 불명료성 지적	여론형성 불기여		중요함

제 5 절 가십 저널리즘에서의 public figure의 privacy와 국민의 알권리의 문제

유 정 아*

1. 들어가며

언론학자 맥루한은 말하기를, "신기술은 사회환경에 침투할 때에 그 안의 모든 제도들에 침투할 때까지 침투를 멈추지 않는다"고 하였다. 인간의 소통양식은 새로운 기술이 등장할 때마다 인쇄매체에서 전파매체로, 이제 인터넷으로 많은 변화를 겪으면서 다양해져 왔다. 정보를 저장, 가공처리, 소통하는 새로운 수단이 등장하면서 이 위에 세워진 제도로서의 법 또한 변화할 수밖에 없다. 법이란 커뮤니케이션에 적용되는 윤리적 통제이며 공중으로부터 받은 정보에 대한 대응이자 공중에게 소통되는 정보이기 때문이다.

라디오를 비롯한 새 매체가 등장할 때마다 이로 인한 유토피아를 꿈꿔온 것은 인간의 습관인 듯하다. 오늘날에도 많은 이들이 인터넷이라는 매체로 인한 정보의 민주화를 말하며 이 매체가 인간과 사회를 굴레로부터 벗어나게 해 주지 않을까에 대한 많은 논의들이 있으나 그러한 유토피아에의 도달은 한번도 이루어지지 않았다. 이는 매체 자체의 한계 때문일 수 있고, 매체가 아무리 질적으로 변화한다 하여도 법을 포함한 사회의 다른 제도들이 쉽게 변화하지 못한 데에 기인할 수도 있

* 방송인, 서울대학교 기초교육원 강사.

다. 정보의 창조와 저장, 가공처리 등 그 흐름과 조직이 질적으로 달라지고 있는데 이전의 흐름과 조직에 묶여 있는 법이 이를 따라오지 못하는 것이다. 매체는 법을 변화시킬 수 있는 것인가.

인터넷은 저장의 양과 속도의 질적인 변화와 재생산의 용이성 등으로 정보의 송신자와 수신자의 벽을 허물고 쌍방향적 소통을 통하여 소통 주변의 많은 권위와 허위의식을 허물어뜨리는 데 기여했다고 보인다. 소통 양식은 그 내용도 변화시키며 무겁고 공적인 주제만이 아닌 가볍고 사적인 주제들이 정보의 많은 부분을 차지하게 되었다. 이러한 정보에는 연예인을 포함한 방송인들의 사생활이 주류를 이루고 있다. 이에 대한 관심과 공개, 폭로 등이 바람직한 것인지에 대한 판단은 가치의 변화와 함께 쉽게 답하기 어려우나, 오늘날 많은 이들이 개탄하는 가십 위주의 보도는 이제 언론의 한 부분으로 자리잡는 듯하다. 다수의 당대인들이 바람직하다고 여기는 소통양식과 소통의 현상과는 별개의 문제일 수 있다. 소통의 기술이 소통의 양태를 변화시키고, 나아가 소통의 주제까지 변화시키고 있다.

그렇다면 인쇄매체, 전파매체의 시대에 규정된 프라이버시와 알권리에 대한 법의 모습은 어떻게 이러한 소통의 양식에 기반해 변화하고 있으며 변화해야 하는가? 이것이 이 글에서 던지는 화두이다. 사회구조의 기본적인 두 요소로서의 매체와 법이 공인의 프라이버시와 국민의 알권리 사이에서 어떤 조화를 이루어나가고 있는지를 살펴보고자 한다.

2. public figure의 privacy와 국민의 알권리

우리나라에서도 최근 한 아나운서의 결혼에 대한 대중의 관심과 이를 다루는 언론의 양상은 파파라치로 대표되는 영국왕실에 대한 가십문화와 비슷하게 가십에 대한 관심이 가십 저널리즘이라는 이름의 본격적인 형태로 발달하는 신호로 볼 수 있다는 견해가 있다. 가십 소비라는 현상을 규범적인 언론관이 막아내기에는 역부족인 듯하다.

한 방송인의 사생활을 보도하기 위해 새벽부터 방송사 주차장에서 진을 치는 언론의 노력을 무엇으로 보아야 하는가? 국민의 알권리를 충족시키기 위한 것이라는 답변에 있어 과연 그러하다고 봐야 할지 알권리의 앎의 내용을 판단하는 주체는 누가 되어야 하는지 생각해 볼 문제이다. 매체의 다변화로 보도의 주된 내용으로 등장한 공인의 프라이버시가 국민의 알권리와 어느 지점에서 부딪치며 그 지점은 어떻게 변화하고 있는가가 이 글의 주요 문제의식이다.

프라이버시는 근대에 들어서 천부인권으로 규정되어 왔다. 1948년 유엔총회에서 채택된 세계인권선언 제12조는, "어느 누구도 그의 프라이버시, 가족, 가정 또는 서신왕래에 대해 자의적인 간섭을 받지 아니하며 그의 명예와 명성에 공격을 받지 않는다. 모든 사람은 그러한 간섭과 공격으로부터 법률의 보호를 받을 권리를 갖는다"고 명시하고 있다. 우리 헌법은 제17조에서 "모든 국민은 사생활의 비밀과 자유를 침해받지 아니한다"고 규정하고 있다.

그러나 사회적 지위에 상관없이 19세기 이전의 삶은 매우 개방적이었으며 프라이버시라는 개념은 미약했다. 말이 아닌 다른 매체로 보다 많은 공중에게 전달될 때에 프라이버시의 침해로 인정될 뿐 그 이외의 사적인 정보소통은 프라이버시 법으로 제약되지 않았다. 한나 아렌트는 말하기를, "고전적 인식 하에서 프라이버시는 공동체에서의 삶을 박탈당한 불완전한 삶으로 인식되었으나 현대 개인주의적 흐름에서 프라이버시는 당당하고 풍족한 개인적 삶의 영역으로 인식된다"고 하였다. 프라이버시라는 개념과 이를 규정하는 법 또한 역사적 산물이다.

프라이버시권의 핵심적 내용을 이루는 "정보의 자기결정권"이란 자신의 정보가 언제 어떻게 그리고 어느 범위까지 타인에게 전달되고 이용될 수 있는지를 그 정보주체가 자율적으로 결정할 수 있는 권리로서 프라이버시권을 말할 때 가장 중요한 개념 중 하나이다. 그런데 오늘날 뉴미디어 시대에 주목할 만한 것은 사적 정보 수집을 통한 프라이버시의 침해가 의도적인 타인의 악의나 스토커 활동뿐만이 아니라 자발적으로 공개한 정보를 통해 나타나게 된다는 점이다. 연예인을 포함한 public figure들은 특히 자신의 정보를 선별적으로 공개함으로써 자신의 상품성을 높이고 홍보하려는 의도를 갖고 있다. 그러다가 어느 순간 자신에게 불리한 정보가 타의에 의해 공개되었을 때 프라이버시의 침해, 명예훼손 등의 법적인 데에 기대려 한다. 이는 언론으로부터 보호받으려는 정당한 희망을 갖고 있는 것인지 — 시점에 있어서나 정보의 종류에 따라 선별적으로 보호받으려는 것은 희망의 정당성을 훼손하는 것인지 — 에 대해 의문을 낳게 한다.

"국민의 알권리"란 국민 개개인이 정치 사회 현실 등에 관한 정보를 자유롭게 알 수 있는 권리를 말하는 것으로 국민 개개인이 정치, 사회적 현실에 대한 정보를 자유롭게 접근할 수 있는 권리라고 할 수 있다. 알권리는 정보를 받을 권리와 정보를 구할 권리로 구성된다. 정보를 구할 권리는 자유권적인 정보수집의 자유와 청구권적인 정보공개의 요구권으로 나뉜다. 또 나아가 의견의 자유로운 표명은 자유로운 의사형성을 전제로 하며 자유로운 의사형성은 정보에의 접근이 보장됨으로써만 가능하므로 알권리는 표현의 자유에 포함되는 개념으로 보고 있기도 하다. 알권리의 헌법적 근거에 대해 헌법재판소는 알권리가 언론의 자유를 규정한 헌법 제21조에서 직접 도출되는 것으로 판시하고 있다. 즉 제21조는 언론, 출판의 자유, 즉 표현의 자유를 규정하고 있는데 이 자유는 전통적으로 사상 또는 의견의 자유로운 표명(발표의 자유)과 그것을 전파할 자유(전달의 자유)를 의미하는 것으로서 사상 또는 의견의 자유로운 표명은 자유로운 의사의 형성을 전제로 한다. 그런데 자유로운 의사형성은 정보에의 접근이 보장됨으로써 가능한 것으로서 정보에의 접근, 수집, 처리의 자유, 즉 알권리는 표현의 자유와 연결되며 자유권적 성격과 청구권적 성질을 공유한다고 볼 수 있다.

프라이버시권과 국민의 알권리가 부딪치는 부분이 바로 이 부분이다. 언론으로 대표되는 사회의 표현의 자유와 자신의 정보를 정보주체가 자율적으로 결정할 수 있는 권리는 역사적으로 많은 사회에서 상충해 왔다. 그것이 문제되었던 수많은 판례에서는 프라이버시를 침해하는 방법에 있어서의 악의나 고의 등 주관적인 측면을 기준으로 침해의 위법성을 판단하거나 그 노출된 정보의 공익성 등이 기준이 되어 판결이 내려졌다.

미국연방대법원은 지금까지 "언론의 자유와 개인의 프라이버시가 모두 헌법에 의해 보호받아야 하지만 언론의 자유가 도청행위를 금한 법률보다 우위에 있다"는 입장을 견지해 왔다.

캐롤라인 공주의 소송에서 촉발된 독일연방법원, 독일연방헌법재판소, 유럽인권법원 등의 프라이버시 관련 판결을 보더라도 프라이버시를 둘러싼 개념과 잣대들이 변화하는 것이며 결정된 것이 아니라는 것을 잘 알 수 있다. '장소의 한적성'이라는 개념을 이야기할 정도로 이것이 자발적 공개인지 프라이버시의 침해인지를 구분하는 기준을 제시하기는 더욱 어려워지고 있다.

우리나라에서는 법이 표현의 자유보다는 프라이버시 보호 편에 서 왔다는 연구도 있었다. 연세대 언론홍보대학원에서 석사논문으로 통과된 〈공인의 프라이버시와 알권리에 관한 연구〉에 의하면 연구자 김홍규는 1986년 12월부터 2003년 12월까지 있었던 프라이버시 관련 국내 판례 39건을 분석한 결과 1건의 형사사건을 제외한 38건 중 31건이 프라이버시의 승리로 분석되었다. 그러나 연예인과 방송관계자, 정치인, 재벌, 기업인 등 법원이 인정한 공적 인물의 경우 승소율은 일반 사인에 비해 낮았다. 언론이 승소한 7건의 경우 판결문을 분석한 결과 언론의 법적 책임이 면제되는 경우는, '공중의 정당한 관심'과 '공익성', 보도 내용을 진실로 믿을 만한 '상당성' 등이었다. 즉 공인의 프라이버시는 공중의 정당한 관심과 공익성, 상당성과 부딪쳤을 때 사인에 비해 보호받지 못하는 권리인 셈이다.

3. 결　　론

모든 상황을 아우를 수 있는 법이란 없을 것이다. 그러나 프라이버시에 대한 법적 개념과 정보에 대한 경험, 가치, 관심 등은 새로운 매체, 뉴미디어 시대의 흐름에 따라 변화하고 있음을 잊지 말아야 할 것이다.

매체의 발전에 따른 법적 통제의 어려움들이 현실적으로 명백해지면서 상황은 표현의 자유를 보호하는 쪽으로 이동해 오고 있다. 이제 더 이상 정보의 움직임을 제한하고 규제하는 목적을 지닌 법령은 실행하기 어렵다는 견해도 있다.

프라이버시에 있어서도 점차 국민의 알권리와 언론의 보도 편에 서는 쪽으로 법이 고전적 의미의 프라이버시를 포기하고 있다고 볼 수 있을 것인가. 특히 공인이라 규정되는 사회의 공적인 인물들에 대해서는 사생활의 공개에 대한 언론의 면책 경우가 더욱 늘어날 것인가. 그렇게 될 경우 우리 사회의 모습은 보다 투명해질 것인가, 아니면 가십 위주의 폭로성 보도가 난무하는, 좀 지저분하지만 아기자기한 공론장들이 시골장처럼 여기저기 서는 따뜻한 곳이 될 것인가는 생각해 볼 문제이다.

매체를 통한 유토피아를 마냥 꿈꾸고 있는 것도 현실을 잊은 이상주의적 사고이지만 매체발달에 따른 인간소통을 구조화하는 법이 매체를 따라가지 못한다고 해서 비관만 하고 있는 것도 소용없는 일이라고 생각한다. 사회는 지금까지 자체정화기능의 모습을 보여왔고 이는 매체의 변화에 기인한 법의 변화의 노력의 소산이라고 보여진다.

따라서 공인의 프라이버시와 국민의 알권리, 혹은 표현의 자유를 획정하는 공중의 정당한 관심이라든가 공익성, 상당성 등의 개념을 정교하게 구성하고, 법으로 규정되지 않는 새로운 매체의 등장이나 언론사의 취재관행, 여타의 사회의식의 변화 등에 긴밀히 연결하여 사회를 읽어나가는 법제의 자세가 필요하다고 여겨진다.

제 3 장

언론보도와 피해

제 1 절 언론보도에 의한 명예훼손에 있어 피해자 범위의 특정

이 소 영*

Ⅰ. 서 론

언론보도에 의한 피해자 특정과 관련하여, 기존의 논의는 사자(死者)에 대한 명예훼손 기타 인격권 침해 가능성과 집단표시에 의한 명예훼손 문제를 중심으로 진행되어 왔고, 최근 들어서는 특정 단체에 소속된 자연인에 대한 보도에 대하여 그 보도대상자가 소속된 단체가 명예훼손 등의 침해를 주장할 수 있는지의 문제가 새로운 쟁점으로 떠오르고 있다.

언론보도에 의한 피해자 특정과 관련하여 주목하여야 할 점은, 피해자 특정의 문제가 단순히 당사자확정이라는 절차적·기술적 문제에 그치지 아니한다는 데 있다. 보도를 통해 특정된 당사자가 직접 권리 침해를 주장하지 아니하고, 해당 당사자와 관련된 제3자 또는 그 당사자가 소속된 단체나 집단이 직접 당사자가 되어 법적 구제절차를 밟는 과정을 통해 언론에 대한 압력을 행사하고자 하는 경향이 늘어나고 있기 때문이다.

언론보도로 인한 명예훼손 판단에 있어 위법성 판단기준은 언론의 자유를 보장하기 위한 최대한의 경계를 확보하여 왔으며, 그와 같이 확립된 위법성 판단기준

* 법무법인 지평 변호사.

은 언론소송의 남발을 사전적으로 억제하는 기능을 함께 하고 있다.

따라서 언론소송에서의 '피해자 특정' 문제 역시 단순한 당사자적격 또는 당사자특정이라는 소송기술적 측면에서 검토되는 데 그칠 것이 아니라, 언론의 위축효과(chilling effect)의 예방과 진정한 피해자 구제라는 두 가지 법익을 조화시키기 위하여 고려되어야 할 가치적 측면에서 이해할 필요가 있다.

Ⅱ. 집단 표시에 의한 명예훼손의 문제

1. 쟁 점

집단 표시에 의한 명예훼손의 문제는 집단명칭을 사용하거나 집단 중 특정 몇몇 사람만을 지칭한 언론보도 내용이 명예훼손적인 것으로 인정될 경우, 이를 개별 집단 구성원들 각각에 대한 명예훼손으로 볼 수 있는지의 문제이다.

2. 집단표시에 의한 명예훼손의 인정기준

이와 관련하여 판례는 원칙적으로 "집단 표시에 의한 명예훼손은 그 집단에 속한 특정인에 대한 것이라고는 해석되기 힘들고 집단표시에 의한 비난은 개별 구성원에 이르러서는 비난의 정도가 희석되어 구성원의 사회적 평가에 영향을 미칠 정도에는 이르지 않으므로 구성원 개개인에 대한 명예훼손은 성립되지 않는다"고 하면서, 다만 예외적으로 "구성원 개개인에 대하여 말하는 것으로 여겨질 정도로 구성원 수가 적거나 발언 당시의 주위 정황 등으로 보아 집단 내 개별 구성원을 지칭하는 것으로 여겨질 수 있는 때에는 집단 내 개별 구성원이 피해자로서 특정된다고 보아야 하고, 그 구체적 기준으로는 집단의 크기, 성격과 집단 내에서의 원고의 지위 등을 들 수 있다"고 판시하고 있다(대법원 2003. 9. 2. 선고 2002다63558 판결 등).

위 판단 기준에 따르면, 집단표시에 의한 명예훼손이 인정되기 위해서는 ① 집단의 구성원이 일반 다른 사람들과 명백히 구별될 수 있을 정도로 특정 가능하여야 하며(구성원의 특정가능성), ② 명예를 훼손하는 표현이 집단의 구성원을 모두 지적하는 내용이어야 한다(사실의 구체성 및 특정가능성). 즉 집단에 대한 … (중략) …

없으며, 집단에 대한 사실적시가 구체적으로 집단에 소속된 구성원에 대한 사실적시로 인정될 수 있을 정도의 특정가능성과 구체성을 띠어야 한다고 보아야 한다.

따라서 특정 집단에 대한 언론보도로 인하여 그 집단에 소속된 구성원이 자신의 명예훼손을 주장하기 위해서는 단순히 집단에 대한 사실적시로 인하여 그 집단에 소속된 구성원의 사회적·인격적 가치가 저하될 가능성이 높다는 정도로는 부족하고, 그 집단에 대하여 적시된 사실이 개별 구성원에 대한 적시 사실로 볼 수 있을 정도로 구체적으로 특정되어야 한다. 구체적으로는 집단의 크기, 집단의 성격과 집단 내에서의 원고의 지위, 집단의 전부를 지칭하는가 일부만을 지칭하는가[1]를 기준으로 하는 세부적 분석 과정을 통해 해당 언론보도가 특정 집단의 구성원에 대한 구체적으로 특정된 사실로 인정될 수 있는지가 판단될 것인데, 실제 판단 사례를 보면 아래와 같다.

① 대법원 2006. 5. 12. 선고 2004다35199 판결

텔레비전 방송보도 중 사용된 '○○ 지방경찰청 기동수사대'라는 표시에 의하여, 방송보도의 대상인 수사 당시 위 기동수사대에 근무하였던 경찰관들이 명예훼손의 피해자로 특정되었다고 한 사례로, "당시 **지방경찰청 경찰관들 중 기동수사대의 인원은 21명 정도에 불과하여 그 업무의 성격상 그 소속 경찰관 전원이 유기적으로 협력하여 조사를 하고 있는 점, 이 사건 방송이 일반 시청자에게 주는 전체적인 인상은 단지 담당 경찰관 개인이 편파적이고 강압적인 수사를 한 것이라기보다는 기동수사대 전체가 그러한 수사를 하였다는 취지로 보여지는 점 등을 알 수 있는바, 앞서 본 법리에 비추어 위와 같은 사실들을 비롯하여 기록에 나타난 주위 사정을 종합하여 보면, 기동수사대에서 위 사건을 수사할 당시 기동수사대에 근무하였던 경찰관들인 원고들은 이 사건 방송에서 사용한 '**경찰' 또는 '**지방경찰청 기동수사대'라는 표시에 의한 명예훼손의 피해자로 특정되었다고 볼 수 있다"고 판시함.

② 대법원 2003. 9. 2. 선고 2002다63558 판결

'대전 지역 검사들'이라는 표시에 의한 명예훼손을 인정한 사례로, "원고들이 자신들의 명예를 훼손하였다고 주장하는 원심판결 별지 1. 내지 18. 기재 방송 중 같은 별지 3., 4., 6. 내지 8., 11., 12. 기재 방송은 직접적으로 '대전 지역 검사들'을 지칭하거나 이 사건 각 방송 이전에 이미 **프로그램 등의 방송에서 사용된 '대전',

1) 한위수, "집단명예훼손에 관한 연구," 언론중재 제18권 2호, 언론중재위원회.

'이** 변호사' 등의 표현과 '검사', '검찰', '검사들'이라는 표현과 함께 사용되어 간접적으로 '대전 지역 검사들'을 지칭하고 있다고 볼 수 있고, '대전 지역 검사들'이라는 표시에 의한 명예훼손은 그 구성원 개개인에 대하여 방송하는 것으로 여겨질 정도로 구성원의 수가 적고, 한 달 여에 걸친 집중적인 관련 방송 보도 등 당시의 주위 정황 등으로 보아 집단 내 개별구성원을 지칭하는 것으로 여겨질 수 있으므로, 이 사건 각 방송 당시 대전지방검찰청에 근무하고 있던 검사인 원고 *** 및 ***과 이** 변호사가 변호사 업무를 수행하면서 문제된 수임장부를 작성한 시기로서 위 각 방송 무렵부터 10여 개월 전까지 대전지방검찰청에 근무하였던 검사인 원고 ***, ***은 '대전 지역 검사들'이라는 표시에 의한 명예훼손의 피해자로 특정되었다고 볼 것이라는 원심의 판단은 정당하고 거기에 집단표시에 의한 집단구성원 개개인에 대한 명예훼손에 관한 법리를 오해한 잘못이 있다 할 수 없다"고 판시함.

Ⅲ. 집단 구성원에 대한 보도가 소속 집단에 대한 명예훼손으로 인정되는지

1. 쟁 점

기존의 피해자 특정 문제는 문제의 기사가 그 대상을 익명으로 표시하는 등 구체적으로 밝히지 아니한 경우에도 피해자가 특정되었다고 볼 수 있는가를 중심으로 논의되어 왔다.

이에 관하여는 "명예훼손이 성립하기 위하여 원고는 문제된 표현이 원고에 관한(of and concerning plaintiff) 것임을 증명해야 한다. 원고의 특징은 반드시 이름을 표시하지 않더라도 다른 내용으로 보아 독자나 시청자들이 문제의 표현이 원고에 관한 것임을 알 수 있으면 족하다"는 것이 학설[2] 및 판례[3]의 태도였다.

정치인이나 기타 공적 인물에 관한 언론보도와 관련하여 소속 정당이나 단체가 명예훼손으로 인한 피해구제를 구하는 소송을 제기하는 사례가 점차 늘어나면서 특정인에 대한 언론보도가 그 특정인이 소속된 정당이나 단체의 명예를 훼손하

2) 표성수, 언론과 명예훼손, 육법사(1997), 62면.
3) 대법원 2002. 5. 10. 선고 2000다50213 판결.

는지, 그러한 판단기준은 어떻게 보아야 하는지의 문제가 제기되고 있다.

2. 판례의 태도

반론보도 내지 정정보도 청구와 관련하여 하급심 판례는 그 청구당사자는 보도대상이 된 개인이며, 그 개인이 속한 단체가 직접 당사자가 될 수 없다는 입장이 다수였다.

① 서울지방법원 서부지원 2001. 10. 11. 선고 2001카합518 판결

사학재단 이사장의 족벌경영 과정에서의 재산유용 및 횡령, 비리 사실을 고발하는 내용의 보도에 대하여, 해당 사학재단 및 학교가 허위의 사실이거나 사실을 왜곡한 것이라 주장하며 반론보도의 게재를 구한 사건.

재판부는 해당 기사에서 공표된 내용은 신청인인 사학재단 및 학교의 설립자, 이사장 등 개인들에 대한 기사이며 그 기사내용만으로는 개인들과는 별개의 학교법인인 신청인 자체가 피해를 받았다고 할 수 없어 신청인과 직접적 연관성을 인정할 수 없고, 신청인의 설립자, 이사장 등에 대한 기사에 대하여 신청인에게 반론을 제기할 이익을 인정할 간접적 연관성이 있다고 보기도 어렵다고 판단함.

② 서울지방법원 남부지원 2001. 10. 25. 선고 2001카합1884 판결

앵커가 방송 서두에서 '70살이 넘는 할머니가 아이를 낳고, 또 어떤 주부는 열흘 간격으로 아이를 두 번 낳게 하는 것이 우리나라 의사들입니다'라는 말로 허위 의료보험급여청구 사례를 언급한 사안에서, '우리나라 의사들'이라는 표현만으로 우리나라 전체 의사들 개개인 또는 대한의사협회의 명예가 훼손되었다고 볼 수 없다고 판단한 사례.

③ 대법원 2003. 2. 11. 선고 2002다47914 판결

재생타이어의 품질이 나빠 안전운전에 위협이 되고 있다는 보도에 대하여 재생타이어 생산업자들로 구성된 협동조합이 반론보도심판청구소송을 제기한 사안.

이 방송에서 신청인이 직접 언급된 바 없으므로 직접적 연관성이 있다고 볼 수 없고, 재생타이어가 새 타이어에 비하여 현저히 취약하다는 취지의 방송의 내용만으로 신청인 조합원인 약 43개 업체 모두가 피해를 입었다고 보기 어려우며, 재생타이어 생산업체들로 구성된 협동조합인 신청인이 여기에 해당된다고 볼 수 없

으므로 보도 내용과 신청인 사이에 직접, 간접적인 개별적 연관성을 인정할 수 없다고 판시함.

그러나 최근 들어 언론보도에서 특정된 개인이 소속된 조직·단체가 명예훼손에 기한 손해배상을 청구한 사안에서 그 청구를 인용하는 사례가 점차 늘고 있다.

① 서울지방법원 남부지원 2003. 2. 6. 선고 2002가합6976(본소), 2002가합15710(반소)

대통령 후보가 국세청을 통해 선거자금을 불법으로 모집하고 언론사의 탈세행위를 비호했다는 칼럼에 대하여 소속 정당이 명예훼손에 기한 손해배상을 청구한 사안.

재판부는 어떤 단체에 관계한 개인에 대한 명예훼손은 특별한 사정이 없는 한 곧바로 그 단체에 대한 명예훼손을 보기는 어렵다 할 것이나, 칼럼 게재 시점이 대통령 후보로 선출된 지 얼마되지 아니하고 대통령 선거운동이 사실상 시작된 시점인 점, 칼럼의 전체적 맥락이 후보 개인보다는 후보의 자질과 관련된 의혹을 제기하고 있고, 내용에서 정당을 언급하지 않아도 주위 사정과 종합해 보면 후보와 원고를 함께 관련 지워 비판한 것임을 알 수 있으므로 소속 정당인 원고의 명예와도 관련되어 있다고 판단함.

② 서울중앙지방법원 2004. 7. 7. 선고 2002가합70506 판결

대통령 후보의 부인이 뇌물을 수수하였다는 취지의 기사와 관련하여 당해 후보가 소속된 정당이 손해배상을 청구한 사안.

재판부는 기사는 직접적으로는 후보자 또는 그의 부인의 명예를 훼손하는 내용으로 되어 있으나, 정당의 중요한 존재목적 중 하나는 공직선거의 후보자를 추천 또는 지지함으로써 국민의 정치적 의사형성에 참여하는 것인데, 보도 당시 소속 정당의 대통령 후보로 지정된 상태였고, 원고로서는 대통령 선거에 추천한 후보의 당선 여부에 따라 장차 여당으로서 주도적으로 고유한 정책을 추진할 것인지, 아니면 야당으로서 여당의 정책을 비판하거나 조력하는 지위에 머무를 것인지가 결정되는 등 통상적인 경우에 있어서의 정당과 대표자의 관계보다 후보자에 대하여 더욱 밀접하고 의존적인 관계를 형성하고 있었던 점 등에 비추어 볼 때, 비록 정당인 원고와 후보자 또는 그 부인이 법률상으로는 별개의 인격이라 하더라도, 이 사건 보도는 원고의 목적 활동에 커다란 지장을 초래함으로써 정당인 원고의 명예 또한 함

께 실추시켰다고 볼 수 있다고 판시함.

3. 문 제 점

보도 대상인 특정인이 속한 집단이 제기한 손해배상청구 기타 피해구제를 위한 쟁송에 있어서도 종국적으로는 해당 보도 내용이 위법성 조각사유를 갖추었는지, 즉 공익성과 진실성 내지 상당성을 갖추었는지를 기준으로 판단되어야 한다는 점에는 의문의 여지가 없을 것이다. 다만 언론보도의 위법성 판단 기준이 구체적 사안에서 불법행위 성립 여부를 결정짓는 기능을 하는데 그치는 것이 아니라 언론보도의 위축효과를 방지하기 위한 효과적 장치로서의 기능 역시 한다는 점을 고려할 때, 피해자의 특정 문제 역시 좀더 신중한 관점에서 접근할 필요가 있다.

과거 특정 집단이나 단체에 관련된 사실 보도와 관련하여 소속 구성원이 그 단체를 대리하여 소송을 제기함으로써 추가 보도를 억제하려 하는 시도가 다수 있었다면, 최근 들어서는 소속 구성원에 대한 사실 보도와 관련하여 그 구성원이 속한 단체가 구성원을 사실상 대리하여 소송을 제기하는 경우가 점차 늘어나고 있다. 그런데 당사자 적격 판단 과정에서 이와 같은 시도들이 걸러지지 아니할 경우, 논란의 중심에 서 있는 당사자가 아닌 관련 단체가 언론의 자유를 억제하기 위한 수단으로 법적 절차를 남용할 우려를 배제할 수 없으며, 동시에 실제 결과에 대한 예측가능성 판단 없이 오로지 당사자의 항의의 의사를 표하기 위한 수단으로 소송이 이용되는 경향이 가속화될 가능성을 배제할 수 없을 것이다.

그러나 집단표시에 의한 명예훼손 가능성에 대한 문제와 달리 집단 구성원에 대한 보도 내용이 해당 집단의 명예를 훼손하였는지를 판단하기 위한 기준은 아직 구체적으로 논의되고 있지 않다. 몇몇 하급심판례가 (정당이 제기한 소송의 경우) 정치적 활동에 있어서의 반사적이고 일반적인 불이익(해당 후보의 당선 여부에 따라 여당이 될 것인지 야당에 머물 것인지)을 입을 수 있는 가능성을 근거로 당사자적격을 인정하거나, 보도 내용이 단체 구성원 전원의 개별적인 인격적 법익 침해를 구성한다는 사실이 확인되어야 간접적 연관성을 인정할 수 있다고 판시하고 있을 뿐이다.

이와 관련하여 특정 당사자에 대한 언론 보도에 대하여 그 당사자가 속한 집단이 자신의 명예훼손을 주장할 수 있는지에 있어 “피해자 특정”의 문제는 언론보도와 명예훼손적 결과 사이의 인과관계 내지 법적 보호가치 있는 명예의 범위에 관한 판단과는 다른 문제라는 점을 먼저 지적하고자 한다. 거칠게 표현하자면, "갑이 부정행위를 하였다"는 취지의 언론보도 내용이 "갑이 속한 특정 집단 또는 그 집단 구성원 전체가 부정행위를 하거나 개입하였다"고 평가할 수 있을 정도로 사실을 적시하였는지가 피해자의 특정 문제이고, "갑에 대한 언론보도를 통해 갑이 소속된 특정 집단의 사회적 평가와 명예가 부당하게 훼손되었다"고 볼 수 있는지는 위법성 또는 인과관계의 문제이다.

결국 "피해자 특정"의 문제는 언론보도를 통해 특정된 당사자 이외의 자에 대한 당사자적격 확장가능성의 문제라는 점에서 앞서 살펴본 집단표시에 의한 명예훼손 가능성과 동일한 관점에서 분석해야 한다. 즉 특정인에 대한 구체적인 보도가 해당 보도대상자가 속한 집단에 대한 명예훼손적 내용을 포함하고 있다고 볼 수 있는지에 대한 판단을 거쳐야 하며, 구체적으로는 아래와 같은 판단 과정을 거쳐야 할 것이다.

첫째, 원칙적으로 해당 보도가 보도대상자 이외에 그 보도대상자와 관련된 당사자 또는 보도대상자가 속한 집단의 명예를 훼손하는 구체적 사실의 적시를 포함하고 있는지를 확인하여야 한다.

둘째, 해당 보도가 보도대상자가 속한 집단의 명예를 훼손하는 구체적 사실을 적시하고 있지 아니한 경우라도, 특정 보도대상자에 대한 명예훼손적인 사실적시가 그 보도대상자가 속한 집단 자체에 대한 사실적시로 인정될 수 있을 정도의 특정 가능성과 구체성이 인정되는지를 확인하여야 한다. 즉 "갑이 부정행위를 하였다"고 사실을 적시하고 있지만, 그 전체적인 취지와 내용에 비추어 "갑이 속한 A라는 단체가 부정행위를 하였다"고 평가할 수 있을 정도로 구체적으로 사실을 적시하고 있는지를 확인할 필요가 있다.

위 두 단계의 판단과정을 거친 결과, 특정 언론보도 내용이 그 보도대상자가 속한 집단에 대하여 사실을 적시한 것으로 평가할 수는 없다고 판단된다면, 적어도 보도대상자가 속한 집단은 그 보도대상자에 대한 언론보도 내용에 대하여 직접 당사자로서 법적 구제를 요구할 수는 없을 것이다. 다만 보도대상자에 대한 보도 내용이 그 보도대상자가 속한 집단에 대한 사회적 가치와 평가를 부당하게 훼손하는 정도에 이르러 그 집단이 부당하게 불이익을 입었다고 볼 수 있을 경우 그 집단은 별도로 자기 자신의 명예훼손을 주장할 수 있을 것이나, 이 경우에도 반사적 또는 사실상의 불이익과 법률상의 불이익은 구분되어야 할 것이다. 즉 특정 보도대상자에 대한 구체적 사실로부터 ① 구체적이고 합리적인 범위 내의 사회적 가치의 저하가능성 및 ② 그러한 사회적 가치가 법적 보호가치 있는 것임이 인정되어야 하며, 막연하게 그 보도대상자가 속한 집단이라는 이유로 부담하게 될 부정적 이미지의 증대 등과 같이 반사적 또는 사실상의 불이익을 법적 보호가치있는 이익으로 보기는 어려울 것이다.

위와 같은 관점에서 앞서 언급한 판례들을 다시 살펴보면, 특정 보도대상자에 대한 언론보도가 그 보도대상자가 속한 집단을 직접 언급하였거나(직접적 연관성), 그 집단에 속한 구성원 전부의 개별적 인격적 법익을 침해하고 있다고 볼 수 있는지(간접적 연관성)를 분석한 위 2002다47914 판결은 해당 집단이 주장하는 명예훼손적 사실적시와 해당 집단과의 '관련성' 검토 과정을 통해 당사자적격 문제를 해결하고 있다고 볼 수 있다. 반면 위 2002가합70506 판결은 대상 언론보도에서 그 보도대상자가 속한 집단을 직접 언급하지 아니한 경우, 그 보도대상자에 대한 사실의 적시가 보도대상자가 속한 집단에 대한 사실의 적시와 동등하게 평가할 수 있는 정도에 이르렀는지에 대한 판단을 거치지 아니한 채, 보도대상자에 대한 사실의 적시를 통해 소속 집단의 목적 활동에 지장을 입게 되었다는 점을 근거로 그 소속 집단을 독립된 당사자로 인정하고 있는데, 이는 당사자 특정 단계에서 위법성 또는 인과관계에 대한 판단을 내리고 있는 것과 다름 아닌 것으로 보인다.

Ⅳ. 결 론

언론보도로 인한 명예훼손과 관련된 각 단계의 쟁점은 모두 언론의 자유와 개인의 인격적 법익 사이의 균형과 조화를 꾀하기 위한 합리적 기준을 어떻게 마련할 것인가에 관한 문제이다. 따라서 피해자의 특정 문제 역시 단순히 당사자적격이라는 소송절차상의 문제를 넘어 상충하는 두 이익의 조화점을 마련하기 위한 장치로 이해되어야 한다. 그러나 집단 구성원에 대한 보도가 소속 집단에 대한 명예훼손에 해당되는지의 문제와 관련하여 법원은 일관된 기준을 마련하고 있지 아니한바, 향후 언론기관에 대한 소송을 정치적 또는 사회적 압력수단으로 남용하는 부작용을 방지하기 위한 차원에서라도 피해자 특정에 관한 정교하고 합리적인 판단 기준을 세워야 할 것이다.

제 2 절 피의 사건 보도와 피의자의 인격권

문 건 영*

Ⅰ. 범죄 보도의 의의 내지 공공성

1. 검토의 필요성

범죄 보도의 공공성은 범죄와 관련된 내용 중 어느 범위까지 보도할지에 대한 근거를 제시해 주므로 중요하다. 즉, 피고인 및 관련자에 대한 인적 사항, 전과 및 주변 상황, 범죄 내용, 판결 결과, 재판기록 등 범죄와 관련된 내용들 중 어디까지 보도할 수 있을까를 결정하는 기준이 된다. 이론적으로는 보도의 근거가 되는 원칙들과, 보도를 제한하는 원칙들이 있다. 언론의 자유, 국민의 알권리, 재판공개의 원칙은 자유로운 보도의 근거가 되며, 무죄추정의 원칙, 개인에 대한 프라이버시나 명예의 보호, 공정한 재판을 받을 권리는 보도를 제한하는 근거가 된다. 양자의 적정한 조화가 필요하다. 그런데, 현실적으로는 이러한 근거들이 조화를 이룬 지점이 어디인지가 불명확할 뿐 아니라, 실제의 사건과 관련하여 이를 판단하기도 매우 힘들다. 이에 따라 권리를 침해하는 실명 보도가 사실상 행하여지기도 하고, 공적인 인물로서 정작 실명을 보도해야 할 필요가 있는 경우에도 익명보도의 원칙의 한계가 불분명하여 언론기관의 자기 검열을 강화하는 부정적인 결과가 초래되고 있다.

* 법무법인 한결 변호사.

따라서, 보도의 공공성의 근거를 검토하여 익명 보도의 원칙의 한계를 명확히 할 필요가 있다.

2. 자유로운 보도를 뒷받침하는 권리 내지 원칙

(1) 알권리

알권리를 협의와 광의의 두 가지로 나누는 견해가 있다. 협의의 알권리란 국민이 주권자로서 정치적, 사회적 문제에 대하여 판단하고 의견을 형성하는 데 필요한 정보를 입수하기 위한 권리이고, 광의의 알권리는 국정과는 관계없이 이성적인 자기실현을 위한 들을 권리, 읽을 권리라고 한다. 이 견해에 따르면 협의의 알권리는 민주정치의 확보라는 견지에서 시민자치의 원칙에 기하여 민주주의를 행하기 위하여 필수불가결한 정치적 권리로서 다른 인권에 우월하는 절대적 가치를 갖고 항상 그것이 보장되지 않으면 안된다고 한다. 반면, 광의의 알권리는 특별한 사정이 없는 한 상대적 가치를 갖는데 그치며 다른 인권을 침해하면서까지 허용하는 것은 불가능하다고 한다.

이에 반대하는 견해는, 민주 과정에 관계되는 정보와 그렇지 않은 정보를 구별하는 것은 어렵고 자의적인 구분이 운용됨으로써 결국 특정의 정치권력의 이익이 관철될 우려가 있으므로 가능한 이러한 구분은 피해야 한다고 한다. 정보일반을 보장해야 한다든가, 혹은 민주주의에 대한 자유민주적 입장에서 알권리에 관한 헌법적 보호는 민주과정에 관계되는 정보에 한하여야 하는 것은 아니고 개인이 쓰고 싶고, 말하고 싶고, 읽고 싶고, 듣고 싶다는 개인주의적인 것에까지 미쳐야 한다고 주장한다.

전자의 견해에 따르면, 국민이 국정에 직간접적으로 관계되는 정보에 접근할 수 있는 정도를 넘어서면 알권리에 어느 정도의 제한이 가해진다. 따라서 재판에 대해서도 일반적으로 무제한적인 알권리가 주장되지 못한다.

(2) 재판공개의 원칙

재판공개의 원칙은 재판이 공정하게 행하여지는 것을 보장하고 재판에 대한 국민의 신뢰를 높이기 위하여 필요한 근대 재판제도의 기본원칙의 하나이다. 그러나, 이는 적법한 절차에 의한 공정한 형사재판을 담보하기 위하여 피고인에게 부여된 권리이므로, 범죄를 보도해야 할 공익성과 직접 연결되지는 않는다.

3. 보도를 제한하는 권리 내지 원칙

(1) 무죄추정의 원칙

형사사건으로 소추된 피의자나 피고인은 그가 형사재판을 통하여 유죄의 판결이 확정될 때까지는 무죄로 추정받는다(헌법 제27조 제 4 항). 이러한 무죄추정의 원칙도 보도를 제한하는 한 근거가 된다. 보도가 될 경우 판결이 확정되기 전일지라도 사실상 범죄인으로 취급받기 때문이다.

(2) 사법권의 독립과 공정한 재판을 받을 권리

피고인의 전과사실 및 과거의 생활, 자백 내용 또는 유죄를 추측케 하는 보도, 엄벌에 처하여야 한다는 계도식 보도는 재판에 부당한 영향을 미쳐 공정한 재판을 해할 우려 있다. 따라서 공정한 재판을 받을 권리를 보장하기 위해 범죄 보도를 제한할 필요가 있다.

(3) 피의사실 공표죄

형법은 검찰, 경찰 기타 범죄수사에 관한 직무를 행하는 자 또는 이를 보조하는 자는 그 직무를 행함에 있어서 알게 된 범죄사실에 대하여 이를 공판청구 전에는 공표할 수 없도록 규정하고 있다(형법 제126조). 피의사실 공표죄는 구성요건의 내용에 비추어 보면 피의자의 인권과 명예를 보호하려는 취지로 보인다. 하지만, 형법조문의 체계상으로는 국가의 범죄수사권이라는 국가적 법익에 더 큰 비중을 두는 직무위배적 성격의 범죄로 해석된다. 이러한 사정을 종합하여 위 범죄는 실질적으로 국가의 수사권과 피의자의 인권이라는 두 가지 측면을 함께 법익으로 고려하고 있다는 것이 대체적인 견해이다. 법익이 어떻게 해석되든 위 범죄는 범죄 보도를 제한하는 근거로 작용한다.

다만, 위 범죄는 형법에서는 실질적으로 사문화되어 적용하기 힘든 범죄가 되어 버렸다. 대법원 1999. 1. 26. 선고 97다1215 판결 등에서 법원은 검사의 피의사실공표죄의 성립을 인정하였다. 그러나 이는 해당 검사를 처벌하기 위한 형사사건이 아니고 검사의 피의사실공표를 원인으로 피의자의 명예훼손에 따른 민사상의 손해배상을 인정한 것으로, 그 외의 여러 민사사건에서도 같은 취지의 판결을 내리고 있다.

(4) 형사정책적 원리

범죄 보도는 형벌 이외에 범죄자의 낙인을 찍어서, 피고인의 사회생활과 복귀에 어려움을 준다. 이러한 낙인 효과는 사회적 관계에서는 형벌보다도 더 가혹할 수 있다.

4. 사 례

판례 중에서는 다음과 같이 범죄 보도의 공공성을 설명하는 것이 발견된다.

"범죄 보도는 대중의 흥미를 충족하는 동시에 범죄 행태에 대한 비판적인 조명을 통한 교육적 효과를 가지며, 범죄의 경과와 그 수사 및 처벌에 관한 보도는 사회적 규범의 내용과 그 위반에 대한 법적 제재가 어떻게 어떠한 내용으로 실현되는가를 알리고, 나아가 범죄의 사회문화적 여건과 그에 대한 사회적 대책의 강구 등 여론 형성에 필요한 정보를 제공하게 되는 것이므로 언론이 행하는 공적 과업의 중요한 일부를 이루는 것이라고 할 수 있다. 다만 형사사건과 그 수사경과에 관하여 알려는 대중의 강한 관심은 사실상 그에 관하여 다수의 대중이 원한다는 것만으로 공공의 정당한 정보의 이익을 인정할 수는 없고, 그 관심의 대상이 실질적인 정보가치를 갖는 것이어야 할 것인데, 일반적으로 보아 범죄와 그에 대한 추궁은 공공에 대하여 중요한 정보가치를 제시하는 것이라 할 수 있다"{1998. 7. 14. 선고 96다17257 판결의 원심(1996. 2. 27. 선고 95나24946 판결)}

5. 실제적으로 행하여지는 보도의 형태

그러나 실제로 이루어지고 있는 범죄 보도의 모습은 이론과는 매우 다르다. 우리 사회에서 발생하는 엄청난 범죄의 양에 비해 기사화되는 범죄는 극히 일부이다. 범죄들 중 어떠한 범죄를 기사화할 것인지 여부는 대개 위와 같은 범죄 보도의 공익성 내지 필요성에 대한 고려가 아니라 얼마나 사람들의 이목을 끌 수 있느냐에 따라 결정된다. 아무리 형법에서 중요하게 여기는 살인의 경우라도 엽기적인 수법이거나 공적인 인물, 젊은 여인, 부유층 등이 관여되지 않으면 기사화되지 않는다. 즉, 어떠한 형태로든 흥미를 유발하는 범죄가 언론의 취재 대상이 되고 있다.

Ⅱ. 익명 보도의 원칙

앞에서 살펴본 것처럼, 알권리의 범위는 제한적이거나, 포괄적인 권리이더라도 다른 권리와의 관계에서 제한된다. 공공의 정당한 정보의 이익을 인정할 수 없는 범위까지 알권리가 무제한 인정되지는 않는다. 그리고 법에서 규정하는 형벌의 부과는 그 공개적인 공표를 예정하고 있지 않다. 범인으로 보도될 경우, 그 사람은 적법절차에 따라 법적인 책임 유무가 확정되기 전에 이미 명예의 손상을 받고, 사회로부터 배척을 받는 결과에 이른다. 그러한 결과는 언론기관이 법에 규정되지 아니한 사실상의 처벌을 가하는 것이다.

이런 점들을 고려하여, 범죄보도에서 객관적인 사안의 보도와 그에 관계된 인물의 제시를 엄밀히 구분하여 그 관계 인물의 신원을 밝히지 않도록 하는, 이른바 익명보도의 원칙이 확립되었다.

Ⅲ. 실명 보도를 허용하여야 할 경우

1. 범죄(혐의)자가 공적 인물인 경우

범죄(혐의)자가 공적 인물인 경우 실명 보도를 할 수 있다는 점에는 많은 사람들의 견해가 일치한다. 언론이 공적 인물들과 그들의 범죄에 대하여 항상 감시하고, 국민들에게 알릴 공적인 의무를 진다는 것이 근거가 된다. 그러나 어떤 사람을 공적 인물로 볼지, 실명 보도를 할 수 있는 공적 인물의 범위를 어떻게 정할지는 여전히 논란의 대상이다.

이에 관해 판례도 개개 사례에서 공공성 여부를 판단하고는 있으나, 일반적인 기준을 제시하지는 못하고 있다. 대법원 1996. 4. 12. 선고 94도3309 판결은 이단종교의 지도자가 외국에서 망신당한 사실을 적시한 것에 대하여, “개인의 사적인 신상에 관한 사실이라고 하더라도 그가 관계하는 사회적 활동의 성질이나 이를 통하여 사회에 미치는 영향력의 정도 여하에 따라서는 그 사회적 활동에 대한 비판 내지 평가의 한 자료가 될 수 있으므로 그 경우 개인의 사적 신상에 관하여 적시된 사실도 공공의 이익에 관한 것으로 될 수 있다"고 하면서 공공성을 시인하였다. 서울고등법원 1996. 2. 27. 선고 95나24946 판결은 "형법적으로 책임이 있는 인물은 그의 행위가 평범함과 빈번함을 상회하여 공공에게 중요성을 가지거나 공공에 연관성을 갖는 경우 또는 그것이 일상적인 범죄라 하더라도 그 행위자나 그 혐의자가 공적 인물이기 때문에 평범한 수준을 벗어나 일반에게 중요성을 갖게 되거나 주목을 받게 되는 경우에는 시사성을 갖게 된다"라고 판단하였다. 이러한 기준만으로는 특정한 사안이 발생하였을 경우, 그 인물이 갖는 공공성의 정도를 파악하기 힘들다. 다만, 미리 구체적으로 기준을 정하기도 어려운 것이 사실이므로, 판례의 축적이 필요한 사안이기도 하다.

2. 기사 작성상 신원을 밝히지 않고는 사실 특정이 곤란한 경우

범죄행위를 국민에게 알리는 것이 필요하고, 여론 형성과 관련하여 중요한 의미를 가지는 것으로서, 기사 작성상 범인의 신원을 밝히지 않을 수 없는 경우에 실명보도를 고려할 수 있다는 견해가 있다. 그러나, 이러한 필요성만으로 범인의 신원을 밝히는 것은 인격권 침해의 소지가 매우 크다. 범죄를 보도하려고 하면 부득이 개인의 신원이 밝혀질 수밖에 없는 경우라 하더라도, 그 인물이 공적 인물인지 여부를 함께 고려하여 실명 보도 여부를 판단해야 할 것이다.

3. 범죄의 재발 방지 또는 범인 체포의 필요성

추가적으로 예상되는 범죄의 재발 방지 또는 그를 위한 범인의 체포를 위하여 그 신원을 명시할 필요가 있는 경우에는 범인의 신원을 밝히는 보도가 허용되어야 한다. 체포되지 아니하였으나 범죄혐의자의 범행이나 그 수법이 일반인들에게 매우 심각한 위험을 끼칠 우려가 있는 경우 실명으로 보도하고 있다.

4. 사건의 해악성 · 비범성

사건의 해악성이나 비범성을 기준을 가지고, 고도의 해악성을 가질 경우에는 실명을 보도할 수 있다는 견해가 있다. 하급심 판례 중에도 이와 같은 판결이 있다. 서울고등법원 1996. 2. 27. 선고 95나24946 판결은 "관계자가 공적 인물이 아니라면 신원확인 보도는 공적 인물의 경우보다 더욱 엄격한 요건을 요한다고 하여야 한다. 첫째로 그 범죄행위를 국민에게 알리는 것이 시사에 관한 포괄적 정보의 이익을 위하여 필요하고 여론형성과 관련하여 중요한 의미를 갖는 것으로서 기사 작성상 불가피하거나 또는 범행이 직접적인 정치적 관련을 갖는 것이어서 그 중대성 때문에 포괄적인 해설을 필요로 하는 경우라든가, 둘째로 그의 범행이 사회적으로 고도의 해악성을 가지며, 정치, 경제, 사회, 문화 등 공적 생활이나 기타 사회의 상위 이익에 대하여 직접적 연관을 갖는 경우에 한하여 그 신원을 명시한 실명보도나 초상의 보도가 허용된다고 하여야 할 것이다. 그러나 위와 같은 범행의 증명이 확정되지 아니한 단계에서는 이상과 같은 요건을 충족한다 하더라도 그 혐의를 사전에 보도하여야 할 특별히 불가피한 이유가 있거나, 그의 범행이 자의로 진술된 신빙할 만한 자백에 의해 증명되었거나 다툼이 없는 경우에 한하여 허용된다고 함이 상당하다"라고 판결하여, 이를 긍정하고 있다.

그러나 범죄가 공적 생활과 관련이 있다고 하여 통상의 경우에 비하여 국민 일반이 범죄자의 신원까지 알아야 할 필요성이 증가하지는 않는다. 오히려 그러한 사건에 대해 신원이 공개되는 경우에 그것이 유발하는 사실상의 형벌효과나 낙인효과 때문에 범죄(혐의)자가 받을 고통은 더욱 커질 것이다. 사건의 해악성이나 비범성을 기준으로 하여 신원을 보도하는 것은 일반인들의 호기심 충족을 넘어서는 이익이 없는 것으로 본다.

Ⅳ. 실명 보도가 가능한 경우의 그 정도

1. 범죄(혐의)자의 인적 사항에 대한 보도의 정도

성명과 초상을 보도한 경우뿐 아니라, 성명이 게재되어 있지 않더라도 주소,

직업, 주변 환경 등을 표시하여 그 범인이 누구인지 특정할 수 있는 정도이면 피해자가 특정되었다고 본다. 신원을 밝힐 수 없을 경우에 이니셜 등을 밝힘으로써 특정되게 해서는 안 될 것이다. 이니셜 등으로 표기하면서 주변 정황을 이용하여 일정한 범위를 특정함으로써(예컨대, S모 슈퍼모델 등), 오히려 다른 사람까지 오해를 받을 여지가 있게 표기해서는 안 된다.

신원을 밝힐 수 있는 경우에도 신원이 공개되는 범위에 신중해야 한다. 사건의 내용이나 정황에 비추어 보아 소수의 주위 사람들은 범죄(혐의)자가 누구인지 알 수 있지만, 일반인들은 그 신원을 알 수 없는 경우가 있다. 이 때 이니셜만 사용하더라도 그가 누구인지가 알려질 것이지만, 이니셜만을 쓰느냐, 성을 쓰느냐, 이름을 모두 쓰느냐에 따라서 사람들에게 실질적으로 공표되는 범위는 크게 차이 나게 된다. 소수의 사람에게라도 신원이 밝혀졌는지 여부 자체보다 얼마나 많은 사람에게 신원이 알려졌는지가 더 중요한 경우가 있다. 따라서 공적인 인물이라고 할지라도 인물의 공공성의 정도, 당해 인물과 사건의 공적인 관련성을 검토하여 그 정도에 따라 개인을 특정하는 표지(성명, 성별, 나이, 직업, 경력, 환경 등)나 이름(이니셜, 성, 이름 전체)의 공표의 정도를 결정하여야 할 것이다.

신원을 보도할 수 없는 경우임에도 이미 다른 언론에서 실명을 보도한 경우, 어떻게 할 것인가. 해당 언론사만이 이니셜을 사용하면 기사의 내용이 불충분해 보이게 되고, 이미 다른 언론사의 보도 내용을 보고 일반인들은 당해 사건의 범죄(혐의)자가 누구인지를 알고 있는 경우에 이러한 문제가 제기된다. 이에 대해서는 이미 알려진 내용을 보도하는 것도 명예훼손에 해당하므로 명예훼손의 책임을 면할 수 없다는 견해와, 내용 보도는 이미 이루어졌고 그 대상이 다른 언론사에 의해 특정되었으므로 이니셜을 쓰는 것이 무의미하다는 견해가 있을 수 있다. 다만, 이런 경우에도 형식적으로는 명예훼손의 책임을 면하기 어려울 것이나, 위법성의 정도나 책임의 범위에는 차이가 있다.

2. 보도 단계

실명 보도에 공익성이 있는 경우에도, 그 보도가 수사 초기부터 되어야 할 필요는 없다. 그 인물이 어떠한 잘못을 저질렀는지를 국민에게 알리는 것이 실명 보도의 공익적 필요라면, 판결이 확정된 후 보도하는 것이 가장 정확한 범죄 혐의의 정도를 보도하는 것이다. 반면, 언론의 보도는 수사 기관을 감시하여, 자의적인 구금과 수사권의 남용을 방지하기도 한다. 또한 알권리와의 관계에서, 국민은 시의적으로 공적 인물의 수사 및 처벌 과정을 아는 데 정당한 이익을 가지는 경우도 있다. 따라서 보도의 시기에 있어서도 양자의 조화가 필요하다. 공적 인물의 성격과 사건과의 공적인 관련성에 따라서 공적인 정도가 낮을수록 수사의 단계가 진전되고 나서야 보도가 허용된다고 본다.

(1) 소문(의혹)이 있는 단계, 수사 초기

일정한 근거 없이 '의혹이 제기되고 있다'는 취지의 보도를 할 경우, 공인이라고 하더라도 명예훼손이 성립한다. 즉, 공인에 대한 내용이더라도 의혹을 제기할 만한 상당한 근거가 있어야 한다.

(2) 고소가 제기된 경우

어떠한 혐의로 고소가 되었다는 사실을 보도하는 것도 그 혐의를 뒷받침할 만한 일정한 증거가 없을 경우 명예훼손에 해당할 수 있다. 현실에 있어서는 특히 연예인의 경우, 고소 내용을 뒷받침할 만한 증거 없이 고소의 내용이 보도되는 경우가 빈번하다. A 연예인이 절도 혐의로 고소된 경우, B 연예인이 배임 혐의로 고소된 경우, 모두 고소가 되자마자 고소 내용의 개요가 보도되었다. 그 후 연예인측의 반론도 보도되기는 하였으나, 이는 연예인의 권리 보장을 위해서라기보다 공개적인 반박을 하게 하여 사람들의 관심을 모으려는 측면이 더 커 보였다. 연예인은 고소를 당했다는 내용이 보도되는 것만으로도 사람들이 그 연예인에 대해 부정적인 이미지를 갖게 되므로 그 자체가 치명적일 수 있다. 그리고, 고소인들은 이 점을 노리고 무혐의로 결론이 날 것을 알면서도 협상 또는 협박을 위한 고소를 하기도 한다. 이러한 내용들은 만일 고소인이 동일한 내용을 고소 없이 언론에 알렸다면 명예훼손에 해당할 수 있는 내용들이다. 그런데 이를 고소의 형식으로 하고, 그 내용이 보도되게 함으로써 교묘히 동일한 목적을 달성하는 것이다. 그러나 형식에 있어서 어떠어떠한 고소가 있었다는 사실만으로도 일반인들은 그러한 혐의가 있는 것으로 생각하는 경우가 많다. 근거 없는 고소내용의 보도는 소문이나 의혹 단계의 보도와 똑같이 불법적이다.

다만, 이미 보도가 된 사실에 대해 (정치적인 이유 등에서) 그것이 범죄에 해당한다고 고소하는 경우, 이를 보도하는 것은 추가적인 사실관계를 포함하고 있지 않으므로 무방할 것이다.

(3) 구속 전후

구속은 피고인이 죄를 범하였다고 의심할 만한 상당한 이유가 있고 일정한 주거가 없는 때, 증거를 인멸할 염려가 있는 때, 도망하거나 도망할 염려가 있는 때에 가능하다. 그러나, 그러나 일반인들은 구속과 기소를 구별하지 못하고, 체포 또는 구속되기만 하면 그 자가 진범이라고 생각하고, 기소되면 유죄가 확인된 것처럼 취급하는 경향이 있다. 따라서 구속의 경우 기소가 된 경우보다 보도에 신중해야 한다.

선거에 의하여 선출되는 사람들과 같이 이미 국민의 공적 관심의 대상이 되어 있는 경우이면 기소 또는 유죄 판결의 확정 전이라도 실명에 의한 범죄 보도가 허용될 수 있을 것이다.

(4) 기소 전후, 공판

기소가 되었을 경우 공적 인물의 실명 보도가 넓게 가능할 것이지만, 그 단계에 맞는 혐의만을 보도해야 할 것이다.

(5) 선고, 선고 이후

언론기관의 범죄 보도는 체포 단계 등 형사절차가 진행되는 초기 단계에서 경쟁적으로 이루어진다. 그리고, 그 후 기소가 되지 않거나, 무죄판결이 확정되더라도 그러한 내용들은 언론에서 매우 작게 다루어지거나 다루어지지 않는 경우도 있다. 시정되어야 할 점이다.

참고문헌

김성언, 연예인의 범죄의 실명보도와 사생활 보호의 쟁점, 형사정책연구소식, 한국형사정책연구원, 통권 제68호, 2001.

김재협, 언론과 범죄보도, 판례연구실무, 1998.

배병일, 언론기관의 범죄보도와 명예훼손, 민사법학 제22호, 2002.

백승언, 범죄보도의 문제점과 개선방안, 고려대학교 석사학위논문, 2005.

손창열, 범죄보도와 인권침해에 관한 형사적 고찰, 검찰, 대검찰청, 통권 제100호, 1990.

육정수, 신문보도에 의한 피의자 인권침해의 문제점과 개선방안에 관한 연구, 연세대학교 석사학위논문, 2002.

이광범, 형사사건 수사·재판단계에서의 취재보도와 피의자·피고인의 인권, 법조출입기자 심포지엄 결과보고서, 1997.

이기웅, 언론의 범죄보도와 범죄에 대한 공포, 형사정책연구 통권 제28호, 1995.

이진국, 언론의 혐의보도와 관련자 신원 보호: 내사·수사단계를 중심으로, 형사법연구 제19호, 2003.

이진국, 언론의 범죄보도와 형사법적 문제점, 한국형사정책연구원, 2002.

차용범, 연예기사의 익명보도와 실명보도 — 작위적 익명보도의 문제점을 중심으로 —, 언론중재, 2002. 겨울.

하태훈, 판결 전 범죄보도와 공정한 재판의 원칙, 형사정책연구소식 제22호, 1994.

한기택, 언론의 범죄사건 보도에 있어서 익명보도의 원칙, 대법원판례해설 제31호, 1999.

한국형사정책연구원, 범죄보도가 시민의 범죄인식에 미치는 영향, 1995.

홍기태, 형사재판에 대한 보도와 그 한계, 헌법문제와 재판, 1996.

황정익, 범죄사건보도와 피의자인권, 형사정책연구 통권 제39호, 1999.

제 3 절 「진실이라고 믿은데 상당한 이유가 있는 경우」의 실무적 판단 기준

차 형 근*

1. 들어가면서

명예훼손을 이유로 한 손해배상청구소송에서 대부분의 쟁점은 면책요건 중의 하나인 보도내용의 진실성 특히 진실이라고 믿은데 상당한 이유가 었었느냐이다.

형법 제310조는 명예훼손죄의 위법성조각사유로서 '진실한 사실로서 오로지 공공의 이익에 관한 때'라고 규정하고 있지만 보도내용이 진실한 것인지 여부는 상당한 시간이 경과하여도 밝혀지지 않는 경우가 허다하므로 해석상 진실이라고 믿은데 상당한 이유가 있는 경우는 진실한 사실과 동일하게 취급하였고 이러한 해석은 민법에도 그대로 수용되었다.

실무상으로는 보도내용의 진실성을 다투는 경우보다는 진실이라고 믿은데 상당한 이유가 있었느냐가 압도적인 다수를 차지하고 있기 때문에 진실이라고 믿은데 상당한 이유가 있는 경우가 과연 어떤 경우를 말하는지가 중요한 문제로 등장한다.

이 문제에 대하여 대법원 판례(2002. 5. 10. 선고 2000다50213 판결)는 "언론매체의 보도를 통한 명예훼손에서 행위자가 보도내용이 진실이라고 믿을 만한 상당한

* 차형근법률사무소 변호사.

이유가 있는가의 여부는 적시된 사실의 내용, 진실이라고 믿게된 근거나 자료의 확실성과 신빙성, 사실확인의 용이성, 보도로 인한 피해자의 피해 정도와 기타 여러 사정을 종합하여 행위자가 보도내용의 진위여부를 확인하기 위하여 적절하고도 충분한 조사를 다 하였는가, 그 진실성이 객관적이고도 합리적인 자료나 근거에 의하여 뒷받침되는가 하는 점에 비추어 판단하여야 한다"고 판시하고 있고 매체의 특수성도 고려하여야 한다고 하고 있지만[1] 진실이라고 믿은데 상당한 이유가 있었다는 것은 언론매체에 입증책임이 있기 때문에[2] 언론에 종사하는 실무자로서는 어떠한 요소를 우선적으로 고려하여 기사를 작성, 출고할 것이냐가 문제이고 진실이라고 믿을만한 상당한 이유의 판단기준은 구체성을 결여하고 있으므로 구체적 사건을 담당하는 법관의 자유에 대한 가치관이 결론에 영향을 미칠 가능성이 있고 때로는 법관의 자의적 판단으로 흐를 위험성이 있으므로[3] 이 문제를 어떻게 형식화할 수 있을 것인가가 과제로 대두된다.

2. 기존 판례의 분석

기존의 판례들을 분석하면 다음과 같이 정리할 수 있다.

첫번째로 취재원을 살펴야 한다. 취재원의 성격상 공식발표[4]로 볼 수 있는 경

---

1) 대법원 1998. 5. 8. 선고 97다34563 판결은 "방송용 언론매체의 명예훼손행위와 관련하여 적시된 사실이 진실이라고 믿을 상당한 이유가 있는지의 여부를 판단함에 있어서는 그 방송등이 신속성이 요청되는가, 그 방송 등의 자료가 믿을만한가, 피해자와 대면 등 진실확인이 용이한가 하는 점을 종합적으로 고려하여 판단하여야 할 것인데 실명에 의한 논픽션방송극에 있어서는 일반의 청취자 등이 그 내용을 사실이라고 받아들이기 쉬운 반면에 신속성의 요청은 일반보도에 비하여 그다지 크다고 할 수 없으므로 그 방송에 있어서는 단순히 풍문이나 억측이 아닌 신빙성있는 자료에 의거하여야 할 필요성이 크다. 따라서 다른 특별한 사정이 없는 이상 방송의 기초가 되는 그 자료내용의 진위를 당사자 본인이나 그 주변인물을 통하여 확인하는 등의 충분한 조사활동을 사전에 거침이 마땅함에도 불구하고 이러한 확인 내지 조사활동을 거치지 아니한 채 명예훼손의 내용이 담긴 논픽션 방송극을 그대로 방송하였다면 방송사측에서 그 내용이 진실이라고 믿었다 하더라도 그에 상당한 이유가 있다고 할 수는 없다"라고 판시한 바 있다.

2) 대법원 1998. 5. 8. 선고 97다34563 판결 등.

3) 박철, "표현의 자유에 의한 명예훼손의 제한과 관용," 언론과법 제2호(2003), 344면 참조.

4) 공식발표란 '수사사건 공보에 관한 준칙' 등 공보에 관한 법령이 정하는 바에 따라 공보관으로서의 임무를 부여받은 자가 공식적인 기관내부의 의사결정절차를 거쳐 기자회견 또는 보도자료 배포등 법령이 정하는 절차에 따라 이루어진 발표를 의미하지만 하급심판례 중에는 수사책임자가 다수의 언론사를 대상으로 공개적으로 수사내용을 발표한 경우에도 공식발표로 인정하고 있다.

우라면 발표내용이 결과적으로 진실하지 않다고 하여도 취재당시 발표를 의심할만한 특별한 사정이 없고 발표내용을 과장 왜곡하지 않은한[5] 확인취재를 하지 않아도 된다.

대표적인 예가 언론사들이 통조림을 만드는 일부업체들이 내용물의 부패를 막기 위하여 인체에 해로운 포르말린을 통조림에 넣었다는 검찰의 수사발표를 보도한 경우이다.

이 경우는 대법원에서 통조림에 포르말린을 넣었다는 검찰의 수사내용이 잘못된 것으로 확인되어 피고인들이 무죄가 되었고, 그 후 통조림업체 관계자들이 언론사들을 상대로 손해배상을 청구한 경우였는데 법원은 공식발표인 점을 인정하여 보도내용이 결과적으로 허위였지만 진실이라고 믿은데 상당한 이유가 있다고 판시하였다.[6] 공식발표로 볼 수 없는 경우에는 사실확인 의무가 부과되므로 다음에서 말하는 기준을 참고하여야 할 것이다.

취재원이 타 언론기관인 경우가 있는데 이 경우는 타 언론기관이 취재원임을 명시하고 보도 내용의 문면상 합리적인 의심을 할 정도의 것이 아니라면 면책된다고 보아야 한다.[7][8]

둘째로 보도대상과 보도영역의 성격에 따라 확인취재 의무가 달라질 수 있다는 점을 고려하여야 한다.

헌법재판소 1999. 6. 24. 선고 97헌마265 결정, 대법원 2002. 1. 22. 선고 2000

---

5) 변호사 사무실의 직원을 브로커로 표현한 경우, 보도자료에도 없는 피해자가 춤바람이 나서 이 사건 범행을 저질렀다고 자신의 견해를 덧붙인 경우 등이 해당된다.

6) 유사한 판례로는 서울민사지방법원 1992. 4. 29. 선고 91가합43911 판결(국세청장의 피해자를 포함한 부동산투기자 명단을 그대로 보도한 경우), 서울민사지방법원 1988. 4. 29. 선고 87가합3739 판결(경찰청이 피해자를 전과 7범이라 한 사실을 그대로 보도한 경우) 등.

7) 미국의 wire service defense 이론의 결론이다. wire service defense 이론에 따르면 (1) 그것이 신뢰할만한 뉴스 수집기관으로부터 받은 것이고, (2) 피고로서는 그 뉴스가 허위인지를 몰랐으며, (3) 그 뉴스자체의 문면상으로는 그것이 부정확한 것일지 모른다고 주의하게 할 사항이 없고, (4) 피고가 수신된 내용을 아무런 실질적 변경을 가하지 않고 그대로 보도한 경우에는 면책된다고 한다. 박용상, 언론과 개인법익, 조선일보사(1997), 139면 참조.

8) 신건호, 언론보도와 명예훼손, 전국언론노동조합(2005), 163면은 우리나라 법원이 wire service defense를 받아들이지 않고 있다고 하면서 대법원 1996. 5. 28. 선고 94다 33828 판결, 대법원 1999. 1. 26. 선고 97다10215 판결 및 서울지방법원 2000. 2. 2. 선고 99가합77460 판결을 예시하고 있으나 동 판결의 사례들은 타 언론기관의 기사를 인용부분 없이 사용한 경우이거나 기사작성에 타 언론기관의 기사를 참조한 경우로서 wire service defense 이론과 대립되는 것은 아니라고 보인다.

다37524, 37531 판결은 모두 인격권과 표현의 자유가 충돌하는 경우 보도대상이 공적인 존재인지 사인인지 보도영역이 공적 관심사인지 사적인 영역인지에 따라 인격권의 보호정도를 달리해야 함을 확인하고 있다.

즉 사인에 대한 사적영역의 경우는 인격권이 표현의 자유보다 상대적으로 강하게 보호되는 영역이므로 언론사로서는 최대한의 확인취재의무를 다하지 않는한 면책받기 어렵고 공인의 공적영역의 경우는 그 반대의 경우로 다소 확인취재가 미흡하다 하여도 면책의 여지가 있다.[9)][10)]

위 대법원판결은 공인에 대한 명예훼손을 일반 사인과 다르게 보아야 할 이유가 없다고 한 대법원 1997. 9. 30. 선고 97다24207 판결을 실질적으로 변경한 입장으로 평가된다.

그러나 "공적인 존재의 공적인 관심사에 관한 문제의 제기가 널리 허용되어야 한다고 하더라도 구체적 정황의 뒷받침도 없이 악의적으로 모함하는 일이 허용되지 않도록 경계해야 함은 물론 구체적 정황에 근거한 것이라 하더라도 표현방법에 있어서는 상대방의 인격을 존중하는 바탕위에서 어휘를 선택해야 하고 아무리 비판을 받아야 할 사항이 있다고 하더라도 모멸적인 표현으로 모욕을 가하는 일은 허용될 수 없다"(위 대법원 판결).

보도영역이 공적영역인가 사적영역인가 여부와 관련하여 독일의 인격영역론을

---

9) 위 대법원 판례는 공적인 존재의 정치적 이념에 관한 사항은 그에 대한 의혹의 제기나 주관적인 평가가 진실에 부합하는지 혹은 믿을만한 상당한 이유가 있는지를 따짐에 있어서는 일반의 경우와 같이 엄격하게 입증해 낼 것을 요구해서는 안되고 그러한 의혹의 제기나 주관적인 평가를 내릴 수도 있는 구체적 정황의 제시로 입증의 부담을 완화해 주어야 한다고 설시하고 있다.

10) 월간 한국논단은 1997년 2월호에 "노동운동인가, 노동당운동인가?"라는 제목의 기사를, 1997년 3월호에 "일부 좌익노조 호화생활해부"라는 제목의 기사를, 1997년 8월호에 "공산당이 활개치는 나라"라는 제목의 기사를 각 게재하였는데 그 내용은 원고들의 활동을 공격하는 내용으로서 원심은 특정단체가 대법원판결로써 이미 국가보안법상 반국가단체로 판단된 '북한' 이적단체로 판단된 '한총련', '범민련'과 관련이 있고 '노동당운동', '좌익불법단체', '출소 공산주의자 구원대책위', '공산게릴라식 빨치산 투쟁', '김일성 교시와 유훈에 충실', '대한민국 체제 파괴활동', '친북 이적활동', '공산당'이라는 표현을 통해 지명되는 경우 그 단체는 불법단체로서 수사기관의 현실적인 수사의 대상이 될 가능성이 있을 뿐만 아니라 일반인 사이에서도 반국가 반사회 세력으로 낙인찍혀 그 사회활동의 폭이 현저히 위축되는 등 심각한 피해를 입을 수 있는 상황임에 비추어 이 사건 기사의 내용은 비유나 비판적 의견의 제시를 넘어 충분히 사람의 사회적 평가를 저하시킬 구체적 사실의 적시에 해당한다고 판단한 후 기사내용의 진실성 여부에 대하여도 기사내용을 뒷받침할 충분한 증거가 없다고 하여 피고들에 대하여 명예훼손으로 인한 손해배상을 명한 바 있다.

참고할 필요가 있다.

독일의 인격영역론에 따르면 인격영역을 인간적 자유의 최종국면으로 타인이 전혀 개입할 수 없는 은밀한 영역인 내밀영역, 공공의 인지에서 해방되어야 할 인간의 생활영역으로 법이 비밀로 보호하는 비밀영역, 가정 내의 생활과 가족적인 사항에 관한 영역인 사사적 영역, 대중 속의 익명적 존재로 활동하는 사회적 영역, 모든 사람에 의해 인식될 수 있는 생활영역인 공개적 영역을 구분하고 있는데 내밀영역, 비밀영역, 사사적 영역이 사적영역에 포함되고 공개적 영역이 공적영역에 포함됨은 이론이 없는 것 같고 사회적 영역의 경우는 경우에 따라 구분되어야 한다고 본다.[11]

보도대상과 보도영역이라는 두 기준을 적용할 경우 사인의 공적 영역부분에 대한 보도가 있을 수 있는데 이 부분은 후술하는 공인이론을 적용할 경우 공인의 공적영역에 대한 보도의 경우로 흡수되는 경우가 많을 것이다. 한편 공인의 사적영역에 대한 보도는 보도내용이 지극히 개인적인 신상에 대한 문제 즉 결혼, 이혼, 자녀, 건강 등의 문제가 대부분이므로 사인의 사적영역 부분과 유사하게 다루어도 무방할 것이다.

문제는 공인에 대한 기준을 어떻게 설정할 것인가이다. 사전적 의미의 공인이란 공직을 행하는 자 즉 공무원으로 해석되지만 공무원이라 하여도 하위 말단 공무원까지를 공인으로 포함시킬 수 있느냐는 고려해 볼 사항이다.[12]

보통은 공인을 '그 사람의 업적, 명성, 생활양식, 활동내용에 따라 일반인에게 그 행위, 사건, 인격에 정당한 관심을 가지게 하는 직업이나 위치에 있는 사람'으로 보고 공직자, 정치인, 사회 저명인사, 예능인과 운동선수 그리고 사건, 사고 재해 등으로 인해 강한 사회적 관심의 대상이 될 인물을 범주에 포함시킨다.[13]

미국의 공인이론은 공적업무를 담당하는 공무원(public officer)에서 출발하여

---

11) 박용상, 언론과 개인법익, 조선일보사(1997), 262-282면 참조.

12) 하급심 판결 중에는 "K중사가 전방 최전선의 중요 소대 부소대장직을 맡고 있는 공무원인 점은 인정되나 공무원이라 하여 모두 공인의 지위에 있다고 할 수는 없고 공무원으로서 그가 국가의 정책방향을 정하는 지위에 있다거나 선거직에 종사해 그 활동이 일정 지역사회나 국가적인 관심사에 해당하는 등의 사유가 있어 그 활동 상황을 사회에 알릴 필요가 있다는 점이 인정돼야 공인의 지위에 있다고 할 것"이라고 하여 하위직 공무원에 대해서는 공인임을 부인하는 판결이 있다. 이런 관점에서 보면 초등학교 담임교사를 공적인물로 본 서울지방법원 남부지원 1992. 2. 20. 선고 89가합13975 판결은 문제가 있다고 본다.

13) 언론 명예훼손 핸드북 Q&A 100, 한국언론재단, 245면.

대중의 관심도 및 사회적 영향력을 고려하여 공무원에 준하는 공적인물(public figure)을 공인에 포함시키는 것으로 발전되었다. 공적인물은 사회적 지위에 의거하여 원래부터 대중의 관심 및 사회적 영향력을 가지는 전면적인 공적인물(pervasive public figure)과 특정사안에서 대중의 관심 및 사회적 영향력을 지니는 제한적 의미의 공적인물(limited public figure)로 구분된다.

우리나라의 일반적인 입장은 미국의 공인이론에 의거하고 있는 것으로 보이는데 제한적 의미의 공적인물의 경우에는 수용여부 및 언제부터 공인성을 획득하는 것인지 등이 문제될 수 있다.[14][15]

공인의 범위를 확대할 경우는 언론사의 면책범위가 그 만큼 넓어지게 되는 결과가 되는데 공인의 기준에 대하여는 아직까지 대법원 판례의 입장이 보이지 않는다.

하급심 판례에 나타난 공인으로는 유명연예인(서울고등법원 1989. 11. 29. 선고 89나8158 판결, 서울고등법원 1994. 5. 26. 선고 93나39814 판결, 서울지방법원 1997. 2. 26. 선고 96가합31227 판결, 서울지방법원 2001. 12. 19. 선고 2001가합8399 판결), 정당대표(서울고등법원 1996. 9. 18. 선고 95나41965 판결), 언론인(서울남부지방법원 1996. 11. 22. 선고 93가합11471 판결), 대통령후보자(서울지방법원 1997. 10. 10. 선고 97카합2923 결정), 방송인(서울지방법원 1997. 9. 3. 선고 96가합82966 판결, 서울지방법원 2000. 2. 2. 선고 99가합84277 판결), 종교단체대표(헌법재판소 2001. 8. 30. 선고 2000헌마36 결정), 도의회의원(춘천지방법원 강릉지원 1997. 11. 6. 선고 96가합2272 판결), 검사(서울지방법원 2000. 6. 7.선고 99가합 88873 판결, 수원지방법원 성남지원 2000. 4. 28. 선고 99가합 2207 판결), 청와대 정무수석(서울지방법원 2000. 12. 27. 선고 2000가합16898 판결), 변호사(서울지방법원 1998. 11. 25. 선고 97가합70274 판결, 서울지방법원 1998. 8. 19. 선고 97가합93499 판결), 경찰관(서울지방법원 1998. 4. 15. 선고 96가합84238 판결), 군장성(서울지방법원 남부지원 2000. 2. 10. 선고 99카합77460 판결), 군법무관(서울지방법원 2000. 7.

14) 서울지방법원 1997. 2. 26. 선고 96가합31227 사건에서 법원은 "원고 손미자는 1966년경부터 영화배우로 활동하여 왔으므로 공인으로서의 신분을 가지고 있었다고 할 수 있으나 위 기사작성 당시에는 이미 영화계를 은퇴하여 프랑스에서 가정생활에 전념하고 있어 더 이상 공인으로 볼 수 없다"고 하여 공인의 연속성을 부정하고 있다.

15) 미국연방 대법원은 1980년대에 들어 제한적 공적인물의 조건으로서 첫째, 일반인의 입장에서 보아 원고가 공적문제에 관련하여 주도적인 역할을 하였거나 하려고 시도하였고 둘째, 문제된 보도내용이 바로 그 공적문제에 관련된 것이어야 한다는 등의 구체적인 기준을 제시하였다고 본다. 박선영, 전게서, 177면 참조.

12. 선고 99가합90005 판결), 군의관(서울지방법원 2000. 3. 29. 선고 99가합34685 판결), 전현직 국회의원(서울지방법원 1999. 9. 1. 선고 98가합107104 판결), 행정부관리(서울지방법원 1998. 11. 18. 선고 97가합83683 판결), 청와대경제수석비서관(대법원 2000. 7. 28. 선고 99다6203 판결), 전직 국무총리(서울지방법원 2000. 1. 19. 선고 99가합42730 판결), 대통령(서울지방법원 1998. 7. 1. 선고 97가합88220 판결) 등이 있다.

셋째로 보도내용의 성격을 살펴보아야 한다.

보도내용은 사실(fact)주장인 경우와 의견표현인 경우로 나눌 수 있다.[16]

표현의 자유는 의견표현을 보호하려는데 주안점이 있고 우리나라뿐만 아니라 각국의 판례도 의견표현을 사실주장보다 더 두텁게 보호한다. 따라서 보도내용 가운데 사실(fact)이 아닌 의견표현 부분에 대해서는 명예훼손으로 다툴 수 없고 의견표현이 객관적이지 않아도 문제되지 않는다.[17]

그러나 의견표현이라고 하더라도 그 전제가 된 사실(fact)을 함께 보도한 경우에는 명예훼손에 대한 위법성 판단의 대상이 된다. 즉 의견표현인 〈논평〉이나 〈비평〉이 허위 사실에 근거해 이루어진 경우에는 명예훼손이 성립한다.[18][19]

16) 언론소송에 있어서 사실주장과 의견표현을 구별하는 또 다른 실익은 반론보도청구소송의 대상은 사실주장에 국한하기 때문이다.

17) 서울지방법원 남부지원 1990. 10. 12. 선고 89가합18505 판결은 "평가를 포함한 보도인 평론이나 해설은 공공적 사항에 관한 공정한 평론인 한 그 평가의 내용이 객관적으로 타당한 의견인지, 사회의 다수에 의하여 지지를 받고 있는 견해인지 여부를 묻지 아니하고 또한 이로써 피평론자의 사회적 평가를 저하시키었다 하더라도 위법성이 없으며 평론의 자유에 의하여 보장된다 할 것인바, 이때에 공공의 이해에 관한 사항 또는 일반 공중의 관심사로 되는 사안에 관하여서 그것이 공적 활동과 무관한 사생활의 폭로나 인신공격이 아닌 한 그에 대한 평가의 의견, 비판의 내용이 객관적으로 정당할 필요는 없고 주관적으로 정당하다고 믿고 있는 것으로 족하며 중립적이 아니고 당파적으로 일방에 치우치거나 그 용어와 표현이 격렬, 신랄하고 그 결과로서 피평론자의 사회로부터 받는 평가가 저하되어도 이로써 공정한 논평이 아니라고 할 수는 없다."

18) 대법원 2000. 7. 28. 선고 99다6203 판례는 "명예훼손은 의견 또는 논평을 표명하는 표현행위에 의하여도 성립할 수 있다. 다만 단순한 의견의 개진만으로는 상대방의 사회적 평가가 저해된다고 할 수 없으므로 의견 또는 논평의 표명이 사실의 적시를 전제로 하지 않은 순수한 의견 또는 논평일 경우에는 명예훼손으로 인한 손해배상책임은 성립되지 아니하나, 한편 여기에서 말하는 사실의 적시란 반드시 사실을 직접적으로 표현한 경우에 한정한 것은 아니고 간접적이고 우회적인 표현에 의하더라도 그 표현의 전취지에 비추어 그와 같은 사실의 존재를 암시하고 또 이로써 특정인의 사회적 가치 내지 평가가 침해될 가능성이 있을 정도의 구체성이 있으면 족하다"고 판시한 바 있다.

19) 미국법은 의견을 순수의견과 혼합의견으로 나누어 순수의견은 명예훼손이 되지 아니하나 혼합의견은 명예훼손의 대상이 된다고 한다. 순수의견은 의견의 기초되는 사실을 함께 이야기하거나 상대방이 그 기초되는 사실을 이미 알고 있는 경우이고, 혼합의견은 어떤 진술이 의견의 형태를 띠고 있다고 하더라도 의견의 기초되는 사실이 표명되지 아니하고 오히려 그 의견을

일간지 등에 게재되는 만평이나 시사만화에 대하여는 사실의 보도라기보다 의견으로 보는 것이 판례의 입장인 듯하다.[20]

사실표현과 의견을 어떻게 구분하느냐에 대하여는 여러 가지 의견이 있지만 확인가능성이 있느냐가 중요한 기준이라고 생각된다.[21] 그러나 이 문제에 대하여 우리나라 법과 판례는 아직까지 입증가능성을 기준으로 삼고 있는 듯하다.

언론중재법 제2조 제13호는 사실적 주장이라 함은 증거에 의하여 그 존재여부를 판단할 수 있는 사실관계에 관한 주장이라고 정의하고 있으며, 대법원 2002. 12. 24. 선고 2000다4613 판결에서 대법원은 "기사중의 어떤 표현이 사실의 적시인가 의견의 진술인가를 가리기 위하여서는 당해 표현의 문언과 함께 그 기사 전체의 취지, 배경이 된 사회적 흐름과의 연관하에서 당해 표현이 갖는 의미를 살펴 판단하여야 하고 그 표현이 진위를 결정하는 것이 가능한지를 살펴보아야 한다"고 판시한데 이어 최근에는 "반론보도 청구사건에 있어서 반론의 대상으로 삼는 원보도가 사실적 주장인지, 단순한 의견의 표명인지를 구별하는 척도로서는, 그것이 객관적으로 입증 가능하고 명확하며 역사성이 있는 것으로서 외부적으로 인식 가능한 과정이나 상태를 포함하여 원보도의 보도대상이 된 행위자의 동기, 목적, 심리상태 등이 외부로 표출된 것이라면 이를 사실적 주장이라고 판단할 수 있을 것이다. 그러나 이러한 추상적 판단 기준 자체도 언제나 명확한 것은 아니며, 사실적

정당화하는 숨은 명예훼손적인 사실의 존재를 암시하는 경우를 말한다. 한위수, "명예의 훼손과 민사상의 제문제," 사법논집 제24집, 법원행정처, 1994, 407-408면 참조.

20) 대법원 2000. 7. 28. 선고 99다6203 판결은 만평 또는 풍자만화와 관련하여 "한두 컷(cut)의 그림과 이에 관한 압축된 설명 문구를 통해 인물 또는 사건을 회화적 외피(外皮)를 씌우거나 다른 사실 관계에 빗대어 은유적으로 표현하는 기법을 사용하는 만큼, 그 만평을 통하여 어떠한 사상(事象)이 적시 또는 표현되었는가를 판단하는 데에는 이와 같은 풍자적 외피 또는 은유를 제거한 다음, 작가가 그 만평을 게재한 동기, 그 만평에 사용된 풍자난 은유의 기법, 그 만평을 읽는 독자들의 지식 정도와 정보수준, 그리고 그 만평의 소재가 된 객관적 상황이나 사실 관계를 종합하여 그 만평이 독자들에게 어떠한 인상을 부여하는가를 기준으로 삼아야 한다"고 판시한 바 있다. 원심은 서울고등법원 1998. 12. 24. 선고 98가합16387 판결은 "만평등을 통하여 특정인을 풍자의 대상으로 삼아 그를 희화적으로 묘사한 경우, 그 만평이 특정인의 명예를 훼손할 만한 구체적인 사실을 적시하는 데까지 이르지는 않았더라도 그로 인하여 특정인의 명예감정이나 인격권이 침해되었다면 그리고 그 만평을 통해 표현된 사상이 허위의 내용이고, 나아가 그 만평에 사용된 풍자의 기법이나 내용이 사회에서 용인될 수 있는 한계를 벗어나 위법하다고 인정되는 경우에는 불법행위로 인정될 수 있다"고 판시하며 만평의 경우가 명예훼손에 해당하는 기준을 제시한 바 있다.

21) 서울민사지방법원 남부지원 1993. 9. 6. 선고 93가합792 판결은 "보도나 표현이 사실적 주장인지 아닌지를 결정하는데 있어 그 결정은 기사내용이 확인될 수 있는지에 근거하지 않으면 안된다"고 판시한 바 있다.

주장과 논평 등이 혼재하는 형식으로 보도되는 것이 보통이므로, 그 판단 기준 자체도 일의적이라고 할 수 없고, 당해 원보도의 객관적인 내용과 아울러 일반의 독자가 보통의 주위로 원보도를 접하는 방법을 전제로 사용된 어휘의 통상적인 의미, 전체적인 흐름, 문구의 연결 방법뿐만 아니라, 당해 원보도가 게재한 보다 넓은 문맥이나 배경이 되는 사회적 흐름 및 독자에게 주는 전체적인 인상도 함께 고려하여야 할 것이다. 또한, 원보도가 사실적 주장인지, 의견표명인지는 원보도와 이에 대하여 게재를 구하는 반론보도문의 비교를 통하여 확인하는 방법도 있을 수 있으며, 원보도와 반론보도문이 서로 다른 구체적인 경과를 알리거나 상황을 묘사하는 내용이 것이라면 원보도도 일응 사실적 주장에 해당하는 것이라고 할 수 있으나, 반론보도의 내용이 새로운 사정을 알리려는 것이 아니라 단지 원보도를 재구성하는 것이라면 그 원보도는 의견의 표명에 그치는 것이라고 할 수 있을 것이다"(대법원 2006. 2. 10. 선고 2002다49040 판결)라고 판시한 바 있다.

보도내용이 사실인 경우에도 역사적 사실의 보도의 경우와 의혹제기 보도의 경우에는 특별히 다루어야 하는 경우이다.

의혹제기 보도에 대하여 최초로 사실전달보도와 구별을 시도한 서울지방법원 2000가합51563 판결을 보면 ① 피해자의 주장에 상반되는 자료가 존재한다는 것은 진실일 것, ② 언론기관이 객관적이고 공정한 입장에서 피해자의 주장 및 상반되는 자료를 함께 보도할 것, ③ 상반되는 자료가 피해자의 주장에도 불구하고 대등 또는 유사한 정보로 볼 수 있는 합리적인 근거가 있을 것을 요건으로 하여 위 요건이 갖추어지면 위법성이 조각된다는 법리를 제시하였다.[22)]

---

22) 이 사건의 사실개요는 다음과 같다.

문화방송의 박모기자는 1999. 12. 중순경 H대학 동문회 관계자로부터 H대학병원의 성형외과 의사가 언청이 수술을 함에 있어 치료비 외에 별도의 돈을 받아 경찰에서 수사를 받고 있다는 제보를 받고 이를 먼저 보도하였던 세계일보 기자, 병원관계자, 환자부모 등을 취재한 후 성형외과 의사인 원고를 인터뷰하였다. 원고는 이 '별도의 돈'이 환자부모들로부터 일종의 성금조로 받은 것으로 불우환자 돕기인 민들레회에 사용되었다고 주장하였고 병원관계자나 일부 환자부모는 치료를 위해서 어쩔 수 없이 낼 수밖에 없는 돈의 성격이 강했고 민들레회 이야기는 없었다는 진술을 확보하였다. 박모기자는 수술시 웃돈을 받은 것이 아닌가 하는 의문제기 방송을 9시 뉴스에 내 보냈다. 구성은 웃돈을 받은 사실을 인정하는 부분, 원고의 위 돈이 성금이라는 주장, 환자부모의 치료비 명목이었다는 반박부분으로 구성하였다.

이 사건은 경찰에서 사기 기소의견으로 검찰에 송치되었으나 검찰은 대부분 환자 부모에게 성금으로 거두었다는 설문조사의 결과, 치료기기의 설치에 관하여는 의료보험이 되나 제작비용은 의료보험이 되지 않는 점 등을 고려하여 무혐의 처리하였다. 원고는 문화방송을 상대로 명예훼손을 이유로 3억원의 손해배상청구소송을 제기하였다. 서울고등법원 2002. 3. 28. 선고 2001

실무상 의혹제기보도와 전문사실의 보도를 혼동하는 경향이 있지만 양자는 엄격히 구별되어야 한다.[23)]

역사적 사실의 보도는 사극 같은 경우에 문제가 되는데 우선 사극에서 표현된 부분이 의견이냐 사실의 진술이냐가 문제될 수 있다. 대법원판례의 입장은 사극 등에서 표현된 부분도 사실의 진술이라고 볼 수도 있다는 것이지만[24)] 시간이 경과됨에 따라 망인이나 유족의 명예보다는 역사적 사실에 대한 탐구 또는 표현의 자유가 보호되어야 한다는 입장으로 해석된다[25)] 다만 역사적 사실이라도 공표시와 시간적으로 근접되어 있으면 명예훼손의 가능성이 봉쇄되는 것은 아님은 주의할 필요가 있다.[26)]

3. 맺 으 며

실무적인 관점에서는 위에서 열거하는 기준을 동시에 적용하자는 것이 아니다.

우선적으로 취재원을 따져 공식보도와 타언론기관이 취재원인 경우는 특별한 예외적인 경우를 제외하고는 확인취재의무가 없으므로 면책된다고 가정하고 비공식 보도의 경우에만 2차 기준인 보도대상과 보도영역을 문제삼는다. 2차 기준의 경우에도 공인의 공적영역에 대한 보도는 미국의 actual malice 이론과 유사하게 해의가 없는한 면책이라고 판단한다. 사인의 사적영역부분에 대한 경우에는 보도내용을 살펴보아 보도내용이 어떤 것이냐에 따라 면책기준을 적용하자는 것이 이 논문의 요지이다.

나48486 항소심판결은 원심의 법리를 그대로 인정하였다.

23) 서울고등법원 1989. 11. 29. 선고 89나8158 판결 등은 소문이나 전문내용의 진실 여부에 관한 조사의무는 통상적 표현을 사용한 기사와 동등하게 부과된다고 판시한다.

24) 대법원 2000. 2. 25. 선고 99다 12840 판결.

25) 대법원 1998. 2. 27. 선고 97다 19038 판결.

26) 대법원 1998. 5. 8. 선고 97다 34563 판결.

제 4 절 법조인이 당사자가 된 언론 소송의 사례 소개와 의미

문건영* · 차병직**

Ⅰ. 머 리 말

법조인도 당연히 자연인으로서 그리고 전문 직업인으로서 권리의 주체다. 법조인도 언론 보도에 의해 개인의 권리를 침해당할 수 있고, 그럴 때 소송을 제기할 수 있다. 그렇게 본다면 언론 소송에서 법조인이 당사자가 되었다고 하여 특별할 것은 없어 보인다.

그러나 일정한 시기에 집중되어 제기된 법조인의 언론 소송은 몇 가지 되새겨 볼만한 의미를 지녔을 가능성이 크다. 일반적으로 판단하면, 법조인이 순수한 자연인으로서가 아니라 자신의 업무와 관련한 언론 보도로 인하여 명예훼손을 당하였다고 주장하는 사건에서는 주로 원고의 적격성에 대한 논란이 많을 것으로 추측한다. 판사와 검사의 경우 피해를 주장하는 당사자가 공무원이자 국가기관이므로 항상 일반적인 감시와 비판에 열려 있다. 그런 공적 인물이 업무와 관련한 보도로 피해를 입었다고 주장할 수 있는가, 주장할 수 있다면 일반인에 비해 어느 정도 제한되는가가 특별한 쟁점이 될 것이다. 그 밖의 보도의 진실성이나 위법성 조각 사유

* 법무법인 한결 변호사.
** 법무법인 한결 변호사, 참여연대정책자문위원장, 고려대학교 법과대학 겸임교수.

등은 다른 사건과 마찬가지일 수밖에 없다.

그런데 이 글에서 법조인이 당사자가 된 언론 소송을 살펴보고자 하는 목적은 그런 법률적 쟁점의 연구나 분석이 아니다. 우리나라 언론 소송의 역사에서 갑자기 쏟아진 법조인의 소송이 가지는 사실상의 의미를 확인해 보기 위해서다. 그 사실상의 의미란 우리 언론 소송이 체계를 확립하며 전개해 나아가는 과정에서 성찰의 수단으로 삼을 수 있다고 기대하는 그 무엇을 말한다. 그렇기 때문에 비록 과거 회고적이긴 하나, 법조인이 당사자가 된 언론 소송의 사례를 개괄적으로 살펴본다.

여기서 법조인이 당사자가 된 소송이란 법조인이 언론 피해자로서 원고가 되어 소송을 제기한 경우를 말한다. 그리고 법조인의 직무와 관련한 보도에 한정한다.

Ⅱ. 검사가 제기한 소송

1. '한심한 검찰' 사건

(1) 사례의 쟁점

'검사의 직무상 실수를 지적한 보도'가 언론의 감시와 비판 기능의 중요성에 비추어 어느 정도 허용될 수 있는가라는 것이 사건의 쟁점이다.

(2) 사건의 표시

원고: 검사　　피고: 문화방송(MBC)
수원지법 성남지원　2000. 4. 28. 선고 99가합2207 (제 1 심)
서울고법　2001. 7. 26. 선고 2000나25745 (항소심)
대법원　2004. 2. 27. 선고 2001다53387 (상고심)
서울고법　2004. 7. 22. 조정 2004나23310 (파기환송심)

(3) 사안의 개요

1993년 봄 A라는 사람은 B를 경찰에 사기와 횡령으로 고소하였다가, 경찰은 믿을 수 없다고 생각하여 검찰에 다시 고소장을 제출했다. 그러나 B의 행방불명으로 두 사건 모두 기소중지됐다. 3년 뒤 B가 나타나자 검찰에 고소된 사건이 재기되어 기소됐고, B는 횡령죄로 징역 8월에 집행유예 선고를 받아 1997년 3월 말경 확정됐다.

그런데 A는 1998년 9월에 다시 경찰에 고소했던 같은 사건에 대해 재기 신청을 했고, 그 사건이 검찰에 송치되어 C 검사에게 배당됐다. C 검사는 피의자 B의 재판 받은 사실을 제대로 확인하지 못했고, 수사 과정에서 B 역시 그에 대해 전혀 언급이 없었다. C 검사는 B를 다시 기소하였고, 법정에서 B의 재판받은 사실이 드러났다.

법원에서 공소기각 결정을 받은 B는 그 사실을 방송사 기자에게 제보했고, 그 내용이 뉴스로 보도됐다. 그러자 같은 검찰청 소속 다른 검사가 제보한 B를 검사에 대한 명예훼손으로 체포한 뒤 구속했다. 문화방송은 다시 그 사실을 검사의 보복 수사라며 뉴스 시간에 보도했다.

(4) 보도의 내용

문화방송은 1999년 3월 6일 저녁 9시 뉴스데스크 시간에 '한심한 검찰'이란 제목으로, 검사가 이미 재판 받은 사람을 다시 기소해 재판이 진행중이라고 비난하는 보도를 했다. 보도 기자는 "형이 확정된 B는 사법사상 처음 같은 사건으로 또 한번 재판을 받고 있다"고 전했다.

문화방송은 1999년 3월 21일에 다시 '보복 수사 논란'이란 제목으로 검사가 B를 구속한 사건을 비난하는 뉴스를 보도했다.

(5) 제 1 심 판결

판결의 요지를 정리하면 다음과 같다.

피의자의 전과 사실을 제대로 확인하지 않은 것은 검사의 직무상 과실이다. 그러나 B가 "검사에게 재판 받은 판결문이 있다고 했더니 (검사와 계장이) 웃더라"는 인터뷰 내용은 허위 사실을 보도한 것이다. '한심한 검찰'이란 제목은 C 검사가 피의자의 정당한 항변도 묵살하는 수준 이하의 검사라는 인상을 단정적으로 심어 주었다. '보복 수사 논란'이란 두 번째 보도 역시 C 검사가 B를 고의로 이중기소한 것처럼 오해하게 할 소지가 있다.

따라서 법집행자인 검사 개인에 대한 명예훼손뿐만 아니라 우리나라 법집행기관에 대한 불신감을 조장했다는 점을 고려하여, 위자료는 1억 원으로 결정한다.

(6) 항소심 판결

항소심은 제1심 판결 중 일부에 대해서만 명예훼손으로 인정하고 위자료 액수도 감액했다. 그 요지는 이렇다.

문화방송 뉴스 보도 행위 중 위법성이 인정되는 부분은 B의 인터뷰 부분이다. 그 부분은 B의 거짓말을 그대로 옮기고 있기 때문에 허위 사실의 보도가 된다. 그 나머지 부분, 특히 '한심한 검찰', '불법 감금', '사법사상 처음' 등의 표현은 부적절하긴 하나 전체적으로 보아 논평의 자유 범위 내에 속해 위법성이 없다.

그러므로 위자료는 6,000만 원이 적당하다.

(7) 상고심 판결

대법원은 이 사건의 보도가 전체적으로 위법성이 없어 명예훼손이 되지 않는다고 판단했다. 요지는 다음과 같다.

B의 인터뷰 내용이 허위 사실이라고 판단한 부분은 정당하다. 하지만 보도는 검사가 피의자의 전과 조회를 제대로 하지 않아 결과적으로 이중기소한 잘못을 지적한 것이고, B의 인터뷰 내용의 진실성을 기자가 확인하기는 어렵다. 전체적으로 보도 내용이 공적인 사안에 관한 것으로, 악의적이거나 현저하게 상당성을 잃은 공격이라 볼 수 없다.

뉴스 보도 내용의 위법성을 인정할 수 없으므로 원심을 파기한다.

(8) 파기환송심

원고와 피고는 대법원 판결을 받아들이면서 서로 화해하였다. 원고는 이미 지급 받은 손해배상금 6,000만 원을 반환하였으며, 피고는 지나친 표현에 대해 유감의 뜻을 표시했다. 그 내용은 조정 조서에 그대로 기재됐다.

(9) 사건의 의미

이 사건은 검사의 직무상 실수를 다소 과장된 표현으로 비판하는 보도의 허용성여부가 최대 쟁점이었다. 제1심과 항소심 판결은 이례적으로 많은 액수의 위자료를 인정했다.

2. '납득하지 못할 영장 기각' 사건

(1) 사건의 표시

원고: 검사 피고: 한국방송공사(KBS)
서울지법 1999. 6. 23. 선고 99가합14391

(2) 사안의 개요

경찰이 공무집행방해 혐의자에 대한 영장을 신청하였으나 검사가 기각했다. 이에 KBS는 저녁 9시 뉴스에서 '납득하지 못할 영장 기각'이란 제목으로, 피의자가 동료 검사의 처남이어서 구속 영장을 기각한 것이 아닌지 의심스럽다는 취지의 보도를 했다.

(3) 판결 내용

검사가 청탁받아 구속 영장 신청을 기각한 것처럼 보도한 사실을 인정했다. KBS는 검사에게 1억 원의 위자료를 지급하라고 했다. 그 정도 위자료로 명예회복에 충분하다며 정정 보도 청구는 기각하였다.

3. '검찰의 감청 의혹' 사건

(1) 사건의 표시

원고: 검사 12인 피고: 조선일보
사건: 서울지법 2000. 2. 2. 선고 99가합77460

(2) 사안의 개요

1999년 7월 29일 조폐공사 파업 유도 사건 수사 과정에서 수사팀은 기자들에게 진형구 전 대검 공안부장과 강모 씨가 휴대폰으로 통화하면서 말 맞추기를 시도했다는 내용을 브리핑했다. 이에 조선일보 논설위원 정중헌은 '검찰의 감청 의혹'이란 제목으로 수사팀 검사들이 불법 감청을 한 뒤 그 내용을 공개하면서 감청 사실을 은폐하려는 의심스런 행동을 했다는 내용의 사설을 썼다.

이에 검찰특별수사본부의 이훈규 본부장을 비롯한 12명의 검사들이 소송을 제기했다.

(3) 판결 내용

의혹이란 표현을 했더라도 그 의혹이 진실에 반하는 사실에 근거한 것이거나, 의혹이란 표현만으로 사실상 명예를 해치는 허위의 사실을 암시하므로 명예훼손이 성립된다고 판결했다.

검사들이 요구한 정정 보도문 게재와 함께 소송을 제기한 검사들에게 각 1,500만 원씩의 위자료를 지급하라고 선고했다. 위자료 전체 금액은 1억 8,000만 원이다.

4. '검찰 자기 식구 싸고 돌기' 사건

(1) 사건의 표시

원고: 검사 10인　　피고: 한겨레신문

서울지법 2000. 6 . 7. 선고 99가합88873 (제 1 심)

서울고법 2002. 2. 7. 선고 2000나31320 (항소심)

(2) 사안의 개요

한겨레는 1999년 9월 16일자에 '검찰 자기 식구 싸고 돌기'라는 제목으로, 검찰이 소속 직원의 수뢰 사건 수사에 미온적이란 취지의 기사를 보도했다.

(3) 판결 내용

서울지방법원은 기사가 공정한 법집행을 담당한 검사들이 부당하게 축소 수사를 감행했다는 왜곡된 인상을 주었다고 인정했다. 단 특정된 부장검사와 주임검사에게만 각 1,500만 원씩 위자료를 인정하고, 나머지 서울지검 형사 4 부 전체에 대한 집단적 명예훼손은 인정하지 않고 기각했다.

그러나 서울고등법원은 검찰 직위에 관한 기사는 외부로부터 비판받을 수 있는 공적 사안이므로 사적 영역에 대한 보도보다 보도의 자유가 넓게 보장돼야 한다는 이유로 원고 검사들의 청구를 모두 기각하였다.

5. '대전 법조 비리' 사건

(1) 사건의 표시

원고: 검사 21인　　피고: 문화방송(MBC)

서울지법 남부지원 2001. 6. 22. 선고 99가합5683 (제 1 심)

서울고법 2002. 10. 10. 선고 2001나42662 (항소심)

대법원 2003. 9. 2. 선고 2002다63558 (상고심)

(2) 사안의 개요

이모 변호사의 사건 브로커 고용과 검찰 및 법원에 대한 청탁을 내용으로 하는 대전 법조 비리 사건과 관련하여, MBC는 1999년 1월 7일부터 2월 7일까지 뉴스데스크를 통해 '대전 지역 검사들'이 금품을 수수하고 사건을 부당하게 처리하였다는 식으로 보도했다. 이에 당시 대전지검에 근무했던 검사 21명이 소송을 제기했다.

(3) 판결 내용

제 1 심 법원은 '대전 지역 검사들'이란 표현으로도 특정인에 대한 명예훼손이 될 수 있고, 이니셜로 표기한 4명의 검사가 누구인지 특정하기에 충분하다고 했다. 따라서 4명의 원고에게 위자료로 각 3,000만 원씩(모두 1억 2,000만 원) 지급하고, 정정보도 방송까지 하라는 선고를 했다. 나머지 검사들에 대해선 청구를 기각했다.

항소심 재판부는 검사 2명에 대해선 각 3,000만 원씩 그대로, 다른 2명에 대해선 각 2,000만 원씩 위자료를 인정하여, 위자료만 일부 감액했다.

그러나 상고심에선 공직자에 대한 감시와 비판 기능은 악의적이나 현저히 상당성을 잃은 공격이 아닌 한 보도의 자유가 제한돼서는 안 된다는 취지로 대부분 파기 환송했다.

6. '여운환 사건'

(1) 사건의 표시

원고: 검사 11인　　피고: 시사저널

서울지법 2003. 10. 15. 선고 2001가합68728

(2) 사안의 개요

소위 '여운환 사건'과 관련하여, 시사저널은 2001년 10월 4일/11일자 합병호 표지에 '호남 주먹, 호남 검사, 검은 커넥션'이란 제목을 달고, 다시 '검사와 주먹의 검은 커넥션'이란 제목으로 여운환이 호남 출신 검사들과 친분을 유지하며 로비한 것으로 보도했다.

이에 광주지검에 근무했던 검사 11명이 소송을 제기했다.

(3) 판결 내용

법원은 1997년 3월 1일부터 2001년 6월 18일까지 광주지검에서 부장 및 부부장검사로 근무했던 원고들이 모두 피해자로 특정된다고 할 수 있다고 판단했다. 따라서 위자료로 각 500만 원씩 지급하라고 선고했다. 위자료 전체 금액은 5,500만 원이다.

7. '이용호 사건' 1

(1) 사건의 표시

원고: 검사 피고: 동아일보

서울지법 2002. 7. 6. 선고 2001가합65620 (제 1 심)

서울고법 2003. 10. 16. 선고 2002나49998 (항소심)

(2) 사안의 개요

소위 '이용호 게이트'와 관련, 동아일보는 2001년 9월 18일자에서 검사가 이용호씨와 수시로 통화하며 교제하는 친밀한 사이였다는 기사를 보도했다.

(3) 판결 내용

제 1 심 재판부는 명예훼손을 인정하여 원고인 검사에게 위자료로 2,000만 원을 지급하라고 판결했다.

그러나 항소심은, 검사가 통화를 시도한 사실은 있으므로 신문의 의혹 제기는 현저히 상당성을 잃은 공격이라 할 수 없다며 검사의 청구를 기각했다.

8. '이용호 사건' 2

(1) 사건의 표시

원고: 검사　　피고: 문화일보

서울지법 2003. 4. 4. 선고 2001가합58950 (제 1 심)

(2) 사안의 개요

문화일보는 2001년 9월 21일자에서 '이씨 로비 비망록 있었다'라는 제목으로, 당시 수사 주임검사가 이용호 씨의 로비 비망록을 압수하고서도 은폐하고 있다는 의혹을 제기하는 기사를 보도했다.

(3) 판결 내용

이 사건 보도는 진실을 담보할 만한 구체적 정황이 없는 가운데 제기한 무분별하고 경솔한 의혹 제기라고 하여, 위자료로 3,000만 원을 지급하라고 선고했다.

9. '검찰의 무영장 계좌 추적' 사건

(1) 사건의 표시

원고: 서울지검 특수부 검사 11인　　피고: 조선일보

사건: 서울지법 2003. 7. 11. 선고 2001가합66203

(2) 사안의 개요

문화일보는 2001년 9월 10일자 1면과 3면에 '검찰 무영장 계좌 추적확인' '법원 안 거치고 금감원서 대행'이란 제목으로, 검사가 증거 발견 수단으로 금융감독원에 범죄 혐의자의 거래 정보를 요구하는 행위는 영장주의 원칙을 벗어나는 편법이란 내용의 기사를 보도했다.

(3) 판결 내용

법원은 언론 기관으로서의 정당한 비판의 한계를 넘은 보도가 아니라는 이유로 검사의 청구를 기각했다.

Ⅲ. 변호사가 제기한 소송—'못 믿을 변호사' 사건

(1) 사례의 쟁점

'변호사의 불성실한 소송 수행으로 의뢰인에게 불리한 판결이 선고됐다는 취지의 기사 보도'가 그 변호사의 명예를 훼손하는가?

(2) 사건의 표시

원고: 변호사 피고: 문화방송(MBC)

서울지법 남부지원 2001. 1. 18. 선고 99가합19514 (제 1 심)

서울고법 2001. 11. 29. 선고 2001나11989 (항소심)

대법원 2003. 3. 25. 선고 2001다84480 (상고심)

서울고법 2004. 1. 24. 선고 2003나26206 (파기환송심)

(3) 사안의 개요

신림동에 사는 조모 씨가 소유하고 있는 건물이 도로를 점용하고 있다는 이유로, 구청에서 도로점용료 약 2억 원 남짓을 부과하였다. 이에 조씨는 불복하여 변호사 신모 씨에게 찾아가 도로점용료 부과처분의 취소를 구하는 소송을 의뢰했다(서울고법 94구8928호 사건).

소송 결과 약 1억 5,000만 원의 점용료 중 3,800여만 원이 취소됐다. 그러나 사건이 대법원에서 일부 파기환송되고 하는 사이에 신 변호사가 유리한 증거 한 장을 누락하고 제출하지 않은 사실이 발견됐다. 조씨는 즉시 신 변호사를 해임하고 시민단체를 찾아 자신의 억울함을 호소했고, 그 사실이 방송사 기자에게 알려졌다.

신 변호사의 변명은 이렇다. 조씨에게 유리한 증거를 복사하면서 한 면을 빠뜨렸다. 법원에 제출하기 전에 제대로 확인하지 않은 것은 실수로 인정한다. 하지만 그것이 소송 결과에 영향을 미쳤다고 생각하지는 않는다.

(4) 보도의 내용

문화방송은 1999년 9월 19일 저녁 9시 뉴스데스크 시간에 '못 믿을 변호사'란 제목으로 그 사실을 보도했다. 먼저 "아침 이슬 같은 두 시골 판사 이야기"를 전한 다음 신 변호사 사건을 보도했다. 앵커는 "한심하다 못해 분통이 터집니다"라고 덧붙였다. 신 변호사의 변명하는 인터뷰 중 자신의 실수라는 부분만 잠깐 비쳐졌고, 그 이름이 박힌 사무실 문이 방영됐다. 그리고 시민들의 변호사에 대한 불만이 높아 사법개혁이 요구된다는 식으로 끝을 맺었다.

(5) 제1심 판결

제1심 판결은 원고 주장을 대부분 받아들여 다음과 같은 요지의 선고를 했다.

뉴스 보도 내용의 공공성은 인정되나 진실성이 부인된다. 변호사인 신씨의 사회적 평가를 저하시킬 만한 사실을 적시했다. 누락한 증거는 가치가 크지 않을 뿐만 아니라 다른 증거 서류에 같은 내용이 있어 결론에 영향을 미치지 못했기 때문이다. 뉴스 내용은 일정한 방향으로 몰아 신씨를 비방하려는 데 중점이 있는 것으로 보였다.

뉴스 보도가 변호사인 신씨의 사건 수임에 미치는 영향, 일반 변호사들에 대한 사회적 불신을 조장하는 점, 문화방송이 우리 언론계에서 차지하는 비중 등을 감안하여 정정보도문 방송과 함께 위자료로 1억 원을 지급해야 한다고 선고했다.

(6) 항소심 판결

제1심 판결에 대해 원고와 피고가 모두 불복하고 항소하였다. 원고인 신 변호사는 손해배상금으로 적어도 1억 5,000만 원은 받아야 한다는 이유로 항소했다. 이에 서울고등법원은 쌍방의 항소를 모두 기각하면서, 원심대로 명예훼손이 인정되므로 1억 원의 위자료를 지급하라고 했다.

(7) 상고심 판결

대법원의 원심이 인정한 일부 사실을 파기했다. 그 요지는 다음과 같다.

신 변호사를 '순백의 법조인'이라 표현한 시골 판사들과 대비하면서 '사람답게

살지 못한 사람'이라거나 '한심하다 못해 분통이 터진다'는 등으로 표현한 보도 내용은 원고인 신씨의 실수를 지나치게 확대하고 과장한 것이다. 그 정도의 의견 표명은 모멸적 표현에 의한 인신 공격에 해당하여 불법행위가 될 수 있다.

그러나 그 사건에서 의뢰인이 중요한 증거라고 주장한 문서의 누락된 부분이 원심 법원에 제출됐더라면 의뢰인에게 더 유리한 심증 형성에 도움이 됐을 것이다. 따라서 문화방송이 변호사의 소송 수행 잘못으로 의뢰인에게 불리한 판결이 선고되도록 하였다고 보도한 내용은 진실이 아니라고 단정할 수 없다. 따라서 원심이 허위 사실을 보도했다고 판단한 부분을 파기한다.

(8) 파기환송심

대법원의 파기 이유를 그대로 받아들여 잘못된 보도를 전제로 하는 정정보도 청구는 기각하였다. 그러나 앵커의 지나친 표현은 의견 표시의 한계를 일탈하였다고 하여 명예훼손에 대한 위자료로 3,000만 원을 인정했다.

Ⅳ. 군판사가 제기한 소송

(1) 사례의 쟁점

'군판사들이 재판 과정에서 금품을 받았다'라는 기사는 허위 사실의 보도인가?

(2) 사건의 표시

원고: 군판사 5인　　피고: 경향신문

서울지법 2000. 7. 12. 선고 99가합90005 (제 1 심)

(3) 사안의 개요

1999년 10월 SBS 뉴스에서 병무 비리에 기무사 장성들이 연루된 의혹이 있다는 보도를 하자 다른 언론사 기자들이 국방부로 몰려들었다. 국방부 정책보좌관 김모 중장은 기자들에게 병무 비리를 수사하던 군검찰 내부에 알력이 있고, 그 중 일부가 SBS에 정보를 흘렸다는 말을 했다. 그리고 군 사법기관의 인사 개편 등 개혁안을 마련중이라고도 했다.

김 중장의 부탁으로 일부 기자는 기사화를 포기했으나, 경향신문 기자는 기사를 작성하여 보도하게 했다.

(4) 보도의 내용

경향신문은 1999년 10월 13일자 신문 제 1 면에 '군사법 전면 개혁'이란 제목으로, 제 3 면에 '썩은 뿌리는 빨리 뽑아내야', '비리 고리 끊으려면 제살 도려내야'라는 제목으로 기사를 게재했다. 기사의 내용은 병무 비리 사건에 연루된 군의관들 재판 과정에서 군 검찰 관계자들이 금품을 받고 구형량을 낮추거나, 군 법원이 형평성을 결여한 판결을 양산하는 등 군 사법부의 비리가 끊이지 않고 있어 개혁안이 준비중이라는 취지였다.

(5) 판결 내용

법원의 판결 요지는 다음과 같다.

비록 이름이나 다른 구체적 사실을 드러내지 않고 병무 비리 사건 재판을 담당한 군판사라는 정도의 보도만으로도 당시 국방부 고등군사법원이나 보통군사법원에 재직중이던 군판사들을 특정한다고 볼 수 있다. 그리고 재판 과정에서 금품을 수수하였다는 사실에 대한 증명이 없으므로 허위 기사를 게재한 것이다.

따라서 보도 기사는 군판사들의 사회적 평가를 저하시켰고 병무 비리 사건 재판의 신뢰성에 타격을 가하였으므로, 정정 보도문을 게재하고 위자료로 원고 1인에게 각 500만 원씩 지급하라고 선고했다. 위자료 전체 액수는 2,500만 원이다.

Ⅴ. 결　　어

이상은 언론중재위원회에서 발간한 『국내 언론 관계 판결집』에 수록된 판례 중에서 정리한 것이다. 제 1 집부터 2006년에 발간한 제13집까지 모두 13권의 판결집에 수록된 판례를 검토 대상으로 했다. 법조인이 당사자가 된 언론 소송 사례를 살펴본 결과를 다음과 같이 요약할 수 있다.

첫째, 법조인이 당사자가 된 소송 가운데 검사가 원고가 된 사건이 주종을 이룬다. 변호사가 원고가 된 사건은 여러 사례가 있으나, 변호사 업무와 무관한 개인의 사생활과 관련된 것은 제외하였다. 좁은 의미의 사법부, 즉 법원의 판사가 제기한 소송은 한 건도 없었다.

둘째, 검사들이 집중적으로 소송을 제기한 이유는 대부분의 사건 보도가 수사와 관련되기 때문이다. 그것은 일차적인 이유로 분석될 수 있다. 일차적인 이유란 이차적인 이유가 따로 있다는 의미다.

셋째, 이런 유형의 사건은 2000년경 집중적으로 제기됐다. 검토 대상 판례의 범위는 1980년경부터 2006년까지 26년 사이에 선고된 것이나, 대부분 2000년대 초반에 선고됐다. 검사가 원고가 된 사건은 제1심 선고일을 기준으로 하면 1999년에서 2003년 사이의 사건뿐이다. 사법 개혁의 요구로 법조계 전반에 대한 비판이 쏟아지고, 당시 서울지방법원에 언론전담부가 1개에서 2개로 늘어날 즈음이다. 법조계가 중심이 되어 무분별한 언론을 통제하고 견제한다는 의식이 깔려 있었다고 볼 수 있다. 이것이 앞에서 말한 이차적 이유로, 검사들이 소송을 제기한 실질적 이유로 추정한다.

넷째, 검사들 소송이 주종이 된 법조인의 언론 소송에서 초기에는 비교적 보도의 위법성이 폭넓게 인정됐고, 특히 위자료 액수가 고액이었다.[1] 당시 법원 내부에는 무분별한 비판으로 사법부에 대한 불신을 조장하는 언론의 보도 행태를 일소하겠다는 분위기가 있었다.

다섯째, 언론의 비판에 열려 있어야 할 법조계, 특히 국가 기관으로서 단독 관청인 검사에 대해 고액의 위자료가 선고되는 경향에 대한 의문이 있다. 법원은 공인은 사인보다 언론의 비판에 개방적이지만, 일단 인격적 법익을 침해당하면 그 피해도 더 크다고 보았던 것 같다. 그러나 이런 논리는 설득력이 약하다.

여섯째, 2000년 초기에는 법조인이 제기한 언론 소송에서 위법성을 폭넓게 인정하고 위자료도 고액이 선고됐지만, 이삼 년 뒤부터 청구 기각되는 사례가 많아졌다. 그리고 상급심에서 청구가 기각되거나 파기되는 사례가 유난히 많다.

일곱째, 법조인이 제기한 언론 소송의 결과에 대해선 사후에도 여전히 이견이 좁혀지지 않는 경향이 있다. 재산권 분쟁이 아닌 인격권 분쟁의 속성상 당연한 것일 수도 있지만, 언론 보도의 한계를 정하는 데 어려움이 있음을 알 수 있다. 그

1) 위자료 액수를 비교할 수 있는 통계는 이 책에 수록된 다른 글 '언론 보도로 입은 피해의 금전적 가치'에서 확인할 수 있다. 그 글의 통계와 같은 방식으로 계산하면, 이 글에서 소개한 검사들이 원고가 된 언론 소송의 불법행위 한 건당(원고 한 사람이 아닌) 위자료 금액은 79,375,000원이다.

어려움은 우리 사회의 특유한 현상들 때문일 수도 있다.

여덟째, 검사가 중심이 된 법조인 언론 소송은 그 자체로 지나친 감이 있는 것은 사실이지만, 언론 소송에서 몇 가지 기준의 재정립 필요성을 일깨워 준 효과는 있다.

이상으로 법조인이 당사자가 된 언론 소송의 사례를 살펴보고, 거기서 금방 확인할 수 있는 의미 몇 가지를 정리해 보았다. 위에서 정리한 여덟 가지의 의미를 다시 분석하여 우리의 언론 소송에서 방향을 제시할 만한 점들을 정리하는 작업은 다른 과제로 남긴다.

제 5 절 언론보도로 입은 피해의 금전적 가치

— 손해배상 액수에 대하여 —[1)]

문건영* · 차병직**

Ⅰ. 서 론

1. 언론보도 관련 소송에서 손해배상 금액의 의미

불법행위의 법적 결론은 손해배상금이다. 불법행위에 대한 사회적 결론은 피해자의 자존심 회복과 가해자에 대한 용서를 통한 화해가 되겠지만, 현실의 법과 제도가 말할 수 있는 것은 응징과 보전의 의미를 포함한 계량화된 가치다. 그것은, 몇 가지 가능한 부수적 조치를 무시해도 좋다면, 오직 금전이다.

언론보도로 인하여 입은 피해도 마찬가지다. 사과 광고 강제가 금지되고부터 손해배상금의 기능적 비중은 더 커졌다. 언론보도 관련 사건에서 손해배상 금액은 특별한 기능을 한다. 그 기능들을 열거해 보면 다음과 같다.[2)]

---

* 법무법인 한결 변호사.

** 법무법인 한결 변호사, 참여연대정책자문위원장, 고려대학교 법과대학 겸임교수.

1) 이 글은 conference에서 발표한 뒤 새로운 판례와 통계를 보완하여 「인권과 정의」 2007년 9월호에 '언론 보도와 불법행위로 인한 손해배상 금액'이란 제목으로 게재하였다.

2) 함석천, "손해배상청구권의 도입과 언론중재," 언론중재, 2005년 봄호, 언론중재위원회, 49-51면; 이봉수, "명예훼손 소송에서의 위자료 산정," 언론중재, 2005년 겨울호, 언론중재위원회, 65면 참조.

첫째, 피해자가 입은 정신적 고통에 대한 보상 기능이다. 보도가 허위일수록, 배포의 범위가 넓을수록, 전파력이 빠를수록, 남기는 인상이 강할수록 그에 비례하여 위자료의 액수는 늘게 된다. 피해자가 입은 자존심 회복을 통해 인격권의 유지를 가능하게 한다.

둘째, 피해자의 물질적 손해에 대한 전보 기능이다. 드물긴 하지만 신용 훼손 등으로 입은 경제적 손실에 대한 배상도 가능하다.

셋째, 가해자에 대한 응보적 기능이다. 위자료에 징벌의 의미를 가미하여 그 액수를 정할 때 충분히 반영하여야 한다는 의견이 힘을 얻어 왔다. 특히 언론 사건에서 이와 같은 주장이 자주 등장하였다.

넷째, 가해자에 대한 특별 예방적 기능과 일반 언론 기관에 대한 일반 예방적 기능이다. 손해배상의 부과는 법원이 의도하였든 의도하지 않았든 가해자인 언론사에 대하여 경제적, 심리적 영향을 미치게 된다. 언론사는 판매부수나 시청률을 높여 이윤을 남기기 위해 타인의 권리를 침해하는 보도를 하거나 확인되지 않은 사실에 대한 속보 경쟁을 하게 되는데, 이러한 보도가 추후에 금전적인 손해배상으로 이어질 것이라는 것을 알면 이에 상응하는 주의를 하게 될 것이다. 따라서 적절한 손해배상금은 언론사의 잘못된 보도를 예방하는 효과를 발휘할 수 있는 반면, 과다한 손해배상금은 언론사 운영에 큰 부담이 되고 나아가 언론 활동에까지 영향을 미칠 수 있게 된다. 따라서 손해배상 금액은 나름대로 적절한 균형성을 유지해야 한다. 언론 소송에서 적절한 손해배상 금액은 언론보도와 관련한 사회적 갈등을 해소함으로써 바람직한 언론 자유의 범위를 확정하는 데 기여한다.

2. 손해배상 금액과 관련한 논점

언론보도의 피해로 야기되는 손해는 대부분 명예훼손이고, 그에 대한 배상은 위자료다. 명예훼손에 대한 손해배상과 관련하여 보통 논의되는 쟁점은 정신적 손해에 대한 손해배상의 근거, 손해배상의 법적 성질, 금액의 산정 근거나 기준 그리고 징벌적 손해배상제도의 필요성 여부 등이다. 이 글에서는 손해배상 금액의 현황을 주로 다루겠지만, 우선 손해배상의 법적 성질에 대해 살펴본다. 그리고 손해배상 금액의 현황을 살펴본 후, 그 시사점과 개선방향을 논한다.

Ⅱ. 위자료의 법적 성질

1. 외국의 예

(1) 독 일[3)]

독일 민법이 시행된 후 위자료의 본질이 판례상 비재산적 손해에 대한 순수한 손해배상으로 이해되면서도, 그 산정에 있어서는 공평의 관점에서 사건의 모든 사정, 특히 가해자측 과실의 정도, 재산 상황도 참작하여야 할 요소로 보았다. 위자료가 순수한 손해배상으로서의 기능만을 지닌 것이라면 오직 피해자의 피해의 정도와 범위만이 중요한 고려요소가 될 것이고 가해자측의 사정은 고려의 대상이 되지 않는다. 그런데 위자료 산정에 가해자 측의 사정도 고려해야 한다면 거기에는 그것은 손해전보의 기능을 초월하는 무엇이 있을 것이라는 점이 지적되었다. 이에 관하여 1955년 7월 6일 연방대법원은 "위자료는 피해자에게 비재산적 손해에 대한 적절한 전보를 제공하는 전보적 기능과 만족감을 느끼게 하는 만족적 기능이라는 이중의 기능을 지닌 하나의 청구권이다. 그렇기 때문에, 위자료를 산정하는 데 원칙적으로 사건에 관련된 모든 사정을 참작해야 하고, 피해자의 생활 침해의 정도 및 범위가 특히 중요한 요소일 뿐 아니라 가해자의 과실의 정도 그리고 양 당사자의 재산 상황도 함께 고려해야 한다. 여기에서 가해자의 재산 상황에 대해서는 가해자가 가입한 책임보험의 존재 등도 함께 포함해서 고려하여야 한다"고 하여, 위자료에는 전보적 기능 이외에 만족적 기능이 있음을 인정하기에 이르렀다.[4)] 오늘에 이르기까지 이러한 판례의 입장은 변함없이 유지되고 있다. 위 판결은 위자료가 비재산적 손해인 정신적 고통을 가해자로 하여금 금전으로 보상하게 하여 손상된 안락을 금전으로 채워주게 하는 전보 기능을 주요 부분으로 하면서도, 2차적으로는 만족 기능을 담당하는 것으로 이해한다.

나아가 위 1955년 판결 이후 독일 판례는 명예훼손에 대하여는 일반적 인격권 침해로 해석하여 위자료 배상을 인정하면서 위자료의 만족적 기능이 전보적 기능

3) 김덕태, "위자료제도에 관한 비교법적 연구," 동아대학교 박사학위 논문, 31면 내지 47면; 천종숙, "위자료에 관한 고찰: 독일법을 중심으로," 효원민법학논집: 효원 천종숙 교수 정년기념회(1995. 2), 175면 내지 184면 참조(이봉수, 앞의 논문, 68-69면에서 재인용).

4) BGHZ 18, 149.

에 우선하여 고려되어야 한다고 판시하기에 이르렀고,[5] 특히 매스미디어에 의한 인격권 침해의 경우에는 신체 손상의 경우와 비교하여 현저하게 고액의 위자료를 인정하고 있는 경향이 있어서 이 경우는 오히려 위자료가 전보적 기능과는 무관하게 인격권 침해를 방지하기 위한 예방적 기능으로 작용하고 있는 것이 아닌지 의문을 제기하는 견해도 존재한다고 한다.

(2) 일　본[6]

일본에서는 위자료가 손해배상의 성격을 지니는가 아니면 일종의 사적 제재로서의 성격을 지니는가에 대하여 학설상 대립이 있다.

통설인 배상설은 위자료를 순수한 손해배상으로 이해한다. 불법행위로 인하여 정신적 고통을 받는 피해자가 배상금을 수령하고 받는 기쁨이라든가 그 배상금을 이용하여 자신의 긴급한 채무를 변제하거나 자신에게 필요한 물건을 구입하고, 저축의 가능성을 가지게 됨으로써 느끼는 취미, 기호나 생활상의 즐거움 등으로 위로를 받게 되고 그 결과 불법행위로 인하여 받은 정신적 고통을 경감시키거나 잊게 할 수 있다면 금전에 의한 정신적 고통의 배상가능성을 긍정하여야 한다고 한다. 다만 정신적 손해는 금전으로 환산하여 구체적으로 계량할 수 없으므로 법관의 자유재량에 따라 공평의 관념에 비추어 제반 사정을 참작하여 위자료액을 산정하여야 한다고 주장한다. 그러나 이에 대하여는 위자료를 손해배상으로 해석하면서도 위자료 산정에 피해자측 사정 이외에도 가해자측 사정까지 고려하여야 하는 이유를 정당화할 근거가 없다는 비판이 있다.

이에 반해 위자료를 사적 제재로서 해석하는 제재설은 다르다. 위자료는 불법행위를 저질러서 피해자에게 정신적 고통을 야기한 자에게 금전배상을 명하여 사적 제재를 가하기 위한 것이라고 하여 제재적 요소를 강조한다. 특히 현대사회에서 여러 형태의 손해를 감안할 때 불법행위 제도는 순수한 개인적 영역을 넘어서 불법행위자로 하여금 동일한 불법행위를 반복하지 못하도록 기능하는 행위 억제 규범으로 정립되어야 하기 때문에, 그에 대한 효과적 수단으로 고액의 위자료가 인정되어야 한다는 것이다. 이 학설에 의하면 위자료의 실질은 손해배상의 색채를 띤 사적 형벌이고, 그 금액은 가해행위의 위법성과 과실의 정도에 따라 장래 동종 사

5) BGHZ 35, 369.
6) 이봉수, 앞의 논문, 68-69면.

고의 발생을 방지하는 데 상당한 기능을 할 수 있는 정도여야 한다. 그러나 이에 대하여는 가해자가 사망한 경우에 위자료 채무가 상속인에게 승계되는 한 위자료를 제재적 기능으로 이해하는 데에는 무리가 있고, 책임무능력자, 사용자, 설치 또는 보존에 하자가 있는 공작물의 소유자, 국가나 공공단체 또는 채무불이행자에게 위자료의 제재적 기능을 긍정할 수 있는지에도 의문이 있다는 비판이 있다.

일본의 판례는 대체로 배상설의 입장에 있는 것으로 이해한다. 다만, 위자료 산정에 관하여 매우 유연한 태도를 취한다. 배상하여야 할 손해가 금전적으로 측정할 수 없는 무형의 정신적 · 육체적 고통이라고 하는 특수한 것이기 때문에, 위자료를 산정할 때 피해자측의 제반 사정뿐만 아니라 가해자측의 제반 사정, 예컨대 가해자의 자산 상태, 사회적 지위, 직업, 연령, 그 외 불법행위의 동기, 가해의 상황, 가해자의 고의 · 과실의 정도 등도 참작해야 한다는 것이다. 판결이유에서 당해 사정을 참작한 이유를 설명할 필요는 없으며, 상당한 것으로 인정되는 액수를 포괄적으로 결정하는 것도 상관없다고 한다.

2. 우리나라

(1) 배상설과 제재설

우리나라에서도 위자료의 법적 성질에 관하여 배상설과 제재설의 대립이 존재하며, 각 학설의 주장 내용은 대체로 위 일본의 것과 같다.

부연하면, 제재설은 불법행위법이란 순수한 개인법 영역을 넘어서 불법행위자로 하여금 동일한 불법행위를 반복하지 못하도록 기능하는 행위 억제 규범으로서 기능하여야 하고, 그 수단으로서 가해자가 다시는 동일한 불법행위를 되풀이하지 못할 정도의 제도적 위자료의 지급을 명해야 한다는 것이다. 기업들은 그 침해로 인한 배상책임의 한도액을 정확히 계산한 다음 이를 배상하고도 남는 이익이 있으면 계속적으로 불법행위를 자행함으로써 기업이윤을 축적해 간다. 보상책임 원리로서의 불법행위 제도는 이러한 행태를 규제할 수 없기 때문에 제재적 위자료가 필요하다는 것이다. 가해자측의 위법성, 비난가능성, 제재로서의 실효성을 위한 재산 상태 등을 고려하는 것은 제재설에 의하여 설명된다.[7] 그 외에도 위자료에 제재적

7) 이상경, "언론보도에 의한 명예훼손소송의 위자료 산정에 관한 연구," 언론중재, 1992년 봄호, 43-61면 참조.

기능을 긍정하는 실제적 논거들이 있다. 초상권이나 프라이버시 같은 인격권 침해의 경우에 대하여 아직 형법적 보호가 없는 것은 형법의 보충성의 원칙에 따라 과잉입법을 피하고 형벌 이외의 다른 수단에 의하여 그러한 법익을 보호하려는 것인데, 이러한 법익의 침해에 대하여 인정되는 위자료에 제재적 요소를 인정하면 형법의 보충성의 원칙을 충족시키면서도 인격권의 보호가 약화되는 것을 막을 수 있다는 것이다. 위자료를 지급하였다고 하여 전과범으로 취급되지도 않으며, 위자료는 형벌인 벌금처럼 국가에 귀속되지도 않기 때문에 위자료를 사적 제재로 본다고 하여 이중처벌이 되는 것도 아니라는 점도 덧붙여 주장된다.[8]

판례는 위자료액을 산정할 때에 참작하여야 할 사정으로서 피해자측의 사정뿐 아니라, 가해자측의 제사정, 예컨대, 가해자의 자산 상태, 사회적 지위, 직업, 연령, 기타 불법행위의 동기, 가해의 상황, 가해자의 고의, 과실 등도 참작하고 있다. 판례는 이러한 사정 등을 모두 참작하여 자유재량으로 위자료액을 확정할 수 있고,[9] 판결이유에 위자료의 산정 근거를 명시할 필요가 없다고 하고 있다.

(2) 보완적 기능

언론 사건에서 손해배상은 주로 정신적 피해에 대한 것이다. 언론보도로 인하여 재산적 손해가 발생하였다는 것을 입증하면 그 손해를 배상받을 수 있음은 당연하다. 하지만 재산적 손해는 손해의 존재 및 그 금액을 입증하는 것이 실제로 매우 어려워서 거의 인정된 예가 없다. 손해를 주장하는 측에서, 언론보도로 인해 재산상 손해가 났다는 점 및 그 액수와 그러한 손해가 영업 매출 감소나 금융 위기 도래 등 다른 요소들과는 관련 없다는 점을 함께 입증해야 하기 때문이다.

이에 따라 판례는 위자료 산정시 참작사유는 아무런 제한이 없으므로, 재산상 손해의 발생이 인정되는데도 입증곤란 등의 이유로 그 손해액의 확정이 불가능하여 그 손해 전보를 받을 수 없게 됨으로써 피해 회복이 충분히 이루어지지 않는 경우에 이러한 사정을 참작하여 위자료액을 증액함으로써 손해 전보의 불균형을 어느

8) 이명갑, "제재적 위자료의 입론(2)," 사법행정, 통권 315호(1987), 51면(이봉수, 앞의 논문, 75면에서 재인용).

9) 가해자측 사정을 고려하여야 한다고 명시적으로 밝힌 판결로는 대법원 1984. 11. 13. 선고 84다카722 판결 참조. 특히 1996. 4. 12. 선고 93다40614, 40621 판결에서는 비방광고로 인하여 인격과 명예 등이 훼손된 경우 가해자측의 사정으로 비방광고 형태 전반에서 드러나는 악의성의 정도, 비방광고 회사의 규모와 재산 정도 등을 참작하여 손해액을 정한 원심판결을 수긍하였다.

정도 보완하고자 하고 있다. 위자료에 전보적 기능 이외에도 소위 '보완적 기능'이 있음을 시사한 것이다. 다만, 이러한 위자료의 보완적 기능을 함부로 확장하여 그 재산상 손해액의 확정이 가능함에도 불구하고 편의한 방법으로 위자료란 명목 아래 사실상 손해의 전보를 꾀하는 것과 같은 일은 허용되어서는 안된다고 하고 있다.[10]

재산적 손해를 인정한 판례로는 "비방 광고들로 인한 피해를 최소한으로 줄이기 위하여 광고들이 실렸던 일간지마다 동일한 크기의 대응 광고를 게재할 필요가 있었다면, 그 비용도 비방 광고들로 인하여 입은 손해"라고 한 사례가 있다.[11] 그러나 이 판례는 당해 제품의 매출 등 전체 손해와 관련된 것은 아니다. 신용훼손으로 인한 재산 손해에 관하여 원고의 입증이 불충분하다는 이유로 손해배상이 배척된 대표적인 사례는 자동차연비향상 및 매연절감장치인 '사이클론'이라는 제품에 관련된 것이다. 법원은 이 제품과 관련된 방송보도와 관련하여 명예훼손의 성립을 인정하고, 그 방송 보도를 전후하여 원고의 매출액이 감소하기 시작하여 거의 도산 지경에까지 이른 사실을 인정하면서도, 그와 같은 매출액의 감소가 언론보도로 인하여 초래된 것이라고 인정하기에는 부족하다고 하였다.[12]

이러한 판례에 대해, 명예훼손으로 인한 재산 손해의 산정에 '확실성의 원칙'을 계속 엄격히 고집한다면, 재산 손해가 발생하더라도 그 배상을 받기는 거의 불가능할 것이라는 비판이 있다.[13] 그런 원칙을 고수하는 결과 명예훼손으로 인한 손해배상액이 위자료에 한정된다면, 첫째로 명예에 손상을 입은 피해자의 손해가 불충분하게 배상됨으로써 손해배상법이 피해의 구제라는 소기의 임무를 수행하지 못하게 되며, 둘째로 언론기관이 그 상업성의 요구에 따라 경솔한 보도를 자행하게 될 우려가 커지게 되어 인권 침해의 사례가 증가하게 된다는 것이다. 따라서 신용훼손으로 인한 매출액 감소 등 재산상 손해를 야기했을 개연성이 높은 사건에 있어서는, 법원이 원고에게 손해 증명의 정도를 완화해 주어 피해를 구제해 주는 편이 바람직하다는 주장이다.

그러나, 매출액 감소의 개연성이 높은 사건에 있어서도 이에 의한 손해의 액수를 확인하기란 매우 어려울 것이므로 이 글에서 검토하는 위자료의 액수에 관한

---

10) 대법원 1984. 11. 12. 선고 84다카722 판결.

11) 대법원 1996. 4. 12. 선고 93다40614, 40621 판결.

12) 대법원 1999. 10. 8. 선고 98다40077 판결.

13) 이은영, "명예훼손소송에서의 재산적 손해 인정에 대한 법적 쟁점," 언론중재, 2000년 여름호, 언론중재위원회, 17면 참조.

논의는 여전히 의미 있다.

3. 소 결

위자료 산정과 관련한 양 학설의 차이는 가해자측의 사정도 고려할 것인지 여부와 가해자가 다시 유사한 행위를 반복하지 못하도록 높은 액수로 정할 수 있는지 여부의 두 가지 쟁점에서 생긴다. 그런데 판례가 현실적으로 가해자측과 피해자측의 사정을 모두 고려하고 있고, 두 학설 모두 이러한 판례의 입장을 지지하고 있어서 첫 번째 점에서는 학설 대립이 무의미하다. 그리고 두 번째 점에 대해서 보면, 피해자측의 손해 전보를 고려하더라도 정신적 손해가 전보되려면 가해자가 타격을 받을 만한 손해액을 지급하도록 명하여야 할 것이므로, 피해자측 사정을 고려한다고 하면서도 사실상 손해액 산정에 있어서 가해자의 재산 상태나 사회적 지위 등 가해자측 사정을 고려할 수 있는 여지는 항상 있다.

손해배상의 법적 성질 논란은 다분히 사후해석론의 하나로, 그것이 손해배상의 본질을 결정하는 것이 결코 아니다. 우리 언론과 시민 생활의 현실을 고려하여 어떤 제도적 선택을 할 것이냐가 중요하고, 법적 성질의 학설은 그 제도를 이해하는 데 참고될 뿐이다. 결국 가장 중요한 것은 언론보도 형태의 불법행위에 대한 법적 평가의 결론으로 손해배상 금액을 어떤 방식으로 산정할 것이며, 얼마로 결정할 것이냐이다.

Ⅲ. 우리 법원의 경향

1981년 언론중재위원회를 설치했고, 1987년에 언론기본법을 폐지하고 정기간행물의 등록 등에 관한 법률과 방송법을 제정했다. 그리고 2005년에 지금 시행중인 언론중재 및 피해 구제 등에 관한 법률이 탄생했다.

언론중재 제도 탄생 이후 언론보도로 인한 손해배상 청구 사건은 그리 많지 않았고, 1990년 초반까지 인용되는 금액은 대체로 1,000만 원 미만이었다.[14] 그러다

14) 함석천, 앞의 논문, 46면.

가 손해배상 금액이 일반적으로 많아지게 되는 계기가 생겼는데, 1991년 4월 1일 강요된 사과 광고는 위헌이라는 헌법재판소의 결정[15]이 바로 그것이다.[16] 사과 광고를 강제하지 못하는 사정을 위자료 금액 산정에 고려하기 시작했다고 본다. 1996년 서울지방법원에 1개의 언론전담부가 설치됐고, 2001년 이후에 1개가 더 늘어났다. 사건 수의 증가와 함께 손해배상 금액도 고액화의 추세를 보였는데, 2000년을 정점으로 손해배상 금액은 다시 낮아졌다.

현재 언론 재판부를 위한 위자료 산정의 기준표 같은 자료는 존재하지 않는다. 판사들은 일종의 불문율로 내려오는 기준을 참고하여 구체적 사례에서 개별적 판단으로 위자료 금액을 결정한다. 언론 사건에서 선고한 위자료에 관한 전반적인 통계 자료도 없다.

2000년부터 2004년 6월까지 서울중앙지방법원 언론전담부에서 선고한 명예훼손에 대한 위자료 액수에 관한 통계 자료가 있다. 〈표 1〉은 위자료의 평균 인용 금액을 보여 준다. 대체로 2,000만 원 이상의 금액이 선고되고 있다는 경향을 추측할 수 있다. 그러나 사건 수가 그리 많지 않고 구체적 사례에 따라 편차가 크므로, 이 정도의 통계만으로 일반적 경향을 판단할 수는 없다.

〈표 1〉 서울중앙지법 언론 사건 손해배상금(전체)

	2000년	2001년	2002년	2003년	2004년 (6월까지)	합계
인용건수	15	12	10	13	8	58
인용 금액총액	583,000,000	233,000,000	122,000,000	287,000,000	138,500,000	1,363,500,000
인용 평균금액	38,866,666	19,416,666	12,200,000	22,076,923	17,312,500	23,508,620

〈표 2〉는 〈표 1〉의 선고된 위자료를 피해자의 성격에 따라 공인과 사인으로 나누어 본 것이다. 여기서는 주요 공직자, 유명인, 언론인, 저명 사회 단체 등을 공인으로 분류했다.

대체로 사인보다는 공인에게 더 많은 위자료가 인정되고 있다는 사실을 확인

15) 헌법재판소 1991. 4. 1. 선고 89헌마160 결정.
16) 이봉수, 앞의 논문, 76면 참조.

할 수 있다. 평균치를 보더라도 공인이 사인보다 25% 이상 많은 위자료를 인정받고 있다.

〈표 2〉 서울중앙지법 언론 사건 평균 손해배상금(피해자별)

	2000년	2001년	2002년	2003년	2004년 (6월까지)	합계
공인	35,555,555	27,400,000	15,714,285	25,000,000	22,000,000	25,771,428
사인	43,833,333	13,714,285	4,000,000	15,500,000	9,500,000	20,065,217

Ⅳ. 손해배상 금액의 현황

1. 통계표 작성 원칙

우리 법원의 경향을 보다 잘 파악하기 위하여 기존의 자료를 정리하여 새로운 통계표를 작성하였다. 이 통계표를 작성할 때 정한 몇 가지의 기본 원칙은 다음과 같다.

(1) 대상 판결

1982년부터 2006년 초까지 약 24년 동안 전국 각급 법원에서 선고한 언론보도 관련 사건 중에서, 언론중재위원회에서 간행한 『국내언론관계판결집』 제 1 권부터 제13권까지 모두 13권에서 실려 있는 463건의 판결문을 대상으로 삼았다. 그 중에는 일부 헌법재판소 결정도 포함돼 있다.

(2) 인용 사건

손해배상 금액의 경향을 파악하는 것이 목적이므로 기각된 판결은 제외하고 인용된 판결 119건만 분석 대상으로 삼았다.

(3) 확정 판결 기준

하나의 사건에 대한 판결이 복수이고 상급심에서 변경된 경우엔 확정 판결을 기준으로 삼았다. 따라서 각 심급별 통계는 작성하지 못하였다.

(4) 원고나 피고의 복수

원고나 피고가 복수일 경우 대체로 전체 금액을 측정 단위로 삼았다. 원고 개개인에 대한 인용 금액보다 1개의 불법행위에 대한 금전적 평가가 중요하다고 보았기 때문이다.

(5) 청구 금액

원고가 청구한 금액은 무의미하다고 판단했기 때문에 정리 대상에서 완전히 제외했다. 현실적으로 청구 금액의 다과가 판결에 영향을 미치지도 않을 것이다.

(6) 보도로 인한 손해배상

언론 기관의 보도 행위와 관련한 사건만 대상으로 삼았다. 언론 기관이 관계된 저작권 침해 사건이나, 광고에서 발생한 초상권 침해 사건 등은 제외했다.

(7) 언론사의 사건

언론사 아닌 기관이 행위의 주체가 된 사건도 제외했다. 수사 기관이 언론 기관에 보도 자료를 배포한 행위에 손해배상 책임이 인정된 경우 등이 그 예다.

2. 손해배상 금액의 전반적 경향

〈표 3〉 전국 언론 사건 손해배상금(전체)

건수	119
총금액	4,584,470,000
평균금액	38,524,958
최고금액	400,000,000
최저금액	1,000,000

손해배상 금액의 전체 평균치는 3,852만 4,958원으로 꽤 높은 편이다. 서울중앙지방법원의 평균치보다 많이 높다. 최저 금액은 100만 원이고, 최고 금액은 4억 원

이다. 보통 1명당 가장 많은 위자료는 1억 원이다. 4억 원은 단 1건으로 1억 원을 초과하는 유일한 금액인데, 확정된 금액은 아니다.

〈표 4〉 전국 언론 사건 손해배상금(금액대별)

	500만 원 이하	1000만 원 이하	2000만 원 이하	3000만 원 이하	5000만 원 이하	7000만 원 이하	1억 원 이하	1억 원 초과	계
수	16	12	20	18	19	11	8	5	119
%	13.5	10.1	16.8	23.5	16.0	9.2	6.7	4.2	100

전체 금액을 일정한 금액대로 나누어 보면 〈표 4〉와 같다. 대체로 2,000만 원에서 5,000만 원 사이가 가장 많다. 1억 원을 초과하는 사건은 원고(피해자)의 수가 복수인 경우다.

3. 시기별 손해배상 금액

〈표 5〉 전국 언론 사건 손해배상금(시기별)

	1983-1991년	1992-1999년	2000-2006년(초)
건수	12	55	52
총금액	133,970,000	2,356,000,000	2,094,500,000
평균	11,164,167	42,836,364	40,278,846

시기는 세 가지로 구분하였다. 우선 사과 광고를 원칙적으로 금지하는 헌법재판소의 결정이 있었던 1991년을 하나의 분수령으로 삼았고, 근년의 경향을 파악하기 위하여 2000년을 또 다른 기준으로 정했다.

초기보다는 1992년 이후의 평균치가 네 배 정도임을 알 수 있다. 그리고 1992년부터 1999년까지의 평균치가 2000년대보다 더 크다는 것도 특징이다.

4. 피해자별 손해배상 금액

〈표 6〉 피해자별 손해배상 금액(전체)

	연예인	공인	사인
건수	14	39	662
총금액	446,000,000	2,439,000,000	1,699,470,000
평균	31,857,143	62,538,462	25,749,545

피해자를 공인과 사인으로 나누는 것 외에, 연예인들은 따로 분류해 보았다. 공인과 사인의 분류 기준은 명확치 않으므로, 여기서는 직업에 관계없이 사회적으로 알려진 인물이나 공공기관은 공인으로 분류했다. 따라서 〈표 2〉와는 기준이 다르다.

공인이 사인에 비해 현저하게 많은 위자료를 인정받고 있다. 연예인을 공인에 포함시켜도 마찬가지다.

시기별로 보더라도 경향은 비슷하다. 손해배상 금액이 고액이었던 1990년대의 경우 공인에게 인정된 위자료는 사인의 3.6배 수준이다. 2000년대엔 연예인에 대한 위자료가 가장 크다.

〈표 7〉 피해자별 손해배상 금액(시기별)

		연예인	공인	사인
1983-1991	건수	3	0	9
	총금액	35,000,000	0	98,970,000
	평균	11,666,667	0	10,999,667
1992-1999	건수	7	16	32
	총금액	223,000,000	1,375,000,000	763,000,000
	평균	31,857,143	85,937,500	23,843,750
2000-2006	건수	4	23	25
	총금액	188,000,000	1,064,000,000	837,500,000
	평균	47,000,000	46,260,870	33,500,000

5. 가해자별 손해배상 금액

〈표 8〉 가해자별 손해배상 금액(전체)

	중앙 일간지	중앙 방송사	주간지	월간지	기타
건수	33	31	10	19	34
총금액	1,254,500,000	1,041,000,000	482,500,000	845,000,000	961,470,000
평균	38,015,152	33,580,645	48,250,000	44,473,684	28,278,529

매체의 종류에 따라 분류해 보았다. 중앙일간지는 본사를 서울에 둔 일간 신문을 말한다. 중앙 방송사는 MBC, KBS, SBS 세 방송사를 말한다. 편의상 지방 일간지는 각종 지역 정보지나 인터넷 신문사와 함께 기타로 분류했다.

사건 수는 중앙 일간지와 중앙 방송사가 훨씬 많음에도 불구하고, 부과된 손해배상 금액은 주간지나 월간지의 경우가 더 많다.

〈표 9〉 가해자별 손해배상 금액(2000-2006년)

	중앙 일간지	중앙 방송사	주간지	월간지	기타
건수	18	16	5	4	12
총금액	527,000,000	613,000,000	242,500,000	210,000,000	465,000,000
평균	29,277,776	38,312,500	48,500,000	52,500,000	38,750,000

2000년대의 통계도 전체와 비슷하다. 단지 월간지에 부과된 금액이 더 커졌으나, 특별한 의미는 없다.

6. 간접강제금

반론 보도나 정정 보도를 명하면서 그 이행을 강제하기 위한 조건으로 선고하는 간접강제금의 통계를 작성해 보았다. 손해배상 금액의 결정에 간접적인 연관성을 가질 수 있기 때문이다.

〈표 10〉 간접강제금(전체)

	시간	일	주	월
건수	1	58	7	10
총금액	500,000	223,585,050	31,000,000	60,000,000
평균	500,000	4,725,517	4,428,571	6,000,000

보통 간접강제금의 계산 단위는 일간지의 경우엔 매일 매일의 하루를, 주간지의 경우엔 한 주를, 월간지의 경우엔 한 달을 기준으로 한다. 하지만 그렇지 않은 경우도 있다. 보통 일, 주, 월의 단위에 구분 없이 500만 원이 뚜렷한 기준으로 나타나고 있다. 시간을 단위로 한 간접강제금의 사례는 단 1건인데, 피고가 연합통신이다. 인터넷 뉴스 회사가 피고가 되면 시간을 단위로 한 간접강제금이 결정될 가능성이 많다.

가장 높은 액수의 사례는 1989년 서울민사지방법원이 이행 지체 하루당 3,000만 원을 결정한 것이다. 피해자가 사인이었음에도 이례적으로 높은 액수의 간접강제금을 결정했다. 가장 적은 금액은 하루당 2만 원이었는데, 대신 원고가 시의원으로 모두 48명이었다.

〈표 11〉 간접강제금(2000-2006년)

	시 간	일	주	월
건수	0	30	4	1
총금액	0	87,600,000	13,000,000	5,000,000
평균	0	2,920,000	3,250,000	5,000,000

2000년대의 간접강제금 평균치는 오히려 많이 내려갔다. 단 1건뿐인 월 단위를 제외하면 평균 300만 원 정도임을 알 수 있다.

〈표 12〉 원인별 간접강제금(2000-2006년)

		일	주	월
반론 보도	건수	18	4	0
	총금액	61,500,000	13,000,000	0
	평균	3,416,667	3,250,000	0

정정 보도	건수	12	0	1
	총금액	26,100,000	0	5,000,000
	평균	2,175,000	0	5,000,000

반론 보도와 정정 보도의 경우를 구분하여 본 것이 〈표 12〉이다. 정정 보도 사건보다 반론 보도 사건의 간접강제금 액수가 더 높다는 것은 조금 이례적이다.

Ⅴ. 결 어

언론보도로 인한 피해에 대하여 선고한 손해배상 금액의 현황을 살펴본 느낌을 요약하여 정리하면 다음과 같다.

첫째, 24년 동안의 주요 판결 중 명예훼손으로 손해배상이 인용된 119건의 사건만으로 몇 가지 쟁점을 일반화하는 것은 무리다. 24년이란 기간이 짧은 시간이 아니고 119건의 사건이 적은 수는 아니지만, 특히 일정 기간 내의 사건 수가 많지 않아 일반화하기는 어렵다. 전체적으로 보면 인용된 사건이 다양한 사례별로 충분히 축적되지 못했다고 할 수 있다.

둘째, 원인별로 분석하지 못하였다. 손해배상 금액 결정에 가장 큰 영향을 미치는 부분을 제외해 버린 것이나 다름없다. 사실 보도와 허위 보도, 정황적 과장이나 왜곡 비난, 인신 공격이나 사생활 침해, 범죄 등 불법행위 보도 등 원인별로 일반적 경향을 파악할 것이 요구되지만 현실적으로 어렵다. 물론 원인별 분석도 각 원인에 따른 인용 사례가 충분히 많아야 의미가 있을 것인데, 그렇지 못한 것으로 추정된다.

셋째, 현재 우리 법원에는 손해배상 금액 결정의 근거로 삼을 공식 기준표나 지침이 없다. 형사 재판에서 양형기준표가 필요하냐의 문제와 마찬가지로, 이러한 기준이 필요한가 하는 문제에 대한 논의가 필요하다.

넷째, 일반적이고 구체적인 기준의 필요성과는 별개로, 전반적인 손해배상 금액의 적절성 여부에 대한 전문적 논의가 필요하다. 일정한 액수가 일반 시민에게는 어떻게 비치며, 특정 언론 기관에는 어느 정도 부담이 되는지 가늠할 수 있어야 한다. 예를 들면 몇 년 전 문화방송의 경우 패소 금액이 5,000만 원 이상이면 주요 사건으로 분류하고, 상급심에서 반드시 소송대리인을 교체하는 것은 원칙으로 삼는 불문율이 있었다.

다섯째, 사인의 경우보다 공인의 경우 인정되는 손해배상 금액이 더 높은 것이 바람직한가에 대해 논의할 필요가 있다. 공인은 신상 정보의 개방 허용성이 더 높은 반면, 일단 명예 등 개인적 법익을 침해당하면 그 피해도 더 크다는 생각이 바탕에 깔려 있다.

판례는 피해자의 지위, 직업을 위자료 산정시에 참작하여야 하는 중요한 사정으로 보고 있다. 그러나, 어떤 이유로 피해자의 지위, 직업이 참작되어야 하는가는 불명확하다. 정신적 손해의 본질을 피해자 등의 정신적 이익의 상실에서 구하고, '생활상의 위안에 의한 원상회복'을 위자료의 목적으로 한다면 피해자가 상실한 정신적 이익은 피해자의 사회적 지위, 직업에 의하여 양적으로나 질적으로 다르다고 생각하는 한 이런 사정의 참작은 정당하다는 견해가 있다.[17] 그러나, 공인의 경우 왜 피해가 더 큰지는 불명확하다. 한편, 판례 중에는 원고가 고위 공직자인 점 등을 고려하여 정정보도만을 받아들이고 위자료 청구를 기각한 사례도 있다.[18]

최근 대법원이 공인의 명예훼손 소송에서 '악의적이거나 현저히 상당성을 잃은 공격'이 아닌 한 쉽게 책임을 추궁하여서는 안 된다고 판결[19]하면서 공인에 대한 명예훼손에서 면책되는 범위를 넓게 인정하고 있다. 이처럼 우리 언론은 다른 어느 나라에 비교하여도 좋을 만큼 폭넓은 자유를 누리게 된 만큼, 그 남용이 있는 경우에는 언론에 대해 엄격한 책임을 묻지 않을 수 없고, 막강한 언론에 의하여 잘못된 보도가 이루어지면 그 피해자는 회복할 수 없는 상처를 입게 된다는 점에서 인격권 보호와의 균형상 악의적이거나 현저히 상당성을 잃은 보도에 대하여는 위자료의 고액화가 정당화될 수 있을 것이라는 견해도 있다.[20] 그러나 공인에 대해 책임을 묻기가 어려워졌다고 하여 책임을 묻게 된 경우 손해의 액수가 다른 경우에 비해 증가해야 할 필연적인 이유는 없다. 일반인의 경우에도 현저히 상당성을 잃은 침해가 있을 경우 높은 손해배상이 동일하게 인정되어야 할 것이기 때문이다.

특히, 법조인이 당사자가 된 사건에서 법원은 공직 사회 또는 법조계에 대한 불신감을 심어 준 점을 위자료 산정의 한 근거로 들고 있다. 서울지방법원 1999. 6.

---

17) 이상경, 앞의 논문, 29면.

18) 서울지방법원 2000. 12. 27. 선고 2000가합16898 판결.

19) 대법원 2003. 7. 8. 선고 2002다64384 판결; 대법원 2003. 7. 22. 선고 2002다62494 판결 등.

20) 이봉수, 앞의 논문, 80면.

23. 선고 99가합14391사건에서는, 동료 검사의 처남임을 이유로 피의자에 대한 영장을 기각하였다는 피고 한국방송공사의 보도에 대해 검사가 제기한 소송에서 금 1억원의 위자료를 선고하면서, 이 사건 방송이 법 집행자로서 검사라는 사회적 지위에 있는 원고 개인에 대한 명예를 훼손하는 결과를 가져왔을 뿐 아니라 일반 국민에게 공정한 법집행을 담당한 검사, 기타 법조인들이 부당한 청탁을 받아들여 왜곡된 판단을 하는 듯한 인상을 주어 공직 사회에 대한 뿌리 깊은 불신감을 심어 준 데 일조한 점 등을 고려하였다고 밝히고 있다. 검사 또는 변호사가 제기한 비슷한 유형의 다른 사건에서도 공직 사회 또는 법조계 전체에 대한 불신감을 심어 준 점을 위자료 산정의 고려 요소로 삼은 사례들이 발견된다(서울지방법원 2000. 2. 2. 선고 99가합7760 판결; 2000. 6. 21. 선고 2000가합1377 판결; 2002. 7. 26. 선고 2001가합65620 판결 등 참조). 그런데, 이러한 근거는 다른 직업군에 대한 명예훼손에서는 발견할 수 없는 근거이다. 이는 법원이 원고가 입은 손해 정도만을 고려한 것이 아니라 제재적 또는 일반예방적 기능까지 적극적으로 고려한 것이 아닌가 생각된다는 견해도 있으나,[21] 법조계에 한정하여 이와 같이 판단할 근거도 없다.

물론 공인의 경우 널리 알려져 있는 만큼, 명예의 훼손은 그의 사회적 지위에 대해 더욱 중대한 손해를 입힐 것으로 판단된다. 그러나, 대법원의 위 판결들은 공인에 대한 비판을 넓게 허용하는 취지이기도 하므로, 악의적 손해에 대해서도 적어도 동일한 정도의 손해를 입은 일반인들과 같은 수준의 손해액이 인정되어야 할 것이다.

Ⅵ. 보론 — 징벌적 손해배상제도

1. 의　　의

언론 사건에서 선고되는 손해배상 금액은 언론보도로 입은 피해에 대한 가치의 법적 평가다. 그 가치의 평가를 금전으로 구체화할 수밖에 없기 때문에 적절성 여부가 가장 핵심이다. 손해배상제도는 언론에 대해 이중적 기능을 담당한다. 언론

21) 이봉수, 앞의 논문, 78, 79면.

의 자유를 제한하여 적정한 범위를 정해 주기도 하지만, 반면 그 범위를 가능한 구체화하여 언론의 자유를 보장하기도 한다. 그러므로 현실적으로 가장 적절한 손해배상 금액은 언론보도의 공정성을 유도하는 데까지 기여하게 된다. 언론 기관이 상업적 선정성에의 유혹으로부터 거리를 두고 공정성의 요구에 진지한 반응을 보일 수 있게 하는 손해배상 금액이 이론상 최적의 수준이다. 최적 수준의 손해배상 금액을 정하기 위하여 제도적 도입의 필요성이 논의되는 것 중의 하나가 징벌적 손해배상제도다.

징벌적 손해배상이란 피해자의 권리 내지 법익 침해에 대하여 악의적이거나 의도적으로 결과 발생을 용인하는 정도의 심한 고의(중과실 포함)로 불법행위를 한 경우, 한편으로는 심한 고의에 기한 그 가해자를 응징하고 다른 한편으로는 그 가해자 내지 다른 사람이 앞으로 그와 유사한 불법행위를 반복하지 못하게 억제하기 위하여 피해자가 실제로 입은 손해의 만족을 의미하는 통상의 전보적 손해배상에 더하여 특별히 부과하는 또 다른 손해배상을 말한다.[22] 징벌적 손해배상제도는 가해자를 응징함과 동시에 일반의 사람들에게 본보기를 보여 장래에는 이와 같은 행위가 다시 발생되지 않도록 억제하기 위한 근거를 가지고 영국에서 시작되었다. 그 뒤 미국으로 계수되어, 미국 여러 주의 법원은 전통적인 일반의 고의 불법행위 영역에서 인정하던 징벌적 손해배상을 고의 불법행위만큼 위반자의 악성이 강한 계약위반, 고용차별과 같은 민권 침해, 배임적 증권거래법위반, 제조물책임 등 민사책임 전반에까지 그 인정 범위를 넓혀 오고 있다.

2. 한　　계

이러한 징벌적 손해배상제도에 대해서는 미국에서도 여러 비판 및 개선 의견이 있다. 제도의 존재에 반대하는 견해로는, 그 인정의 근거가 오로지 피해자를 충분히 배상하자는 동기에서 비롯된 것인데, 오늘날의 불법행위법상의 손해배상제도

22) Restatement(Second) of Torts § 908(1979); Model Punitive Damages Act §1; Common Sense Product Liability Legal Reform Act of 1996 §108(b)(3)(A),(B)(viii); North Carolina General Statues §1D-1. 한편, 미국 연방대법원 판례는 징벌적 손해배상을 응징과 억제를 위해 민사배심원에 의하여 부과되는 사적벌금(private fines)이라고 하기도 한다. Gertz v. Robert Welch, Inc., 418 U.S. 232, 350 (1974). (김용대, "미국 불법행위법상의 징벌적 손해배상제도," 외국사법연수논집 17, 재판자료 제84집, 9면에서 재인용).

는 피해자의 유형의 손해뿐만 아니라 무형의 정신적 손해도 전보하여 주는 것임에 비추어 이러한 인정의 근거가 더 이상 유지될 수 없다는 주장이 있다. 그리고, 징벌적 손해배상제도는 가해자의 희생하에 피해자에게 횡재를 하게까지 하면서 형사법의 목적을 달성하려 한다는 비판도 있다.

제도에 대한 개선 방법론으로도 여러 가지 제안이 있다. 감정에 치우칠 수 있는 배심원으로부터 징벌적 손해배상액 산정의 권한을 완전히 제한 내지 박탈하자는 의견, 배심원의 손해배상액 산정에 대해 법원의 후견적 통제를 강화하자는 의견 등이다. 연방이나 주 차원의 입법적 통제도 시도되었다. 여러 주에서 일정한 유형의 행위에 대하여 부과될 수 있는 징벌적 손해배상액의 상한을 법으로 정하였다. 예를 들어 노스캐롤라이나주는 징벌적 손해배상액을 전보적 손해배상액의 3배 또는 25만 달러 중 많은 금액으로 제한하였다.[23] 이러한 영미법의 징벌적 손해배상제도는 대륙법과 달리 위자료의 제재적 기능을 정면으로 인정한다.

3. 도입 논의

징벌적 손해배상이 언론 피해의 예방과 관련하여 효과적 기능을 담당하리라는 기대가 있다. 반면 현재 우리 법제 아래서 일정한 기준에 따른 제한 없이 법관이 재량으로 손해배상 금액을 결정할 수 있으므로, 필요하면 언제든지 징벌적 의미를 포함하여 선고하는 손해배상 금액을 늘릴 수 있다는 의견도 있다. 징벌적 손해배상의 도입을 주장하는 견해도 대부분 이를 제한적으로 받아들이자는 견해이다. 그 중 한 견해를 소개하면 다음과 같다.[24]

징벌적 손해배상제도의 도입을 긍정하는 입장에서는 미국 제도의 폐단을 크게 우려하지 않는다. 미국에서 징벌적 손해배상제도의 폐단으로 주로 논의되고 있는 것은 통제되지 않은 배심원의 자의적인 배상액 결정인데, 법관에 의해 위자료액이 산정되고 있는 우리나라에서는 그러한 폐단을 미리 우려할 필요가 없다는 것이다. 오히려 현재의 위자료는 법관이 별다른 제한 없이 자유재량으로 산정한다는 점에서 일관성을 유지하기 어려울 뿐 아니라, 법관에 따라 많은 편차가 있음을 부정할 수 없고, 특히 사실심 법관은 고액의 위자료를 선고하는 경우에도 위자료 산정 이

23) 김용대, 앞의 논문, 10면 내지 54면 참조.
24) 이봉수, 앞의 논문, 80-81면.

유를 판결문에 명시할 필요가 없으므로, 경우에 따라서는 피고가 왜 자신에게 선고된 손해배상액이 그토록 많은지 쉽게 납득하지 못하는 경우도 있을 수 있다. 따라서 징벌적 손해배상제도를 도입하면서도 입법 과정에서 제재적 손해배상은 보상적 손해배상의 일정한 배수를 한도로 허용한다면, 법관에 의한 자의적인 위자료 산정의 가능성을 줄일 수 있다. 판결이유에서 보상적 손해배상 이외에 징벌적 손해배상을 인정하는 이유를 밝히지 않을 수 없으므로, 당사자들의 입장에서는 변론 과정에서 손해배상 책임 성립 여부와는 별도로 그 책임 범위에 관하여 충분히 입증할 기회를 가지게 되고, 판결 이후에는 판결에 대한 승복 여부 등을 결정할 수 있는 유용한 판단의 자료를 얻게 되는 장점이 있다. 징벌적 손해배상제도를 입법화하는 과정에서 제재적 손해배상이 가능한 경우를 언론사의 악의적인 허위보도임이 명백한 경우로 한정하고, 제재적 손해배상액은 보상적 손해배상액의 2배 내지 3배를 한도로만 허용하게 한다. 그러면 징벌적 손해배상이 인용되기 위해서는 언론의 자유가 남용되었다는 점이 충실히 심리될 수밖에 없으므로, 언론사의 입장에서도 전혀 뜻하지 않은 고액의 손해배상 책임을 지는 경우가 없어진다. 아울러 손해배상책임이 무한히 확대될 수 있다는 우려에서도 벗어날 수 있으므로, 오히려 언론의 자유를 보다 안정적으로 보호받게 되는 장점이 있다고 한다.

4. 소 결

기존의 판례에 따르더라도 위자료 산정에서 가해자측의 상황을 고려하고 있고, 그 액수에 제한이 없으므로 운영하기에 따라서 실질적으로는 동일한 효과를 얻을 수 있다. 또한 징벌적 손해배상제도를 도입할 경우에도 보상적 손해배상은 계속 유지되는 것인데, 위자료를 산정할 때에 보상적 손해배상액의 산정에 있어서는 어떠한 점을 참작사유로 삼을 것인가도 문제이다. 보상적 손해배상 산정에 있어서 액수의 기준이 마련되지 않는다면, 징벌적 손해배상의 도입도 무의미할 수 있는 것이다. 따라서 위 제도의 도입은 앞으로의 논의에 맡겨 두더라도, 그 도입 여부와 무관하게 위자료 산정의 적절한 기준이 마련되어야 할 것으로 보인다.

제 6 절 징벌적 손해배상제도의 도입문제

—특히 언론 피해에 대한 구제수단으로서 징벌적 손해배상제도는 합리적인 제도인가?—

김 재 형*

I. 서 론

네가 언론이라는 신성한 권력에 짓밟힌 약자의 눈물을 아느냐고 묻는다면 나는 모른다고 대답할 것이다. 그의 고통이 작을 거라고 생각해서가 아니라 너무 클 것이라고 생각하기 때문이다. 그렇다고 악의적인 보도를 막기 위하여 엄중한 처벌과 제재로 대응한다면 언론이 가지는 순기능을 발휘하지 못할 것이다. 이 문제를 어떻게 해결할 것인가?

언론에 의한 인격권 침해에 대한 사법적 대응방안으로 반론보도, 정정보도, 손해배상, 금지청구 등 다양한 구제수단이 있다. 그 중 손해배상은 대부분의 나라에서 인정되고 있는 가장 보편적인 구제수단이다. 우리나라에서도 1990년대 이후 손해배상은 언론에 대한 견제수단으로 중요한 기능을 수행하고 있다. 그러나 이것만으로는 피해를 회복하는 데 만족스럽지 못한 경우가 있기 때문에, 징벌적 손해배상(punitive damages)제도를 도입하는 방안이 논의되고 있다. 언론소송 이외에도 제조물책임, 환경침해, 증권집단소송 등 현대형 불법행위 영역에서 징벌적 손해배상제

* 서울대학교 법과대학 교수.

도를 도입하자는 주장이 강하게 제기되고 있다.[1)]

징벌적 손해배상을 도입하여야 한다는 주요 논거를 정리해보면 다음과 같다. 첫째, 우리 법원의 손해배상실무에 대한 불만에서 비롯된 것으로, 손해배상액을 산정하는 기준이 모호하고, 법원에서 인정하는 손해배상액이 실제 손해에 미치지 못한다. 특히 대기업이나 언론기관을 상대로 한 소송에서는 판사들이 손해배상액을 적게 인정하는 경향이 있다는 것이다. 둘째, 고의적인 불법행위를 저지른 사람에게 고액의 징벌적 손해배상을 부과함으로써 장래의 불법행위를 억제하여야 한다는 것이다. 셋째, 고액의 손해배상액을 인정함으로써 피해자로 하여금 불법행위책임을 추궁하는 소를 제기하도록 유인하여야 한다는 것이다.

그러나 징벌적 손해배상제도는 「손해를 초과하는 보상」이라는 자체 모순을 안고 있다. 뿐만 아니라 언론보도에 대한 과도한 손해배상은 언론의 자유에 중대한 제약으로 작용한다. 징벌적 손해배상제도의 도입문제에 관하여 일반적으로 검토할 필요가 있지만, 제조물책임 등 개별 영역에서 징벌적 손해배상제도를 도입할 것인지에 관하여 개별적으로 검토할 필요도 있다. 특히 언론법 영역에서는 징벌적 손해배상제도가 언론의 자유에 어떠한 영향을 미칠 것인지를 고려하여야 할 것이다.

이 글에서는 징벌적 손해배상제도를 도입하는 것이 타당한지 여부에 관하여 검토하고자 한다. 먼저 징벌적 손해배상의 도입문제를 다루는 데 필요한 범위에서 미국의 징벌적 손해배상제도를 간략하게 살펴볼 것이다. 다음으로 우리나라에서 징벌적 손해배상제도를 도입하는 것이 바람직한지, 특히 언론법 영역에서 징벌적 손해배상제도를 도입하는 것이 합리적인 것인지에 관하여 검토하고자 한다.

---

1) 법무부가 1999년에 구성한 민법개정특별분과위원회에서는 징벌적 손해배상제도를 도입하는 것에 관하여 논의하였으나, 차기 개정의 연구과제로 남겨두었다. 법무부, 민법(재산편) 개정 자료집, 법무자료 제260집, 2004, 1084-1085면. 사법제도개혁추진위원회는 2006년 5월 30일 징벌적 배상제 도입방안에 대한 외부 전문가 토론회를 개최하였는데, 제조물책임 등 특정영역에서 징벌적 손해배상제도를 도입하자는 안을 중심으로 논의되었다. 그러나 징벌적 손해배상에 관한 법안을 국회에 제출하지는 않았다. 당시의 토론 자료 및 내용에 관해서는 사법개혁추진위원회 편, 사법 선진화를 위한 개혁: 사법제도개혁추진위원회 자료집 제15집, 2006, 683면 이하 참조.

Ⅱ. 미국에서 징벌적 손해배상제도의 의미와 논의의 전개

1. 의 의

징벌적 손해배상제도는 그 기원을 함무라비 법전 등 고대법에서 찾을 수 있으나, 그 현대적인 형태는 영국법에서 발전된 것으로,[2] 미국의 판례가 이를 받아들였다. 미국에서 징벌적 손해배상을 인정하지 않는 주도 있으나, 대부분의 주에서 징벌적 손해배상을 인정하고 있다. 다만 징벌적 손해배상을 인정하는 주들도 그 기능이나 내용에 상당한 차이가 있다.[3]

징벌적 손해배상은 가해자의 악의적인 불법행위에 대하여 가해자를 처벌(punishment)하고, 장래의 불법행위를 억제(deterrence)하기 위하여 부과하는 손해배상이다.[4] 대체로 피고의 불법행위가 고의적이거나 악의적인 경우에 징벌적 손해배상이 인정된다. 징벌적 손해배상액을 정할 때에는 피고의 행위의 특성, 원고의 손해의 성질과 정도, 피고의 재산상태 등 여러 요소가 고려된다.[5] 징벌적 손해배상은 전보적 손해배상과는 별도로 인정되는 것으로 피고의 행위에 대한 처벌[6]이라는 성격을 갖고 있는데, 이 점에서 우리 민법의 손해배상과는 확연하게 다르다.

징벌적 손해배상액을 정하는 것은 원칙적으로 배심원의 권한이다. 배심원이 징벌적 손해배상에 관하여 평결을 하기 전에 판사가 배심원에게 징벌적 손해배상에

---

2) 영국에서는 징벌적 손해배상을 주로 exemplary damages라고 하는데, 징벌적 손해배상의 인정범위가 미국과는 다르다. 특히 영국의 귀족원(House of Lord)은 1964년 명예훼손에 관한 유명한 판결에서 징벌적 손해배상이 인정되는 경우를 엄격하게 제한하였다. 즉, 징벌적 손해배상이 민사책임의 배상적 성질과 양립할 수 없다고 보고, 다만 법령에 명시적인 규정이 있는 경우, 정부공무원의 강압적, 자의적, 위헌적인 행위가 있는 경우, 가해자가 가해행위로부터 이득을 얻을 것으로 계산하고 불법행위를 저지른 경우에만 징벌적 손해배상을 인정하여야 한다고 판결하였다. Rookes v. Barnard, [1964] A.C. 1129.

3) Guido Calabresi, "The Complexity of Torts — The Case of Punitive Damages," Stuart Madden(ed.), Exploring Tort Law, 2005, p. 333은 불법행위법이 일면적 목표가 아니라 다면적인 목표를 갖고 있는데, 그 예로 징벌적 손해배상은 최소한 다섯 가지의 매우 상이한 기능을 수행할 수 있다고 한다. 그러나 징벌적 손해배상에 관한 미국 연방대법원의 최근 판결은 이와 같은 다양한 기능을 고려하지 않고 있다고 비판한다.

4) The American Law Institute, Second Restatement of Torts(1979), § 908.

5) Restatement Torts Second, § 908.

6) 징벌적 손해배상을 "私的 罰金(private fines)"이라고 하기도 한다. Gertz v. Robert Welch, Inc., 418 U.S. 323 (1974).

관하여 설명을 하는데, 그 내용은 간략하고 추상적인 설명에 그치는 경우가 많다. 예컨대, 피고의 행위가 고의적이고 악의적이며 원고에게 손해를 입혔고 또한 정의와 공공선에 비추어 징벌적 손해배상을 인정할 필요가 있다고 판단하는 경우에, 다른 손해배상에 부가하여 피고를 처벌하고 피고나 다른 사람이 비슷한 불법행위를 하는 것을 억제하기 위한 손해배상을 부과할 수 있다는 것이다.[7]

징벌적 손해배상은 불법행위에 일반적으로 인정된다. 명예훼손이나 프라이버시 침해의 경우에도 마찬가지이다. 따라서 피고가 원고의 명예를 훼손하는 내용 등을 악의적으로 공표하거나, 공표내용이 진실인지 허위인지를 무모하게 무시한 경우에는 징벌적 손해배상이 부과될 수 있다.[8] 피고가 악의적으로 프라이버시를 침해한 경우에도 마찬가지이다.[9] 그러나 언론보도에 대하여 징벌적 손해배상을 과도하게 인정한다면 언론기관이 위축될 수밖에 없고, 이는 헌법상 표현의 자유를 침해하는 결과가 된다. 그리하여 뉴욕 타임즈 판결[10]은 표현의 자유를 보장하기 위하여 공무원에 대한 명예훼손의 경우에는 언론사에 현실적 악의(actual malice)가 있는 경우에 한하여 손해배상책임을 인정하였고, 그 후 이 법리를 공적 인물에 대해서도 적용하였다.[11]

2. 현황과 문제점

미국에서 징벌적 손해배상이 인정되는 비율은 불법행위소송에서 약 3 내지 6%로서 매우 낮다.[12] 그런데도 징벌적 손해배상은 많은 화제를 불러일으키고 있

7) 징벌적 손해배상에 관한 안내는 주마다 다르지만, 어떠한 경우에 징벌적 손해배상을 결정할 수 있는지, 징벌적 손해배상의 목적이 무엇인지, 징벌적 손해배상액을 결정할 때 어떠한 요소를 고려하여야 하는지에 관하여 간략하게 설명하고 있다. Christie, Meeks, Pryor & Sanders, Cases and Materials on the Law of Torts, 4th ed., 2004, pp. 904-905; George L. Priest, "Introduction: The Problem and Efforts to Understand It," in Sunstein et al., Punitive Damages : How Juries Decide, 2002, p. 12.

8) Prosser & Keeton on Torts, 5th ed., 1984, p. 845.

9) Smith v. Wade, 461 U.S. 30 (1983); Monroe v. Darr, 559 P.2d 322 (Kan. 1977); Welch v. Mr. Christmas Inc., 57 N.Y.2d 143 (1982).

10) New York Times v. Sullivan, 376 U.S. 254.

11) Dan B. Dobbs, The Law of Torts, Vol. 2, 2001, pp. 1169-1173, 1210.

12) Michael L. Rustad, "Unraveling Punitive Damages: Current Data and Further Inquiry," 1998 Wis. L. Rev. 15, 19 (1998); Neil Vidmar & Mary R. Rose, Punitive Damages by Juries in Florida: In Terrorem and In Reality, 38 Harv. J. Leges. 487, 508 (2001).

다. 지난 20년 동안 징벌적 손해배상을 인정한 사건이 급증하였을 뿐만 아니라, 천문학적인 액수의 징벌적 손해배상액을 인정한 사례가 등장함으로써 기업이 파산하는 사건도 등장하고 있기 때문이다. 가장 규모가 큰 액수의 징벌적 손해배상을 인정한 예는 플로리다 주에서 2000년 7월 담배 제조업자들을 상대로 제기된 집단소송에서 배심원들이 1,448억 달러를 평결한 사건이다. 그러나 담배 소송을 제외하더라도 고액의 징벌적 손해배상액을 인정한 사건이 많다. 가령 1999년 7월 캘리포니아에서는 배심원들이 48억 달러의 징벌적 손해배상을 인정하는 평결을 하였고, 1999년 5월 앨라배마주에서는 경제적 손해로 주장한 액수가 600달러에 미달하는데도 배심원들이 5억 8천만 달러의 징벌적 손해배상을 결정한 사건도 있었다.[13)]

징벌적 손해배상에 관한 배심원의 평결은 유사한 사건에서도 편차가 심하다. 이와 같이 징벌적 손해배상에 관한 평결에 일관성이 없는 이유는 다음과 같다. 첫째, 징벌적 손해배상에 관한 판단은 법률전문가가 아닌 배심원의 재량에 맡겨 있고 판사는 사후적으로 심사할 뿐이다. 둘째, 징벌적 손해배상을 인정하는 사례가 많지 않은데, 징벌적 손해배상에 관하여 잘 알고 있는 사람은 배심원 선정절차에서 배심원으로 선정될 가능성이 적다. 따라서 배심원으로서 징벌적 손해배상을 판단한 경험이 거의 없는 사람들이 징벌적 손해배상에 관하여 판단한다. 셋째, 배심원이 징벌적 손해배상에 관하여 평결을 하기 전에 판사로부터 설명을 듣지만 그 내용이 추상적이고, 판단기준도 모호하다.[14)]

징벌적 손해배상은 미국에서 가장 논란이 많은 법제도 중의 하나이다. 징벌적 손해배상에 관하여 많은 논란이 제기되고 있고, 혼란스러울 정도로 다양한 연구결과가 나오고 있다. 징벌적 손해배상이 예측가능성이 있는지 여부 등에 관해서도 실제 사례를 분석한 경험적인 연구와 모의 배심원을 이용한 실험적인 연구들이 다수 있다.[15)]

징벌적 손해배상의 부과가 예측가능성이 있다는 연구결과도 있으나,[16)] 예측가능성이 없다는 연구결과[17)]가 좀더 설득력이 있는 것으로 보인다. 이와 같이 징벌적

13) George L. Priest(주 7), p. 1.
14) George L. Priest(주 7), pp. 6-12.
15) Christie, Meeks, Pryor & Sanders(주 7), p. 909.
16) Theodore Eisenberg et al., "The Predictability of Punitive Damages," 26 J. Legal Stud. 623 (1997)은 75개 지역의 3,000개 사건에 관하여 분석한 결과 징벌적 손해배상결정이 예측가능하다고 하였다. 또한 Michael L. Rustad(주 12), 54-55도 참조.
17) W. Kip Viscusi, "Why There Is No Defense of Punitive Damages," 87 Geo. L. J. 381

손해배상이 예측가능성이 없다면, 이는 불법행위에 대한 처벌과 억제라는 징벌적 손해배상의 목적을 달성할 수 없게 된다. 어떤 사건에 대하여 과도한 보상을 한다면 결과적으로 과잉억제, 부적절한 보복과 불공정을 초래할 것이다. 특히 2002년에 발표된 모의 배심원을 이용한 실험적 연구는 매우 흥미있는 결론을 도출하고 있는데, 그 중 몇 가지 주요한 내용은 다음과 같다.[18] 첫째, 배심원들은 동일한 불법행위에 대하여 다른 판단을 하는 경우가 많다. 일정한 불법행위에 대하여 배심원들이 분노하고 징벌을 하려는 도덕적 가치평가에 관해서는 예측가능성이 높지만(약 80%), 이에 대하여 어느 정도의 징벌적 손해배상액을 부과할 것인지에 관해서는 예측가능성이 매우 낮았다(약 18%).[19] 배심원이 혼자 결정하는 경우보다 오히려 배심원단에서 심의하는 과정에서 예측가능성이 낮은 결론에 도달한다. 둘째, 배심원들이 결정하는 징벌적 손해배상액은 원고가 요청한 금액이나 출신 지역에 따라 영향을 받았다. 셋째, 배심원들은 판사들보다 징벌적 손해배상을 부과하는 사건이 많았다. 넷째, 피고가 처벌가능성이 있는지 여부는 징벌적 손해배상액을 결정하는 데 영향을 미치지 않았다. 다섯째, 법관이 배심원들보다 좀더 일관성 있는 결정을 하였다.

한편 미국에서 민사사건 중 97% 정도는 법정 밖에서 화해로 종결되고 있는데, 징벌적 손해배상이 화해에 영향을 미치는지에 관해서는 논란이 있다. 징벌적 손해배상이 화해에 영향을 미친다고 볼 수 있는 자료가 없다는 견해도 있으나, 징벌적 손해배상에 대한 두려움이 화해를 왜곡시킨다는 조사결과도 있다.[20]

(1998); Jonathan M. Karpoff & John R. Lott Jr., "On the Determinants and Importance of Punitive Damage Awards," 42 J.L. & Econ. 527, 571 (1999); Cass R. Sunstein, "What Should Be Done?," in Sunstein et al., Punitive Damages: How Juries Decide, 2002, pp. 245-248.

18) Reid Hastie, "Overview: What We Did and What We Found," in Sunstein et al., Punitive Damages: How Juries Decide, 2002, pp. 21-26. 이 글은 서론 부분에 해당하는 것인데 연구결과를 일목요연하게 정리하고 있다. 이에 이어서 제 2 장부터 제11장에서는 실험결과를 개별적으로 분석한 글이 있고, 제12장은 이를 정리한 것이며, 제13장은 개선방향을 제시하고 있다.

19) 종전에도 이와 같은 연구결과가 발표된 바 있다. Cass R. Sunstein, Daniel Kahneman & David Schkade, "Assessing Punitive Damages (With Notes on Cognition and Valuation in Law)," 107 Yale L. J. 2071 (1998).

20) Christie, Meeks, Pryor & Sanders(주 7), p. 912.

3. 징벌적 손해배상의 합헌성 문제

미국에서 오랫동안 징벌적 손해배상이 헌법에 합치되는지 논란이 계속되고 있다. 특히 1980년대 이후 제조물책임 사건 등에서 배심원들이 엄청난 액수의 징벌적 손해배상액을 부과함으로써 다수의 연방대법원 판결이 나왔다.

먼저 징벌적 손해배상이 수정 헌법 제 8 조의 과도한 벌금 금지 조항에 반하는지 논란이 되었으나, 연방대법원은 이를 부정하였다.[21] 그 후 징벌적 손해배상이 헌법상의 적법절차(due process) 원칙에 반하는 것인지 논란이 되었다.[22] 1991년의 Pacific Mut. Life Ins. Co. v. Haslip 판결[23]에서 연방대법원은 징벌적 손해배상을 부과하는 것 자체는 적법절차에 반하는 것이 아니지만, 일정한 징벌적 손해배상은 적법절차조항 하에서 헌법적으로 받아들일 수 없다고 하였다. 그러나 헌법적으로 받아들일 수 있는 것과 헌법적으로 받아들일 수 없는 것 사이에 수학적으로 분명한 선을 그을 수는 없다고 하였다.

1996년의 BMW of North America, Inc. v. Gore[24] 판결은 적법절차 위반을 이유로 징벌적 손해배상에 관한 주대법원의 판결을 파기하였다. 피고 BMW가 산성비로 손상을 입은 자동차에 도장을 다시 하고 원고인 Gore에게 이를 새 차라고 판매하면서 위 차에 도장을 다시 하였다는 사실을 알리지 않았다. 원고는 보상적 손해배상으로서 4천 달러를 배상받았는데, 배심원들은 징벌적 손해배상으로 400만 달러를 평결하였고, 앨라배마주 대법원은 징벌적 손해배상액을 200만 달러로 감액하였다. 연방대법원은 주가 불법행위를 처벌하고 억제하는 데 정당한 이익을 갖고 있고, 배상액이 이러한 이익에 비하여 지나치게 과도한 경우에만 적법절차 조항에 위반된다고 하였다. 나아가 징벌적 손해배상을 산정할 때 피고의 행위에 대한 비난성의 정도, 원고의 전보적 손해와 징벌적 손해배상액 사이의 비율, 유사행위에 대한 민·형사적 제재 사이의 차이를 고려하여야 한다고 하였다. 이 사건에서 Stephen Breyer 대법관은 별개의견에서 위와 같은 배상액은 법의 지배(rule of law)를 위반

21) Browning-Ferris Industries v. Kelco Disposal, Inc., 109 S. Ct. 2909 (1989).

22) 이에 관해서는 장재옥, "징벌적 손해배상과 법치국가의 원리," 법학논집 제20집(1995), 중앙대학교 법학연구소, 224-239면도 참조.

23) 499 U.S. 1.

24) 517 U.S. 559. 이 판결을 소개한 글로는 조상희, "과다한 징벌적 손해배상을 명한 앨러버러주 대법원 판결을 위헌이라고 결정한 미국 연방대법원 판결," 인권과 정의 제242호(1996. 10), 119-121면.

하였다는 점이 가장 심각한 문제라고 지적하였다. 그 이유로 배심원들에게 그들의 재량을 제한할 수 있는 지침이 주어지지 않았고 당사자들에게 예견가능성이 보장되지 않았다는 점을 들었다. 그 후에도 징벌적 손해배상이 헌법상의 적법절차 조항에 의하여 제한을 받는다는 연방대법원 판결이 나오고 있다.[25)]

4. 징벌적 손해배상제도의 개혁방안

징벌적 손해배상에 관한 배심원의 평결이 예측불가능하다는 것은 법의 지배원리에 반한다는 점에서 심각한 문제이다.[26)] 그리하여 개별 입법으로 징벌적 손해배상을 부정하거나 제한하는 주들이 있다. 법률이 인정하는 경우에 한하여 징벌적 손해배상을 인정하는 주도 있고, 징벌적 손해배상의 상한을 제한하는 주도 있다. 징벌적 손해배상액 중 일부를 주정부나 공공기금에 지급해야 한다고 규정하는 주도 있다.[27)]

징벌적 손해배상제도를 폐지하여야 한다는 주장도 있고, 징벌적 손해배상제도를 개혁하기 위한 방안도 다양하게 제시되고 있다.[28)] 최근 Cass R. Sunstein는 위에서 본 실험적 연구를 토대로 징벌적 손해배상의 예측불가능성 문제를 해결하기 위하여 기본적으로 두 가지 해결방안을 제시한다. 첫째, 판사들이 배심원들의 배상결정에 대하여 엄격하게 감독하는 방안이다. 판사들은 지나치게 높은 배상결정을 감액하거나 지나치게 낮은 배상결정을 증액한다. 이는 시스템의 합리성을 증진시키고 예견가능성을 높일 것이다.[29)] 둘째, 배심원이 징벌적 손해배상을 부과하는 것이 아니라 행정기관이 민사 제재금(civil penalty)을 부과하는 방식으로 해결하는 것이다. 이를 위하여 손해배상 산정표(damages schedule) 등을 이용할 수 있다. 이는 급

25) State Farm Mutual Auto. Ins. Co. v. Campbell, 538 U.S. 408 (2003); Philip Morris USA v. Williams, 127 S.Ct. 1057 (2007).

26) Cass R. Sunstein(주 17), p. 243.

27) Christie, Meeks, Pryor & Sanders(주 7), p. 934.

28) Dan B. Dobbs(주 11), pp. 1071-1075는 징벌적 손해배상 등에 영향을 끼친 불법행위법 개혁(tort reform)에 관하여 소개하고 있다. 특히 통일 주법 위원 전국회의(National Conference Of Commissioners On Uniform State Laws)는 1996년 모델 징벌적 손해배상법(Model Punitive Damages Act)을 채택하였다. 그 제정경위와 원문은 http://www.law.upenn.edu/bll/ulc/mpda/MPDAFNAL.htm에서 검색할 수 있고, 이에 관한 우리 문헌으로는 윤정환, "징벌적 손해배상에 관한 연구," 민사법학 제17호(1999. 4), 79-85면.

29) Cass R. Sunstein(주 17), pp. 242, 248-252.

진적인 변화이지만 장래를 위해서는 최선의 방법일 것이라고 한다.[30] 첫 번째 주장은 배심제의 문제점을 해결하기 위한 것이지만, 두 번째 주장은 징벌적 손해배상제도에 대한 근본적인 개혁방안을 제시한 것으로 볼 수 있다.

Ⅲ. 우리나라에서 징벌적 손해배상제도를 도입하는 것이 바람직한가?

1. 우리나라에서 징벌적 손해배상제도를 도입하자는 주장은 다양한 모습을 띠고 있다. 입법의 방법에 관하여는 민법을 개정하여 일반적으로 징벌적 손해배상제도를 도입하는 방안[31]과 특별법을 제정하여 특정영역에서 징벌적 손해배상제도를 도입하는 방안[32]이 주장되고 있다. 그 요건을 어떻게 정할 것인지, 배상액의 상한이나 하한을 정할 것인지, 판단의 주체를 배심제의 도입을 전제로 배심원으로 할 것인지, 아니면 법관에게 맡길 것인지, 징벌적 손해배상이라는 용어를 사용할 것인지, 아니면 징벌적 배상 또는 가산금 등 다른 용어를 사용할 것인지[33] 등 다양한 의견이 있다.

2. 그러나 필자는 징벌적 손해배상제도를 도입하는 것은 바람직하지 않다고 생각한다. 그 이유는 다음과 같다.

(1) 징벌적 손해배상은 손해배상 원리에 부합하지 않는다.

손해배상은 손해를 배상하는 것이다.[34] 손해를 입힌 사람이 손해를 입은 사람에게 손해를 전보할 만큼 배상하는 것이 손해배상이다. 손해를 입지 않은 사람에게 배상을 한다는 것은 손해배상이 아니다. 피해자는 손해보다 더 많은 배상을 받아서도 안 된다. 이것이 정의 관념에도 합치된다. 피해자를 불법행위가 없었던 경우보다 더 나은 상태로 만드는 것은 정의로운 것이 아니다. 이러한 시각에서 보면 징벌

---

30) Cass R. Sunstein(주 17), pp. 242, 252-255.

31) 윤정환(주 28), 87면; 이점인, "징벌적 배상제 도입방안," 사법개혁추진위원회 편(주 1), 893면.

32) 김성천, 징벌적 손해배상제도와 소비자피해구제, 한국소비자보호원, 2003, 102면 이하; 장재옥, "사적 제재로서 위자료와 징벌적 손해배상," 사법제도개혁추진위원회 편(주 1), 697면.

33) 징벌적 손해배상은 실제로 발생한 손해를 초과하는 배상을 인정하는 것이기 때문에, 손해배상이라고 부르는 것이 타당하지 않다는 것이다.

34) "손해가 없으면 배상도 없다"는 표현을 사용한다. 곽윤직, 채권각론, 제 6 판, 박영사, 2003, 378면.

적 손해배상을 인정하여 피해자로 하여금 과도한 손해배상을 받도록 하는 것은 손해배상의 기본원리, 나아가 정의관념에 부합하지 않는다.

피해자가 불법행위로 정신적 고통을 겪는 등 회복할 수 없는 상처를 입은 경우에, 불법행위가 없었던 상태보다 경제적으로 더 나은 상태로 만들어야만 손해가 회복되는 것이라고 볼 여지가 있다. 그러나 이를 위하여 징벌적 손해배상을 인정해야 하는 것은 아니다. 우리 민법에서 손해의 종류를 제한하고 있는 규정이 없고, 물질적·경제적 손해뿐만 아니라, 정신적 손해도 손해배상에서 말하는 '손해'의 범주에 포함된다. 손해를 금전으로 계산하기 곤란한 경우에도 피해자의 손해를 금전으로 평가하여 손해배상액을 산정하고 있다.[35] 정신적 손해나 충격을 회복하기에 충분한 정도까지 배상하도록 하는 것은 우리 민법의 손해배상법리에 의하여 해결될 수 있다. 다만 피해자가 입은 손해를 모두 배상하여야 하는지, 아니면 피해자가 입은 손해 중에서 일정 정도까지만 배상하여야 하는지, 피해자가 입은 손해를 금전으로 어떻게 산정할 것인지, 소송비용 등을 어느 정도까지 배상받도록 할 것인지는 또 다른 판단이 필요한 문제이다. 가해자에게 고의가 있는 경우에는 피해자가 더 많은 정신적 고통을 입었다고 볼 수 있으므로,[36] 더 많은 정신적 손해배상을 인정할 수도 있을 것이다. 징벌적 손해배상제도는 그 근본취지가 불법행위를 저지른 피해자를 처벌하고 장래의 불법행위를 억제하기 위한 것이지, 피해자로 하여금 손해를 충분히 배상받도록 하기 위한 것이 아니다.[37] 일반적인 사건에서만 피해자의 손해를 충분히 배상하지 않으면서 징벌적 손해배상이 인정되는 사건에서는 손해를 넘는 고액의 배상금을 피해자에게 지급하도록 하는 것은 균형을 잃은 태도이다. 따라서 손해를 충분히 회복하기 위한 목적으로 징벌적 손해배상을 도입

35) 우리 민법 제750조, 제751조는 손해배상을 쉽게 인정할 수 있도록 포괄적으로 규정하고 있고, 법원에서 정신적 손해를 이유로 위자료를 인정하는 범위가 매우 넓다. 나아가 판례는 손해배상책임이 인정된다면 손해액에 관한 입증이 불충분하다 하더라도 법원은 그 이유만으로 손해배상청구를 배척할 것이 아니라 그 손해액에 관하여 적극적으로 석명권을 행사하고 입증을 촉구하여 이를 밝혀야 한다고 하였다. 대법원 1961. 12. 7. 선고 4293민상853(집 9, 102); 대법원 1997. 12. 26. 선고 97다42892, 42908(공 1998, 505) 등 다수.

36) 법원은 불법행위의 경우에 위자료를 자유재량으로 결정할 수 있는데, 이 때 당사자 쌍방의 사회적 지위, 직업, 자산상태, 가해의 동기, 가해자의 고의·과실을 참작하여 공평의 관념에 따라서 그 액수를 정하고 있다. 허만, "언론보도에 대한 실체적 구제수단," 민사판례연구(XXI), 1999, 678면 이하.

37) 미국에서 징벌적 손해배상이 정신적 고통으로 인한 손해나 소송비용을 전보하는 기능이 있는 경우도 있으나, 이는 예외적인 경우에 해당한다.

하여야 한다는 주장은 납득하기 어렵다.

가해자가 불법행위로 인하여 많은 이득을 얻는 경우에 이를 피해자에게 지급하도록 하여야 한다는 주장이 있다. 그러나 손해배상제도는 가해자의 이득을 박탈하는 제도가 아니다.[38] 누군가가 부당하게 이득을 얻은 경우에 이를 반환하는 것은 원칙적으로 민법 제741조 이하에 규정되어 있는 부당이득의 문제로 해결하여야 한다.

(2) 징벌적 손해배상제도를 찬성하는 가장 중요한 논거는 징벌적 손해배상이 불법행위를 억제하는 기능이 있다는 점이다.[39] 불법행위를 억제하려면 전보적 손해배상을 넘는 징벌적 손해배상을 부과하여야 한다는 것이다. 이에 관한 법경제학자들의 설명은 다음과 같다.[40] 즉, 불법행위에 대한 처벌 또는 규제의 정도가 낮으면 피고가 불법행위를 저지르는 것을 억제할 수 없다. 이와 달리 처벌 또는 규제의 정도가 높으면 피고의 행위가 지나치게 억제된다. 따라서 처벌이나 규제가 너무 높지도 않고 낮지도 않은 최적의 억제(optimal deterrence) 상태를 유지하여야 한다. 피고가 불법행위로 발생하는 모든 비용을 배상하여야만 불법행위를 효과적으로 억제할 수 있으므로, 불법행위를 적발할 가능성이 줄어들수록 징벌적 손해배상액이 늘어나야 한다. 예컨대 불법행위가 발각되어 처벌되는 것이 10분의 1이라면 불법행위자는 전보적 손해배상의 10배를 배상하여야 한다는 것이다. 이를 효율적 억제(efficient deterrence) 이론 또는 최적의 경제적 억제(optimal economic deterrence) 이론이라고 한다.[41]

그러나 징벌적 손해배상이 불법행위자를 처벌 또는 징벌한다는 점에는 이견이 없겠지만, 불법행위를 억제하는 효과가 어느 정도 있는지, 이것이 불법행위를 그야말로 '효율적으로' 억제하는 것인지에 관해서는 논란의 여지가 있다.[42] 위에서 본

---

38) 물론 일정한 사안에서 가해자가 불법행위로 이득을 얻은 경우에 피해자에게 손해가 있는 것으로 추정할 수는 있다. 이것은 손해액의 산정이 곤란한 경우에 손해액의 산정을 쉽게 하려는 것으로 손해배상의 목적이나 범위를 벗어나는 것이 아니다.

39) 윤정환(주 28), 86면.

40) 박세일, 법경제학, 개정판, 박영사, 2000, 313-314면; Robert D. Cooter & Thomas S. Ulen, 이종인 역, 법경제학, 비봉출판사, 2000, 376면; Steven Shavell, Foundations of Economic Analysis of Law, 2004, pp. 244-245.

41) A. Mitchell Polinsky & Steven Shavell, "Punitive Damages: An Economic Analysis," 111 Harv. L. Rev. 869 (1998).

42) Cass R. Sunstein(주 17), p. 109. 부정적인 견해로는 W. Kip Viscusi, "Why There is No

모의 배심원을 이용한 실험결과에서는 모의 배심원들이나 법경제학에 관한 지식이 있는 대학생들이 효율적 억제 이론에 따라 징벌적 손해배상을 산정하지 않는다는 결론에 이르고 있다. 즉, 징벌적 손해배상에 관한 법경제학적 연구에서 불법행위의 적발가능성은 매우 중요한 요소인데, 모의 배심원이나 대학생들이 적발가능성이 낮을 때 배상을 초과하여 처벌을 해야 한다는 법경제학에서 널리 인정되고 있는 견해에 따라 행동하지 않는다는 것이다.[43]

한편 손해배상제도는 가해자가 입힌 손해를 배상하도록 함으로써 불법행위를 억제하는 기능을 수행하고 있다.[44] 손해배상을 청구당하지 않으려면, 불법행위를 저질러서는 안 되기 때문이다. 사실 모든 법은 불법행위를 억제하는 기능을 갖고 있다. 그러나 과도한 제재는 개인의 자유를 침해한다. 불법행위를 억제하기 위하여 어느 정도까지 규제할 것인지가 문제될 뿐이다.

불법행위를 억제하기 위하여 징벌적 손해배상이라는 수단을 사용하여야만 하는지는 의문이다. 불법행위를 억제하기 위한 수단은 다양하다. 예를 들면 형사처벌, 행정처분, 과징금제도 등 공법적인 수단과 손해배상 등 사법적인 수단이 있다. 집단소송제도도 불법행위를 억제하기 위한 장치로 파악할 수 있다. 불법행위를 억제하기 위하여 하나의 수단에 의존하여야 하는 것은 아니고, 위에서 든 여러 수단을 적절하게 이용하여야 한다. 그러나 불법행위를 억제하기 위하여 형벌이나 과징금을 무제한적으로 부과할 수는 없다. 이와 마찬가지로 불법행위에 대하여 손해배상을 과도하게 인정하는 것도 손해배상제도의 목적에 부합하지 않는다.

(3) 불법행위를 저지른 사람을 처벌하기 위해서 징벌적 손해배상을 인정하여야 하는가? 하나의 불법적 행위에 대한 법적 대응은 형사책임과 민사책임으로 구

Defense of Punitive Damages," 87 Geo. L. J. 381 (1998).

43) Cass R. Sunstein, David A. Schkade & Daniel Kahneman, "Do People Want Optimal Deterrence?," in Sunstein et al., Punitive Damages: How Juries Decide, 2002, pp. 132-141; W. Kip Viscusi, "Deterrence Instructions: What Jurors Won't Do," 위 책, p. 163; Reid Hastie, "Putting It All Together," 위 책, p 237.

44) 위자료의 본질을 종래 손해배상으로 파악하였지만(이를 배상설이라고 한다), 그 밖에 위자료의 제재적 기능을 강조하는 제재설(이명갑, "제재적 위자료의 입론(Ⅰ)," 사법행정 통권 315호, 28면), 위자료에는 손해의 전보배상과 제재라는 두 기능을 모두 가지고 있다는 절충설(김학수, "위자료청구권에 관한 일고찰," 민법학논총(후암 곽윤직교수화갑기념), 1985, 774면; 윤철홍, "인격권 침해에 대한 사법적 고찰," 민사법학 제16호, 1998, 215면)이 있다.

분할 수 있는데, 근대법은 형사책임과 민사책임의 분화에 터잡고 있다.[45] 물론 형사책임과 민사책임을 엄격하게 분리한 결과 처벌을 하지 못하는 공백이 발생하고 있다. 처벌을 하려고 해도 형법을 개정하는 데는 시간이 걸리고, 형사법에서는 죄형법정주의가 적용되기 때문에 엄격한 요건 하에서만 처벌을 할 수 있으며, 엄격한 형사증거법의 원칙에 따라 처벌할 수 없는 경우도 있다. 공적 기관이 불법행위를 적발하지 못하거나 제대로 작동하지 못하는 문제도 있다. 따라서 형사법이 불법행위에 대한 저지력을 갖지 못하는 경우를 대비하고, 사인들이 가해행위를 억제하는 것을 주도할 수 있도록 징벌적 손해배상제도를 도입해야 한다는 주장[46]은 설득력이 있는 것처럼 보인다.

그러나 어떠한 불법적인 행위를 처벌하기 위하여 민사책임을 이용하는 것은 역사적으로 보면 법의 발전이라기보다는 퇴보라고 보아야 할 것이다. 형사처벌은 개인의 자유를 좀더 강하게 제약하기 때문에, 죄형법정주의를 헌법상의 원칙으로 규정하고 있다. 징벌적 손해배상으로 처벌이라는 목적을 추구하는 것은 법관의 재량에 따라 형벌권을 행사하는 것과 동일한 결과를 가져온다. 또한 처벌로 인한 이득을 국가 등 공공기관이 아니라 개인이 갖는 것은 부당한 이득을 취득하는 것으로 납득하기 어렵다.[47]

한편 형법이나 행정법에 의한 규제나 처벌의 공백을 메우기 위해서 징벌적 손해배상제도를 도입해야 한다면, 벌금, 과태료나 과징금을 쉽게 인정하는 방식으로 개정해도 될 것이다. 극단적으로는 고의의 불법행위 등 징벌적 손해배상책임을 부과할만한 사건에서 판사가 민사제재금을 부과하거나 행정기관으로 하여금 과징금을 부과하도록 하거나 형사처벌을 할 수 있도록 하는 방안도 있을 것이다. 이와 같은 방법은 자의적인 제재가 될 우려가 있지만, 적어도 손해가 없는 피해자에게 과도한 배상을 함으로써 발생하는 부정의를 회피할 수는 있을 것이다.

(4) 징벌적 손해배상제도의 가장 큰 문제점은 예측가능성이 없다는 점이다. 법의 지배는 예측가능성을 전제로 하는 것이기 때문에, 징벌적 손해배상으로 과도한 배상액을 인정하는 것은 법의 지배 원리에 반할 수 있다. 그리하여 미국에서 징벌

45) 곽윤직(주 34), 377면.

46) 이점인(주 31), 888-890, 919면.

47) 황찬현, "손해배상책임에 관한 현행법의 규정과 입법론적 검토," 정보법학 제 3 호(1999), 331-332면.

적 손해배상에 관하여 위헌 논란이 계속되고 있다. 독일 등 대륙법계 국가에서 미국 법원이 인용한 징벌적 손해배상액을 집행할 수 있는지 문제된 사건에서 법치국가의 원리에서 나오는 비례의 원칙에 합치되지 않는다는 판결들이 있다.[48] 우리나라에서도 징벌적 손해배상제도는 비례의 원칙[49]이나 과잉금지의 원칙[50]에 반한다는 주장이 있다.

우리나라의 손해배상실무에서 손해배상액의 산정기준을 발견하기 어려운 경우가 많다. 그러나 우리나라에서 명예훼손으로 인한 손해배상액은 많아야 1억원 수준이기 때문에, 그 예측할 수 없는 정도가 낮다. 이에 비하여 징벌적 손해배상에서는 천문학적으로 높은 금액이 인정되는 등 원칙적으로 그 한도가 없기 때문에, 예측할 수 없는 정도가 매우 높다. 또한 징벌적 손해배상액은 처벌적 요소를 갖고 있다는 점에서 일반적인 손해배상과는 다르다. 즉, 징벌적 손해배상액이 달라지는 것은 민사사건에서 손해배상액이 달라지는 정도의 문제가 아니라, 동일한 행위에 대하여 상이한 처벌을 하고, 잘못의 정도와 처벌 사이에 균형이 맞지 않는다는 비판에 직면할 수밖에 없다.

(5) 징벌적 손해배상제도를 특정 영역에서 개별적으로 도입하는 것은 정당화될 수 있는가? 특정 영역에서만 징벌적 손해배상제도를 도입하는 것은 징벌적 손해배상제도에 대한 위와 같은 비판이 적용될 뿐만 아니라, 형평에 맞지 않는다는 논란을 불러일으킬 것이다. 가령 무거운 범죄에 속하는 불법행위(가령 학살, 고문, 테러 등)에는 징벌적 손해배상을 인정하지 않고 있는 상태에서 그보다 가벼운 불법행위에 대해서만 징벌적 손해배상을 인정해서는 안 될 것이다. 또한 제조물책임이나 증권집단소송 등 손해를 입증하는 것이 어렵거나 소를 제기할 유인이 없는 영역에 한정하여 징벌적 손해배상제도를 도입하는 방안도 유력하게 주장되고 있으나, 징벌적 손해배상을 인정하는 경우와 그렇지 않은 경우를 구분하는 기준이 논란이 될 것이다.

48) BGH WM 1992, 1451; 서울지방법원 동부지원 1995. 2. 10. 선고, 93가합19069 판결(법률신문 1995. 3. 27.자, 10-12면).

49) 황찬현(주 47), 331면.

50) 전삼현, "징벌적 손해배상과 제조물책임," 시민과 변호사 2004년 9월호, 37면.

Ⅳ. 언론보도에 대한 징벌적 손해배상제도의 문제점

1. 필자는 언론에 의한 인격권 침해와 관련하여 징벌적 손해배상제도를 도입하는 것에 반대하는 견해를 밝힌 바 있다.[51)]

> "우리나라는 미국과는 달리 손해배상 외에도 금지청구권, 반론보도청구권이나 명예회복에 필요한 조치를 청구할 수 있기 때문에, 징벌적 손해배상을 도입할 경우에 표현의 자유를 지나치게 위축시킬 우려가 있다. 우리나라에서 손해배상액의 산정기준이 모호하다고는 하나 징벌적 손해배상을 도입해서 해결할 일은 아니다. 명예훼손으로 인한 손해배상의 산정기준에 한정해서 말한다면, 법원이 할 수 없는 일을 입법으로 해결할 수 있는 것은 매우 제한적이다. 오히려 명예훼손에 관하여 유형별로 손해배상액을 산정하는 기준을 마련하는 것이 필요하다. 그리고 실질적인 피해자 구제가 필요하다면 피해자가 입은 손해에 맞게 배상을 하는 것으로 충분하다."

2. 언론 보도에 대한 징벌적 손해배상제도에 관해서는 위 Ⅲ.에서 논의된 내용이 그대로 적용된다. 나아가 징벌적 손해배상제도는 언론의 자유를 위축시킬 수 있다는 점을 주목하여야 한다. 미국의 뉴욕타임즈 판결에서 공무원에 관한 언론보도가 명예훼손에 해당한다는 이유로 손해배상을 청구하려면 피고에게 현실적 악의가 있어야 한다고 하였다. 이 법리는 징벌적 손해배상에 한정된 것이 아니라 손해배상 일반에 관한 것이다. 그러나 이 사건에서 뉴욕타임즈에 고액의 징벌적 손해배상을 부과한 것이 문제되었다. 형식적인 논리가 아니라 실질적 기능이라는 측면에서 위 판결을 살펴보면, 현실적 악의 법리는 과도한 징벌적 손해배상으로부터 언론을 보호하는 기능을 수행하고 있는 것이다. 그 후 Gertz v. Robert Welch, Inc. 판결[52)]은 피고의 부주의한 행위를 이유로 징벌적 손해배상을 부과한다면 언론의 자유가 부당하게 속박 또는 동결될 것이라고 하였다.

---

51) 김재형, "인격권에 관한 판례의 동향," 민사법학 제27호(2005. 3), 359면. 좀더 상세한 것은 김재형, "언론에 의한 인격권 침해에 대한 구제수단," 인권과 정의 제339호(2004. 11), 94면 참조. 또한 차별금지법안에서 징벌적 손해배상제도를 도입하는 것에 대해서도 반대한 바 있다. 김재형, "차별금지법안에 관한 검토의견," 국가인권위원회 차별금지법 간담회 발표문, 2005. 7. 13, 6면 이하.

52) 418 U.S. 71 (1988).

미국과 같이 공인에 대한 명예훼손의 요건을 엄격히 하여 가령 현실적 악의가 있는 경우에 한하여 징벌적 손해배상을 인정하는 방안이 바람직한 것인지는 의문이다. 미국에서는 금지청구, 취소광고청구, 반론보도청구 등은 언론의 자유에 반한다는 이유로 부정되고 있다. 그 대신 징벌적 손해배상으로 고액의 손해배상을 인정하고 있다. 이것은 두 가지 특징을 갖고 있다. 첫째, 오보로 인한 피해를 금전배상만으로 해결하는 것이다. 둘째, 책임이 인정되는 경우가 적은 대신, 책임이 인정되면 고액의 징벌적 손해배상을 부과할 수 있다는 것이다. 이와 달리 우리나라에서는 언론에 의한 명예훼손의 경우에 금지청구, 정정보도나 반론보도청구, 손해배상 등 다양한 구제수단이 인정된다. 언론에 의한 프라이버시 침해에 대해서도 금지청구나 손해배상청구가 가능하다. 그러나 징벌적 손해배상이 인정되지 않는다. 징벌적 손해배상과 현실적 악의로 대변되는 미국의 명예훼손법과는 달리, 우리나라는 '다양한 구제수단'을 갖고 있다는 특징을 갖고 있다. 이것은 손해배상의 요건에도 영향을 미치고 있다고 볼 수 있다. 또한 정정보도나 반론보도가 이루어진 경우에 손해가 어느 정도 회복되었다고 볼 수 있기 때문에 손해배상책임이 인정되더라도 그 배상액이 미국처럼 많지 않아도 된다고 볼 수 있다.[53)]

언론피해 문제를 금전배상, 특히 징벌적 손해배상으로 해결하려는 방안보다는 다양한 구제수단을 인정하는 방안이 좀더 온건한 해결방안이라고 볼 수 있다. 이와 같이 다양한 구제수단을 통하여 언론피해문제를 적정하게 해결하는 것도 훌륭한 모델이라고 생각한다. 이 상황에서 징벌적 손해배상을 도입한다면 균형추가 한쪽으로 기울어질 우려가 있을 뿐만 아니라, 개인이나 언론 모두 예측할 수 없는 불확실한 상황으로 빠져 들어가게 될 것이다.

V. 결 론

영국과 미국 이외에도 캐나다, 호주, 뉴질랜드 등 보통법계 국가에서 징벌적 손해배상을 인정하고 있다.[54)] 그러나 독일, 프랑스, 일본 등 대륙법계 국가에서 징벌적 손해배상을 인정하고 있는 나라를 찾기 어렵다. 오히려 독일 등 대륙법계 국

53) 김재형, "언론에 의한 인격권 침해에 대한 구제수단"(주 51), 94면.
54) John G. Fleming, The Law of Torts, 8th ed., 1992, p. 241.

가에서 징벌적 손해배상을 인정한 미국 판결의 승인 및 집행이 문제되는 경우에 징벌적 손해배상은 공서양속에 반한다는 판결이 나오고 있다. 따라서 징벌적 손해배상은 보통법계와 대륙법계의 중요한 차이 중의 하나라고 할 수 있다. 전세계적으로 보면 징벌적 손해배상을 인정하는 나라는 많지 않고, 징벌적 손해배상제도가 세계적으로 보편적인 제도로 정착될 가능성은 매우 희박하다고 볼 수 있다.

우리나라에서 미국의 징벌적 손해배상제도를 도입하자는 주장이 있지만, 미국의 징벌적 손해배상제도에 관한 논의를 살펴보면 워낙 혼란스러워서 과연 다른 나라에서 본받아야 할 만큼 정돈된 제도라고 볼 수 있는지 의문이다. 종래 독일의 법이론을 과도하게 수입함으로써 독일법 특유의 문제점까지 수입한 것에 대하여 우려가 적지 않았는데, 이제는 미국법의 계수와 함께 미국법 특유의 문제점까지 수입하는 우를 범하지 않을까 걱정해야 할 형편이다.

한편 징벌적 손해배상제도에 관한 논의는 법원에 대한 불신과 법원에 대한 기대가 이중적으로 작용하고 있다. 먼저 징벌적 손해배상을 도입하자는 주장이 상당한 공감을 얻은 이유는 법원의 손해배상실무에 대한 불신 때문이다. 손해배상액이 피해자의 고통을 외면하는 소액에 그치고 손해배상액의 산정에 관하여 예측가능성이 없다면, 손해배상제도와 이를 운용하는 주체는 개혁의 대상이 될 수밖에 없다. 그럼에도 불구하고 법관에게 징벌적 손해배상을 산정할 재량을 부여하려고 하는 것은 극단적인 면이 없지 않지만 법원에 대한 믿음이 있고 기대가 크기 때문이다.

우리나라의 손해배상 규정은 그 어느 나라보다도 유연하다는 장점을 갖고 있다. 이 장점은 제대로 활용되지 않으면 가장 치명적인 단점이 될 수 있다. 법원으로서는 손해배상실무의 예측가능성을 높이기 위하여 손해배상, 특히 위자료를 산정하는 세부적 요소를 밝히고, 이를 토대로 손해배상을 산정하는 기준표를 마련하여야 한다. 이를 위해서는 손해배상에 관한 실증적 조사연구도 필요할 것이다.

법에서 대안을 찾는 것은 어렵지 않다. 무수히 많은 대안이 있을 수 있다. 그러나 그 대안에는 비용이 따른다.[55] 발견의 즐거움만으로는 법개혁의 처방전을 만들 수는 없다. 그 비용을 상쇄할 만큼 효용이 큰 것인지, 그 대안이 합리성과 정당성을 인정받을 수 있는 것인지는 좀더 넓은 시각에서 검증되어야 한다.

55) Guido Calabresi(주 3), pp. 346-351에서 미국의 징벌적 손해배상제도에 대한 대안을 검토하고 있는데, 법은 항상 대안을 찾을 수 있지만, 비용이 들어간다고 한다. 우리나라에서는 현행 손해배상제도에 대한 대안으로 징벌적 손해배상제도를 도입하자고 주장하고 있기 때문에 미국과는 정반대의 상황에 있다. 그러나 Calabresi의 주장은 우리에게도 시사하는 바가 있다.

제 4 장

언론의 공정성, 언론윤리

제 1 절 전환기 방송 저널리즘과 공정성[1)]

윤 영 철*

Ⅰ. 문제의 제기

민주주의 체제에서 방송은 당연히 공정성을 유지해야 한다. 공영방송은 물론 상업방송도 공정성을 지켜야 한다는 요구를 수용해야 한다. 그러나 방송의 공정성이란 손에 쉽게 잡히는 개념이 아니다. 추상적인 수준에서는 비교적 쉽게 개념 정의를 내릴 수 있지만, 구체적인 방법과 기준을 마련하는 수준에서는 논란과 논쟁을 수반한다. 그래서 특정한 사안에 관한 방송의 보도가 공정한지에 대한 평가를 내릴 때 엇갈리는 판단이 종종 등장한다. 그 이유는 공정성 개념 자체가 포괄적이며 추상적인 탓도 있지만, 공정성 개념을 이해하는 방식은 특정 사회가 겪어왔던 역사적, 정치적 경험과 무관하지 않기 때문이다.

따라서 방송에 관한 어떤 사상과 제도를 유지하는지에 따라 공정성의 의미가 달라질 뿐 아니라, 유사한 제도를 수용하고 있더라도 그 사회가 처한 역사적, 시대적 상황에 따라 공정성 개념이 다르게 적용되어 왔다. 예컨대, 공정성 개념은 자본주의 국가와 사회주의 국가에서 각각 다르게 정의되었으며, 자본주의 국가라고 하더라도 영국과 미국의 경우처럼 어떤 방송제도 — 공영방송 혹은 상업방송 — 를 정

---

* 연세대학교 언론홍보영상학부 교수.

1) 이 글은 「방송저널리즘과 공정성 위기」(이민웅, 윤영철 외, 2006)의 부분을 발췌하여 다시 정리한 한 것이다. 따라서 인용할 경우 위의 책을 출처로 밝히기 바란다.

착시켰는가에 따라 다른 방식으로 이해되었다. 하지만 사상과 제도가 달랐더라도 방송의 공정성에 대한 시대적 요구가 있었으므로, 여러 방송 선진국들은 나름대로 공정성을 구현하는 법적, 제도적, 윤리적 기반을 구축하려는 노력을 기울여왔다.

하지만 21세기에 들어와 다채널 시대가 본격적으로 막을 올리면서 방송의 공정성 원칙은 두 가지 차원에서 도전에 직면하게 되었다. 첫째, 케이블, 위성 TV와 인터넷 등 다양한 유형의 저널리즘 매체들이 등장함에 따라 시장경쟁이 심화되면서 상업주의 압력이 거세졌으며, 그 결과 방송사들은 시청자들의 정서에 강하게 어필할 수 있는 선정적이고 정파적 뉴스를 제공함으로써 시청률을 끌어올리려는 전략을 도입하기 시작했다. 정파적 뉴스의 범람은 곧 편파보도의 확산을 의미하므로 공정성 원칙이 위협을 받게 된다. 일례로, 9.11 이후 미국의 폭스뉴스는 애국주의 경향이 강화되는 분위기에 맞추어 보수 쪽으로 경도된 뉴스를 자주 방송했다. 둘째, 다채널시대가 도래했지만, 지상파 TV의 여론형성에 대한 영향력은 여전히 막강했으므로 정치권력은 방송을 통치수단으로 이용하려는 의도를 포기하지 않고 있으며, 정권의 방송통제 정책이 공영방송의 독립성을 훼손하고 있는 경우가 줄지 않고 있다. 이럴 경우 공영방송은 정권에 유리하는 방향으로 보도함으로써 공정성 원칙을 제대로 지키지 못하게 된다.

2004년 대통령 탄핵방송은 한국에서 공정한 방송의 진정한 의미가 과연 무엇이며, 공정한 방송의 기준이 무엇인지를 고민하고 성찰해 볼 수 있는 좋은 기회를 제공했다. 지금까지 정치권력, 자본, 광고주, 압력단체 등 방송의 공정성을 해치는 요인들에 관한 연구는 있었지만, 정치적 혹은 이념적 갈등상황에서 방송의 공정성이 왜 필요하고 어떻게 구현되어야 하는지에 관한 본격적인 논의는 없었다. 따라서 이 글에서는 우선 방송의 공정성을 구현하려는 제도적 노력이 외국에서 어떻게 진행되어 왔는지를 살펴보고자 한다. 그 다음에는 2004년 한국의 대통령 탄핵방송이 야기한 공정성 관련 쟁점을 정리하고 공정성을 평가하는 기준을 제시함으로써 방송의 공정성 구현을 위한 정책 대안을 도출하는 데 도움을 줄 만한 논의를 제공하고자 한다.

Ⅱ. 언론의 공정성 실천을 위한 경험적 사례

1. 영국의 '적절한 불편부당성'(due impartiality)

(1) 적절한 불편부당성 개념의 역사적 기원

공정성 개념의 포괄성과 추상성, 그리고 다의성으로 말미암아 방송의 공정성을 실천하기 위해서는 명확한 개념 정의와 이를 실현하기 위한 구체적인 가이드라인이 필요하다. 공정방송의 전통을 지켜내기 위해서 많은 노력을 기울여왔던 영국은 방송의 공정성을 실천 가능한 지침으로 삼기 위해서 '적절한 불편부당성'이란 개념적 잣대를 활용하고 있다. 그런데 이 '적절한 불편부당성' 개념은 고정불변의 기준을 제공하는 것이 아니라 사회적 합의나 정서에 따라 신축적으로 변할 수 있는 개념으로 정리되어 있다. 따라서 영국의 방송이 이 개념을 정책으로 채택한 역사적 기원과 그러한 개념이 등장하게 된 시대적 배경을 이해하는 일이 중요하다.

영국의 BBC 라디오 방송이 1920년대 초에 첫 선을 보일 때만 하더라도 불편부당성에 관한 논의는 존재하지 않았다. 라디오가 정치적 도구로 전락할 것을 우려한 영국 정부는 방송이 논쟁적 사안에 대한 발언에 이용되는 것은 바람직하지 않다는 입장을 공표함으로써 그 당시 라디오 방송이 논쟁적 사안에 대해 보도할 경우 허가서가 갱신되지 않을 수 있음을 암시했다(Briggs, 1965, 이창근(2004)에서 재인용). 또한 경쟁업체인 신문사들의 압력 때문에 BBC의 보도는 로이터 등의 통신사가 제공하는 뉴스 요약만을 방송하는 것으로 한정되었다. 하지만 BBC의 초대 국장이었던 존 리이스(J. Reith)는 BBC가 찬반 양측을 동등하게 소개한다면 당파성을 벗어날 수 있다는 주장했으며, 이 주장을 검토한 크로포드 위원회는 보도내용이 양질이고 공정하다면 '적당한 정도의 재량권'을 BBC에 부여할 수 있다고 건의했다(Crawford Report, 1927, 이창근(2004)에서 재인용). 결국 1928년 영국정부는 그동안의 BBC 방송을 평가한 후에 논쟁보도 금지를 해제하여 BBC가 불편부당성을 전제조건으로 논쟁적 사안에 대해 보도할 수 있는 길을 열어주었다.

불편부당성 개념을 처음으로 적용하게 만든 중대한 사안은 200만 명 이상의 노동자들이 참여한 1926년 총파업이었다. 총파업으로 인해 신문사들의 일정기간 동안 신문을 찍어내지 못하는 바람에 영국 국민들은 뉴스를 접하기 위해 BBC에 귀를 기울일 수밖에 없었으며 BBC는 보도기능을 강화할 수 있는 절호의 기회를 맞이했다. 정부 일각에서는 이 파업을 국가위기 상황으로 인식하고 BBC를 접수하여 보도를 철저히 통제해야 한다는 강경주장이 나오기도 했지만, 정부는 BBC의 독립성을 유지시켰으며 BBC는 파업에 대해 불편부당하게 보도하겠다는 의지를 밝혔다. 노동계와 정부의 갈등을 보도했던 BBC는 그러나 헌정질서를 지켜야 한다는 정부의 입장을 옹호함으로써 정부와의 협조관계를 유지했다. 즉, BBC가 정부와 노동계 사이에서 중립적인 입장을 보인 것이 아니라 파업을 헌정질서 파괴, 의회민주주의에 대한 도전 혹은 자본주의체제의 부정으로 간주하고 정부의 편을 들었다. 노동계의 입장을 완전히 무시한 것은 아니었지만 전반적으로 볼 때 BBC는 정부를 두둔하는 논평을 많이 방송했다. 물론 파업이 끝난 후에 야당과 노동계가 BBC의 정부편들기에 반발했지만, 당시 리이스 국장은 BBC가 국민을 위한 것이고, 정부가 국민을 위한 것이라면 BBC는 정부를 위한 것이어야 한다는 논리를 친정부적인 보도를 정당화시켰다(Burns, 1977).

1926년 5월의 총파업으로 말미암아 BBC는 공정성에 대해 새로운 인식을 가지게 되었다. 우선 BBC의 청취자가 곧 영국의 공중(public)임을 깨닫게 되었다. 총파업으로 신문이 문을 닫고 있는 동안 총파업에 관한 뉴스를 전달한 유일한 매체가 바로 BBC였기 때문이다. 공정한 보도로 공중의 신뢰를 얻는 것이 얼마나 귀중한지를 체험하게 된 것이다. 또 다른 경험은 위기상황이 닥치면 정부는 BBC를 통제하려고 시도할 수 있을 것이므로 BBC가 정부로부터 독립성을 유지하는 것이 필요하다는 사실을 알게 되었다.

한편, BBC의 1926년 총파업 보도는 불편부당성이 개념이 맹목적인 산술적 균형을 의미하는 것이 아니라 영국 사회가 지향하는 가치를 보존하려는 판단을 수용하고 있음을 보여주는 사례였다. 1996년 BBC가 채택한 제작자 가이드라인에서도 수학적 균형(mathematical balance)을 맞춘다고 해서 반드시 불편부당성이 확립되는 것은 아니라고 명시하고 있다(BBC Producer's Guideline, Ch. 2). 따라서 불편부당성 앞에 붙는 '적절한'(due)이란 수식어는 그 사회의 구성원이 합의하고 있는 가치체계를 반영하고 있음을 알 수 있다. '적절한 불편부당성'은 시대나 국가를 초월하는 절대적 기준을 제공하는 것이 아니라 역사적·사회구조적 특수성을 반영하는 유동적이고 상대적인 개념이다.

(2) 적절한 불편부당성과 공정성 논쟁 사례

적절한 불편부당성이 영국방송의 공정성을 보장하기 위한 법적, 제도적 장치로 정착되었음에도 불구하고 불편부당성에 관한 논쟁이 사라진 것은 아니다. ITC의 프로그램 코드와 BBC의 제작가이드 라인에 적절한 불편부당성이 무엇을 의미하는지 상세하게 명시했지만 이 개념의 타당성과 실효성에 관한 논란이 종식된 것은 아니다. 왜냐하면 적절한(due)이란 수식어를 동원했지만 적절함의 조작적 정의가 무엇인지가 분명하지 않기 때문이다. 이미 수학적 균형을 의미하는 것은 아니라고 명시했기 때문에 기계적인 비율 할당을 채택할 수는 없는 상황이다. 또한 하나의 논쟁적 사안에 대해 여러 견해가 존재하는데 지배적 의견과 소수 의견을 구분하는 일이 쉽지 않으며, 설사 구분했다고 하더라도 소수 의견에 어느 정도의 비중을 둘 것인지에 관해서는 아무런 지침이 없기 때문이다. 예를 들어 1%의 지지를 받는 의견을 다룰 때 1% 정도의 비중만을 두어야 하는지, 혹은 20%의 비중을 둘 것인지를 결정하는 일이 쉽지 않다는 것이다. 결국 이 문제를 해결하기 위해서는 사회 전체가 합의하고 있는 가치관이나 신념체계를 '적절함'에 대한 기준으로 삼을 수밖에 없을 것이다. 1926년 총파업 당시 노동계보다 정부의 의견에 더 큰 비중을 두었던 BBC 방송도 적절한 불편부당성을 이런 맥락에서 이해한 결과라고 하겠다.

위에서 언급했듯이 적절한 불편부당성 원칙이 실천의 수준에서 볼 때 모호한 면이 있으므로 방송이 비중을 크게 주지 않은 측의 갈등 당사자들은 방송이 불편부당하지 않았다고 비난하는 경우가 많았다. 1956년 수에즈운하를 놓고 이집트와 영국이 갈등 관계에 돌입했을 때 BBC가 일방적으로 정부 편만을 든 것은 아니었다. BBC는 군사력을 동원하려는 정부측과 이집트와 협상할 것을 요구하는 야당의 주장을 균형 있게 보도함으로써 정부로부터 이집트의 사기(士氣)만 고취시키는 비애국적 행위를 했다는 비난을 들었다. 1970년대 BBC의 NRA 보도에 대해 영국정부는 BBC가 IRA의 견해를 전달하는 홍보도구로 전락함으로써 적절한 불편부당성 원칙을 위배했다고 불평했다. 한편 1986년 포클랜드전쟁 당시에도 BBC는 '아군' 혹은 '적군'이란 용어 대신 '영국군' 혹은 '아르헨티나군'이란 용어를 사용함으로써 중립성을 지키려는 노력을 기울였는데, 영국 정부는 이에 대해 국익을 저해하는 행위라고 비난했다. 특히 포클랜드 전쟁 당시의 영국에서는 여당과 야당의 구분 없이 포클랜드 군도를 점령한 아르헨티나를 일방적으로 비난하는 여론이 비등할 때였으므로 BBC가 불편부당성을 지키려는 노력은 평가할 만하다. 또한 200년대 초에는 영국 블레어정부의 이라크전쟁 개입에 대해 비판적인 입장을 견지함으로써 BBC는 정부와의 마찰도 서슴지 않았다.

이상에서 보듯이 BBC는 북아일랜드 문제, 포클랜드 전쟁, 이라크 개입 등을 논쟁적인 사안으로 간주하고 불평부당하게 보도하려는 노력을 기울였던 것이다. 이처럼 BBC의 공정성이 논란의 대상이 되었던 많은 사례를 살펴보면 불만을 제기한 측은 주로 영국정부였음을 알 수 있다. 바로 이런 점 때문에 영국의 시청자들은 정부의 간섭과 입김을 배제하고 불편부당성을 지켰던 BBC에게 신뢰의 박수를 보내고 있다고 할 수 있다.

적절한 불편부당성의 기준을 찾기 쉽지 않은 또 다른 이유는 제도권 정치가 한계상황에 도달했기 때문이다. 의회의 대표성이 잘 보장되어 있는 상황이라면 정당별 의석 분포비율을 적절한 불편부당성의 잣대로 활용할 수도 있을 것이다. 그러나 정당 간 이념 및 정책의 차이가 줄어들고 정당내의 이념적 균열이 커지는 가운데 제도권 밖 운동단체들의 정치적 영향력이 늘어가고 있는 상황에서, 의회 지분을 불편부당성의 기준으로 삼는 방식의 정당성에 대해 의문을 제기할 수 있다. 결국 적절한 불편부당성 원칙은 한 번 정해지면 영원히 동일한 모습을 띠는 완성품(end-product)이 아니라 시대적 상황의 변화에 따라 실현방식이나 판단기준을 재정립하는 유연성을 가져야 한다(Sambrook, 2004). 다시 말해서 의회가 사회의 여론을 충분히 대표하거나 반영하는 상황에서는 의회의 의견분포가 불편부당성 여부를 판단하는 하나의 기준으로 적용할 수 있지만, 의회 밖(非제도권) 정치의 중요성과 영향력이 큰 사회에서 불편부당성의 기준을 찾기란 쉬운 일이 아니라는 것이다.

한편 불편부당성 원칙은 매체기술의 발달로 말미암아 이제는 폐기해도 좋을 규정이라고 보는 시각도 있다. 채널의 수가 폭발적으로 증가한 디지털 방송환경 아래서 불편부당성을 강요하는 내용 규제는 더 이상 불필요하다는 주장이 나오고 있다. 방송채널을 불편부당성의 규제틀 속에 묶어두지 말고 자유롭게 의견을 공표하도록 하더라도 채널의 수가 많기 때문에 채널간의 의견 다양성을 실현할 수 있으리라는 脫규제론자들의 낙관적 전망도 표출되고 있다(Pately, 2004). 시청자들도 파편화되어 취향이 분화되었고 방송채널은 치열한 경쟁구도에서 파편화된 그러나 특유의 정치적 취향을 지닌 시청자집단의 관심을 끌기 위해서라도 그들을 만족시키는 견해를 집중적으로 전달하는 전략을 수용해야 한다는 주장도 나오고 있다.

디지털 전환 시대의 영국의 방송정책이 안고 있는 고민은 거대 미디어 자본의 이해를 반영하는 탈규제 주장과 불편부당성 원칙은 여전히 유효하다는 규제론자의 주장이 팽팽하게 맞서 있다는 점이다. 적절한 불편부당성 원칙이 방송에 대한 신뢰의 원천이며 신뢰 없는 방송이 공론장 역할을 제대로 수행할 수 없음을 고려할 때 디지털 시대에도 방송의 불편부당성은 반드시 지켜내야 할 덕목이라고 하겠다.

2. 미국의 '형평성원칙'(fairness doctrine)

공영방송을 채택한 영국과는 달리 미국의 방송은 상업방송체제로 출발했다. 방송을 교육과 계몽을 위한 도구로 인식한 영국과는 달리 미국은 방송을 통해 상업적 메시지를 광활한 지역에 효과적으로 전파할 수 있다는 가능성을 인식했던 것이다. 광고 재정에 기초한 상업방송제도가 방송사업자들의 경제적 독립을 보장함으로써 정부의 정치적 간섭에서 벗어나 자유롭게 활동할 것이라는 기대는 언론의 자유를 주요 덕목으로 삼는 미국의 헌법정신과도 부합된다고 여겨졌다. 불편부당성 원칙에 법적 구속력까지 부여한 영국의 규제정책은 방송사의 표현의 자유를 강조하는 미국의 탈규제 정책과 분명한 차이를 보인다.

그러나 미국도 방송이 공공성과 사회적 책임을 준수해야 한다는 믿음을 잃지는 않았다. 미국의 커뮤니케이션 법(1934)은 방송규제의 원칙으로 '공공의 이익, 편의, 필요'를 천명했다. 또한 커뮤니케이션 법 제315조는 선거 방송의 규제 근거로서 동등시간(equal time)의 원칙을 명시했는데, "어떤 방송국이 한 후보에게 시간을 제공한다면 그 공직에 출마한 다른 후보에게도 같은 시기에 동일한 양의 시간을 할애해야 한다"는 이 원칙은 미국의 선거방송정책을 형성하는 기본 틀을 제공했다. 공정한 선거를 위해서는 방송시간을 공평하게 할애해야 한다는 법규는 미국 방송의 정치방송을 규제하는 중요한 잣대가 되었으며, 동등시간의 원칙은 1960년 이후 등장한 TV선거토론에서 엄격하게 적용되었다. 하지만 선의의(bona fide) 뉴스 보도, 선의의 뉴스 인터뷰, 선의의 뉴스 이벤트의 현장 보도에 등장하는(appearance) 것과 뉴스 다큐멘터리에 우연히 등장하는 것은 동등시간의 원칙을 적용할 수 없는 예외로 인정했다.

미국 방송의 공정성에 대한 규제는 FCC(Federal Communications Commissions)의 정책에 의해 이루어졌다. FCC는 1940년대 후반에 이르러 이른바 형평성 원칙

(fairness doctrine)을 천명함으로써 공공의 수탁자인 방송사업자가 사용하는 전파는 희소한 가치이므로 이를 사용하는 방송사는 논쟁적인 공공문제에 관해 충분히 보도하고 공공문제에 대한 다양한 의견을 제공할 책임을 지닌다고 보았다. 반론권 보장도 이런 맥락에서 정당화되었다고 하겠다.

그러나 FCC가 애초부터 방송사에 논평의 자유를 부여한 것은 아니었다. 영국의 경우와 마찬가지로 FCC는 1941년 방송이 당파적 논평의 도구로 쓰이는 것을 금지하는 메이플라우어 원칙(Mayflower Doctrine)을 확립했다. 이 원칙에 따르면 방송의 자유는 방송사의 자유가 아니라 청취자의 자유로운 정보 접근권을 보장하기 위함이기 때문에 당파적 목적의 방송 논평은 공익을 손상시키는 행위라는 것이다. 그러나 1940년 대 후반에 이르러서 FCC는 논평 금지 원칙을 완화하여 쟁점에 대한 다양한 견해를 균형 있게 보도할 경우에 한에 논평을 허용하는 원칙으로 전환함으로써 형평성 원칙을 채택하기에 이르렀다.

형평성 원칙이 적용되었던 대표적인 판례는 1969년 펜실베이니아 레드라이언(Red Lion) 방송사에 대한 반론권 소송이었다. 레드라이언 방송사가 방영한 프로그램이 자신을 개인적으로 공격했고 주장한 프레드 쿡(Fred J. Cook)씨는 형평성 원칙을 근거로 반론을 제기할 수 있는 방송시간을 요구하는 소송을 제기했는데 미국의 대법원은 형평성 원칙을 인정하는 판결을 내렸다(Brennan, 1989).

따라서 미국은 방송의 공정성 확보를 위해 두 가지 규제 근거를 확립했음을 알 수 있다. 하나는 연방법인 커뮤니케이션 법 제315조에 명시하고 있는 동등시간의 원칙이며, 다른 하나는 FCC의 정책인 형평성 원칙이다. 전자는 강제력과 구속력을 지니고 있는 법이며 후자는 하나의 정책적 원칙이었다는 점에서 차이가 난다.

그러나 FCC의 정책으로 채택되었던 형평성 원칙은 1980년대에 이르러 심각한 도전에 직면한다. 첫째, 미국의 많은 방송인들은 이 원칙이 연방수정헌법 제 1 조의 기본 정신인 표현의 자유를 억압할 소지가 있다고 주장했다. 형평성에 관한 문제는 타율적 개입으로 해결해서는 안 되며 방송인 개인의 자율적 결정에 맡겨야 한다는 것이다. 둘째, 이 원칙의 실효성에 대해 의문을 제기하는 측에서는 형평성 부담으로 말미암아 공공문제를 다루는 프로그램 자체를 축소하거나 회피하는 위축효과(chilling effect)가 발생하고 있다고 주장한다. 셋째, 채널 폭증 시대를 맞이하여 전파 자원이 희소성을 더 이상 방송 규제의 근거로 수용할 수 없는 상황이 도래했으므로 방송 영역을 과감하게 脫규제해야 한다는 목소리가 커졌다. 이런 분위기를 반영한 듯 1987년 FCC는 형평성 원칙을 폐기함으로써 방송영역의 탈규제가 본격적으로 시작되었음을 알렸다. 형평성 원칙이 사라진 뒤 방송논평의 자유는 확대되었으며, 그 결과 논평 기능을 강화하는 방송채널 및 프로그램이 급증했다.

하지만 미국의 FCC가 형평성 원칙을 폐기했다는 사실만으로 미국 사회가 공정 방송을 위한 규제 노력을 포기했다는 결론을 내릴 수는 없다. 형평성 원칙의 폐기 이후 미국 방송이 위축효과에서 벗어나 공정성과 의견 다양성이 더욱 증진되었다기보다는 오히려 케이블과 위성방송을 도입한 후 Fox 뉴스채널에서 보듯이 방송의 편파성 문제는 여전히 중대한 쟁점으로 부각되고 있다. 이런 상황에서 미국의 언론개혁운동 진영과 일부 의원들은 형평성 원칙을 입법을 통해 부활시키려는 노력을 기울이고 있다.

3. 한국 방송의 공정성 논란: 2004년 대통령탄핵관련 방송

1987년 민주화가 시작되어 권위주의 독재정권이 무너지기 전까지 한국 방송은 정권홍보의 도구로 전락했으므로 공정성에 관한 논의조차 제대로 이루어지기 힘들 정도였다. 국가의 철저한 관리와 통제에 놓였던 권위주의 시대의 방송은 과연 저널리즘 행위로 볼 수 있을 것인가 하는 회의가 들 정도로 집권세력을 일방적으로 옹호했으며, 방송의 불공정성을 사회적 논쟁거리로 부각시키는 일조차 쉽지 않을 정도로 권위주의 정권은 강도 높은 억압적 정책을 써왔다(이민웅, 1996).

특히 5공화국 시절 권위주의 정권의 철저한 통제 아래 놓여 있었던 공영방송은 여권을 찬양, 미화하는 반면 야당을 '혼란과 불안을 야기하는 무책임한 정치집단'으로 매도하는 왜곡을 일삼았다. 특히 한국방송(KBS)은 학생운동단체를 극좌, 용공분자로 규정하고 이들의 과격성과 폭력성에만 초점을 맞추는 한편, 정부측의 주장만을 보도는 편파성을 보이는 경우가 많았다(김기태, 2004). 그러나 1986년에 이르러 학생운동이나 노사분규 등 갈등적 사안을 왜곡하고 권위주의 정부의 홍보 도구로 전락한 공영방송에 대해 시민단체들이 반기를 들고 저항운동에 돌입했다. 기독교범국민운동본부는 다른 운동단체들과 연대하여 방송의 왜곡과 불공정성을 규탄하고 이를 시정하기 위해 시청료 거부운동을 전개해 나갔다. 방송의 불공정성에 대해 공감하고 있는 많은 시민단체들이 이 운동에 동참하여 전단과 스티커 배포, 간행물 발간, 서명 및 캠페인 활동, 모니터, 공개 집회활동을 벌임으로써 방송의 편파성을 사회적 의제로 부각시키는 데 성공했다.

1987년 이후 권위주의 정권이 무너지고 사회의 민주화가 진행되는 가운데 방송에 대한 정부의 통제력이 상대적으로 약화되었다. 그럼에도 불구하고 대통령이 공영방송사 사장 임명에 개입할 수 있었으므로 방송은 정권으로부터 완전히 독립할 수는 없었다. 방송사 노조가 결성되어 정부의 영향력으로부터 벗어나기 위해 많은 노력을 기울였으나 방송은 여전히 집권세력을 우호적으로, 야권이나/저항세력을 비우호적으로 보도하는 습성에서 완전히 벗어나지 못했다(강형철, 2004). 특히 김대중 정권은 언론사에 대한 세무사찰을 실시하고 탈세를 문제삼아 보수신문의 소유주를 구속시킨 바 있는데, 정부의 입장을 두둔했던 공영방송과 보수신문들은 대립각을 세우면서 사사건건 충돌하는 모습을 보였다.

공영방송의 공정성 문제 또 다시 사회의 주요 의제로 등장한 것은 2004년 3월 12일 국회가 대통령 탄핵소추안을 가결하였던 시점부터였다. 정치적 파급효과가 매우 큰 사안이었으므로 모든 뉴스매체들은 탄핵가결 이후의 상황을 반복적이고 집중적으로 보도했다. 특히 공영방송은 정규방송 프로그램을 중단한 채 탄핵 관련 프로그램을 긴급 편성했다. 그런데 탄핵 관련 방송을 시작한 지 하루도 못되어 방송의 공정성과 균형성에 관한 논란이 벌어졌다. 대통령 탄핵을 주도했던 야당은 탄핵방송의 불공정성을 문제삼았으며, 이 사안은 방송위원회의 심의 안건을 상정되기에 이르렀다. 그러나 방송위원회는 탄핵방송의 불공정성 논란에 대해 결정을 내리지 않은 채 언론학회에 연구용역을 의뢰하여 탄핵방송의 공정성 여부를 평가하도록 요청했다. 그런데 2004년 5월에 발표된 언론학회의 대통령탄핵 관련 방송 내용분석 보고서가 '탄핵 관련 방송 보도는 불공정했다'는 결론을 내리자, 사회 일각에서는 이 보고서의 결과에 대해 반박함으로써 방송의 공정성 문제는 사회의 주요 관심사로 떠올랐다. 특히 신문과 방송 그리고 인터넷 등 언론매체뿐 아니라 학계, 언론 관련 단체, 정치권, 그리고 일반 시민단체들도 이 보고서에 대해 다양한 관점에서 엇갈린 평가를 쏟아냈다.

Ⅲ. 방송의 공정성 판단 기준: 쟁점과 논의

(1) 공정성 원칙의 적용을 받는 프로그램 소재는 무엇인가?

방송의 공정성에 대한 요구는 방송 프로그램이 다루는 모든 소재에 대해 균형을 맞추어야 함을 의미하지는 않는다. 특히 사회비판과 사회고발의 책임을 부여받고 있는 탐사보도나 시사 다큐멘터리 프로그램이 도덕적 판단을 내리지 않고 항상 균형만을 맞춘다면 소기의 목적을 달성할 수 없다. 예컨대, 성차별, 인종차별, 아동학대, 장애인 학대, 부패 등 누가 보더라도 지탄받을 일탈행위로 간주되는 사안에까지 공정성을 요구하는 것은 아니다. 사회적 합의가 뚜렷하여 논쟁거리가 되지 않는 사안이나 쟁점은 공정성 부과 대상에서 벗어난다는 뜻이다. 사회적 합의에 기초하여 명백한 도덕적 판단을 내릴 수 있는 위와 같은 사례의 경우 방송이 해당 행위를 일방적으로 비난했더라도 불공정했다는 평가를 받지 않는다. 모든 경우에 공정 보도를 요구하여 선악에 대한 가치판단을 내리지 못하게 한다면 이는 방송의 자유를 근원적으로 해치는 조치가 될 것이다.

그렇다면 어떤 사안에 대해 공정성을 요구하는가? 어떤 사건이나 행위에 대한 인식이나 평가가 긍정과 부정의 양편으로 나뉘어 논쟁적인 상황일 때, 방송은 공정성을 유지해야 할 책임을 진다고 하겠다. BBC의 제작자 가이드라인에 명시되어 있듯이 적절한 불편부당성 원칙은 '주요 이견들'(main differing veiws)이 존재하는 '정치적 산업적 논쟁거리'(political industrial controversy)에 대해서만 적용되고 있다. 이런 맥락에 대통령 탄핵안 가결은 엇갈린 평가를 촉발했으며 정치적으로도 매우 중요한 논쟁 사안으로 간주될 수 있다. 보도의 소재를 합의, 합법적 논쟁, 일탈의 세 영역으로 구분한 다니엘 할린(Hallin, 1986)의 분류체계를 적용해 볼 때 대통령 탄핵이 합법적 논쟁 영역에 속한다고 볼 수 있다. 물론 할린이 이 뷰류를 공정성에 대한 판단 기준을 제공하기 위해 제안한 것은 아니다. 그는 언론이 동일한 사안을 다루면서도 정치, 사회적 환경의 변화에 따라 다른 보도 영역으로 취급한다는 것을 입증하기 위해 이 모델을 도입했다. 할린은 미국 언론의 보도 분석을 통해 특정 사안이 '합법적 논쟁영역'에 속할 때 공정성과 같은 저널리즘 규범이 더욱 엄격하게 적용되고 있음을 발견했다.

그렇다면 우선적인 관심사는 대통령 탄핵 문제가 과연 합법적 논쟁의 영역에 속하는 이슈냐 하는 것이다. 여기서 키워드인 '합법적'(legitimate)이라는 말은 대통령 탄핵 문제가 유권자 사이의 논쟁과 국회의 토론 대상이 되는 이슈냐 하는 것, 다시 말해 이슈의 성격 자체가 우리나라의 정치 과정의 주요 제도권 정치 행위자들인 유권자와 국회가 토론할 가치가 있는 이슈냐 하는 것을 의미한다. 대통령 탄핵 문제는 국회의 대통령 탄핵소추안 가결을 전후로 해서 비단 제도정치권인 국회에서 뿐만 아니라 시민사회 영역에서도 격렬한 정치적 갈등을 빚었던 이슈였다는 점에서 합법적 논쟁영역에 속한다.

(2) 수학적 균형 혹은 기계적 중립(50 대 50)의 기준만으로 공정성을 판정할 수 있는가?

방송의 공정성을 판정하는 기준에 관한 논의에서 자주 등장하는 주장 가운데 하나는 '기계적 중립성'이 공정보도의 판단기준이 될 수는 없다는 것이다. BBC의 제작자 가이드라인에서 지적했듯이 모든 유형의 사안에 공정성의 잣대(불편부당성)를 부과하지는 않는다. 다만 논쟁적인 사안에 대해서, 대립적 견해에 대해서 적절한 비중을 두도록 해야 한다고 명시하고 있을 뿐이다. 탄핵방송 내용분석 보고서에도 기계적 중립을 공정성의 기준으로 삼겠다는 문장은 어디에도 없다. 오히려 보고서는 '기계적' 분석의 한계를 극복하기 위해서 질적 연구방법을 도입했음을 명확하게 밝히고 있다. 보고서의 여러 군데에서 양적(수학적 혹은 산술적) 균형만으로는 공정성을 판정할 수 없다는 견해를 밝혔으며, 그렇기 때문에 질적 연구방법을 도입했음을 강조했다. 이를테면 양적인 차원에서 찬반의견이 7 대 3 혹은 8 대 2로 나와 한 쪽으로 편향되는 듯이 보이더라도, 비중을 덜 둔 의견이나 주장이 매우 견실하고 설득력이 있는 것이라면 — 즉 질적인 차원에서 보완이 이루어진다면 — 공정성이 크게 훼손되지 않았다고 볼 수 있다.

(3) 의견 지지도를 공정성 잣대로 삼는 것이 정당한가?

탄핵안이 가결된 직후 조사한 여론조사의 결과가 70 대 30 정도로 나왔으므로 탄핵반대 지지도 70%를 '상황의 특수성' 혹은 '국민의 정서'로 간주하여 이를 공정성의 잣대로 삼는 것이 바람직하다는 주장을 펼친 평자도 있었다. 일반인이 듣기에 그럴듯한 얘기지만, 저널리즘의 존재가치를 부정하는 대단히 무책임하고 위험스러운 주장이 아닐 수 없다. 즉흥적이며 가변적이어서 항상 유동적이며 조작이 가능한 여론조사의 결과에 따라 매일 혹은 시시각각으로 공정성의 기준을 바꿔야 한다는 주장은 이론적으로 타당하지도 않으며 현실적으로 가능하지도 않다.

당일 일어난 사건에 대해 의견을 묻는 여론조사는 토론 및 숙의과정을 배제한 채 순간의 느낌과 선호만을 집계한 것일 뿐 진정한 의미에서의 여론이라고 볼 수도 없다. 또한 즉흥적인 여론조사의 결과는 탄핵안 가결 당일 반복적으로 야권을 비난하는 성향을 보였던 방송의 영향을 반영한 것일 수도 있다.

신뢰할 만한 여론조사 결과가 나왔다고 하더라도 언론매체나 언론인이 항상 여론조사의 결과를 보고 다수의견에 따라 보도정책을 정하는 일은 바람직하지 못하다. 그렇게 되면 언론의 자유와 비판기능은 공염불에 불과하기 때문이다. 영국의 BBC는 포클랜드전쟁 당시 분쟁지역 파병에 대한 지지도가 83%에 도달했음에도 불구하고 대처정부의 전쟁 정책에 관한 문제점을 지적하고 아르헨티나 정부의 입장을 전달하는 뉴스를 방송함으로써 공정성을 유지했다는 점은 시사하는 바가 크다.

(4) 균형에 집착하지 말고 '시대정신'을 공정성의 잣대로 삼아야 하지 않은가?

대통령 탄핵반대가 '민주화의 흐름에 맞는 시대정신'이므로 방송의 공정성이 이런 시대정신을 공정성의 기준으로 삼아야 한다는 주장도 나왔는데, 이 역시 수용하기 어려운 주장이다. 물론 개인의 정치적 성향에 따라 탄핵반대를 시대정신으로 받아들이는 사람들이 있을 것이다. 그러나 특정한 정치적 세력이 주장하는 시대정신이 공정방송의 조건이 되어서는 곤란하다. 특정한 이념이나 의견을 시대정신으로 삼자는 주장의 공표를 허용하는 것과 그것을 공정방송의 잣대로 삼는 것은 완전히 별개의 사안이다. 즉, 특정한 정치적 의견과 이념을 시대정신이라고 보는 주장을 하나의 사실로서 보도할 수는 있지만, 이것이 '탄핵반대 편들어도 좋음'을 의미하는 것은 아니다. 탄핵반대가 시대정신이라면, 탄핵찬성도 또 하나의 시대정신이라는 주장이 있을 수 있기 때문이다.

물론 시대정신을 어떻게 정의하든 간에 현실적으로 국민 모두가 합의하는 시대정신이 있다면 문제는 다르다. 하지만 우리 사회는 대립적인 시대정신들이 경쟁, 투쟁, 갈등하는 상황에 처해 있다. 이런 상황에서 지상파 방송의 역할은 특정한 시대정신을 옹호, 선전하는 것이라기보다는 대립적인 위치에 서 있는 시대정신들이 이성적이고 합리적인 토론을 통해 공론장에서 검증받을 수 있도록 하는 것이다. 자신이 주장하는 시대정신의 '무오류성'을 단정하고 '역사의 심판관'으로 자처하기보다는 여러 '시대정신들' 간의 활발한 토론이 필요하다는 것이다. 우리 사회가 어떤 시대정신을 받아들일지는 다양한 의견을 접하고 충분히 숙의한 후에 정치과정에 참여하는 시민들의 현명한 선택에 달려 있다. 공익을 구현할 책임을 안고 있는 방송은 대립적인 시대정신들이 합리적인 논쟁을 통해 타협, 절충, 합의 과정에 진입할 수 있도록 공론장을 제공해야 할 것이다.

(5) 시시비비를 가리지 않고(도덕적 판단을 배재한 채) 균형에만 집착한 시사, 교양 프로그램을 바람직하다고 볼 수 있는가? 즉, 관점(point of view)이 없는 시사, 교양 프로그램이 바람직한가?

시사, 교양 프로그램은 탐사언론을 실현하는 장르로서 제작자는 시시비비를 가리고 궁극적으로 도덕적 판단을 내린다. 그래서 당연히 시사, 다큐멘터리 프로그램은 관점(point of view)을 가지며 제작자의 도덕적 판단은 정당성을 가진다. 그러나 여기에는 엄중한 책임도 뒤따른다. 제작자는 옳고 그름의 판단을 내리기 전까지는 최선을 다해 사실 관련 정보를 수집해야 한다는 것이다. 프로그램을 통해 진실을 100% 밝혀 낼 수는 없겠지만, 진실에 가장 가까운 것을 그려내려면 관련된 사실들을 정확하고 종합적으로, 그리고 철저하게 수집해야 한다. 또한 제작자의 도덕적 판단은 반드시 독립적이어야 한다. 정치권, 광고주, 경영진, 노조 그리고 각종 이익단체 등의 통제압력으로부터 자유로운 상태에서 판단을 내려야 한다는 것이다.

하지만 시사, 교양 프로그램이 관점을 가질 수 있다고 해서 공정성의 기준을 무시해도 좋다는 얘기는 결코 아니다. 도덕적 판단의 근거를 찾는 과정에서 논쟁 및 갈등 당사자들, 프로그램 출연자나 인터뷰 대상자들 그리고 일반 시청자들에게 얼마나 공정했는지를 따져보아야 한다는 것이다. 다시 말해 방송사가 관점을 가질 수 있다 하더라도 방송사는 관점이 다른 사람의 의견도 공정하게 다루어야 할 강한 의무감을 가져야 한다. 이 의무감(the sense of obligation)은 바로 방송사의 관점과 다른 의견을 가진 수용자에 대한 의무감이다(Kovach & Rosenstiel, 2001). 탄핵과 관련하여 갈등 당사자들은 대통령, 여당, 야당, 그리고 탄핵을 지지하거나 반대하는 정치세력들이며, 방송은 이들에게 모두 공정했어야 했다. 또한 탄핵 찬반을 놓고 엇갈린 의견을 보인 시민들(시청자)에게도 공정했어야 했다. 그러나 출연자와 인터뷰의 발언, 진행자의 멘트, 리포트 내용 등에서 강한 편향성을 보인 시사, 교양 프로그램은 탄핵 찬성 편에 선 갈등 당사자나 정치세력 그리고 시민들을 공정하게 묘사하지 못했었다.

여기서 한 가지 짚어 보고 싶은 사항은 시사, 교양 프로그램들 가운데 정도의 차이는 있지만 탄핵 반대쪽으로 기울어지지 않은 프로그램을 전혀 발견할 수 없다는 점이다. 논쟁적인 사안에 대해서 모든 시사, 교양 프로그램이 한 쪽으로 체계적인 편향성으로 보였다는 사실은 프로그램 간의(의견) 다양성이 존재하지 않았음을 의미한다. 방송사의 제작진 전원이 탄핵에 반대했기 때문에 그들의 자율적인 결정에 의해 탄핵 반대 성향을 보이는 프로그램만이 양산되었다고 해명할 수도 있을 것이다. 그러나 '공중에 봉사한다'(serve the public)는 방송 본연의 책임을 고려해 볼 때 탄핵에 찬성하는 시민들을 대변하는 제작진이 존재하지 않았거나 존재했더라도 그 역할을 수행하지 못했음을 알 수 있다. 방송사 제작진의 인적구성이 의견 다양성을 반영하지 않고 있거나 의사결정 과정에 문제가 있음을 암시해 주는 대목이라고 하겠다. 미국의 방송에는 러시림보나 빌 오라일리가 진행하는 극단적 보수 성향의 프로그램이 있는가 하면, 빌 모이어가 진행하는 진보적 프로그램도 있다. 특정한 논쟁 사안에 관해 시리즈로 프로그램을 편성하여 한 주는 그 사안에 찬성하는 출연진을, 다음 주에는 반대하는 출연진을 초청하는 미국 NPR(National Public Radio)의 편성기법도 참고할 만하다.

(6) 보수 신문의 편파성을 놔둔 채 방송의 공정성만을 요구할 수 있는가?

방송에게는 공정성의 책임을 요구하면서 왜 신문에게는 공정성의 책임을 묻지 않는가 하는 질문은 방송과 신문의 책무(accountability) 개념의 차이를 이해함으로써 그 해답을 구할 수 있다. '누구에게 책임을 져야 하는가'(accountable to whom)의 질문을 던졌을 때 공영방송은 국민 전체에 대해 책임을 져야 하지만, 신문은 우선적으로 그 신문을 구독하는 독자에 대해 책임을 져야 할 것이다. 물론 신문의 편파적 보도가 바람직하다고 주장하는 것은 아니다. 신문을 통해 의견을 발표할 수 있는 자유를 보장한다는 점에서 신문의 편파적인 주장도 언론의 자유 차원에서 허용될 수 있다. 논쟁적 사안에 대해 한 쪽 편을 드는 신문도 존재하지만, 상대편을 두둔하는 신문도 있을 수 있기 때문이다. 하지만 어느 경우이든지 신문은 시장에서 독자들의 자유로운 선택을 통해 전달되므로 편파성에 대한 시장의 피드백이 반영되기 마련이다. 즉 편파적인 신문은 독자 수 감소를 감수해야 한다.

하지만 방송, 특히 공영방송의 경우는 다르다. 우리나라 시청자들은 수신료를 의무적으로 지불하고 있으므로 시청자들이 시장 기제를 통해 편파적인 공영방송을 심판할 수 있는 위치에 서 있지 못하다. 따라서 시청자는 시장에서의 소비자가 아니라 공론장에 참여하는 시민의 자격으로 공정방송을 요구할 권리가 있다. 뿐만 아니라 국민의 자산인 지상파를 사용하는 공영방송이 이런 국민의 권리를 외면한다면 국민으로부터 불신을 받게 되며 궁극적으로 정치적 저항에 직면할 것이다. 그렇기 때문에 지상파 공영방송은 공익의 원칙을 따라야 하며 국민(시청자)전체의 의견을 고르게 반영할 책무(accountability)를 지니고 있다. KBS와 MBC는 스스로 '국민의 방송'이라는 슬로건을 채택하고 있으므로 사회적 쟁점에 놓고 국민들의 의견이 엇갈렸을 때 당연히 공정성을 준수해야 한다. 따라서 공영방송이 공정성을 유지할 수 있도록 하는 자율적 혹은 타율적 보완(supplement) 장치가 필요하다.

Ⅳ. 결론: 공정성은 왜 필요한가?

방송의 공정성을 위협하는 요인은 권력과 자본, 각종 이익단체 등 방송사 외부뿐 아니라 방송사 내부에도 존재한다. 한국의 경우 민주화가 진행되면서 외압에 의한 공정성 위협은 줄어드는 추세를 보였지만, 방송사 스스로가 편파성의 함정에 빠져 공정성을 훼손시키는 우를 범하기도 했다. 2004년 대통령 탄핵방송의 경우가 바로 대표적인 사례라고 하겠다. 특히 탐사 저널리즘(investigative journalism)이나 주창 저널리즘(advocacy journalism)의 실천을 천명했던 제작진은 탄핵 반대가 '시대정신'임을 내세워 탄핵 찬성의 목소리를 제대로 전달하지 않는 것이 당연함을 주장하기도 했다. 이런 주장을 폄친 제작진은 주창 저널리즘을 잘못 이해함으로써 편파적인 프로그램을 제작했다고 볼 수 있다.

특정한 관점을 제시하고 특정한 의견을 주장한다고 해서 공정성의 원칙에 위배되는 것은 아니다. 그런 관점과 의견의 정당성이 검증된 사실에 기초한 것이고, 그 과정이 갈등 당사자, 지지 및 반대 집단 그리고 사회 구성원 전체에게 공정하여 신뢰를 얻을 수 있는 것이라면 탐사 저널리즘 혹은 주창 저널리즘 프로그램 제작자는 특정한 관점과 의견을 당당하게 주창할 수 있다. 프로그램 제작진이 심사숙고

해서 내린 도덕적 판단의 정당성과 이를 위해 제공한 근거의 타당성이 인정받고 제작의도가 사회적 합의에 의해 지지를 받는다면 그러한 TV 탐사 저널리즘은 사회 발전에 크게 공헌할 것이다.

그러나 이런 주창 저널리즘이 공정성을 확보하지 못해 신뢰를 잃게 되었을 경우에는 심각한 문제에 직면한다. 정치적 선전을 위해 주창 저널리즘을 남용하고 있다는 의혹을 받을 수 있기 때문이다. 2004년 대통령 탄핵정국에서처럼 사회적 합의가 도출되지 않아 논쟁을 벌이고 있는 사안에 대해 '주창'(advocacy)을 명분으로 한쪽 의견만을 증폭시키는 방송의 경우가 바로 그렇다. 이런 상황이 도래한다면 공영방송 저널리즘의 신뢰성이 위협을 받게 된다. 방송을 포함하여 언론 전반에 대한 신뢰성이 저하하고 있으며, TV방송의 가장 큰 문제점으로 '정치적 편파성'과 '대안 없는 비판'을 들고 있다는 '2004년 수용자 조사'의 결과는 이런 맥락에서 시사하는 바가 크다(신문과 방송, 2004년 7월).

무한 채널의 시대로 접어들면서 보수 및 진보를 막론하고 파편화된 시청자 집단 — 사회적 약자, 민족, 종교 집단, 특정 정파 지지자 — 을 대상으로 주창저널리즘을 실천하는 매체 출구들이 급증하고 있다. 인터넷 매체의 확산 또한 동질적 집단내에서의 커뮤니케이션을 원활하게 하지만, 이질적 집단간의 커뮤니케이션이 어렵게 하는 집단 분극화(group polarization)를 가속화시키고 있다(Sunstein, 2001). 특히 한국은 이념 및 정치 영역에서 양극화가 심각한 상태이므로 집단간의 이념적 충돌을 극복하고 상호이해와 합의를 바탕을 마련할 수 있는 신뢰성 높은 매체가 필요하다. '보편적 이해를 증진하는 매체'(general interest media)로서의 공영방송이 다양성, 공정성, 객관성을 확립함으로써 사회통합에 필요한 사회적 합의 수준을 유지할 수 있는 기틀을 제공해야 할 것이다.

참고문헌

강형철 (2004). 공영방송론: 한국의 사회변동과 공영방송. 서울: 나남.

김기태 (2004). 시청자 주권과 시청자 운동: 한국 언론수용자 운동론. 서울: 한나래.

이민웅 (1996). 한국 TV저널리즘의 이해. 서울: 나남.

이창근 (2004). '적절한 불편부당성'(due impartiality) 기준의 역사와 성격에 대하여. 방송문화연구, 16-2. 199-228면.

Brennan, T. A. (1989). The Fairness doctrine as public policy. Journal of Broadcasting & Electronic Media, Fall, 33(4): 419-440.

Briggs, Asa. (1965). The golden age of wireless: the history of broadcasting in the United Kingdom, Vol. 2. London: Oxford University Press.

Burns, T. (1977). The BBC: public institution and private world. London: Macmillan.

Hallin, D. C. (1986). *The 'uncensored war': the media and vietnam*. NY: Oxford University Press.

Kovach, B., & Rosenstiel, T. (2001). *The elements of journalism: what news people should know and the public should expect*. NY: Crown Publishers.

Sambrook, R. (2004). Tragedy in the fog of war. British Journalism Review, 15(3): 7-13.

Petely, J. (2004). Balancing the books. British Journalism Review, 15(1): 23-27.

Sunstein, C. (2001). *Republic.com*. Princeton: Princeton University Press.

제 2 절 언론사 종사자에 대한 취재원 보호권 인정 여부

문 재 완*

Ⅰ. 들어가는 말

언론사는 정보를 취득하여 이를 토대로 기사를 작성한 후 경중을 가려 독자에게 전달한다. 이 과정에서 가장 중요한 것은 전통적으로 정보의 취득이다. 권력자는 자신에게 불리한 정보를 공개하기보다는 감추려는 속성이 있기 때문에 아무리 정보화 사회라고 하더라도 모든 정보가 완전히 공개되리라고 기대할 수 없다. 언론사가 한 사회의 감시자(watchdog)로서 탐사보도 등을 통하여 권력의 비리, 사회의 모순 등 감추어진 정보를 찾아내어 이를 공론화하는 사회적 기능을 수행하는 것을 고려해 볼 때, 감추어진 정보를 찾아내기 위하여 내부 고발자의 정보는 매우 중요하며 때로는 이러한 문제가 소송에서 쟁점으로 부각될 수 있다. 이 경우 언론사 종사자가 취재원 보호라는 이유로 증언을 거부할 수 있는지가 문제된다.

* 한국외국어대학교 법과대학 교수.

Ⅱ. 취재원 보호의 헌법적 고찰

1. 언론의 자유와 취재원 보호

(1) 취재원보호권 인정설

오늘날 언론의 자유는 사상이나 의견을 단순히 표현 · 전달하는 자유 이외에 알권리, 보도기관의 자유와 책무, 액세스권, 반론권까지 포괄하는 통일적 체계로 이해하여야 하며, 보도의 자유는 취재의 자유 없이 실질적으로 확립될 수 없기 때문에 취재의 자유는 보도의 자유에 당연히 포함된다고 설명하며, 취재원의 보호는 국민들의 알 권리를 위해 원활한 취재활동을 위해 필요하다고 한다.

(2) 취재원보호권 부정설

취재원보호권의 필요성에도 불구하고, 이를 인정할 경우 실체적 진실의 발견이라는 사법작용을 저해하는 결과를 낳는다는 이유에서 반대하는 견해가 있다. 이러한 견해에 따르면, 재판절차에 있어 공정한 재판의 실현과 실체적 진실의 발견을 위해서는 사건을 취재한 기자로부터 증언을 청취해야 할 현실적인 필요성, 취재원보호권을 인정할 경우 언론인이 취재원과 담합할 수 있는 위험성, 취재원이 고의로 거짓 정보를 흘려 여론을 조작하는데 취재원보호권이 악용될 수 있는 문제점을 지적한다.

(3) 소 결

취재원보호권이 인정되지 않으면 진실보도가 불가능하다는 것은 논리의 비약이고, 취재원보호권이 인정되지 않으면 국민의 알권리가 제한받는다는 것도 논리에 맞지 않다. 취재원보호권의 인정여부와 진실보도는 현행법규를 살펴보고 판단해야 하며, 언론사 종사자라고 정보 취득에 특권이 인정될 수는 없고, 국민의 알권리 실현이라는 명목으로 일반 국민에게 공개되지 않은 정보원에 예외적으로 접근하는 권리를 헌법해석으로 도출할 수는 없다.

결론적으로 언론사 종사자에게 취재원에게 특별히 접근할 수 있는 권리와 그에 근거하여 언론사 종사자가 취재원의 신원을 밝히지 않을 수 있는 권리는 헌법에 명문의 규정이 없는 한 해석으로 도출할 수 있는 것이 아니다.

2. 현행법상 취재원 보호권

현행법에서는 취재원 보호권을 명문으로 인정한 조항을 찾을 수 없다. 언론중재및피해구제등에관한법률 제 3 조 제 3 항이 "언론은 정보원에 대하여 자유로이 접근할 권리와 그 취재한 정보를 자유로이 공표할 자유를 갖는다"라고 규정하고 있어 취재원 접근권만 인정될 뿐이다. 그러나 직 · 간접으로는 언론의 자유를 규정한 헌법 제21조, 형사상 자기에게 불리한 진술을 강요당하지 아니할 권리를 보장한 헌법 제12조 제 2 항, 직무상 비밀과 증언거부권을 규정하고 있는 형사소송법 제149조와 민사소송법 제286조 등과 관련되어 있다.

Ⅲ. 취재원 보호의 비교법적 고찰

1. 미 국

미 연방대법원은 1972년 Branzburg v. Hayes 사건[1]에서 취재원 보호를 언론의 자유와 관련하여 검토하였다. 이 사건에서 미 연방대법원은 취재의 자유를 언론의 자유의 한 내용으로 인정하면서도, 대배심 소환에 있어서 언론사의 특권을 인정하지 않았다. 이 판례는 언론사도 일반적으로 적용되는 법의 적용에서 예외가 아니라는 것을 확인하였다는 점에서 의미가 있지만, 후속 입법이나 하급심에 미친 영향은 크지 않다. 언론사에 취재 특권을 인정할 것인가를 놓고 다양하게 전개되는 상황에서 대부분의 연방 항소법원은 소수의견과 유사한 특혜를 인정하고 있다.[2]

기자에게 증언거부의 특권을 부여하는 법률이 제정되기도 한다. 이를 흔히 방패법(shield law)이라고 하다. 현재 31개주와 워싱턴 D.C.가 취재원 보호를 규정한

---

1) 408 U.S. 665.

2) Marc A. Franklin et al., Mass Media Law, 639 (2000). 2003년 기준으로 연방 제 6 항소법원을 제외하고 모든 연방 항소법원이 기자에게 제한된 특권을 인정하고 있다고 한다. 김형성 · 한상운, "언론의 사회적 책임과 취재원 보호: 미국 사례를 중심으로," 성균관법학, 제17권 제 3 호, 65면 참고.

방패법을 가지고 있다. 연방 차원의 방패법은 아직 제정되지 않았다.[3]

2. 독 일

독일에서 기자의 증언거부권은 1926년 바이마르 공화국의 형사소송법 제53조에 처음 도입되었으며, 제2차 세계대전 후 바이에른 주, 헤센 주 등이 출판법(Pressegesetz)을 제정하면서 증언거부권을 규정하였고, 연방 차원에서는 1950년 연방형사소송법 제53조 제1항 제5호에 언론인의 증언거부권을 규정하였다.

현재 언론 종사자의 증언거부권은 연방형사소송법(StPO) 제53조 제1항 제5호와 연방민사소송법(ZPO) 제383조 제1항 제5호에 규정되어 있다. 독일 연방헌법재판소는 신문 종사자의 증언거부권은 자유민주주의에 있어서 공적인 의사형성을 위하여 필수불가결한 자유언론제도의 목적조항(Zweckbestimmung)이라고 하였다.[4] 독일 연방헌법재판소는 또 증언거부권을 규정한 형사소송법 제53조 제1항 제5호가 열거적인 규정이 아니며, 기본법 제5조 제1항 제2문에 의하여 좀더 광범위한 증언거부권이 직접 인정될 수 있다고 보고 있다.[5]

Ⅳ. 취재원 공개를 거부한 언론사 종사자의 법적 책임

1. 언론사 종사자가 증인일 경우

(1) 증언거부에 따른 제재

1) 민사소송상의 제재

증인이 정당한 사유 없이 출석하지 않은 경우 법원은 소송비용을 부담하도록 명하고, 500만 원이하의 과태료에 처한다.[6] 증인이 과태료를 부과 받고도 정당한 사유 없이 다시 출석하지 아니하면 법원은 그 증인을 7일 이내의 감치에 처할 수

---

3) Judith Miller 사건이후 연방 차원의 취재원보호를 위한 법률(The Free Flow of Information Act of 2006(S.B. 2831)이 미 상원에 제출되어 계류 중이다.

4) BVerGE 36, 193, 204.

5) BVerGE 64, 108, 116.

6) 민사소송법 제307조 제1항.

있다.[7] 법원은 출석하지 아니한 증인을 구인(拘引)하도록 명할 수 있다.[8] 증인이 증언을 거부하는 이유를 소명하면,[9] 수소법원은 당사자를 심문하여 증언거부가 옳은지 재판한다.[10] 그 결과 증언거부에 정당한 이유가 없다고 한 재판이 확정된 뒤에 증인이 증언을 거부하면 정당한 사유 없이 출석하지 않은 경우와 마찬가지로 500만 원 이하의 과태료에 처해질 수 있다.[11] 과태료의 재판을 받고도 정당한 사유 없이 다시 출석하지 않는 경우 7일 이내의 감치에 처해질 수 있는 것과 달리, 과태료 부과 후에 다시 증언을 거부할 경우에는 감치에 처해지지 않는다. 증인이 선서를 거부할 경우에는 증언거부에 관한 절차와 같은 절차에 의하여 같은 제재를 받는다.[12] 선서를 한 증인이 허위의 진술을 할 경우 위증죄로 처벌받을 수 있다.[13]

2) 형사소송법상의 제재

형사소송에서 증인으로 소환받은 자가 정당한 사유 없이 출석하지 아니하면 50만 원 이하의 과태료에 처해지며, 출석하지 아니함으로써 생긴 비용도 배상하여야 한다.[14] 불출석시 부과받는 과태료의 상한액은 형사소송의 경우가 민사소송보다 낮다. 또한 형사소송에서는 과태료를 부과받고도 출석하지 않을 경우 감치에 처해지는 경우가 없다. 증인이 정당한 이유 없이 선거나 증언을 거부한 때 부과되는 과태료의 상한액도 불출석시와 마찬가지로 50만 원으로 민사소송보다 낮다.

3) 법정모욕죄 해당 여부

우리 형법 제138조는 "법원의 재판 …[을] 방해 또는 위협할 목적으로 법정이나 … 그 부근에서 모욕 또는 소동한 자는 3년 이하의 징역 또는 700만 원 이하의 벌금에 처한다"고 규정하고 있다. 여기서 증언거부가 모욕 또는 소동에 해당하는지 여부가 문제가 된다. 증언거부라는 소극적 행위가 법정모욕죄에 해당된다고

---

7) 민사소송법 제311조 제1항.
8) 민사소송법 제312조.
9) 민사소송법 제316조.
10) 민사소송법 제317조.
11) 민사소송법 제318조 및 제311조 제1항.
12) 민사소송법 제326조.
13) 형법 제152조(僞證, 謀害僞證) ① 법률에 의하여 선서한 증인이 허위의 진술을 한 때에는 5년 이하의 징역 또는 1천만원 이하의 벌금에 처한다.
② 형사사건 또는 징계사건에 관하여 피고인, 피의자 도는 징계혐의자를 모해할 목적으로 전항의 죄를 범한 때에는 10년 이하의 징역에 처한다.
14) 형사소송법 제151조.

보는 것은 무리한 해석이다. 학설도 증인이 정당한 이유 없이 증언을 거부한 경우 소송법상 과태료 제재의 대상이 될 뿐 모욕죄에 해당하지 않는다는 데 거의 일치하고 있다.[15)]

4) 소 결

증언거부권의 법리는 그에 상응하는 제재 수준을 함께 검토하여 진실발견을 위한 사법작용에 미치는 영향과 진실보도라는 언론의 공적 기능에 미치는 영향을 함께 검토하여야 한다. 미국처럼 증언거부가 자유형을 수반할 경우 언론의 자유를 제한할 소지가 크지만, 우리나라와 같이 최대 500만 원의 질서벌이 부과되는 경우에는 언론의 자유에 대한 제한을 크게 우려할 상황은 아니다.

(2) 증언거부 사유의 해석

1) 민사소송법 제315조

민사소송법 제315조에 의하면 제 1 호의 증언거부자들은 법령에 따라 비밀을 지킬 의무가 있는 사람들이다. 언론사 종사자의 증언거부가 제 2 호의 사유에 해당하는지 여부가 검토되어야 한다. 이에 관한 판례는 국내에 없고, 학설은 긍정설과 부정설로 나뉜다. 긍정설이 다수설이다.

생각건대, 기자의 증언거부권을 명시적으로 규정하지 않는 이상 민사소송법 해석을 통하여 이를 수용하는 것은 무리다. 즉, 직업상 알게 된 '타인의 비밀'에 관한 것은 제 1 호, 원래 가지고 있던 '자신의 비밀'에 관한 것은 제 2 호로 이해하는 것이 체계적인 해석이다.[16)] 제 1 호의 비밀은 반드시 의뢰인에게서 들은 것에 한정되는 것은 아니고, 그 직무와 관련하여 제 3 자로부터 듣거나 문서를 통하여 알게 된 경우도 포함한다.[17)] 그러나 비밀의 범위는 의뢰인의 사건과 관련된 것으로 한정하는 것이 그의 법령상 비밀유지의무와 균형을 이룬다. 반면에 제 2 호는 직업인으로서 습득하게 된 자기만의 기술 또는 직업의 비밀로서 이를 공개할 경우 그 기술 또는

---

15) 이재상, 형법각론, 박영사, 2004년, 746면; 김일수 · 서보학, 형법각론, 박영사, 2004년, 869면; 배종대, 형법각론, 홍문사, 2003년, 798면; 박상기, 형법각론, 박영사, 2005년, 664면.

16) 동지: 이재성, 앞의 책, 672면. 여기서는 "본조는 증인이 직무상의 관계로 알 수 있었던 **타인의 기밀사항과 증인 자신의 기술 또는 직업상의 기밀사항**에 대하여 증언을 거부할 수 있는 권리가 있다고 규정하여서 다른 법령에 규정되어 있는 기밀엄수의 의무와 그 공개를 거절할 권리와의 관계를 명시한 것이라고 할 수 있다"고 설명한다. (굵은 글씨는 강조하기 위하여 필자가 추가)

17) 이재성, 앞의 책, 673면.

직업의 경제적 가치가 크게 훼손되는 상황을 의미한다.

2) 형사소송법 제149조

기자 등 언론사 종사자를 형사소송법 제149조의 증언거부권자에 포함할 것인가를 놓고 견해가 갈린다. 여기서 증언거부권자의 열거는 예시적인 것이 아니고 제한적이라는 것이 다수설이다.[18] 우리나라와 같이 명문의 규정이 없는 일본에서는 증언거부권을 인정하지 않는 것이 통설과 판례인데 반하여,[19] 우리나라에서는 증언거부권을 인정하는 견해가 있다.[20] 생각건대, 명문의 규정이 없는 이상 취재원에 관한 기자의 증언거부권을 인정할 근거는 없다. 동조가 법령상 비밀유지의무가 있는 자를 모두 증언거부권자로 인정하지 않는 입법취지를 고려하면, 법령상 비밀유지의무가 없는 기자에게 증언거부를 허용하는 쪽으로 해석하는 것은 타당하지 않다.

2. 언론사 종사자가 소송의 당사자인 경우

언론 보도 후 언론 보도 자체가 법적 문제를 발생하는 사안은 인격권 침해 또는 저작권 위반의 경우가 대부분이다.

인격권 침해는 진실한 보도에서도 발생하지만, 취재원의 공개 여부에서 원고는 보도내용이 진실이 아니라고 주장하고, 피고는 그 내용이 진실이라고 주장하거나 진실이라고 믿을만한 상당한 이유가 있었다고 주장하는 상황에서 중요한 의미를 갖는다.

현재의 소송구조상 언론사 종사자는 명예훼손책임을 부담할 것인지, 취재원을 보호할 것인지 힘든 선택을 하여야 한다. 취재원을 밝히지 않을 경우 보도내용의 진실성 또는 상당성을 입증할 수 없고, 취재원을 밝힐 경우 명예훼손의 책임에서 벗어날 수 있지만 취재원으로부터 신뢰를 상실할 수 있다. 이는 언론사 종사자가 사안에 따라 판단하여 스스로 감당하여야 할 몫이다.

입증책임의 전환이 필요하다면, 미국에서 발전된 공인이론(public figure doc-

---

18) 백형구, 형사소송법강의, 박영사, 1995년, 733면; 이재상, 형사소송법, 1996년, 453면; 신동운 형사소송법, 1993년, 466면; 배종대 · 이상돈, 형사소송법, 홍문사, 2004년, 481면; 박일환, 주석 형사소송법(Ⅰ), 한국사법행정학회, 1998년, 473면.

19) 박일환, 앞의 책, 474면.

20) 백형구, 앞의 책,

trine)을 도입하는 편이 기준의 명확성 측면에서 더 나는 방법이다. 하지만 대법원은 입증책임의 전환까지 포함하는 현실적 악의(actual malice)이론 또는 공인이론을 수용하지 않고 있으며,[21] 단지 공적 인물의 공적 관심사에 관한 보도에 있어서는 진실성 또는 상당성의 입증책임을 완화해 주고 있다.[22]

Ⅴ. 맺는 말

기자 등 언론사 종사자가 취재원을 공개하지 않을 수 있는 권리를 가질 때 비로소 취재원과 신뢰를 형성할 수 있고, 이러한 신뢰가 바탕이 되어야 취재원으로부터 진실한 정보를 취득할 수 있고, 진실한 정보를 보도할 때 비로소 언론은 공적 기능을 수행할 수 있다는 논리는 타당하지 않다.

취재원의 보호가 언론의 공적 기능에 긍정적인 효과를 줄 것으로 입법자가 판단한다면, 언론사 종사자에게 증언거부권을 인정하는 법적 근거를 마련하여야 할 것이다. 하지만 언론사 종사자의 업무는 민사소송법 제315조 제 1 항 제 1 호 및 형사소송법 제149조에 열거된 전문직업인들의 업무와 본질적으로 다르기 때문에 위 해당 조항에 언론사 종사자를 추가하는 방식보다는 새로운 조항의 신설이 바람직하다. 증언거부사유가 정당한지에 대하여 법원이 판단할 수 있도록 하여 법원으로 하여금 언론의 자유와 사법작용에 미치는 효과를 비교형량할 수 있도록 하는 유연한 방식이 필요하다.

21) 대법원 1998. 5. 8. 선고 97다34563 판결.
22) 대법원 2002. 1. 22. 선고 2000다37524, 37531 판결.

제 3 절 위법하게 취득한 정보의 보도로 인한 책임

문 재 완*

Ⅰ. 문제의 제기

언론의 자유가 민주주의의 발전에 필수불가결한 것으로 인식되면서, 언론의 자유는 단순히 자기 생각을 표출하는 개인의 주관적 권리에 그치지 않고, 그 발언이 갖는 사회적 의미를 함께 고찰하는 객관적 제도로 파악되고 있다. 언론의 자유를 객관적으로 이해하게 되면, 누가 무엇을 떠드느냐의 문제 못지않게 중요한 것은 그 사람이 그 무엇을 떠들도록 만드는 힘이 어떻게 형성되느냐의 문제이다. 그 힘은 정보에 있다. 한 사회의 존속과 발전에 관련된 공적 관심사에 대하여 그 사회의 구성원은 누구나 자기 의견을 표출할 수 있어야 하고, 그러기 위해서는 의견 형성에 기초가 되는 정보가 공유되어야 한다.

언론의 자유를 동태적으로 이해할 경우 언론의 자유에는 표현의 자유와 정보 취득의 자유가 포함된다. 하지만 그러한 자유는 타인의 명예나 권리 또는 공중도덕이나 사회윤리를 침해하여서는 아니 되고 이러한 제한은 정보 취득의 자유에도 그대로 적용된다.

문제는 사생활의 비밀과 자유를 보장하기 위해 제정된 통신비밀보호법 등 실

* 한국외국어대학교 법과대학 교수.

정법 위반을 엄격히 시행할 경우 언론의 활동이 위축될 수 있다는 점이다. 표현의 자유를 주장하는 자가 정보를 취득하는 과정에서 위법행위를 직접 한 경우, 그리고 표현의 자유의 주체와 위법행위의 주체가 다른 경우가 주로 문제된다.

Ⅱ. 언론의 자유와 취재의 자유

1. 언론의 자유의 포섭범위

(1) 표현의 자유

표현의 자유는 소극적으로 일정한 내용의 표현을 강제당하지 아니할 자유와 적극적으로 자기의 의사를 방해받지 않고 외부에 표현하는 자유를 모두 포함한다. 또한 표현의 자유는 자신의 사상이나 의견을 발표하는 자유뿐 아니라, 보다 넓은 범위의 사람들에게 알리는 전달 · 전파의 자유를 포함한다. 표현으로 인정되는 행위는 의사의 전달(communication)이다. 따라서 자신의 사상이나 의견을 언어(speech)로 표현한 경우뿐 아니라, 일정한 상징(symbol)을 사용하여 자신의 사상이나 의견을 표현한 경우도 포함된다. 하지만 의사를 전달하는 상징적 표현이라고 하더라도 그 행동이 범죄를 구성할 경우 표현의 자유로 보호되지 않을 수 있다.[1)]

(2) 정보의 자유

오늘날 표현의 자유는 이를 매개하는 '대중매체의 자유'와 다른 사람이 표현한 내용을 자신의 의사형성에 필요한 정보로 받아들이는 '정보의 자유'를 모두 포함하게 된다. 언론의 자유를 정보의 자유까지 포함하여 이해할 때, 헌법상 알 권리가 도출된다. 알 권리란 일반적으로 접근할 수 있는 정보원에 접근하여 의사형성에 필

---

1) 미국 연방대법원의 Chaplinsky v. New Hampshire, 315 U.S. 568 (1942) 판결은 추잡하고 음란한, 신성모독적, 명예훼손적, 모욕 또는 도발적 언어(lewd and obscene, the profane, the libelous, and the insulting or fighting words)는 헌법의 보호범위 밖에 있다고 판시하였다. 일정한 범위(category)의 표현을 언론의 자유의 보호범위 밖에 두는 접근방식은 우리 헌법재판소의 음란판결(헌법재판소 1998. 4. 30. 선고 95헌가16 결정)에서도 나타나고 있다. 이에 대하여 우리 헌법과 달리, 언론의 자유를 절대적으로 보호하는 표현방식을 채택한 미국 수정헌법 제 1 조의 해석을 무분별하게 도입한 것이라는 비판도 있다. 박용상, 표현의 자유, 현암사, 2002, 103면.

요한 정보를 수집하고, 그 수집된 정보를 취사선택하여 처리할 수 있는 자유를 말한다. 헌법재판소는 알 권리를 "헌법 제21조 소정의 표현의 자유와 표리의 관계에 있는 것"[2]으로서 언론의 자유의 한 내용으로 판단하고 있다.[3] 알 권리는 일반적으로 정보수령권, 정보수집권, 정보선택권을 그 내용으로 한다. 알 권리는 소극적인 측면에서 수령권으로 파악되던, 적극적인 측면에서 수집권으로 파악되던 관계없이 그 받아들일 수 있는 정보는 일반적으로 접근가능한 정보, 즉 개방된 정보 또는 개방가능한 정보일 뿐이다.

(3) 취재의 자유

현재 헌법학계의 다수적인 견해는 언론의 자유의 한 내용으로 보도의 자유를 인정하고, 보도의 자유의 한 내용으로 취재의 자유를 인정한다.[4] 오늘날 언론·출판의 자유는 사상이나 의견을 단순히 표현·전달하는 자유 이외에 알 권리, 보도기관의 자유와 책무, 액세스권, 반론권까지 포괄하는 통일적 체계로 이해하여야 하며, 보도의 자유는 취재의 자유 없이는 실질적으로 확립될 수 없기 때문에 보도의 자유는 취재의 자유를 당연히 포함한다고 한다.[5] 하지만 언론기관이 모든 국민이 누리는 언론의 자유보다 더 두터운 보호를 받아야 하는지는 의문이다.

취재의 자유는 언론의 자유에 포섭되는 헌법상의 권리라기보다는 법률상 권리에 불과하다고 보아야 할 것이다.[6] 언론기관도 자연인과 마찬가지로 언론의 자유의 주체가 되며, 자연인과 같은 정도의 언론의 자유를 향유할 뿐이다. 그러나 언론기관은 일반 사인과 달리 국정운영을 직접 감시하고, 이를 일반 대중에게 전달하는 사회적 역할을 하므로 입법자가 이를 고려하여 언론기관을 일반 사인과 달리 취급하여 정보의 접근에 있어서 특별한 취급을 하는 것은 평등의 원칙에 반하지 않는다고 보아야 할 것이다. 즉, 취재의 자유는 법률상의 권리일 뿐 헌법상의 권리는 아니지만, 현행 실정법은 경우에 따라 언론기관에 대하여 특별한 혜택을 부여하고 있는 것이다.

---

2) 헌법재판소 1991. 5. 13. 선고 90헌마133 결정.
3) 헌법재판소 1989. 9. 4. 선고 88헌마22 결정.
4) 허영, 한국헌법론(전정 2 판), 박영사, 2006년, 549면; 성낙인, 헌법학, 법문사, 2006, 433면; 정종섭, 헌법학원론, 박영사, 2006, 457면.
5) 성낙인, 앞의 책, 425-434면.
6) 홍성방 교수는 보도의 자유에 취재의 자유가 당연히 포함되는 것은 아니라고 설명한다. 홍성방, 헌법학(개정 2판), 현암사, 2005, 484면.

2. 취재의 자유의 한계

(1) 실정법 위반

언론사 기자가 취재하는 과정에서 실정법을 위반하였을 경우 그 책임을 모면할 수 없다. 그런데, 취재의 자유를 언론의 자유의 한 내용으로 보아 헌법상의 권리로 인정할 경우 취재의 자유를 제한하는 실정법규의 위헌 여부가 문제될 수 있다. 하지만 헌법상 기본권이더라도 헌법 제37조 제 2 항에 따라 필요한 경우 법률로써 제한될 수 있기 때문에 취재의 자유를 헌법상 권리라고 보더라도 일반적인 형사법규를 위헌으로 인정하기 어려울 것이다. 또한 취재하는 사람의 헌법상 권리와 그로 인하여 침해받는 사람의 헌법상 권리와의 기본권 충돌이 발생할 수 있지만, 우리 헌법 제21조 제 4 항 때문에 취재의 자유를 우선하기 어려울 것이다. 취재의 자유를 법률상의 권리로 보는 것이 타당한 접근이며, 그럴 경우 위헌성 검토 및 기본권 충돌의 문제는 발생하지 않는다.

(2) 사생활의 비밀과 자유

사생활의 비밀과 자유는 미국에서 프라이버시(privacy)권이라는 이름으로 학설과 판례를 통하여 발전하여 온 권리이다. 최근에는 정보통신기술의 발전으로 개인정보의 수집 · 처리 · 관리가 용이해지자 자기정보의 관리통제권을 의미하는 것으로 확대되고 있다. 우리 헌법은 기본권을 상세하게 규정하고 있으므로 헌법 제17조의 생활의 비밀과 자유는 미국의 프라이버시권보다 좁게 해석하여야 할 것이다. 인격권 초상권 성명권 명예권 자기결정권 등은 헌법 제10조에 의하여 보호하고, 통신의 자유는 헌법 제18조에 의하여 보호되므로, 헌법 제17조의 사생활의 비밀과 자유에는 사생활의 비밀의 불가침, 사생활의 자유의 불가침, 그리고 자기정보의 관리통제권이 포함된다.

Ⅲ. 위법하게 취득한 정보의 보도로 인한 민·형사상 책임

1. 위법하게 정보를 취득한 경우

(1) 보도금지가처분의 허용 여부

대법원은 2005. 1. 17.자 2003마1477 결정에서 "표현행위에 대한 사전금지는 원칙적으로 허용되어서는 안 될 것이지만, 다만 그와 같은 경우에도 그 표현내용이 진실이 아니거나 그것이 공공의 이해에 관한 사항으로서 그 목적이 오로지 공공의 이익을 위한 것이 아니며, 또한 피해자에게 중대하고 현저하게 회복하기 어려운 손해를 입힐 우려가 있는 경우에는 그와 같은 표현행위는 그 가치가 피해자의 명예에 우월하지 아니한 것이 명백하고, 또 그에 대한 유효적절한 구제수단으로서 금지의 필요성도 인정되므로 이러한 실체적인 요건을 갖춘 때에 한하여 예외적으로 사전금지가 허용된다"고 판시하였다.(밑줄은 필자 추가) 새로 정립된 대법원의 보도금지가처분 허용요건에 따르면, 보도내용의 진실성·공익성 및 손해의 정도가 고려요소이다. 이 기준에서는 보도내용을 어떻게 취득하였는지 묻지 않는다. 보도금지가처분결정이 표현의 자유에 대한 커다란 제한이 되기 때문에 예외적으로 인정되어야 한다고 보면, 표현의 내용에만 초점을 맞춘 대법원의 태도는 타당한 것이다. 즉 보도할 내용의 취득과정에서 발생한 위법성 여부는 그 위법성이 문제된 민·형사사건에서 다투어야 하며, 취재내용의 보도금지가처분 사안에서는 고려하지 않는 것이 헌법이 보장하는 표현의 자유에 충실한 해석이다. 다만, 위 사안의 경우 보도할 내용의 취득과정에 대해서 신청인이 문제를 제기하지 않았다는 점을 감안하면, 이 대법원 결정이 취득과정의 위법성을 이유로 한 가처분신청사건까지 염두에 두고 허용기준을 설정한 것인지는 확실하지 않다.

소위 '삼성 X파일' 사건에서 법원의 판단은 불법도청이라는 실정법 위반이 보도의 허용 여부에 영향을 미치지 않았음을 알 수 있다. 즉, 취재의 위법성과 언론의 자유를 구분한 후 위법하게 취득한 정보라고 하더라도 이를 보도할 수 있으며, 그 보도로 인하여 초래되는 사후적인 문제에 대해서는 언론사가 스스로 부담하라는 취지로 해석할 수 있다. 하지만, 대화 내용 중 자신의 행위에 관한 것은 진실로서 그것이 공공의 이해에 관한 사항으로서 이를 보도하는 목적이 공익을 위한 것으로 인정될 수 있으므로 앞의 대법원 결정에 따르면 가처분에 의한 사전금지가 허용될 수 없다. 다만, 대화 내용 중 타인의 행위에 관한 것은 진실 여부를 확인할 수 없으므로 보도금지 가처분이 허용될 수 있을 것이다. 공개가 되면 당사자에게 중대하고 현저하게 회복하기 어려운 손해를 입힐 우려가 있음이 분명한 만큼, 진실성을 확인할 수 있는 사안인지 여부에 따라 보도금지 가처분을 결정하고, 공인 여부에 따라 실명 보도의 금지를 결정하는 편이 대법원 판례의 취지에 부합하는 것이었다.

취재과정의 위법성과 보도금지가처분결정과 관련, 위법하게 수집한 증거의 능력을 배제하여야 한다는 형사소송법상 '독수독과이론'(毒樹毒果理論)을 적용하여 위법하게 취득한 정보는 보도할 수 없다는 주장이 있을 수 있다. 그러나 이 이론을 언론의 자유의 영역에 그대로 적용할 수 없다. 언론의 자유는 국민이 가지는 가장 중요한 기본권인데 반하여, 독수독과이론은 국가권력의 남용으로 국민의 기본권이 침해당하지 못하도록 특별히 고안된 이론 내지 제도에 불과하기 때문이다. 정보의 취득에 위법성이 있으면 그에 합당한 부담을 지는 것으로 충분하며, 대외적인 표명 자체를 금지하는 것은 언론의 자유를 과다하게 침해하게 된다.

(2) 취재행위의 위법성 판단과 보도 내용의 사회적 가치

취재행위의 위법성이 쟁점인 사안에서 그에 기반을 두고 보도한 내용의 사회적 가치를 고려할 필요가 있는가는 중요한 쟁점이다. 만약 취재의 위법성과 보도의 가치를 철저하게 분리하여 엄격하게 책임을 물린다면, 언론사는 보도할 가치가 충분히 있는 사회적 관심사라도 취재하기 어려우면 포기하여야 할 경우가 발생한다. 이는 새로운 유형의 위축효과(chilling effect)라고 할 것이고, 위축효과는 언론의 자유와 양립하기 어렵다.

종국적으로 취재행위의 위법성의 문제는, 그 취재를 바탕으로 보도된 내용의 사회적 가치와 취재행위가 초래한 사생활의 평온 등 사적 이익의 침해를 비교형량할 것인지의 문제로 귀결된다. 따라서 취재행위의 위법성 문제는 언론의 자유와 사생활의 비밀과 자유라는 두 기본권 충돌의 문제이며, 이를 해결하기 위하여 이익형량은 불가피하다. 이에 반하여 취재의 자유를 언론의 자유의 한 내용이 아니라고 보면, 취재 중 발생한 행위는 언론의 자유와 관계없이 그 법적 평가를 내릴 수 있다. 두 견해는 미국과 한국의 판례에 혼재되어 있다.

2. 타인이 위법하게 취득한 정보를 언론사가 합법하게 취득한 경우

타인이 위법하게 취득한 정보를 언론사가 합법적으로 취득한 경우 이를 보도할 수 없는지, 또 보도할 경우 민·형사 책임을 져야 하는지가 쟁점이다.

언론의 자유는 표현의 자유가 핵심이므로 이를 제한하는 것은 언론의 자유에 대한 제한이 되므로 이 문제는 언론의 자유와 그 제한에 관한 일반적인 법리로 해결하여야 할 것이다. 보도의 내용이 언론의 자유의 보호범위 안에 있는 것이면 언론사는 보도할 수 있고, 보호범위 밖에 있으면 보도할 수 없으며, 만약 보도할 경우 그에 따른 민·형사상 책임을 부담하여야 한다. 대부분의 사안은 보도로 인하여 인격권이 침해되는 경우인데, 이때도 명예훼손에 관한 일반적인 법리가 적용된다.

그런데, 문제는 위법하게 취득한 정보를 보도하지 못하도록 특별히 법률로 규정하고 있는 경우이다. 이와 관련하여 통신비밀보호법 제16조 제1항 제2호는 언론의 자유를 침해할 소지가 있다. 제2호 규정은 제1호의 실효성을 높이기 위하여 마련된 조항이다. 만약 제2호에 해당하는 자를 처벌하지 않는다면, 제1호에 해당하는 자가 다른 사람을 이용하여 공개할 수 있기 때문에 통신 및 대화의 비밀을 보호하고자 하는 입법목적을 달성할 수 없게 된다. 국민의 자유와 권리를 침해하는 법률은 그 제한의 방법에 있어서 과잉금지의 원칙, 즉 목적의 정당성, 방법의 적절성, 피해의 최소성, 법익의 균형성을 준수하여야 하는데, 이 조항은 전면금지의 형태를 띠고 있기 때문에 피해의 최소성 원칙에 반하게 된다. 언론사가 사회적으로 중대한 가치가 있는 진실된 정보를 합법적으로 취득하였을 경우 그 내용을 보도하도록 허용하는 것이 언론의 자유에 충실한 해석이라고 본다.[7]

서울중앙지방법원은 2006. 8. 11. 선고 2006고합177 판결에서 국가안전기획부 전 직원으로부터 도청 테이프 복사본 및 녹취보고서를 전달받아 이를 공개하여 위 통신비밀보호법 제16조 제1항 제2호 위반 혐의로 기소된 MBC 이상호 기자에게 해당 조항의 위헌 여부를 검토하는 대신 형법 제20조의 위법성조각사유에 해당하는 정당한 보도행위라는 이유로 무죄를 선고하였다. 재판부는 "통신의 비밀과 헌법상의 또 다른 기본권인 국민의 알 권리 내지 언론의 자유가 상충되는 경우에 있어서는 상충되는 두 가지 기본권이 각각 최대한 보장될 수 있도록 법이 제정, 해석,

---

7) Bartnicki v. Vopper, 121 S.Ct. 1753 (2001).

운용되어야 한다고 봄이 상당하다"고 밝히고 통신비밀보호법 위반사안에 대한 위법성조각사유의 기준으로 (1) 통신의 내용이 "극히 중요한 공적인 사항에 관련된 것으로서 정당한 공중의 관심의 대상"일 것, (2) 취득과정에 있어서 "언론기관이 적극적으로 정보의 불법적인 수집에 관여하였다든지, 제보자 내지 취재원에 부당하게 막대한 금원을 제공함으로써 불법적인 정보의 수집을 조장하는 등 언론기관이 정보수집과정에서의 불법에 깊이 관련"되지 않을 것, (3) 편집 및 보도에 있어서 "[정보의 공개]로 인한 권리의 침해를 최소화하는 방법 내지 수단에 의하여야 하고," (4) "구체적인 사정 아래서 합목적적, 합리적으로 고찰하여 개별적으로 판단하야야 할 것"을 제시하고 있다.

이러한 재판부의 판단은 서로 상충하는 헌법적 가치인 언론의 자유와 통신의 비밀을 조화하는 방안으로 탁월한 것이나, 재판부가 제시한 위법성조각사유의 기준은 법원이 재판을 통하여 법을 제정한 것과 마찬가지라는 점에서, 이보다는 위법성조각사유를 마련하지 않고 예외 없이 처벌하도록 규정한 통신비밀보호법의 해당조항이 언론의 자유를 침해하여 위헌이라고 판단하는 것이 권력분립 원칙에 더 충실한 방안이라고 하겠다.

Ⅳ. 맺는 말

우리나라에서 원고는 취재의 위법성과 보도의 위법성을 동시에 제기하는 경우가 대부분이다. 따라서 취재행위의 위법성 판단에 보도의 사회적 가치를 고려할 것인지 여부가 크게 부각되지 않았다. 법원 입장에서 보아도, 보도의 위법성에 근거하여 손해배상의 인정여부를 판단하는 이상 취재행위의 위법성을 살펴보면서 보도내용의 사회적 가치를 고려하여야 할 이유가 없다. 취재의 위법성이 문제되는 사안에서 보도내용의 사회적 가치는 취재의 동기를 매개로 하여 위자료 산정에 간접적으로 영향을 줄 뿐이다.

공인의 공적 관심사에 관련된 명예훼손소송에서 최근 대법원이 언론의 자유를 두텁게 인정하는 추세에 비추어 보면, 앞으로는 취재행위의 위법성에만 기초하여 손해배상을 청구하는 사례도 발생할 것이다. 이 문제에서 취재의 자유를 언론의 자유의 한 내용으로 인정하게 되면 헌법학계의 다수적인 견해와 같이, 언론의 자유와 사생활의 자유라는 두 기본권의 충돌로 보아 두 헌법상 권리를 비교형량하는 방식으로 문제를 해결하게 된다.[8]

그러나 취재의 자유를 언론의 자유의 한 내용으로 인정할 이유도 없고, 따라서 비교형량을 하여야 할 이유도 없다. 취재행위와 보도행위를 구분하여, 언론사는 위법한 취재행위에 대하여 민·형사상 책임을 부담하고, 그렇게 취재한 내용에 대한 보도에 대해서는 일반적인 명예훼손 법리에 따라 해결하는 것이 언론의 자유를 두텁게 보호하면서도 사생활의 평온을 확보할 수 있는 방법이다. 타인이 위법하게 취득한 정보의 경우에도 언론사가 그 정보를 합법적으로 취득하였다면 그 내용을 보도하는데 특별히 민·형사상 책임을 지울 이유가 없다. 보도된 내용에 문제가 있으면, 이에 대한 책임은 이를 보도한 언론사가 부담하여야 한다.

8) 그러나 경찰동행취재 사건인 서울고등법원 2001. 1. 11. 선고 99나66474 판결사건에서 재판부는 취재의 자유를 언론의 자유의 한 내용으로 이해하고도, 비교형량을 전혀 검토하지 않았다. 재판부는 "언론의 자유에 제한이 있듯이 취재의 자유 역시 다른 법익을 침해하지 않는 범위내에서 인정된다"는 이유만으로 출입이 금지되는 곳에서의 취재는 불법이므로 더 이상 살펴볼 필요도 없다는 논리를 전개하였다. 하지만, 이러한 논리대로라면, 명예훼손적 발언이 있으면 그 자체로 불법이 되고, 다른 사정 예컨대 '공적 인물의 공적 관심사안'인지 여부는 검토할 필요도 없어진다. 그러나 대법원이 공적 인물의 공적 관심사안에 관한 명예훼손 사건에서 입증책임이 완화된다고 적절히 판시(대법원 2002. 1. 22. 선고 2000다37524 판결 등)하였듯이 법 위반이 있더라도 언론의 자유라는 헌법적 가치에 의하여 위법성이 완화되거나 심지어 조각될 수 있다고 본다.

제 4 절 신문사 내부의 의사소통 구조

전 지 성*

1. 신문사 내부 의사소통 과정

(1) 신문 제작 과정과 법치주의

신문사[1]에서 국가나 사회에서의 법의 기능과 역할에 대비되는 근본적인 지침이나 강령은 없는 것이나 마찬가지다. 사시(社是)는 지나치게 포괄적이거나 추상적이다. 신문마다 윤리강령이 있지만 신문제작의 실질적인 과정을 규율할 정도의 영향력이나 구체성을 갖지 못한다.

그러나 모든 신문사들은 정치 사회 경제적으로 특정한 지향이나 입장에 따라 신문을 제작하고 발행한다. 흔히 신문의 논조나 색깔로 알려진 것이다. 성문 규범은 아니지만 신문사의 구성원들뿐 아니라 독자들도 알고 있는 신문의 정체성이다. 대개의 경우 신문의 정체성은 편집자의 세계관에 부합한다.

이 글은 신문 제작 및 발행 과정이 신문사 조직 전체를 규정하는 일관된 규범적 가치에 의해 규정되고 있는지를 묻는다. 조직 구성원 모두가 동의하고 지지하는 민주적이고 합리적인 가치가 아니라 편집자 등 특정인의 임의적 의사 결정에 의해

---

* 동아일보 사회부 법조팀 기자.

1) 이 글은 특정 언론사만의 문제가 아닌 여러 신문사나 방송국의 사정 가운데 공통적인 상황을 주로 다뤘다. 사회적인 주요 이슈나 논란거리 등이 있을 때 기자실의 기자들은 회사에 대한 충성도에 따라 다른 반응을 보일 뿐 대부분 비슷한 상황을 경험했다.

신문사의 의사소통 구조가 좌우되는 관행도 검토한다. 이를 위해 신문사의 의사소통 구조에 편집자의 세계관뿐 아니라 기자들의 정보와 가치판단의 다양성이 수렴될 수 있는 상황인지 묻고자 한다.

(2) 신문의 지향과 다양성

신문사는 조직이고 기업이다. 그 곳에는 서로 다른 생각을 가진 수백여 명의 구성원(기자들)이 있다. 기자들이 쓰는 기사와 편집자의 편집 기조는 신문의 논조나 색깔 즉 정체성을 나타낸다.

특정 신문의 논조는 현실 정치 상황에서 청와대나 여권의 입장 또는 이른바 '진보'로 구분되는 시민단체의 입장 위에 놓일 수도 있고 야당이나 보수를 자처하는 시민단체의 입장과 가까울 수 있다. 경제적으로도 시장에서의 자유로운 경쟁 및 대기업 친화적인 입장을 지지할 수 있고 분배와 복지 문제의 심각성에 동조할 수도 있다.

신문들은 대개 일관된 논조를 지향하는 것으로 알려져 있다. 논조로 알려진 가치를 추구하는 과정에서 불가피하게 특정 정치 사회적 사안에 대해 경직된 태도를 고집한다. 문제는 이런 경직성이 사실을 왜곡하거나 특정 사실을 축소·확대하는 경향이 있다는 것을 일선 기자들이 문제로 인식한다는 것이다. 이런 관행은 신문사 내부 의견의 다양성을 도외시하고 신문 지면을 획일화한다. 특정 신문만의 문제는 아니다.

수백여 명의 기자들이 모인 신문이 항상 일관되게 한 가지 논조나 색깔로 이해되는 것은 어떻게 가능한가. 특정 신문이 일관되게 드러내는 지향과 대비되는 다른 목소리가 신문 지면에 전혀 등장하지 않는 것은 어떻게 이해해야 할까.

오늘날 신문사는 언론시장에서 다른 신문과의 경쟁에서 생존해야 하는 기업이다. 또한 편집자의 세계관이나 경제적 토대에 구속되는 조직이다.

신문의 정보가 절대적일 거라는 믿음은 무너진 지 오래다. 심각한 것은 신문의 신뢰가 흔들릴수록 개별 신문들이 시장에서 누리(려)는 지위와 영향력에 대한 태도는 점점 고집스러워진다는 것이다. 그것을 지키기 위한 노력도 극단적인 수준에 이르렀다. 다양성은 점점 사라지고 편향은 두드러진다. 이런 상황이야말로 신문의 위기다.

신문사 안에 수백여 명 기자들의 다양한 생각과 의견이 존재한다는 사실과 매일 아침 신문이 드러내는 획일적이고 고집스런 지향은 어떻게 이해해야 할까. 신문사 안에선 매일 어떤 일이 벌어지는 걸까.

2. 신문 제작 및 발행에서의 의사 결정 과정

신문 제작 과정은 다른 업종에서의 의사 결정 및 실행 과정에 비해 신속하고 과감하다는 것이 일반적인 인식이다. 신문은 시간을 다투는 매체이고 국내외에서 벌어지는 수많은 사건에 비해 지면은 제한돼 있기 때문이다.

(1) 일반적인 신문 제작 과정

신문사들이 대부분 공유하는 일반적인 신문 제작 과정을 먼저 살펴보자.

▽ 오전 9시-10시: 1차 기사 보고

일선 취재처의 기자들이 '내일'자로 쓸 기사를 제안하는 절차. 밤새 벌어진 사건에 대한 기사나 미리 준비해 둔 기획기사를 보고한다. 일선 기자가 이른바 특종기사를 처음 회사에 보고하는 절차다. 팀별 보고와 부별 보고를 거쳐 편집국 전체 보고가 편집진 보고용으로 만들어진다. 오후 보고가 한 번 더 있다.

▽ 오전 10시-11시 반: 1차 편집회의

국장 및 부국장들, 각 부 부장들이 참석하는 편집회의. 편집국의 전체 팀 및 부에서 보고한 기사 제안 내용을 종합하고 정리하는 과정. 기사들마다 밸류를 정하고 1면 톱 등 주요 기사와 기본적인 편집 기조를 결정하는 과정. 그러나 결정은 오후 3시 이후 수시로 바뀌고 주요 결정은 밤 12시까지 이어지기 때문에 오전 계획은 대개 잠정적이다. 편집회의에서 결정된 내용은 일선 기자들에게 공지된다.

▽ 오후 1시-2시: 2차 기사 보고

일선 취재처의 기자들이 오전에 새로 취재한 내용이나 1차 기사 보고 때 완성되지 않은 보고 내용을 보완해 보고하는 절차.

▽ 오후 2시-3시: 2차 편집회의

오후 4시 반-6시 반 사이 기사 마감 뒤 제작되는 가판 또는 첫 번째 판 신문 제작에 필요한 기사 결정 및 편집을 위한 회의. 편집회의 뒤 결정된 기사 계획은 기자들에게 공지된다. 오전 1차 편집회의보다 비중 있는 회의로 회의 결과는 구체적으로 공지된다. 일부 신문사는 기사의 분량까지 정확하게 공지한다.

▽ 오후 3시-5시 반: 추가 편집회의와 기자들의 취재 및 기사 작성

편집회의는 몇 차례 더 열린다. 특히 정치부와 사회부 경찰팀 법조팀의 경우 주요 이슈들이나 민감한 사안에 대한 기사들이 많아 시시각각 보고되는 기자들의 취재 내용이 회의의 주제가 된다. 1면 머리기사나 주요하게 다룰 기사에 대한 세세한 계획이 짜여진다. 기자들은 2차 편집회의에서 결정된 내용에 따라 추가 취재를 하거나 기사를 작성한다. 기사 계획은 마감 때까지 수시로 바뀐다. 주요 이슈나 민감한 사안에 대한 기사의 내용과 편집은 마감 시간에 가까워질수록 더 심하게 바뀌기도 한다.

▽ 오후 5시-6시 반: 기사 마감 및 편집

기자들의 기사 작성과 담당 데스크들의 데스킹이 끝난 기사들이 교열과 제목 선정 작업을 거쳐 지면에 배치된다. 기사의 최종 내용에 따라 기사의 지면 배치도 바뀐다.

▽ 오후 6시 반-7시 반: 첫 번째 판 신문의 지면 검토 및 추가 기사 보고

이전까지의 과정보다 훨씬 바쁘고 정신없는 시간이 시작된다. 기자들은 자신들의 기사가 어느 지면에 어떤 제목 어떤 크기로 게재됐는지 확인한다. 다음 날 신문의 1면 머리기사나 특종 기사가 종종 바뀌기도 한다.

▽ 오후 7시-8시: 저녁 편집회의

첫 번째 판 신문 마감 뒤 추가로 보고된 기사의 게재 여부 및 편집을 결정한다. 첫 판 신문 지면이 바람직했는지 검토한다. 이후에도 편집회의는 여러 차례 열린다.

▽ 오후 8시 반-12시: 편집회의 및 마감

신문사별로 첫 번째 판 발행 이후 2-4차례 마감과 발행을 반복한다. 편집회의는 수시로 열린다. 밤 11시 반-12시 경 최종마감을 앞둔 편집국은 매우 바쁘다. 국

장과 부장, 기자들은 각 부서와 편집 부서를 정신없이 오가며 지면 편집을 바꾸고 제목을 바꾼다.

(2) 게이트키핑

신문 제작은 일반적으로 "일선 기자→팀장(차장)→부장→영역별 담당 부국장→국장"이라는 절차를 거친다. 이런 과정은 기사의 게이트 키핑(gate keeping)이라는 긍정적인 기능을 갖는다. 데스크의 검토로 기사의 팩트가 재확인되고 부족한 팩트의 보충을 거쳐 오류를 바로잡는다. 전반적으로 기사의 완성도를 높이는 절차다. 기자들의 일상적인 훈련도 대개 이 과정에서 이뤄지기 때문에 높은 집중력과 신중함이 필요하다.

일반적인 기사의 경우 일선 기자에게 자신이 쓰는 기사에 대한 관점을 제공하거나 의견을 제시하는 창구가 열려 있다. 보고는 수시로 이뤄지며 그에 따라 편집 내용도 바뀐다.

그러나 문제는 주요 이슈나 민감한 사안, 개별 신문사의 사적 이익이나 해당 시기 정세와 밀접한 기사에서 벌어진다.

(3) 사안마다 이중적인 의사소통 방식

올 1월부터 최근까지 사회적으로 민감한 이슈들이 끊이지 않았다. 신문들은 1월의 사학법 개정 논란을 비롯해 증세 감세 논쟁, 황우석 논란, 3·31 재건축 이익 환수 등 부동산 정책, 4월 현대차 정몽구 회장 구속, 6월 헌법재판소의 신문법 언론중재법 헌법소원 사건 결정, 7월 북한의 미사일 발사, 8월 전시작통권 환수와 한미동맹 등 굵직하고 민감한 사안들을 두고 제각각 엇갈린 의도와 지향의 기사와 분석을 쏟아냈다. 최근에는 전효숙 헌법재판소장 후보자의 임명절차 논란이 신문 지면을 메웠다.

이 밖에도 국가인권위의 국가인권정책기본계획안 논란, 대법원의 새만금 소송 판결과 천성산 터널 공사 관련 결정, 대법원관과 헌법재판관 인사 등도 민감한 사안들이었다.

이런 사안들에서 신문들은 대개 지시를 하달한다. 기자들은 일방적인 기사 지시에 기본적인 팩트의 왜곡도 감수하는 상황을 마주하기도 한다고 말한다. 이런 사안에서 일선 취재 기자들의 보고와 의견은 덜 중요하다. 기사를 지시할 때는 대개 기사의 팩트와 제목, 지면에서의 위치와 크기 등도 미리 정해지는 것 같다는 것이 기자들의 생각이다.

한 예로 1월 사학법 개정 논란이 최고조에 이르렀을 때 일부 신문은 여론조사 결과마저 제각각 다르게 발표하거나 다른 해석을 붙여 논란이 불거지기도 했다.

전문가 멘트의 임의적인 활용도 문제라고 기자들은 말한다. 사학법 개정 논란 당시 여러 신문들의 여론조사 결과를 종합하면 사학법 개정에 찬성하는 여론이 6:4 정도로 우세했다. 일선 취재 기자들이 헌법학 교수나 헌법을 연구한 법조인 등을 상대로 인터뷰한 결과도 비슷했다. 대통령 탄핵 등의 사안에서 청와대나 여권에 우호적이지 않은 의견을 보여줬던 이른바 '정부 비판적인' 전문가들도 사학법 개정에 있어서만큼은 달랐다.

그러나 일부 신문들의 기사에 다수인 것처럼 등장하는 전문가 멘트는 일선 기자들의 보고와 다소 거리가 있었던 것으로 기자들은 기억한다.[2] 기사는 현장 보고와 달리 사학법 개정에 반대하는 전문가들이 많은 것처럼 작성됐다.

이는 특정 신문만의 문제도 아니었고 특정 사안에서만 벌어진 문제도 아니었다. 기자실에서 빈번하게 의견을 공유하는 기자들 사이의 지속적이고 공통된 의견이었다.

(4) 기자들의 자발적 종속

기자들은 항상 기사의 완성도 측면에서 열등한 위치에 있기 때문에 대개 자신이 쓴 기사의 편집과 제목 선정 등에 대한 문제제기에서 소극적이다. 어렵게 문제제기를 해도 데스크를 설득시킬만한 폭넓은 정보나 완숙한 협상력을 갖지 못할 경우 받아들여지지 않는다. 물론 대개의 경우 데스크의 판단이 더 정확하다. 그러나 스트레이트 기사에서 특정 팩트를 삭제하거나 부각시키는 일, 분석 기사에서 기자가 기사에 포함시키지 않은 멘트나 해석이 데스킹 과정에서 추가되는 일을 방치하는 것은 기자의 양심과도 관련된다.

기사가 데스킹 과정에서 세세하게 왜곡되는 일은 반드시 누구의 지시에 의한

---

2) 데스크의 취재 지시가 내려오면 일선 기자들은 즉시 전문가들을 대상으로 전화 인터뷰 등을 실시한다. 기자들은 대개 같은 시간, 같은 사안에 대해 같은 분야의 전문가들을 대상으로 취재를 한다. 이 과정에서 인터뷰하는 전문가들을 공유하기도 한다. 결과적으로 짧은 시간에 일종의 '설문조사'와 같은 결과를 공유하게 된다. 때문에 기자들은 특정 사안에 대한 전문가 집단의 반응이 객관적으로 어떤지에 대해서는 비공식적이나마 가장 잘 알 수 있는 지위에 있다.

것이 아닐 경우가 많다는 데 일선 취재 기자들은 공감한다. 데스크와 기자들이 신문의 논조를 내면화하고 자기검열을 하기 때문에 생기는 문제라는 것이다.

신문사 조직 구성원들의 미덕은 일단 지시를 충실히 이행하는 것이다. 이런 태도를 미덕으로 삼는 조직문화에 장점은 있다. 신문사마다 차이는 있겠지만 대부분 신문사의 인력 재생산 방식이 여전히 도제식에 머무르고 있기 때문이다. 지시를 충실히 이해하고 따르는 훈련은 기자 개개인의 업무 숙련도를 높이는 데도 도움이 될 수 있다.

그러나 신문사의 조직문화는 다른 일반 기업의 조직문화에 비해 의사소통의 일방성이 좀더 두드러진다. 이런 상황에서 기자가 하향식 의사소통 구조에 익숙해져 문제제기의 기회를 놓치는 일이 반복되면 기자는 신문의 논조를 점점 무반성적으로 내면화하게 된다.

이런 경향은 신문사의 정기적인 인사시스템에 의해서 강화된다. 편집자의 세계관에 비판적인 기자들보다 적극적으로 협력하는 기자들이 인사에서 우대받는다는 것에 기자들은 대체로 이견이 없었다.

기자 경력이 적은 기자들일수록 이런 정세에 민감하다. 조직 안에서 경쟁력을 갖춘 기자로 인정받기 위해 자신의 역할 모델을 찾기 때문이다. 의사소통의 합리성이 충분히 보장되지 않는 조직이 겪는 가장 큰 피해는 일선 기자들이 편집자의 세계관을 자신에게 내면화시켜 스스로를 적극적으로 종속시키는 경향이다.

3. 다양성은 중요한가

뻔한 질문이지만 신문들에게도 절박한 사정이 있다. 방송과 인터넷 매체의 영향력 확대 등 언론 환경의 변화 속에서 신문들의 1차 목표는 시장에서의 생존이다. 생존이 중요해지면 신문사 내부 의사소통 구조의 개선 등을 위한 새로운 시도는 어려워진다. 신문은 기존의 독자들이 호응하는 기사에 치중하는 것이 안전하다고 판단한다.

그러나 다른 생각을 존중하지 않는 신문은 구매력 있는 독자층의 변화나 정치지형의 변화 등 다양한 이유로 인해 생존의 위기에 좀더 일찍 봉착할 수 있다. 그래서 신문사 내부에서 다양성을 존중하는 의사소통 구조를 확립하려는 노력은 장기적으로 신문의 시장 경쟁력에 영향을 미칠 수 있다.

일방적인 의사소통 구조를 유지하고 강화하는 신문들의 가장 큰 손해는 신문사 안에서 '다른' 생각들이 자취를 감춘다는 것이다. 편집자나 신문사 내부에서 정치적으로 주도권을 쥔 집단에게 다양성의 요구는 조직력의 균열이고 충성도의 하락이다.

그런 인식이 팽배하면 경력이 상대적으로 적은 기자들은 기자로서의 양심을 조직 내 인정욕구 및 생존욕구와 동일시한다. 다른 의견이나 문제제기로 생기는 불편한 시선과 갈등을 피하기 위해 자신의 의견과 회사의 의견을 최대한 가깝게 만들어 가려고 노력하게 된다. 기자들은 점점 소극적이 돼 간다는 점을 고백한다.

편집국 안에서 기자들 간의 대화와 협조를 우대하는 분위기는 조직의 건전성과 신문의 시장 경쟁력을 제고하는 환경이 될 수 있다. 신문사 조직 안에서 사고방식과 판단 구조가 점차 동질화되어 간다면 신문의 수많은 지면은 동어반복이 되고 독자들은 신문을 외면하게 될 것이다.

미국 하버드대 니만언론재단 큐레이터 빌 코바치(Bill Kovach)와 로스앤젤레스 타임스의 미디어 비평 담당기자인 톰 로젠스틸(Tom Rosenstiel)이 함께 쓴 '저널리즘의 기본요소(The Elements of Journalism)'[3]를 보면 미국의 저널리스트들이 이미 15년 전부터 다양성의 위기는 저널리즘의 위기라는 점에 인식을 같이 했음을 알 수 있다.

1990년대 후반 이후 저널리즘의 본원적 가치에 대해 고민하던 미국인 저널리스트들은 편집국의 사고판단 구조가 콘베이어벨트처럼 명령체계에 따라 움직이고 가치 판단이 동질화되는 것이 결국 저널리즘의 질을 떨어뜨린다고 판단했다는 것이다. 이들은 이를 극복할 수 있는 하나의 도구이자 목표로서 객관성이나 공정성이 아닌 지적 다양성(intellectual diversity)을 제기했다.

"다양성의 목적은 뉴스룸이 지역 사회를 닮도록 구성하는 것뿐 만 아니라 그 다양성이 기능할 수 있도록 열린 뉴스룸, 정직한 뉴스룸이 되도록 하는 것이다. 이것은 인종의 다양성이나 성의 다양성이 아니다. 이데올로기의 다양성도 아니다. 그것은 수적인 다양성도 아니다. 그것은 우리가 '지적 다양성(intellectual diversity)'이라 부르는 것이며 다른 종류의 모든 다양성을 포용하고 의미를 부여한다."[4]

---

3) BIll Kovach and Tom Rosenstiel, 이종욱 역. The Elements of Journalism. 한국언론재단. 2006.
4) Ibid. p. 273.

제 5 절 취재 과정에서의 윤리와 불법 문제

이 수 형*

Ⅰ. 취재행위와 표현의 자유

언론의 보도 행위는 정보를 수집하는 취재 행위와 취재된 정보를 독자나 시청자들에게 알리는 배포행위로 구성된다.

배포행위는 곧 표현행위다. 이는 헌법 제21조 표현의 자유 규정에 의해 보장된다.

취재행위도 배포행위와 함께 표현의 자유에 의해 보호되는지에 대해서는 논란이 있다.

표현의 자유를 규정한 미국 연방 수정헌법 제1조는 취재의 자유를 별도로 규정하고 있지 않다(First Amendment provide little or no protection for torts committed in the course of gathering news). 수정헌법이 탄생하던 당시 언론은 사실의 전달보다는 의견 표명을 하는 곳으로 여겨졌기 때문에 News gathering이라는 개념자체가 없었기 때문이다.

그러나 연방대법원은 1972년 Branzburg v. Hayes 판결에서 수정헌법 제1조를 적극적으로 해석, 취재의 자유가 이 조항에 의해 보호되는 것으로 판단했다("without some protection for seeking out the news, freedom of the press could be

* 삼성그룹 법무실 상무.

eviscerated").

Ⅱ. 취재의 자유의 한계

그러나 표현의 자유에 의해 보장되는 범위나 수준은 취재의 경우가 배포의 경우에 비해 훨씬 협소하다고 할 수 있다(Nevertheless, the level of protection the media receive diminishes sharply when the tort occurs in the process of gathering information rather than publication).

취재의 자유 또는 권리는 취재 당하는 사람의 자유 또는 권리와 충돌하는 경우가 많기 때문이다. 최근에는 취재경쟁이 격화하면서 취재당하는 사람의 자유와 권리가 침해당하는 경우가 빈번하고 그 내용도 심각하다. 기본적으로 취재 과정에서 발생하는 불법행위에 대해서는 특권이 인정되지 않는다. 취재를 하는 과정에서 타인의 생명이나 신체에 위해를 가한 경우 살인·폭행·상해 죄 등의 책임을 면할 수 없다. 타인의 문서를 훔쳐보는 행위는 형법상 재물손괴나 절도에 해당하고, 프라이버시 침해는 민법의 불법행위에 해당한다. 수사기관을 사칭 해 취재하는 행위는 관명사칭으로 처벌받을 수 있다.

취재의 자유는 취재를 할 때 국가(공권력)의 개입이나 간섭으로부터 자유로울 권리를 말한다. 취재에 응할 것을 적극적으로 요구할 권리는 아니다. 어느 언론이나 기자도 취재원에게 취재에 응할 것을 강요할 수 없다. 취재 대상(취재원)도 자신의 프라이버시 권리 등에 기해 기자의 취재 요청을 거절할 수 있다.

Ⅲ. 취재의 자유의 내용

일차적으로 취재원 접근의 문제를 생각할 수 있다. 취재원에 대한 자유로운 접근이 보장돼야 취재가 가능하기 때문이다.

문제는 언론이나 기자에게 일반인에 비해 우월한(우선하는) 취재원 접근권이 인정되느냐 하는 것이다. 구체적으로 일반인의 접근이나 출입이 금지된 곳에 기자가 취재를 이유로 접근할 수 있느냐가 문제된다.

미국에서는 취재행위와 관련된 언론이나 기자의 자유를 일반인의 자유(표현의 자유)와 다른 특별한 것으로 보지 않는다. 언론의 취재원 접근권은 일반인의 접근권과 똑같이 취급된다. 이 문제와 관련해 위스콘신 주 대법원은 1989년 Oak Tree v. Ah King(1989) 사건에서 "일반인의 접근이 금지된 사고 현장이 기자에게 특별히 취재라는 이유로 접근이 허용되지 않는다"고 판결했다. 이에 따라 일반인의 출입이 금지된 비행기 사고 현장에서 경찰의 제지를 무시하고 들어가 사진을 찍은 TV 사진기자는 질서교란죄로 유죄 판결을 받았다.

그러나 현실에서는, 특히 한국에서는 언론이나 기자의 우선 접근권이 어느 정도 인정된다. 집회 및 시위에 관한 법률 제 4 조는 "언론기관의 기자는 그(집회 현장에) 출입이 보장되어야 하며, 이 경우 기자는 신분증을 제시하고 기자임을 표시한 완장을 착용하여야 한다"고 규정하고 있다. 이 밖에도 언론기관이나 기자에 대해서는 사실상 많은 특혜나 우대가 주어지고 있다. 관청 등 주요 기관에 기자실을 둬 취재 편의를 제공하는 것이 대표적인 사례다.

Ⅳ. 취재 과정에서의 불법 사례

1) 상문고 재단 비리 취재 사건

1994년 서울지검의 상문고 재단 비리 사건 수사 당시 중앙일보 검찰 담당 기자가 검찰 수사관을 사칭해 상문고 서무과장 집에 들어가 서류를 들고 나온 사건이다. 해당 기자는 공무원 자격 사칭 및 주거침입, 문서절취 등 혐의로 불구속 기소됐다. 법원은 공소사실을 유죄로 인정하면서 신분 사칭이 언론의 취재관행으로 널리 통용되고 있었다는 점 등을 고려한다며 선고유예 판결을 내렸다.

2) 검찰청 컴퓨터 수사 기록 출력 사건

1998년 10월 국민일보 기자가 서울지검 동부지청(현재 서울동부지검) 청사에 들어가 컴퓨터에서 수사기록을 출력한 사건이다. 해당 기자는 건조물 침입과 절도미수 혐의로 검찰에 구속됐다가 검찰의 구속취소로 석방돼 불구속 기소됐으며 1심에서 징역 8월에 집행유예 2년을 선고받았다.

3) 사적인 장소를 엿보거나 엿듣는 행위

주거침입이 아니더라도 승낙 없이 촬영하는 행위, 또는 사적인 장소나 행위를 엿보거나 엿듣는 행위도 실정법 위반으로 처벌되거나 민사상 손해배상 책임을 질 수 있다.

공적인물이라고 하더라도 자기만의 사적인 영역을 가질 권리가 있기 때문에 이에 대한 침해는 프라이버시 침해에 해당한다. 서울지방법원은 2002년 4월 문화방송 PD수첩팀이 세계정교 창시자의 여신도 성폭행 등을 취재하기 위해 창시자의 침실에 들어가 촬영한 사건에서 취재 보도 자체에 대해서는 공공성과 공익성을 인정하면서도 사생활 영역인 침실에 무단으로 침입한 것은 불법행위에 해당한다고 판결했다.

4) 추정적 승낙의 문제

'추정적 승낙(implied consent)'의 개념은 대형 사건이나 재해 보도에서 발전했다. 사회통념상 인정되는 범위 내에서 타인의 주거에 들어가 취재하는 것을 허용하는 것이다. 상황을 객관적으로 판단해 승낙이 확실히 기대되는 경우 승낙이 있었다고 추정한다.

그러나 이 같은 추정적 승낙이 인정되는 범위나 요건은 상당히 좁고 엄격하다. 경찰관 등의 단속 현장에 기자가 동행한 경우 그 장소가 사적 공간이면 주거침입이나 프라이버시 침해가 될 가능성이 높다. 룸살롱 호스트 바 등을 급습해 촬영하는 것도 업주의 동의 없이 들어가면 주거침입의 문제가 발생할 수 있다.

특별한 사정이 없으면 사전에 취재허가를 받아야 한다. Le Mistral v. Columbia Broad. Sys. 사건은 CBS 기자가 호화 레스토랑에 들어가 카메라 취재를 한 사건이다. 1978년 뉴욕 주 지방 법원 배심원단은 손해배상 1,200달러에 징벌적 배상 25만 달러를 평결했다. "식당이 공중에 개방되어 있다고 하더라도 기자는 서비스를 사기 위해 식당에 들어온 것이 아니므로 촬영 허가를 받아야 책임을 면할 수 없다"는 것이 판결의 핵심이다.

Ⅴ. 정당행위와 위법성 조각

취재행위가 외형적 형식적으로 위법이라 하더라도 법질서 전체의 관점에서 실질적인 위법 여부를 가려 처벌이나 책임이 면제되는 경우가 있다.

형법 제20조는 "법령에 의한 행위 또는 업무로 인한 행위 기타 사회 상규에 위배되지 않는 행위는 벌하지 않는다"고 규정하고 있다. '정당행위' 조항이다. 취재행위에 대해서도 이 같은 정당행위 개념이 적용될 수 있다. 따라서 취재행위가 정당한 업무행위에 해당하면 가벌성이 부인될 수 있다.

이에 해당하기 위해서는 취재와 보도의 목적이 정당해야 하고, 수단과 방법이 상당해야 한다. 취재 공간이 사적인 공간이거나 취재 대상이 사인(私人)인 경우에는 정당행위의 여지가 훨씬 작아진다.

Ⅵ. 기타 불법 취재

이 밖에 도청장치나 몰래카메라, 잠복취재, 심야취재 등에서 취재의 불법성 여부가 논란이 된다. 일반적으로 취재의 목적이 정당하다 하더라도 취재의 수단과 방법이 불법인 경우 불법행위 책임을 면하기 어렵다. 예외적으로 보도내용이 공공의 관심사이고 그러한 방법 이외에는 취재가 불가능한 경우에 아주 제한적으로 면책이 인정된다.

'비보도 약속(Off the record)' 약속을 위반해 보도한 경우 처벌이나 책임 여부가 문제될 수 있다.

일반적으로 말하면 불법으로 취재한 내용을 보도하는 행위도 불법행위에 해당한다고 볼 수 있다. 취재원에게 오프 더 레코드 약속을 하고 취재한 뒤 그 약속을 어기고 보도한 경우에는 채무(약속) 불이행으로 인한 손해배상 책임이 인정될 수 있다. 1991년 미국 연방대법원의 Cohen v. Cowles Media Co. 사건 판결이 좋은 예다. 1982년 미국 미네소타 주지사 공화당 후보의 선거참모였던 코헨은 선거 직전 스타트리뷴 등 두 개의 지방신문 기자들에게 자신(정보 제공자)의 신분을 노출하지 않는 조건으로 상대 민주당 후보의 비행 정보를 제공했다. 기자들은 이 조건을 받아들여 정보제공자의 신분을 숨기고 보도했다.

그런데 신문사 편집자들은 공화당 후보측에서 이 같은 정보를 제공한 것 자체가 뉴스라며 제보자(코헨)의 신분을 공개해 보도했다.

미 연방대법원은 이에 대해 "언론이 익명 약속을 깨고 공개한 것은 금반언의 원칙(Promissory Estoppel)에 위배되며 기자들이라고 해서 이 원칙의 적용을 받지 않을 특권이 있는 것은 아니다"고 판결했다. 채무불이행에 따른 20만 달러의 손해배상 판결이 확정됐다.

Ⅶ. 논란 — 취재윤리: 역(逆) 촌지 문제

1. MBC X파일 보도 사건

MBC 이상호 기자는 2004년 12월 29일 미국에서 X파일을 건네준 박인회 씨에게 취재 사례비조로 1,000달러를 지급했다. 이에 대해 서울중앙지법은 2996년 8월 1심 판결에서 다음과 같이 언급했다.

"액수 등 제반 사정을 종합해볼 때 위와 같은 금전의 제공행위가 자료(녹음테이프)들을 넘겨받는데 대한 대가적 성격을 가졌다고는 보이지 않고, 자료들에 담겨진 내용의 중대성 등에 비춰볼 때 제보에 의해 우연히 자료의 내용을 알게 된 피고인이 취재의 관행을 넘지 않는 수준에서 사례를 한 것을 두고 이를 위법하다고 판단하기는 어렵다."

이 판결의 적절성 여부는 별론으로 하고 법원이 '1,000달러 제공'을 '취재의 관행'이라는 견해를 밝힌 것에 대해서는 논란이 있다.

2. 역(逆) 촌지(취재 과정에서의 금품 제공 행위)

기자들의 촌지 수수는 오랫동안 문제되어 왔다. 완전하다고 할 수 없지만 예전에 비해 상대적으로 상당히 정화됐다.

그러나 거꾸로 취재경쟁이 과열되면서 언론사나 기자가 취재원에게 금품이나 향응 등을 제공하면서 취재하는 경우가 빈발하고 있다. 특히 기자들의 경제력이 일정 수준을 넘어서고, 일부 신문 방송사에서는 특종 상금으로 500만-1000만 원을 지급하는 일이 생기면서 취재원에게 취재협조 대가로 금품을 제공하는 사례가 자주 일어나고 있다. 또 특종을 한 기자들이 소속 언론사의 인사고과나 연수기회 등에서 유리한 지위를 차지하고, 이에 따라 취재원에게 금품 제공하며 취재하는 일이 더 빈번해지고 있다.

취재원들도 이 같은 사정을 알고 적극적으로 금품을 요구하기도 한다. 2006년 8월 국정원 직원 출신의 한 재미교포는 DJ 정부의 비밀 취재차 접근해온 몇몇 언론사 기자들에게 "과거 국정원 동료 한 명을 취직시켜 주면 국정원에서 가지고 나온 자료를 주겠다"는 조건을 제시한 것으로 알려졌다.

3. 언론사 윤리 강령의 문제점

이 같은 역 촌지 문제는 '취재 과정에서의 불법' 시비는 아니더라도 근본적인 취재윤리 문제를 제기한다.

이와 관련해 가장 심각한 문제는 언론사나 기자 스스로 이에 대한 문제의식이 없거나 희박하다는 점이다. 특히 언론의 상업화가 심화되고 취재 경쟁이 과열되면서 언론사에서 이를 묵인하거나 부추기는 풍조도 있다.

대부분의 언론사는 취재행위 등과 관련돼 자체 윤리강령을 갖추고 있다. 그러나 취재 과정에서의 윤리 위반과 불법 문제에 대한 내용은 없거나 빈약하다. 아래에서 보는 바와 같이 각 언론사의 윤리강령은 촌지 수수 금지 등에 대해서는 예외 없이 규정하면서도 '역 촌지 수수'(취재원에 대한 촌지 제공)에 대한 규정은 거의 없다.

▼ 경향신문

직무 수행과 관련해 금품 및 기타 특전을 요구하거나 받지 않는다.

▼ 동아일보

- 취재원으로부터 금품 및 기타 특권을 요청하지도 받아들이지도 않는다.
- 공서 양속에 반하는 방법으로 취재하지 않으며 국민 정서에 유해한 비속어의 사용을 자제한다.

▼ 한겨레신문

- 금품

(1) 우리는 윤리강령에 어긋나는 금품을 정중히 사절한다. 금품이 자신도 모르는 사이에 전달되었을 때에는 되돌려 보낸다. 되돌려 보내기가 어려울 때에는 윤리위원회에 보고하고 그 판단에 따른다. 다만 선의의 사소한 선물은 예외로 할 수 있다.

(2) 우리는 신문사의 지위를 이용하여 상품을 무료로 또는 할인해서 구입하는 등 상거래에서 부당한 이익을 얻거나 그 밖의 개인적 이득을 꾀하지 않는다.

▼ 조선일보

- 직업윤리

① 취재원으로부터 금전 또는 주식·채권 등 유가증권을 받지 않는다.

② 공정한 취재·보도 활동에 영향을 줄 수 있는 선물이나 접대를 받지 않는다.

③ 취재원으로부터 부당한 할인혜택이나 편의를 제공받지 않는다.

▼ MBC 방송강령

- 금품, 향응, 무료 서비스의 수수

(1) 우리는 직무와 관련하여 제공될지도 모를 특권을 바라거나 받아들이지 않는다.

(2) 우리는 뉴스의 취재·보도, 또는 프로그램의 제작과 관련하여 금전 또는 선물을 받지 않는다.

(3) 우리는 무료 여행 및 여행 경비 보조를 받아들이지 않는다. 무료 교통 편의, 또는 무료 숙박은 군사작전 지역이나 과학 탐사 같은 불가피한 경우에 한한다.

(4) 우리는 MBC의 권위와 신뢰를 해치고, 취재·보도 및 프로그램 제작과 관련된 판단에 영향을 끼칠지도 모를 금전, 선물, 무료 서비스, 또는 향응은 평상시만이 아니라 휴가 때라 할지라도 받아들이지 않는다.

(5) 흥행 또는 스포츠 행사에의 무료입장은 정상적인 취재 활동에 한해서만 허용된다.

▼ 기자협회

- 정당한 정보수집

우리는 취재 과정에서 항상 정당한 방법으로 정보를 취득하며, 기록과 자료를 조작하지 않는다.

이와는 대조적으로 미국 뉴욕타임즈 윤리강령은 이 문제에 대해 명확하게 규정하고 있다(Ethical Journalism 제19조. 2003년 1월 제정).

"기자는 취재에 협조하지 않는다고 협박해서는 안 된다. 취재에 협조하면 호의적으로 보도해주겠다고 약속해서도 안 된다. 인터뷰나 자료제공의 대가를 지불해서는 안 된다"(Staff members may not threaten to damage uncooperative sources. They may not promise favorable coverage in return for cooperation. They may not pay for interviews or unpublished documents).

제 6 절 방송 취재윤리와 위법의 문제 (Case Study)[1]

유 희 준*

1. 들어가면서

삼성 'X파일' 보도와 관련해, 제보를 입수해 특종 보도하려 했던 문화방송 기자에 대해 검찰이 통신비밀보호법위반 혐의를 적용해 징역 1년형을 구형했다. 물론 최종적으로 법원으로부터 무죄 판결을 받았지만, 해당 기자는 취재와 보도 과정에서는 물론 방송 이후 검찰조사에 이르기까지 심리적으로 큰 부담과 어려움을 겪어야 했다. X파일 보도를 놓고 벌어진 논란은 해당 기자 개인의 문제일 뿐만 아니라, 한국 언론계에 커다란 화두를 제시했다. 그것은 바로 취재윤리와 위법의 문제다.

취재윤리와 위법의 문제와 관련해 최근 SBS 시사 프로그램 '뉴스추적' 기자가 마약을 밀반입하려다 적발돼 검찰의 조사를 받는 사건이 일어났다. 검찰은 담당 기자를 임의 동행해 7시간 가까이 조사를 한 뒤 풀어줬으며, 취재진이 마약을 유통하거나 투약하려는 고의가 있다고 인정하기 어려워 내사를 종결했다. 사법당국의 허술한 마약관리를 고발하기 위한 것이 방송보도의 목적이었다면, 실정법을 위반한 사람들을 예외 없이 처벌하는 것이 검찰의 존재이유일 것이다. 이렇게 언론과 법은

* SBS 보도제작 2 부 기자, 건국대 언론홍보대학원 강사.

1) 이 글은 저자의 논문을 참고로 작성했다. "방송 탐사보도와 언론윤리에 관한 연구 — 지상파 방송 시사프로그램의 취재관행을 중심으로," 서강대 언론대학원, 2006.

서로 존재의 이유와 목적이 다른 까닭에 충돌과 갈등을 일으킬 수 있다.

현행 형법에는 보도 "행위가 진실한 사실로서 오로지 공공의 이익에 관한 때에는 처벌하지 아니한다"는 위법성 조각사유가 명시돼 있다. 실제로 언론이 공익을 위한 보도를 위해 불가피하게 실정법을 위반하는 경우가 생길 수 있다. 이럴 경우 위법성에 대한 최종 판단은 법원에서 내린다. 언론이 공공의 이익을 위해 보도를 한다 하더라도 위법성에 대한 최종 판단은 법원의 몫이라는 말이다. 언론과 법의 이런 관계를 놓고 보면 언론도 결국은 '법의 지배'에서 예외일 수 없다는 해석도 가능하다.

본고는 방송 보도에서 나타난 취재윤리와 위법의 문제에 초점을 맞추고 실제 방송 보도에서 나타난 위법성에 대한 사례를 분석하고자 한다. 방송 기자들의 일부 취재관행들은 실정법에 저촉되는 것들도 있다. 하지만 일선 기자들은 취재하고자 하는 내용이 공익에 부합하고 진실하다면, 취재과정의 위법성이 조각될 수 있으며 비윤리적인 취재도 크게 문제되지 않을 것이라고 여기고 있다. '표현의 자유'와 '알 권리'가 헌법의 보장을 받듯이 취재의 자유도 당연히 보장돼야 한다는 입장이다.

그러나 취재의 자유가 무제한일 수는 없다. 언론의 자유가 위법적이거나 비윤리적인 취재관행까지 포괄적으로 보장하는 것은 아니기 때문이다. 따라서 언론은 언론자유를 자의적으로 폭넓게만 해석할 것이 아니라, 취재윤리를 준수하고 실정법을 면밀히 검토하면서 오로지 '공공의 이익'을 위한 보도에 충실해야 할 필요성이 제기된다. 언론 스스로 실정법을 면밀히 검토하면서 취재와 보도과정에서 일어나는 위법적인 문제를 자율적으로 해결하려는 노력을 기울여야 한다는 것이다. 이를 통해 '법의 지배'를 최소화하면서 언론자유를 자율적으로 신장시키는 것이 바람직할 것이다.

2. 방송 취재의 위법성에 대한 판단

방송 이후 보도 내용의 사실관계에 대한 해석에 따라 명예훼손 문제가 제기될 수 있지만, 취재과정에서는 '알 권리'와 '알려지지 않을 권리'가 갈등과 충돌을 일으키게 된다. 방송 기자들의 취재과정에서 일어나는 갈등 유형은 대부분은 공인과 개인의 범위 문제, 공익과 사익의 비교형량에 대한 판단, 개인의 사생활(Privacy) 침해 여부와 관련돼 있다. 특히 사적인 공간에 무단으로 들어가거나, 사생활을 엿보거나 몰래 촬영하는 행위, 그리고 다른 사람의 문서 등을 훔치거나 불법으로 입수하는 경우는 법적인 처벌을 받을 수 있는 유형에 속한다. 이 밖에 상대방의 동의를 얻지 않고 녹취, 촬영하거나 전화로 녹음한 내용을 방송하는 행위는 개인의 '초상권'과 '음성권'을 침해할 수 있는 유형으로 분류할 수 있다.

그러나 이렇게 취재 과정에서 흔히 일어날 수 있는 언론윤리와 위법성의 문제는 현장에 있는 방송 기자들과 데스크의 주관적인 판단에 따르고 있는 게 현실이다. 언론과 관련된 법적분쟁이 끊이지 않고 있는 이유 중에 하나는 취재과정에서 생기는 위법성 문제를 법률전문가가 아닌 언론인이 주관적으로 판단해 대응하기 때문이다. 물론 대부분의 언론사에서 고문변호사 등을 별도로 고용해 취재와 관련된 위법적 문제에 대한 상담을 하고 있다. 그러나 대부분의 고문변호사들은 사외에서 활동하기 때문에 취재와 관련된 일선 기자들의 상담을 제대로 하기 힘든 측면이 있다. 보통 한 개 언론사에 소속된 기자들은 2백 명 수준이다. 2백 명의 기자들이 다양한 취재현장에서 여러 가지 법률적 문제에 부딪힐 수 있으며, 사안에 따라서는 매우 복잡한 법리적 해석이 필요한 경우도 발생한다. 이런 점을 감안하면, 기자들의 취재와 관련된 법리적 검토를 전담하는 변호사를 언론사에서 별도로 채용하는 게 더 합리적인 대처방안일 수 있다.

과거에는 취재과정과 보도내용에 위법성이 있다 하더라도 취재원과 당사자들이 크게 문제를 삼지 않았지만, 인터넷과 정보통신산업의 발달로 법과 권리행사에 대한 일반인들의 인식수준이 크게 높아지면서 언론을 상대로 한 분쟁도 동반 상승하는 추세다. 2004년 언론중재위원회에 제기된 중재신청 사례 가운데 90% 이상이 명예훼손 침해를 비롯한 프라이버시권과 관련된 것들이다.[2] 이처럼 프라이버시와 인격권 등에 대한 일반인들의 인지도가 높아지고 있는 만큼, 언론 스스로 국민 개개인의 기본권과 명예를 훼손하지 않도록 노력해야 할 필요가 있다.

정당한 방법을 통해서 얻어지지 않은 증거는 재판에서 효력을 갖지 못하는 것처럼 언론의 취재와 보도에 있어서도 취재과정의 정당성과 윤리성을 확보하는 것이 중요하다. 취재와 관련된 사람들의 명예나 인격권 등을 충분히 배려하고 정보습득 과정의 정당성까지 확보해야 기자 스스로의 윤리적 갈등은 물론 법적인 분쟁

2) 지난 80년대 초 연간 40여건에 불과했던 중재신청이 90년대에 들어와서는 연간 400-500건으로 늘어났고 지난해에는 무려 700건을 넘어섰다. 언론보도에 불만을 갖고 중재를 신청한 사례가 지난 25년 동안 17배 이상 증가한 것이다. 특히 2004년 언론중재위에서 집계한 시정권고 건수 283건 중 78.7%가 개인의 명예훼손이나 사생활 침해에 대한 것으로 나타남.

도 예방할 수 있다. 방송기자들의 취재관행 중 일부는 언론윤리는 물론 실정법에 저촉되는 경우도 있다. 이와 관련해 대법원은 언론의 자유가 개인의 '프라이버시' 등의 권리와 갈등, 충돌을 일으키는 경우, 취재·보도로 얻어지는 공익과 인격권의 보호에 의하여 달성되는 가치를 '비교형량'[3]하여 그 위법성 여부를 결정할 수밖에 없다고 판시했다.[4]

언론이 공익적인 목적에 따라 보도를 한다 하더라도 비윤리적이거나 위법적인 취재관행을 사용하고 개인의 인격권을 침해했다면 마땅히 그에 따른 법적 책임을 져야 할 것이다. 그리고 현행법을 어기고 불가피하게 취재·보도를 해야 한다면, 이후의 결과에 대해서도 책임을 지는 자세가 필요하다. 법을 어기더라도 언론자유와 공익성이 우선시해야 하는 상황이 발생한다면 보다 책임 있는 자세를 보이는 것이 저널리즘의 신뢰를 얻을 수 있는 길이다. 이와 관련해 미국 《워싱턴 포스트》는 1971년 국방부 기밀문서를 보도하는 과정에서 법적 제재의 위험을 감수하기도 했다. 미국 언론발전에 상당한 공헌을 한 것으로 평가받고 있는 《워싱턴 포스트》의 경영진 캐서린 그레이엄(Katharine Graham)은 미 법무부가 국방부 기밀문서 보도를 막기 위해 경쟁사인 《뉴욕 타임스》를 상대로 소송을 제기한 뒤에도 기밀문서를 공표하기로 결정했다. 취재와 보도로 얻어지는 공익과 개인의 프라이버시 침해에 따른 이익의 '비교형량'에 따라 위법성 여부를 결정하는 게 법원의 역할이라면, 언론의 역할은 법의 테두리 안에서 진실추구와 사회정의 실현이라는 공익적 책임을 다하는 것이다. 더 나아가 언론자유나 저널리즘의 신뢰성을 위해서 때로는 법적 제재에 따른 위험이 있다하더라도 책임 있는 자세를 보이는 것이 바로 언론의 역할일 것이다.

3. 위법적 취재에 대한 사법처리 사례

모든 사회적 행위에는 자유로운 행위에 대한 책임이 수반된다. 과거와 달리 언론 보도에 대한 법적 분쟁이 계속 늘어나고 있는 이유는 취재방식과 내용의 위법

---

3) [대법원 1999. 1. 26. 선고 97다10215 판결] "이익의 비교형량에 있어서 보도 목적의 공익성과 보도 내용의 공공성, 보도 매체의 성격과 신속보도의 필요성, 보도의 근거가 된 정보원의 신빙성, 보도 내용의 진실성과 공정성 및 그 표현 방법, 보도로 인하여 피해자 등이 입게 될 피해의 정도 등 여러 사정을 종합하여 판단하여야 한다."

4) 김옥조, 미디어 윤리, 서울 커뮤니케이션북스(2004), 121-122면 참조.

성뿐만 아니라, 일반인들의 법에 대한 인식수준이 높아지고 있기 때문이다. 언론 관련 분쟁에서 가장 문제가 되는 경우는 보도로 인한 명예훼손의 경우다. 언론매체의 보도로 인하여 '갑'의 명예가 훼손된 경우, '갑'은 그 보도를 한 언론사 취재기자(때로는 편집책임자까지)를 명예훼손죄(혐의)로 수사기관에 고소할 수 있다. 그러나 통상적으로는 취재기자에게 명예훼손의 고의까지 인정할 수는 없는 경우가 대부분이기 때문에 당해 취재기자를 명예훼손죄로 의율하여 형사 처벌하는 경우는 매우 드물다. 하지만 민사상 손해배상 책임은 반드시 고의를 구성요건으로 하고 있지 않기 때문에 기자가 당해 기사를 취재, 보도함에 있어서 기자로서 취해야 할 상당한 주의의무를 다하지 않는 경우에는 명예훼손의 과실이 인정되어 손해배상 책임을 면할 수 없게 된다. 물론 손해배상 액수는 당해 기자가 기울인 주의의 정도에 따라 차이가 날 수 있다.[5)]

현행 형법에 따르면, 보도 내용이 진실하고 공익적인 것이라면 언론은 명예훼손의 책임을 지지 않아도 된다.[6)] 형법에서는 보도 "행위가 진실한 사실로서 오로지 공공의 이익에 관한 때에는 처벌하지 아니한다"[7)]는 위법성 조각사유를 제310조에 명시하고 있다. 새로 제정된 '언론중재 및 피해구제 등에 관한 법률'의 위법성 조각사유는 형법과 차이가 나기 때문에 주의해야 할 필요가 있다. 새 '언론중재법'은 "사회상규에 반하지 아니하는 한도 안에서 피해자의 동의에 의하여 이루어지거나 또는 공적인 관심사에 대하여 중대한 공익상 필요에 의하여 부득이하게 이뤄진 때에는 위법성이 조각된다"[8)]고 규정하고 있다. 인격권 침해의 위법성 조각사유를 오로지 상대방의 동의와 공익상 필요가 있을 경우로 한정한 것이다. 다시 말해 보도

---

5) 김종훈, 언론인을 위한 언론소송 가이드북, 한국언론재단(2004), 20-21면.

6) 형법 제307조(명예훼손) ① 공연히 사실을 적시하여 사람의 명예를 훼손한 자는 2년 이하의 징역이나 금고 또는 500만 원 이하의 벌금에 처한다.
② 공연히 허위의 사실을 적시하여 사람의 명예를 훼손한 자는 5년 이하의 징역, 10년 이하의 자격정지 도는 1천만 원 이하의 벌금에 처한다.

7) 형법 제310조 (위법성의 조각) 제307조 제1항의 행위가 진실한 사실로서 오로지 공공의 이익에 관한 때에는 처벌하지 않는다.

8) '언론중재 및 피해구제 등에 관한 법률'[법률 제7370호 신규제정 2005. 1. 27] 제5조 (인격권의 보장 등) ① 언론은 생명・자유・신체・건강・명예・사생활의 비밀과 자유・초상・성명・음성・대화・저작물 및 사적문서 그 밖의 인격적 가치 등에 관한 권리(이하 "인격권"이라 한다)를 침해하여서는 아니 된다.
② 인격권의 침해가 사회상규에 반하지 아니하는 한도 안에서 피해자의 동의에 의하여 이루어지거나 또는 공적인 관심사에 대하여 중대한 공익상 필요에 의하여 부득이하게 이루어진 때에는 위법성이 조각된다.

내용의 진실성과 관련 없이 상대방이 동의하지 않거나 공익적인 내용이 아닐 경우에는 언론이 법적인 책임을 져야 한다는 것이다. 아무리 진실한 내용이라 하더라도 공익성이 없고 상대방의 동의도 없이 개인의 사생활, 초상권, 음성권 등을 침해하는 보도를 할 경우 언론은 인격권 침해에 따른 법적인 책임에서 자유로울 수 없다.

방송 보도가 언론법제와 갈등, 충돌을 일으켜 소송으로 이어지는 경우는 크게 사인과 공인의 명예를 훼손하는 경우와 개인의 인격권을 침해하는 경우로 나눠볼 수 있다. 그동안 주로 명예훼손 소송 위주로 법적 분쟁이 있었지만, 2005년부터는 언론중재법이 시행되면서 인격권 침해와 관련한 소송이 급증할 것으로 예상된다. 법적 분쟁의 양태는 민·형사 소송을 비롯해 여러 가지 형태로 진행되며 방송 취재와 제작에 영향을 미칠 정도로 상당히 오랫동안 진행되기도 한다. 어떤 경우에는 방송이 나가기 직전에 방송금지가처분 신청이 들어와 프로그램 제작에 큰 차질을 빚기도 하고 화면 모자이크 처리를 제대로 하지 않아 반론보도 청구소송에 이르는 경우도 있었다.[9] 이렇게 방송 직후 제기되는 각종 소송으로 기자와 PD들이 심리적으로 위축돼(Chilling Effect) 일상의 취재와 제작에 집중하지 못하는 문제점도 파생되고 있다.

특히 지난 90년대 후반부터 방송사나 시사보도 프로그램 제작진을 상대로 한 각종 소송이 늘어나고 있는 추세에 있다.[10] 요즘의 시사 프로그램에서 예전과 같은 강한 고발보도나 탐사보도가 줄어들고 있는 하나의 원인으로 언론사를 상대로 한 소송 증가를 꼽을 수 있다. 방송사 기자들의 취재관행 중에서 개인과 갈등과 충돌이 생겨 법적으로 처리된 구체적인 사례들을 살펴보면 다음과 같다.

---

9) 지상파 방송의 모 시사 프로그램의 경우 방송 직전에 방송금지 가처분신청이 접수됐다. 이에 대해 법원 방송 내용에 대한 법률적 검토를 통해 "음성변조와 모자이크 처리로 누구인지 특정하지 않았다고 주장하나 여러 가지 방송 내용을 종합하면 신청인들과의 개별적인 연관성이 명백하다고 보아야 할 것이다"라고 판결했다(서울지방법원 남부지원 2001카합1414).

10) [국민일보, 1999-04-24 55판 30면 참조]: MBC 'PD수첩'의 경우 소송 규모가 가장 크다. 97년 말의 영생교 관련 보도, 지난해 11월 방송된 세계정교 총령 보도건과 관련해 각각 10억 원의 손해배상소송이 진행 중이다. SBS '그것이 알고 싶다'는 지난달 'JMS, 그 실체는 무엇인가' 편 방영 후 최근 10억 원의 피해보상 소송이 들어왔다. '노숙자 빠리꾼'편 방송 뒤에는 인신매매 범으로 묘사된 노숙자도 8천만 원의 손해배상을 청구했다.(중략) 이렇듯 소송이 빈발하자 제작진은 잔뜩 움츠린 상황이다. (중략) 무엇보다 시사 프로그램을 냉각시킨 것은 법조계의 분위기다. 올 들어 '알 권리'에 앞서 '개인의 인격권'을 중시하고 있는 기류가 감지된다. 제작진은 소송시비가 생기지 않도록 철저한 사실 확인이 필요하지만 말처럼 쉽지 않다고 토로한다.

(1) 몰래 카메라

엄밀하게 말하면 몰래 카메라는 하나의 촬영 기술에 해당하는 것이지 정식 취재기법은 아니다. 일반적으로 잠입취재와 동행취재, 그리고 신분위장 취재과정에서 몰래 카메라를 비롯한 비밀 촬영기법이 함께 동원되기도 한다. 그러나 몰래 카메라도 상대방이 모르는 상태에서 취재한다는 측면에서 하나의 은폐적인 취재관행으로 볼 수 있다.

모 방송사의 '시사 프로그램 B'에서 몰래 카메라를 동원한 경우는 전체 프로그램의 절반이 넘는 것으로 조사됐다.[11] 연구대상 기간 동안 방영된 전체 프로그램 157편 가운데 몰래 카메라를 동원한 경우는 모두 69편으로 전체의 56%로 조사됐다. 그러나 몰래 카메라 사용의 불가피성이나 공익적 목적을 판단하는 기준이 주관적일 수 있기 때문에 남용 사례에 대한 정확한 횟수를 파악하기는 어려웠다.

다만 제작진을 상대로 한 1 대 1 심층면접 결과, L씨는 "제작기간이 촉박한데다 취재원이 취재에 응하지 않을 경우에 대비해 몰래 카메라를 사용했다"고 남용 사유를 털어놨다. 이 밖에 K씨는 "그동안 제작관행에서 볼 때 부정과 비리를 저지른 혐의를 갖고 있는 취재원들은 대부분 인터뷰에 아예 응하지 않기 때문에 일반적인 취재방식으로는 취재가 안 될 우려가 높은데다 실태를 제대로 고발하기 위해서는 몰래 카메라 사용이 반드시 필요하다"고 응답하기도 했다. 연구대상 기간 동안 제작에 참여한 9명의 제작진을 상대로 한 심층면접 조사 결과를 종합하면, 몰래 카메라를 자주 동원하는 이유는 취재의 편의성과 부족한 제작기간 때문인 것으로 조사됐다.

'시사 프로그램 B'의 경우 몰래 카메라를 비롯한 비밀 촬영 기법을 자주 동원했지만, 방송에서는 화면을 모자이크 처리하거나 음성을 변조해 법적인 분쟁을 피해 나갔다. 심층 면접에서 제작진 일부는 몰래 카메라가 타인의 프라이버시를 침해할 우려가 높기 때문에 법적인 갈등과 충돌을 예방하는 차원에서 적극적으로 모자이크를 처리하고 음성변조를 한다고 응답했다. 이런 이유 때문인지 연구대상 프로

---

11) 지상파 3사 방송 시사 프로그램의 취재관행이 대동소이한 상황에서 특정 방송사의 시사프로그램만 부각시킬 경우 뜻하지 않은 불이익을 줄 수 있다는 우려 때문에 연구대상 프로그램의 명칭을 특정하지 않고 대신 '시사 프로그램 B'라는 별칭을 사용. 연구의 객관성과 정확성을 위해 연구 대상기간을 2000년 10월부터 2004년 8월까지로 한정하고, 해당 시사 프로그램 제작진 9명을 상대로 면접조사를 병행함.

그램에서 몰래 카메라 때문에 법적인 분쟁이 일어난 사례는 단 한 건도 없는 것으로 조사됐다.

최근 몰래 카메라와 관련된 법원 판례 가운데 방송 시사 프로그램과 관련된 것으로는 지난 97년 연세대 성악과 대학생 4명이 모 방송사 시사 프로그램을 상대로 낸 손해배상 청구소송을 예로 들 수 있다. 당시 사건은 지난 97월 3월, 방송사 취재진이 대학생들의 비뚤어진 음주문화를 고발하기 위해 신입생 환영회 장면을 취재하면서 사전 동의 없이 학생들의 음주 장면 등을 촬영하고 2차 장소인 나이트클럽 화장실에서의 대화 장면 등을 몰래 카메라로 촬영해 문제가 불거졌다. 이 사건에서 1심 법원은 원고인 성악과 재학생인 성 모 씨 등 4명에게 2백만 원에서 6백만 원씩 모두 1천 6백만 원을 배상하라며 원고 승소 판결을 내렸다. 재판부는 판결문에서 "현행법상 초상권에 대한 명문규정은 없지만 헌법 제10조 행복추구권 규정에 따라 모든 국민은 사생활의 비밀과 초상권을 침해받지 않을 인격권을 갖는다"며 "방송사가 성씨 등의 사전 동의 없이 신입생 환영회 장면을 몰래 촬영, 방송한 것은 촬영거절권을 침해한 것으로 불법 행위"[12]라고 판시했다.

최근 들어 법원은 몰래 카메라 사용에 대해 언론은 물론 현직 검사에게도 엄정한 잣대를 적용하고 있다. 2004년 2월 청주지방법원은 양길승 당시 청와대 부속실장을 몰래 카메라로 촬영하도록 지시한 김 모 검사에 대해 출판물에 의한 명예훼손 혐의를 인정해 실형을 선고했다. 문제의 사건은 양길승 전 청와대 제1부속실장이 청주의 한 나이트클럽에서 향응 술자리 접대를 받는 장면이 신문과 방송을 통해 보도되면서 크게 불거졌다. 검찰 조사 결과, 청주지검 김 모 검사가 '몰래 카메라' 제작과 언론 폭로를 주도했으며 몰래 카메라에 관여한 박 모 여인으로부터 고소사건을 무혐의 처분해준 대가로 2천만 원을 받은 것으로 드러났다. 몰래 카메라 촬영을 지시하고 언론 폭로를 주도한 김 검사는 결국 대전고등법원 제1형사부(재판장 조병현 부장판사) 심리로 열린 항소심 결심공판에서 "사건 관계인 박 모 여인으로부터 2천만 원을 받은 것과 '몰카'를 촬영해 배포한 것을 모두 인정한다"고 밝혔다. 김 검사는 "검찰에 누를 끼친 점을 깊이 반성하고 있다며 선처해주면 한국을 떠나겠다"[13]고 덧붙였다. 당시 결심공판에서 검찰은 김 전 검사에게 1심과 같은 징역 7년을 구형했고, 법원은 징역 2년 6월에 추징금 2천 6백여만 원을 선고

12) 서울지방법원 남부지원 1997. 8. 7. 선고 97가합8022 판결.

13) 〈"선처해주면 한국 떠나겠다"〉 동아일보, 2004. 4. 29일자 기사 인용.

했다.

물론 몰래 카메라 사용의 위법성에 대해서는 논란의 소지가 없는 것은 아니다. 지난 97년 7월 서울 신촌의 한 백화점 화장실에서 몰래 카메라가 발견돼 사회적으로 큰 파장이 일어났지만, 당시 사건을 내사한 유 모 검사는 "비밀 카메라가 비밀침해죄, 주거침입죄, 주거신체수색죄, 명예훼손죄, 통신비밀보호법 위반, 경범죄 등 현행 어느 법조문으로도 처벌할 수 없다"고 지적하면서 이를 처벌할 수 있는 법적 근거를 마련해야 한다는 의견서를 법무부에 제출하기도 했다.[14] 학계에서도 몰래 카메라로 촬영하는 행위 자체에 대한 처벌 규정이 미흡하다는 연구결과가 나오기도 했다. 특히 이주일(1999)은 "지난 1995년 형법 개정을 통해 문서개봉 이외의 기술적인 수단에 의한 비밀침해규정을 신설하기는 하였지만, 최근에 와서 사회 문제가 되고 있는 소위 몰래 카메라와 같은 수단으로 행하여지는 사생활침해에 대하여 형법은 아무런 해결점을 제시하지 못하는 난관에 봉착해 있다"고 지적했다. 그는 이어 "지난 1997년 모 백화점 여자화장실에 설치한 몰래 카메라는 사회적으로 많은 반향을 불러일으켰지만 마땅한 처벌규정이 없어 법원에서 무혐의 처분을 받았다. 그리고 부천의 독서실 여자화장실에 설치된 몰래 카메라의 경우에도 동일한 처분을 받았다. 물론 몰래 카메라와 관련해 전혀 처벌할 방법이 없는 것은 아니다. 예를 들어 몰래 카메라를 찍어서 그것을 시중에 유통시킨 경우에는 음반 및 비디오물에 관한 법률 제26조에서 소정의 등록절차를 거치지 않은 비디오물에 대하여 판매, 배포, 대여 도는 시청을 제공한 경우에는 처벌할 수 있다. 그리고 몰래 카메라를 설치하기 위하여 타인의 주거에 침입한 경우에는 주거침입죄의 적용도 가능할 것이다. 그러나 현행 법률로는 비디오를 몰래 찍는 행위 자체만을 처벌하는 규정은 없는 실정이다"[15]라는 연구 결과를 내놓았다. 상대방이 모르는 상태에서 몰래 카메라로 촬영만 하고 공표하지 않는다면 현행법으로 처벌할 수 없다는 주장이다.

---

14) [문화일보, 1997-09-01 19면 참조]: 지난 7월 서울 그레이스백화점이 여자화장실에 설치한 비밀카메라 사건을 내사했던 서울지검 서부지청 유병규 검사는 이를 처벌할 수 있는 법적 근거를 마련해야 한다는 의견서를 대검과 법무부에 제출했다. 의견서에서 유 검사는 비밀 카메라가 비밀침해죄, 주거침입죄, 주거신체수색죄, 명예훼손죄, 통신비밀보호법 위반, 경범죄 등 현행의 어느 법조문으로도 처벌할 수 없다고 지적했다. 따라서 그는 "형법 규정을 개정하거나 특별법을 제정, 모든 유형의 도청 도시 무단촬영 무단 녹화 행위를 광범위하게 규제할 수 있어야 한다"고 주장했다.

15) 이주일, "사적비밀의 형법적 보호: 몰래카메라를 중심으로," 한국외대 법학연구소 외법논집 제 6 집, 1999, 233-243면 재인용.

참고로 2000년부터 시행되고 있는 통합방송법 제33조의 규정에 따라 방송심의에 관한 규정도 새로 만들어졌는데, 비밀 촬영이나 몰래 카메라에 대한 포괄적인 내용이 담겨 있는 점이 주목할 만하다. 방송심의에 관한 규정 제19조 사생활보호 조항에서는, "방송은 개인의 사생활의 비밀과 자유를 침해하여서는 아니 되며, 사적인 전화나 통신 등의 내용을 당사자의 동의 없이 방송하여서는 아니 된다"고 규정하고 "방송은 흥미를 목적으로 특정인의 사생활을 본인이 인지하지 못한 상태에서 녹음 또는 촬영하여 당사자의 동의 없이 방송하는 등의 방법으로 개인의 인격권을 부당하게 침해하여서는 아니 된다"고 명시하고 있다.

2005년 1월 제정된 '언론중재법'은 인격권을 강조하고 "사생활의 비밀과 자유, 초상, 성명, 음성, 대화, 저작물 및 사적문서 그 밖의 인격적 가치 등에 관한 권리를 침해하여서는 아니 된다"는 조항을 포함시켰지만, 인격권 침해에 대한 구체적인 설명이 부족하고 위법성 조각사유[16]만 언급하고 있어 몰래 카메라로 촬영하는 행위만으로는 처벌이 어려울 수 있을 것이다. 결국 언론의 몰래 카메라 사용은 언론인 스스로 꼭 필요한 취재방식인지 적절히 판단하고 취재과정에서 개인의 인격권을 침해하지 않도록 자율적으로 노력을 기울이는 것이 무엇보다 중요하다고 할 수 있다.

연구 대상인 '시사 프로그램 B'에서 몰래 카메라 사용으로 촉발된 개별적인 갈등과 충돌사례를 모두 다 언급하지는 못했다. 방송 보도에서 드러난 일부 갈등 사례를 논의하기는 했지만, '시사 프로그램 B'에서 실제로 법적인 제재를 받은 사례가 단 한 건도 없어 몰래 카메라와 관련된 기타 판례를 인용할 수밖에 없었다. 몰래 카메라 취재관행을 동원할 때 판단기준을 종합해보면, 1) 다른 취재기법을 다 동원했는데도 취재가 어려운 경우, 2) 공공의 이익을 위해 불가피한 경우, 그리고 3) 개인의 사생활을 침해할 우려가 적은 경우에는 몰래 카메라가 제한적으로 사용될 수 있다는 결론을 얻었다. 덧붙여 몰래 카메라로 촬영한 화면을 방송에서 사용할 때에는 반드시 화면을 모자이크 처리하고 음성을 변조하는 방식으로 개인의 인격권을 침해하지 않도록 주의해야 할 것이다.

16) '언론중재 및 피해구제 등에 관한 법률' 제 5 조 제 2 항, 인격권의 침해가 사회상규에 반하지 아니하는 한도 안에서 피해자의 동의에 의하여 이루어지거나 또는 공적인 관심사에 대하여 중대한 공익상 필요에 의하여 부득이하게 이루어진 때에는 위법성이 조각된다.

(2) 동의 없는 전화녹취

방송 기자들이 취재과정에서 상대방에게 취재진의 신분을 알리지 않거나 상대방의 동의 없이 녹취한 내용을 방송에 내보내는 경우가 종종 있다. 이럴 경우에 대부분 녹취한 내용을 음성 변조해서 법적인 분쟁의 소지를 없애려고 하지만, 동의 없는 전화 녹취는 개인의 음성권을 침해할 우려가 높은 취재관행에 속하기 때문에 더 세심한 주의를 기울일 필요가 있다.

연구 대상인 '시사 프로그램 B'에서 상대방의 동의 없이 녹취한 전화 통화내용을 방영한 프로그램은 모두 8편으로 전체 연구 대상 프로그램 157편 가운데 5%를 차지했다. 제작진을 상대로 한 심층면접 조사 결과, 연구 대상 기간 동안 동의 없는 전화녹취 취재관행을 동원해 항의나 갈등을 겪은 사례는 단 한건도 없는 것으로 조사됐다. 이는 동의 없는 전화녹취를 방송에 사용할 때, 대부분 음성을 변조해 피해자가 누구인지 특정을 안했기 때문에 취재원으로부터 항의가 없었던 것으로 판단된다.

연구 대상 기간의 프로그램은 아니지만, 전화녹취 자료를 방송에 사용하는 것과 관련해 주목할 만한 법원 판례가 있다. 지난 1998년 4월, 모 지상파 방송사의 시사 프로그램에서 "원고의 전화통화 내용이 녹음된 테이프를 음성변조 처리 없이 방송해 원고의 음성권을 침해했다"며 법원은[17] 5백만 원의 위자료를 지급하라고 판시했다. 당시 취재진은 "부동산 매매 및 전세 계약 당사자의 분쟁에 관한 보도를 하면서 부동산 중개업자가 매매 계약 이행문제로 인해 원고와 전화통화한 내용을 녹음하여 넘겨준 녹음테이프를 음성변조 처리 없이 그대로 재생하여 방송했다."[18] 법원은 비밀녹음과 녹음테이프 재생 방송으로 인한 인격권 침해에 대해 제보자인 조 모 씨가 "원고의 승낙 없이 원고와 전화로 통화한 내용을 녹음하고, 그 녹음테이프가 음성변조 없이 방송됐기 때문에 제보자 조 씨와 방송사는 원고의 인격권과 음성권을 침해했다"고 판결했다.

그러나 법원은 동일 사건에 대한 1억 4천만 원의 손해배상 청구를 기각했다. 법원은 기각 사유로 "개인의 명예의 보호와 표현의 자유의 보장이라는 두 법익이

17) 서울지방법원 1999. 7. 7. 선고 98가합51935 판결; 서울고등법원 2000. 9. 3. 선고 99나43440 판결.
18) 국내언론관계판결집 제 7 집, 언론중재위원회, 2000 6, 321-331면.

충돌하였을 때 그 조정을 어떻게 할 것인지는 구체적인 경우에 사회적인 여러 가지 이익을 비교하여 표현의 자유로 얻어지는 이익, 가치와 인격권의 보호에 의하여 달성되는 가치를 형량 하여 그 규제의 폭과 방법을 정하여야 한다(대법원 1998. 7. 14. 선고 96다17257 판결 참조)라고 할 것인바, 앞서 인정한 사실들에 비추어 보면, 이 사건 보도는 주로 공공의 이익을 위한 것이고, 이 사건 보도로 인하여 침해된 원고의 사생활의 권리 또는 인격권은 위 보도를 위법하게 할 정도로 중하지는 않으므로, 이 사건 보도가 원고의 사적인 사항을 취급하였다는 사정만으로는 곧바로 사생활의 권리 또는 인격권을 침해하는 불법행위가 성립한다고 볼 수는 없다"는 판결을 내렸다.

한편 "미국 연방대법원은 기자가 직접 녹취한 것이 아니고 제 3 자가 불법적으로 녹취한 통화내용을 언론이 합법적으로 입수하여 공개했다면 개인 간의 통신을 도청하지 못하도록 한 연방법의 적용을 받지 않는다고 판결했다"[19](Peavy vs. New Times, Inc., 2001. 5. 21). 이에 앞서 지난 97년 미국 텍사스 연방법원은 "비록 언론사가 위법성을 미리 알았다 하더라도, 연방 통신법 조항은 전화통화 불법 전화도청 내용을 보도하는 것을 막을 수 없다"고 판시했다. 당시 사건은 학교 이사회 임원인 피비(Peavy) 씨가 그의 친구와 전화로 통화한 내용을 누군가 도청한 뒤, 도청내용 전문이 '뉴 타임스(New Times)'에 공개되면서 비롯됐다. 피비 씨의 대화는 인종을 차별하고 모독하는 내용을 담고 있었는데, 그의 대화록은 학교 이사회에서 이미 발표된 내용이었다. 미 연방법원은 언론사가 일반인에게 공개된 학교 이사회로부터 테이프 녹취록을 합법적으로 입수한 사실과 그 정보가 공공의 관심사항을 담고 있다는 사실을 확인했다. 결국 미 연방법원은 "이미 일부 사람들에게 공개된 진실한 정보를 보도하는 행위를 제한할 수 없다"[20]는 판결을 내렸다. 이 사건의 핵심은 "언론이 불법 도청된 정보라는 사실을 알면서도 그 내용을 보도하여 '연방도청법'을 위반했다 하더라도 공적 관심사에 해당하는 내용을 담은 문제의 녹취서를 적법하게 취득하였다면 그 보도는 수정헌법 제 1 조에 의해 보호된다"[21]는 것이다.

19) '연합뉴스', 2001. 5. 22.

20) Gyung Ho Kim, "Media Liability for Surreptitious and Other Intrusive Newsgathering Practices," pp. 91-92 참조.

21) [Peavy vs. New Times Inc., 26 Med. L. Rptr. 1435](미연방북부텍사스지방법원 1997. 8. 18. 선고) Clay Calber: 언론중재, 언론중재위원회, 1998. 여름호, 139-142면. 오관석 서울고등법원 판사 번역본 참조.

최근 논란이 된 지난 97년 불법 대선자금 X파일 사건과 관련해 주목할 만한 판례가 있다. "미국 판 도청사건의 발단은 1993년 펜실베이니아의 한 학군을 대표하는 교원단체와 교육위원회 사이의 임금인상 협상안이었다. 당시 신원을 알 수 없는 한 개인이 조합장 앤소니 케인과 협상위원 글로리아 바트니키(Bartniki) 사이의 전화내용을 도청 녹음한 후, 그 조합에게 적대적인 단체의 우편함에 녹음테이프를 넣어 놓았다. 문제의 테이프는 단체장의 손을 거쳐 라디오 진행자인 보퍼(Vopper)에게 전달되었고, 케인과 바트니키 사이의 사적 대화는 시사 프로그램을 타고 대중들에게 여과 없이 방송되었다. 이에 분개한 바트니키와 케인은 방송인 보퍼가 도청을 금하고 있는 연방법과 주법을 위반했다며 소송을 제기했다."[22]

이 소송에서 미 제3순회재판부는 "비록 주정부 법에 의해 개인 간의 대화와 통화의 비밀을 보호하고 불법으로 녹취된 전화통화를 공개하는 금지하고 있지만, 뉴스 가치가 있는 정보를 보도하는 것에 책임을 묻는 것은 미국 수정헌법 제1조를 위반한다"고 판시했다. 특히 재판부는 "불법으로 도청한 내용을 공개하기 위해 직, 간접적으로 도청에 참여하지 않았고 그 누구에게도 불법도청을 하도록 만들지 않은 언론인들에게 손해배상을 부과하기보다는 책임 있는 당사자들을 처벌하도록 하기 위해 현행 법조항을 강화하는 것이 연방 당국이 해야 할 일"[23]이라고 덧붙였다. 이후 미 연방대법원은 "공공의 관심사에 해당하는 정보를 보도하는 언론사에게 불법 도청 내용의 공개에 따른 법조항을 적용하는 것은 수정헌법 제1조에 위반된다"[24]며 순회재판부의 판결을 최종 확정했다.[25] 결국 지난 97년 '피비' 사건과 지난 93년 '바트니키' 사건을 종합하면, 불법으로 도청된 내용이라 하더라도 적법한 과정을 통해 입수했고 공공의 이익과 관련돼 있다면 미국 수정헌법 제1조의 보호를 받을 수 있다는 것으로 정리할 수 있을 것이다.

---

22) http://www.ohmynews.com/articleview/article_view.asp?no=143247&rel_no=4 2005년 7월 28일자 참조.

23) Gyung Ho Kim, *Ibid.* p. 96.

24) [Bartniki vs. Vopper, 2001 U.S. LEXIS 3815, 2001. May 21].

25) [연합뉴스. 2001. 5. 22 참조]: "지난 1993년 펜실버니아 주의 한 라디오 방송국이 익명의 제보원에 의해 불법으로 녹음된 두 교원노조 간부 사이의 핸드폰 통화 내용을 계속 방송, 도청금지법에 의해 기소되었는데 재판부는 공공의 관심사에 해당하는 내용은 불법도청된 것이라고 하더라도 그 녹취서를 적법하게 취득하였다면 그 보도는 수정헌법 제1조의 보호를 받는다고 밝혔다."

(3) 동행취재

동행(Ride-along)취재는 제보자와 동반하는 경우와 수사기관과 동행해서 취재하는 경우 등 크게 두 가지로 나뉜다. 제보자와 동행하는 경우에는 제 3 자의 객관적인 시각을 갖기 힘든 측면이 있고, 수사기관과 동행하는 경우에도 독립적인 취재가 불가능함은 물론 취재원의 프라이버시를 침해할 우려가 높기 때문에 세심한 주의를 기울일 필요가 있다.

'시사 프로그램 B'에서 연구대상 기간 동안 동행취재 기법을 사용한 프로그램은 모두 37편으로 대부분은 취재원이나 제보자와 동행한 경우였다. 취재원이나 제보자와 동행한 경우는 취재과정이나 방송 이후 별다른 갈등과 문제가 생기지 않는다. 대부분 취재원이나 제보자가 의도하는 대로 보도가 나가기 때문이다. 문제가 됐던 사례로는 가출 청소년을 섭외해 동행 취재한 프로그램을 들 수 있다. 당시 취재진은 사전에 학생들에게 동의를 구한 뒤 촬영을 했는데, 방송 이후 청소년들은 자신들의 동의 없이 촬영한 화면 일부가 방송에 나왔다며 전화와 인터넷으로 항의했다. 취재진은 촬영한 화면을 모자이크 처리해 방송에 내보냈다고 설명했지만, 청소년들은 아무리 모자이크 처리를 해도 주변에서 알 만한 사람들은 다 알아볼 정도로 자신들이 모습이 방송이 나갔다고 주장했다. 이후 취재진은 청소년들 만나 사과를 구하고 방송취지를 설명해 갈등은 확대되지 않았다.

동행취재와 관련해 '시사 프로그램 B'의 사례는 아니지만, 한 방송사가 법적인 분쟁에 휘말린 사례가 있다. 지난 98년 말, 모 방송사 취재진은 음대교수 최 모 씨가 입시철을 앞두고 자신의 음악연습실에서 당국의 허가 없이 과외교습을 하는 현장을 경찰과 동행해 취재하면서 연습실 내부와 현장을 촬영했다. 경찰은 과외교습을 한 최 교수에 대해 '학원설립에 관한 설립 운영에 관한 법률' 위반 혐의로 구속영장을 신청했으나 검찰에서 기소유예처분이 내려졌고, 그 후 최 교수는 위 법률에 대한 헌법소원을 제기해 위헌결정을 받아냄으로써 기소유예 처분도 취소됐다.

당시 취재기자는 "취재장소가 현행범의 체포 장소였고 용의자인 대학교수가 사회지도층 인사인 점을 고려하면 그 정도는 국민의 알 권리 보장을 위한 수준의 취재로 위법성이 없다"고 주장했다. 그러나 2심 법원은[26] "원고의 연습실과 같은

26) 서울고등법원 2001. 1. 11. 선고 99나66474 판결.

개인의 사적인 장소는 비록 취재 당시 원고가 현행범으로 체포되고 있는 때라고 하더라도 체포와 관련해 적법절차를 갖춘 사람 이외에는 출입이 금지되고 따라서 그 곳에서 동의 없이 들어가 취재, 촬영, 방영하는 행위는 사생활과 초상권 침해에 해당한다"며 1천만 원의 손해를 배상하라고 판시했다. 이 재판은 그동안 생생한 단속 장면을 촬영해 범죄의 선정성을 부각시켜온 방송사의 동행취재 관행[27]에 경종을 울린 판례가 됐다.

미국의 경우에도 지난 99년 미 연방대법원에서 경찰이 언론과 동행해 가택수색 등을 취재하게 하는 것은 개인의 프라이버시를 침해하는 행위라는 판결이 내려진 뒤부터 언론의 동행취재 관행에 상당한 영향을 미치게 됐다. 언론중재위원회 해외 언론동향에 따르면,[28] 미국 메릴랜드와 몬타나 2개 주에서 경찰이 수색영장 집행과정에서 기자를 동행취재하게 했다가 피소된 사건에서 경찰의 이 같은 행위는 개인의 프라이버시를 침해한 불법행위라는 판결이 내려졌다. 그러나 법원은 이에 동행한 언론인의 취재, 보도행위에 대한 사법적 판단은 유보했다. 이른바 '메릴랜드 사건'은 지난 92년 경찰이 '워싱턴 포스트' 사진기자와 동행하여 새벽에 피의자의 집을 급습했으나 피의자는 없고 대신 속옷 차림의 그의 아버지만 카메라에 촬영된 사건[Wilson vs. Layne, 1998]이며, '몬타나 사건'[Hanlon vs. Berger, 1999]은 지난 93년 야생동물 무단 포획 단속에 CNN 기자를 동행시킨 사건이다. 미 연방대법원은 이 두 사건의 최종심 판결에서 "경찰에게 남의 집에 함부로 들어갈 수 없는 기자를 동행까지 시킬 수 있는 권한이 부여되지 않았다"[29]고 판시했다.

---

27) [한국일보, 2001년 1월 15일자 30판 제29면 참조] 체포현장 취재방송 "초상권 침해" 배상 판결/서울고법 민사합의8부는 14일 전 여대 음대교수 최 모(47, 여)씨가 "원고 동의 없이 원고가 체포, 압수수색 당하는 장면이 방송돼 피해를 봤다"며 모 방송사와 취재기자를 상대로 낸 손해배상 청구소송 항소심에서 원고 패소한 1심을 깨고 "방송사와 취재 기자는 1,000만원을 지급하라"고 원고승소 판결했다. 재판부는 "현행범으로 체포되는 피의자라 해도 피의자 동의 없이 촬영, 방송하는 것은 초상권 침해에 해당한다"며 "그러나 공공의 이익을 보도한 만큼 명예훼손으로 인한 손해배상은 인정하지 않는다"고 밝혔다.

28) Kent R. Middleton, et al., *The Law of Public Communication 2002 Updated Edition*, Allyn and Bacon 2002, pp. 183-185; 해외 언론동향, 한국언론재단, 1999. 11, 20-30면; 언론중재, 언론중재위원회, 1999. 가을호, pp. 86-87 참조.

29) [동아일보, 1999년 5월 26일 A11면 참조] "경찰 영장집행에 기자 대동 위헌"/윌리엄 렌퀴스트 대법원장은 "경찰이 가택을 수색하거나 피의자를 체포하도록 허가받은 것은 언론매체를 동원할 수 있다는 허가는 아니다"고 덧붙였다. 미국 메릴랜드 경찰은 92년 메릴랜드주 락빌에 사는 폭력행위 피의자를 자택에서 체포하면서 '워싱턴포스트'기자를 대동해 제소됐다. 당시 피의자였던 도미니크 윌슨 부부는 경찰이 기자를 동원해 사생활이 침해됐다며 손해 배상을 청구했다. 이 재판에서 대법원은 경찰의 처사가 잘못이라고 판결했으나, 경찰과 함께 가서 취재한 '워

(4) 무단침입

무단침입은 사적 공간 및 생활의 침범(intrusion)으로 대표적인 사생활 침해 유형에 속한다. 방송 탐사보도 취재과정에서 무단 침입을 하는 경우는 예외적인 경우에 해당한다. 무단침입은 그 자체가 사생활의 비밀 침해에 해당하며, 취재・촬영한 내용을 방송에 사용하지 않더라도 피해자가 소송을 제기하면 법적인 책임을 질 수 있다.

'시사 프로그램 B'의 제작 과정에서 무단 침입한 사례는 매우 드물었다. 다만 공무원들의 비리를 추적하는 프로그램을 제작하면서 구청 건물 옥상에 허가 없이 올라가 촬영, 취재한 경우가 있었는데 공무원들은 취재진이 구청건물에 무단으로 침입했다며 경찰에 조사를 의뢰했다. 당시 경찰은 공공건물에서 촬영, 취재는 무단 침입에 해당하지 않는다며 취재진을 돌려보냈다. '시사 프로그램 B' 제작과정에서 무단침입 취재관행을 동원한 프로그램은 모두 5편으로 연구 대상 프로그램 157편의 3%를 차지하는 것으로 분석됐으며, 이 가운데 갈등을 일으킨 사례는 앞서 언급한 사례가 유일하다. 나머지 사례는 무단침입 이후 사과를 구하거나 취재진의 신분을 밝히고 사과하거나 취재목적을 밝혔기 때문에 피해자가 적극적으로 문제삼지 않은 것으로 조사됐다.

방송 탐사보도 취재관행 중에서 무단침입 사례가 흔하지는 않지만, 명백히 형법을 위반하는 것이기 때문에 특별한 주의가 필요하다. 현행 우리나라 형법 제319조 제 1 항과 제 2 항은 주거침입과 퇴거불응에 대해 명확한 처벌규정을 갖고 있다. 제 1 항은 "사람의 주거, 관리하는 건조물, 선박이나 항공기 또는 점유하는 방실(傍室)에 침입한 자는 3년 이하의 징역 또는 500만원의 벌금에 처하도록" 하고 있다. 또 "위 조항의 장소에서 퇴거 요구를 받고 응하지 아니한 자도 전항의 형과 같다"고 명시하고 있다.

미국의 경우, ABC 방송사 프로듀서 2명이 식품판매점에 위장취업한 뒤 일부 작업장에 무단침입(Trespass)해 유통기한이 지난 육류와 식품을 재포장하는 장면을 몰래 카메라로 촬영한 사례에 대해 미국 연방 항소심 순회재판부에서 각각 2달러의 배상 판결을 내린 점으로 미뤄볼 때, 무단 침입도 공공의 이익과 관련되고 다른

싱턴 포스트'측에 대해서는 무혐의 처분을 내렸다.

취재방법이 없는 경우에는 위법성이 조각될 수 있는 것이다. 따라서 취재진이 무단침입 취재기법을 동원할 때는 반드시 데스크, 담당 국장과 사전 협의하고 무단침입이 불가피한지 여부를 충분히 검토하는 것이 바람직하다.

취재진의 무단침입에 대해 우리나라 법원은 미국과 달리 비교적 무거운 잣대를 적용하고 있다는 점을 유념할 필요가 있다. 2002년 서울지방법원 형사 9단독 재판부는 취재과정에서 인터뷰를 위해 남의 집에 무단으로 침입한 PD에게 벌금형을 선고했다. 재판부는 모 신흥종교 여신도들이 교단 간부들에게 폭행을 당했다는 제보를 받고 관계자 집에 허가 없이 들어가 인터뷰를 시도했다가 약식 기소된 모 방송국 PD 윤 모 씨에게 "윤 씨의 행위가 업무상 취재에 해당한다고 하더라도 다른 사람의 주거 침입은 정당한 업무수행으로 볼 수 없고 진실여부의 판단에도 영향을 미치지 않는다"[30]며 벌금 2백만 원을 선고했다.

(5) 문서 입수 및 공개

'시사 프로그램 B'의 취재관행에 대한 분석 결과, 연구대상 기간인 2000년 10월부터 2004년 8월까지 사문서와 공문서를 부정하게 입수, 공개한 사례는 단 한 건도 없는 것으로 조사됐다. 따라서 본 연구에서는 문서 입수·공개에 대한 '시사 프로그램 B'의 구체적인 사례 분석을 더 진행하지 못했다.

다만 방송 취재 사례 외에 문서 절취와 관련해 지금까지 드러난 사건으로 1993년 K일보 김 모 기자가 검찰 수사관으로 신분을 위장했던 사건과 1994년 중앙일보 Y 모 기자가 검찰청 직원으로 신분 위장한 사건, 그리고 1998년 국민일보 B 모 기자가 검사 집무실에 침입해 수사서류를 절취하려 한 사건 등이 있다. 검찰은 첫 번째 사례의 경우 관련 기자를 불구속 기소했으며, 국민일보 기자의 경우에는 보다 적극적으로 대응해 건조물 침입과 절도 미수 혐의를 적용해 구속하는 조치를 내렸다. B 모 기자는 1주일 후에 석방되기는 했지만,[31] 이후 언론의 비윤리적, 위법적 취재관행에 경종을 울리는 계기가 됐다.

한편 미국에서는 1971년 '뉴욕타임스', '워싱턴포스트' 등이 미국의 월남전 개입과정을 밝힌 국방성의 문서를 폭로한 적이 있다. 그 유명한 '국방성 문서(Pentagon Paper)' 사건이다. 미 국방성은 이 문서가 절취된 점을 들어 언론사로 하

30) [동아일보, 2002. 3. 16일자], '인터뷰 위해 무단침입 PD 벌금형' 기사 재인용.

31) 월간 〈신문과 방송〉, 1998. 12. 96-99면.

여금 보도하지 말아 줄 것을 요구했으나 거절당했다. 당시 사건은 미 국방성 분석관이었던 엘스버그(Ellsberg)가 미국이 베트남전에 개입하게 된 과정이 소상히 담겨진 1급 기밀문서('History of US. Decision-Making Process on Vietnam Policy')를 'NYT', 'WP' 등에 유출시켜 보도하게 된 사건인데, 법원은 그 정도의 내용이라면 오히려 국민의 알 권리가 국가기밀에 우선된다는 이유로 게재를 허용했다.[32)]

(6) 신분위장

신분위장은 취재진이 일반인이나 행인 등으로 가장하는 취재방식이다. 취재가 진행되는 동안 상대방이 신분을 확인하지 않는다면 잠입취재와 다를 바 없다. 잠입취재는 상대방이 취재 사실을 모르는 상태에서 취재를 하거나 마치 일반인인 것처럼 행세하면서 취재하는 경우를 말한다. 반면 신분위장 취재는 적극적으로 신분을 속인다는 점에서 잠입취재와 차이가 난다. 이런 이유 때문에 신분위장은 명백한 속임수(Deception) 취재에 해당한다. 속임수 취재가 언론윤리에 어긋남에도 불구하고 자주 동원되는 이유는 각종 불법 현장에서 기자라는 신분이 노출될 경우, 비리와 부정의 실상을 제대로 취재하기 어렵기 때문이다.

'시사 프로그램 B'의 사례 중에서 신분위장 취재기법은 불법 유흥업소에 대한 취재과정에서 동원됐다. 당시 제작진은 유흥업소의 상납과 불법영업 실태를 취재하기 위해 손님으로 가장해 술집에 들어가는 방법을 사용했다. 또 기도원에 대한 취재과정에서도 일반인으로 신분을 위장한 뒤 기도원에 들어가 기도원장과의 상담장면과 내부시설을 둘러보는 장면을 모두 몰래 카메라에 담아냈다. 이 밖에 연구대상 프로그램 157편 중에서 모두 38편에서 신분위장 취재관행이 동원된 것으로 조사됐다. 그러나 신분위장과 관련해 연구대상 기간 동안 '시사 프로그램 B' 사례 중에서 법적인 분쟁이 일어난 경우는 단 한건도 없었다. 대부분 공익적 목적을 위해 불가피하게 신분을 위장한데다, 음성변조와 화면 모자이크 등으로 취재 대상을 특정하지 않았기 때문인 것으로 판단된다.

이 밖에 신문의 경우, 1994년 3월 상문고 비리사건이 터지자 중앙일보 △△△ 기자는 검찰 직원을 사칭해 상문고 서무과장 집에 들어가 서류 등을 뒤져 이중 일기장과 일부 서류를 들고 나와 주거침입, 공무원 사칭 등의 혐의로 불구속 기소되

32) 김옥조, 같은 책, 133, 149면 재인용.

었다. 검찰은 징역 1년을 구형했으나 재판부는 "기자가 실정법을 어긴 것은 인정되지만 그동안의 언론사 취재관행과 언론의 사회적 역할을 감안, 관용을 택한다"며 선고유예를 선고했다.[33)]

신분위장과 관련해 전 세계 언론인들에게는 물론 일반인들에게 화제와 논란이 됐던 사례로는 미국 ABC 방송사 프로듀서 2명이 식품회사에 위장 취업한 사례를 들 수 있다.[34)] 지난 92년 11월 미국 ABC는 뉴스 쇼 〈Prime Time Live〉를 통해 부패하고 상한 음식을 재가공·재포장하는 식품회사 내부광경을 폭로했다. 사건 취재를 위해 몰래 취업한 두 명의 프로듀서가 몰래카메라를 이용하여 이 광경들을 촬영하였다. 오래된 고기와 생선은 다시 포장 판매되었고 유통기한이 지난 닭고기에서 발생하는 악취는 바비큐 소스로 감춰지고 있었다. 방송이 나간 다음 날, 영업이 끝난 시점에 푸드 라이온사의 중역진은 매출이 11% 이상 급감한 것을 알게 되었다. 이는 19억 달러에 달하는 금액으로 추산되었다. 푸드 라이온사는 ABC의 취재내용이 아닌 취재방식을 문제삼음으로써 대대적인 반격에 나섰다. 라이온 사는 보도내용의 명예훼손이 아닌 ABC 제작진의 회사 침입 방식을 문제삼아 수백만 달러의 손해배상 소송을 제기했다. 이 사건의 배심원단은 1997년 ABC 방송사와 제작진이 사기와 무단침입을 저질렀고, 라이온 사 종업원으로서 회사에 대한 의무규정을 위반했다는 이유로 5백 5십만 달러의 '징벌적' 배상금을 부과하였다. 라이온사와 ABC 간의 이번 재판은 언론관련 소송의 새로운 이정표를 세우게 됐다. 뉴스보도의 내용보다는 보도과정의 하자에 초점을 둔 소송이 부상하게 된 것이다.[35)]

그러나 2년 뒤 미국 연방 제4순회 항소법원은 "공익을 위한 기자의 위장취업은 사기로 처벌할 수 없다"는 판결을 내렸다. 다만 연방 항소심은 기자들이 취업할

---

33) 김창룡, "취재관행과 법 윤리상의 고찰," 언론중재, 통권 54호(1995년 봄), pp. 25-26. 형법 제118조(공무원자격의 사칭)는 공무원의 자격을 사칭하여 그 직권을 행사한 자는 3년 이하의 징역 또는 7백만 원 이하의 벌금에 처하도록 하고 있다.

34) [동아일보, 1997년 1월 24일자 1면 참조]: 식품점 위장취업 상한 고기 판매 고발, 언론의 추적보도는 어디까지가 한계인가/미 노스캐롤라이나州 그린스보로 연방법원은 몰래 카메라를 이용한 슈퍼 체인점의 비위생적인 식품관리 실태를 폭로한 미 ABC 방송국에 5백 50만 달러(약44억 원)의 손해배상금을 슈퍼체인점에 지불할 것을 판결함에 따라 언론의 추적보도가 도마 위에 올랐다… 당시 ABC 방송의 2명의 프로듀서는 푸드 라이온에 육류관리담당자와 점원으로 위장취업한 뒤, 이 회사가 상한 고기와 쥐가 파먹은 치즈 등을 판매하고 있다는 사실을 보도했다.

35) 정윤식, "뉴미디어 시대 표현의 자유와 한계," 계간 언론중재 통권 제62호, 1997. 인터넷 홈페이지(http://www.pac.or.kr/html/data/dt_zine_view.asp?seqid=71)에서 참조.

때 작성한 충성의무 계약을 위반한 것에 해당하며, 이들이 일반에게 공개된 장소가 아닌 작업장에서 촬영한 행위는 허용된 출입목적에 배치되거나 범위를 벗어나는 것으로 고용주인 푸드 라이온의 이익에 정면으로 배치되는 것이라며 각각 1달러씩을 배상하도록 판결했다. 항소심 재판부는 "언론은 일상의 법을 위반하지 않으면서도 공적인 사명을 효과적으로 수행할 수 있다. 이런 이유로 충성의무를 위반하고 무단 침입으로 손해를 끼친 데 대해 2달러를 배상하는 것을 확정한다. 그러나 사기행위에 대해 '징벌적' 손해배상을 청구한 것은 기각한다"[36]고 판시했다.

미국 항소심 재판부는 ABC의 위장취업, 즉 사기(Fraud)와 무단침입(Trespass) 행위가 잘못된 것임을 인정하면서도 2달러의 벌금만 부과하면서 위법적인 취재행위가 공공의 이익을 위한 것이었다는 점을 폭넓게 인정해준 것으로 해석할 수 있다.[37] 이후 푸드 라이온사와 2년간 소송에 시달린 ABC 방송사는 몰래 카메라를 사용하기 전에 반드시 회사측의 승인을 받도록 규정을 바꿨다. 또 ABC 방송사는 정보를 얻기 위해 가능한 수단이 모두 사용됐는지 검토한 뒤에도 몰래 카메라 사용보다는 보강 취재를 지시하는 사례가 많아졌다.[38]

---

36) Gyung Ho Kim, "*Media Liability for Surreptitious and Other Intrusive News gathering Practices*," The School of Journalism in the Graduate School Southern Illinois University at Carbondale, July 2001, p. 128 참조: "*The court went on to say that the media can perform their public missions effectively without violating run-of-the-mill torts. Based on this reasoning, the court affirmed a damage award of $2 for breach of the duty fo loyalty and trespass, but reversed the punitive damages awarded on the fraud claim.*" — Food Lion vs. Capital Cities/ABC, 194 F. Ed 505(4th Cir. 1999).

37) [조선일보 1999년 10월 23일자 제8면 참조]: 21일 미국 연방 제4순회 항소법원은 노스캐롤라이나州의 대형 식품체인 '푸드 라이온(Food Lion)'에 위장 취업한 뒤, 부정한 육류 가공행위를 몰래 카메라에 담아 보도한 ABC 방송과 두 기자에 대한 식품체인 측의 사기 소송 항소심에서 (중략) 1심에서 배심원단은 처벌적 차원에서 ABC에 대해 550만 달러를 지급하라는 평결을 내렸고, 연방 지방법원은 31만 5천 달러로 판결을 내렸다. 이 판결은 보도의 정확성이나 '표현의 자유'이슈는 피한 채 취재 방식에만 최초로 법적 제재를 가했다는 점에서 언론의 관심을 끌었다. 하지만 2 대 1로 갈린 항소심 판결은 "체인측이 기자들의 사기 행위로 피해를 입은 것이 아니며, ABC 보도는 공익을 위한 것"이라며 1심 판결을 뒤집었다. 법원은 그러나 두 기자가 허위 이력서를 작성하고 체인점에 몰래 침입한 것에 대해서는 책임을 물어, 각각 1달러씩 모두 2달러를 '푸드 라이온'측에 지급하라고 판결했다. 법원은 "언론은 법을 어기지 않고도 효과적으로 업무를 수행할 수 있다고 확신한다"고 덧붙였다.

38) 〈방송 '몰카 저널리즘' 위험수위〉, 동아일보, 2003년 8월 21일자.

4. 방송 취재와 윤리강령

기자들은 대부분 출입처 등을 통해 정보를 입수하고 이를 재가공해 기사를 출고한다. 출입처에서 일어나는 사안의 내용은 다를 수 있겠지만, 이를 정리해 기사를 쓰는 과정은 사실상 매일 반복된다. 반복되는 취재와 기사작성을 빠르고 효율적으로 하기 위해 기자들은 초년병 시절부터 선배들의 오랫동안 축적한 경험과 '노하우(Know-how)'를 도제(徒弟)[39]식으로 교육받는다. 기자들은 언론사에 입사한 직후부터 기사 작성과 취재기법 위주로 선배들로부터 교육을 받는 것이다. 윤리적 문제에 대해서도 스스로 고민하거나 해결하려는 노력보다는 선배와 데스크의 결정에 따르는 게 일반적인 관례다. 물론 취재기자의 본인의 생각과 선배 혹은 데스크와의 입장이 다를 경우, 윤리적 문제는 좀더 심화된 갈등과 딜레마에 빠지게 된다. 문제는 선배와 데스크들도 어떤 윤리적 갈등상황과 문제에 대해 체계적인 교육을 받은 적이 거의 없다는 점이다. 윤리적 문제에 대해 그때그때 상황에 따라 행동지침이 달라지고 대응방식도 다르기 때문에 기자 후배들은 상황 변화와 시대 변화에 따라 혼란을 겪게 될 수 있다. 참고로 우리나라 언론사 가운데 입사 직후부터 직업윤리나 언론윤리 교육을 별도로 시행하고 있는 곳은 많지 않다.

한국 언론재단 책임연구위원 김영욱의 2004년 설문조사에 따르면,[40] 응답자들 중에 언론사 입사 전 대학에서 언론윤리 수업을 이수한 경험을 가진 사람은 소수에 불과했으며 응답자의 35%가 입사 후에도 언론 윤리 관련 강의나 교육을 받은 적이 없는 것으로 나타났다. 신문 기자의 68%, 방송 기자의 72%가 입사 전 대학에서 언론윤리 수업을 이수한 경험이 없다고 응답했으며, 신문 기자의 31%, 방송 기자의 45%가 입사 이후에도 언론윤리 관련 강의나 교육을 받은 적이 없다고 응답한 것으로 나타났다.[41]

방송 기자들 중에서 특히 탐사보도를 전문으로 하는 기자들은 취재과정에서는

---

39) 도제(徒弟)란 서양의 중세에 일정한 분야의 전문적 기능을 가진 스승 밑에서 그 분야의 지식과 기술을 전수받기 위해 견습 생활을 하던 어린 직공을 말한다. 한국 기자들은 대부분 입사 이후 별도의 기자 직무 교육 없이 곧바로 사회부에 투입돼 수습 혹은 견습과정을 거치면서 선배 기자들의 취재 경험과 '노하우(Know-how)' 등을 전수받기 때문에 이른바 '도제식' 교육을 받는다는 표현을 쓰기도 한다.

40) 설문조사는 2004년 12월 중에 신문사 언론인 62명, 방송사 언론인 29명 등 총 91명을 대상으로 실시됐으며, 내용은 언론윤리 시스템에 대한 기자들의 인지와 평가에 대한 것이다.

41) 김영욱, 한국 언론의 윤리 점검 시스템(한국 언론재단 연구서 2004-14), 81-82면 재인용.

물론 기사를 출고하는 과정에서 윤리적 딜레마에 빠지는 경우가 일반 뉴스를 취재할 때 보다 더 자주 일어난다. 고발, 심층보도를 비롯한 탐사보도는 결과에 따라서는 취재원 등의 사회적 지위와 명성에 치명적인 영향을 끼칠 수 있다. 따라서 탐사보도는 특정한 사안에 대해 다각적이면서 심도 있는 접근은 물론 철저한 사실 확인이 전제돼야 한다. 그러나 탐사보도 취재가 말처럼 쉽지 않기 때문에 때로는 비윤리적 취재기법까지 동원하는 경우가 생기는 것이다. 평소 언론윤리에 대한 교육과 훈련을 충분히 받지 않으면, 윤리적 딜레마 상황에서 언론윤리에 벗어나는 부주의한 결정과 행동을 하게 될 가능성도 없지 않다. 이럴 때에는 언론인으로서 사회적 책무를 다하지 못했다는 비난이 제기될 수 있으며, 때로는 법적인 책임까지 져야 하는 상황이 발생할 수도 있다. 방송 기자들이 취재과정에서 흔히 부딪힐 수 있는 윤리적 문제들을 나열하면 다음과 같다.

1. '알 권리'와 '인격권'이 충돌할 경우 어떻게 해야 하는가?
2. 신분을 밝히지 않고 특정 장소에 몰래 들어가 촬영해도 되나?
3. 신분을 속이고 취재를 하는 게 정당한가?
4. 수사기관과 동행하는 게 불가피한 것인가, 편의를 위한 것인가?
5. 취재원을 지나치게 괴롭히거나 시달리게 만들어도 괜찮은가?
6. 상대방의 동의를 얻지 않은 전화녹음과 녹취를 방송에 사용하는 게 정당한가?
7. 몰래 카메라와 비밀촬영이 과연 불가피한 것인가?
8. '음성권'과 '초상권'의 보호 범위는 어디까지인가?
9. 비합법적인 방법 외에는 취재자료를 입수하지 못하는가?
10. 취재를 위해 무단으로 가택 등에 침입하는 게 정당한가?
11. 금품 등을 주고 취재자료를 입수해도 되나?

위에 정리한 내용들은 방송 기자들의 취재과정에서 흔히 일어날 수 있는 윤리적 문제들이다. 이 밖에 보도의 공정성이나 형평성, 사주나 광고주의 '게이트키핑(Gate-keeping)', 촌지와 접대 같은 문제들도 윤리적 문제에 포함된다. '오프 더 레코드(Off the record)'[42]와 '엠바고(Embargo)'[43] 등의 취재관행들도 언론윤리와 관련

---

42) "오프 더 레코드는 취재원의 이름을 밝히고 취재했을 경우 취재가 불가능한 상황에서 취재원을 보호하고, 공적으로 알 수 없는 본심 또는 진실을 끌어내기 위해 예외적으로 사전협의에

된 내용이지만, '엠바고'나 '오프 더 레코드' 제안이 들어오는 경우는 그렇게 흔하지 않기 때문에 이 글에서 제외했다. 또 게이트키핑(Gate-keeping)과 접대, 그리고 공정성의 문제들도 이 글의 주제와 직접적인 관련성이 적어 배제하기로 한다.

참고로 방송에서의 자율적인 규제는 1990년 1월 KBS에서 처음으로 시작됐다. 'KBS 방송 강령'은 한겨레신문 윤리강령(1988년 5월)에 이어 우리나라에서 두 번째로 제정된 언론사 윤리강령이자 최초의 자율적 방송 윤리규정이다. KBS에 이어 MBC도 1990년 7월 'MBC 방송 강령'을 제정, 공표했다. 이듬해인 1991년 3월 SBS도 전문과 총강 및 윤리강령으로 구성된 SBS 보도 윤리강령을 제정, 발표했다. 이후 각 방송사들은 별도의 윤리강령을 추가로 만들거나 기존의 윤리강령을 보완, 강화하고 있는 추세다. 이렇게 윤리강령 등을 보완하고 강화하려는 움직임이 계속되고 있지만, 취재윤리와 관련해 불미스러운 사건들이 계속 잇따르고 있는 이유는 윤리강령을 실천하도록 만드는 구체적인 노력이 뒷받침되지 않고 있기 때문인 것으로 추정된다.

언론윤리는 언론인이 갖춰야 할 판단기준과 행동양식에 대한 최소한의 가치체계를 의미한다. 언론사들이 제정한 윤리강령 등은 언론사와 언론인들의 사회적 책무와 역할을 수행하는 과정에서 일어날 수 있는 여러 문제와 윤리적 딜레마에 대한 판단기준이 된다. 윤리강령이 제대로 만들어지고 일선 기자들도 윤리강령을 준수하면서 취재활동을 벌인다면, '법의 지배'를 받지 않고서도 자율적으로 언론자유를 누릴 수 있다. 그러나 대부분의 언론윤리는 강령 속에서만 존재할 뿐 이를 지키려는 자율적인 노력은 소홀한 게 현실이다.

특히 앞서 제기한 윤리적 문제들에게 대해서도 지금의 지상파 방송사들의 윤리강령들은 뚜렷한 기준을 제시하지 못하고 있으며 원론적인 수준에 머물고 있다. 반면 미국[44]과 영국의 방송 윤리강령들은 방송의 특수촬영과 녹취장비는 물론 여

근거, 취재를 하는 것이다. 단, 이렇게 취재한 내용을 전혀 쓰지 못하는지, 아니면 출처를 밝히지 않고 배경설명으로 이용할 수 있는지에 대해서는 취재원과의 합의하에 정할 수 있다." — 윤석형, Off the record(서울 LG 상남 언론재단 문고 1), 19면.

43) "엠바고라 불리는 이 관행은 취재된 사안의 보도를 일정 기간 유예하는 약속을 말한다. 이러한 약속은 취재원이 발표를 하면서 기자단과 약속하는 경우도 있고 기자단 내부에서 출입 기자 상호간의 약속을 통해 하는 경우도 있다. 이 역시 모든 정보를 제때에 알아야 하는 국민의 알 권리를 제약하는 것이므로 신중을 기해야 하는데도 불구하고 그동안 우리 언론 사회에서는 기자들의 안일과 편의 위주로 너무 남용되어 옴으로써 시비가 끊이지 않고 있는 것이 현실이다." — 김옥조, 미디어 윤리, 서울 커뮤니케이션북스, 2004, 172면.

44) 일례로 미국 언론윤리연구소인 포인터 미디어연구소는 속임수(Deception) 취재와 몰래 카메

러 가지 은폐적 취재기법들에 대해서도 매우 상세하게 그 허용범위와 규제 내용 등을 담고 있다.

방송의 취재관행에 대한 자기 성찰은 소송을 막기 위해서라기보다는 언론의 자유를 지키는 차원에서 선행돼야 할 과제라고 판단된다. 취재관행에 대한 성찰은 언론윤리에 대한 의식과 관심이 없이는 불가능하다. 언론이 국민을 위해 봉사하고 국민을 대변하기 위해 존재한다면, 국민의 기본권과 인격권 등을 보호하려는 노력은 당연히 수반돼야 할 것이다. 최근 급증하고 있는 명예훼손 소송과 개인의 인격권 침해에 대한 법적 분쟁들도 언론 스스로 진지한 성찰을 선행한다면 충분히 사전에 예방할 수 있는 것들이다. 언론 스스로 윤리강령을 강화하고 강령 준수를 위해 노력하는 것이 언론의 위상을 제고할 수 있는 최선의 방법일 것이다.

윤리강령에 아무리 좋은 내용을 포함시켜 놓았더라도 강령을 실천・준수하기 위해 언론이 자율적으로 노력하지 않으면 안 될 것이다. 해외 언론사의 경우, 윤리강령의 실천과 준수를 위해 노력하는 것은 물론 보다 나은 저널리즘을 구현하기 위해 사내에 윤리문제를 전담하는 별도의 장치를 마련하기도 했다. 지난 2003년 《뉴욕 타임스》는 기사 조작과 표절 사건이 크게 불거져 해당 기자를 해고하고 사과 보도를 내야 했다. 이후 관련사건 조사위원회(시걸 위원회)는 독자들의 불만처리를 위한 '퍼블릭 에디터'와 저널리즘 윤리 문제를 내부적으로 심판하는 '스탠더드 에디터'제를 신설할 것을 제안했다. '뉴욕 타임스'의 신임 편집인 '빌 켈러'는 지난해 7월, 위원회의 제안에 따라 새로운 제도를 시행했다. 신문사 내에 신설된 '스탠더드 에디터'는 정확한 보도와 윤리문제 등에 대한 규범을 정비하는 것은 물론 기자들에 대한 교육과 조언을 담당하게 됐다.

언론의 윤리강령은 자율적 규제 장치로서 언론 스스로 행동과 판단의 기준이다. 윤리강령은 선언적인 규범이며 이를 지키지 않는다고 해서 어떤 제재가 가해지는 것은 아니다. 하지만 언론 스스로 제정한 윤리강령을 지키려고 노력해야 언론의

라(Hidden Camera) 사용에 대한 가이드라인을 다음과 같이 제시하고 있다. Deception/Hidden Camera Checklist ▷ 얻게 될 정보가 매우 중요하고 공익적이거나 사람들의 위해를 예방할 때 ▷ 같은 정보를 얻기 위해 다른 모든 대체수단을 다 동원한 경우 ▷ 취재에 참여한 모든 기자들이 속임수의 실제와 속임수를 사용한 이유를 기꺼이 밝힐 경우 ▷ 해당 언론사 구성원들이 사실의 전모를 추적하는데 필요한 시간과 비용은 물론 최고의 취재기법을 다 동원한 경우 ▷ 속임수 취재를 통해 드러난 정보로 예방이 되는 해악이 속임수의 해악보다 클 경우 ▷ 속임수 취재에 관여한 기자들이 윤리적, 법적 문제들에 대해 의미 있고 협력적이며 진지한 의사결정 과정을 거쳤을 경우(http://poynter.org/content/__view.asp?id=866 참조).

위상을 제고시킬 수 있다. 언론윤리 강령을 무시하고 취재원과 갈등과 충돌을 일으키고 급기야 사법부의 처벌을 받는 것은 바람직한 언론인의 자세가 아닐 것이다. 더구나 최근 들어 개인들의 프라이버시에 대한 관심이 높아지면서 언론을 상대로 한 소송이 급증하고 있는 상황에서는 언론 스스로 규율을 현실에 맞게 개정하고 강령 준수를 위해 노력하는 것이 언론의 위상을 지킬 수 있는 최상의 방법일 것이다.

참고문헌

Gyung Ho Kim, *Media Liability for Surreptitious and Other Intrusive News Gathering Practices*, The School of Journalism in the Graduate School, Southern Illinois University at Carbondale, July 2001.

강준만, 대중매체 법과 윤리, 서울 인물과 사상사, 2003.

김동민, 언론법제의 이론과 현실, 서울 한나래, 1997.

김영욱 외, 한국 언론의 윤리점검 시스템, 한국언론재단 연구서, 2004-14.

김옥조, 미디어 윤리, 서울 커뮤니케이션북스, 2004.

유일상, 언론정보윤리론, 서울 도서출판 아침, 2001.

이재진, 한국 언론윤리법제의 현실과 쟁점, 서울 한양대학교 출판부, 2002.

빌 코바치, 톰 로젠스틸, 이종욱 역, 저널리즘의 기본요소, 한국언론재단. 2004.

유진 굿인, 우병동 역, 언론윤리의 모색, 서울 한나래, 1995.

Thomas Pawlick, *Investigative Reporting: A Casebook* (New York: Richards Rosen Press, Inc., 1982).

김경호, 몰래카메라를 이용한 취재와 인격권의 침해에 관한 연구: 한국과 미국의 사례 비교를 통한 상충된 법익의 균형, 한국언론학보 제47권 4호, 2003, 8.

언론중재위원회, 국내언론관계판결집 제 7 집(2000. 6)-제12집(2005. 6).

유의선, 취재원 보호의 적정 범주에 관한 법적 고찰, 한국방송학보 통권 17호, 2003.

제 7 절 언론윤리의 복원은 가능한가?

— 언론에 대한 법적 통제의 전제로서의 자기통제 —

김 창 희*

1. 언론윤리, 오늘의 상황

언론법제와 언론윤리의 관계는 닭과 달걀의 그것과 같아서 어느 것이 먼저인지, 어느 것이 더 토대가 되는 것인지 가려 말하기 어렵다. 다만 한 가지 분명한 것이 있다면 그것은 언론윤리가 언론인들 자신에게 내면화되지 않은 상황에서는 언론법제가 유효성을 갖기 대단히 힘들다는 점이다.

그런 한국의 언론윤리는 대단히 긴 역사를 갖고 있다. 1957년에 신문윤리강령이 제정되고, 1961년에 한국신문윤리위원회가 구성됐으니 올해로 꼭 반세기의 연륜을 간직한 셈이다. 1996년에 신문윤리강령이 보다 구체적이고도 강화된 형태로 개정된 때로부터만 따져도 10년이 넘는다.

그러나 언론윤리를 말할 때 늘상 따라다니는 표현은 '위기'·'척박한 풍토'·'구조적 한계'·'인식 부족'·'실천력 결여' 등 최근 10여 년 동안 어느 시점, 어느 상황의 문건을 뒤적이건 그리 차이가 나지 않는다.

그러나 최근에는 전통적인(그런 점에서 대단히 익숙한) 형태의 언론윤리의 문제를 넘어서는, 보다 근본적인 문제 상황을 보여주는 일이 있었다. 지난해 12월 MBC

* 아르떼-프레시안 대표.

와 YTN 간의, 황우석 씨 문제를 둘러싼 취재윤리 논란이 아주 상징적이었다. 이제는 그때로부터 9개월 정도 지나 '반성적 거리'를 확보한 것으로 보여 약간의 리뷰를 시도해 본다. 사실 '황우석 사태'는 황우석 씨의 논문이 조작이냐 아니냐의 실체적 진실 못지않게 언론의 문제이기도 했다. 이 사태는 언론의 창을 통해 국민들에게 투영되기 시작했을 뿐만 아니라, 결과적으로 언론의 전문지식 부족과 언론윤리의 결핍으로 독자 일반이 오도되기도 했기 때문이다.

황우석 씨의 논문조작 사태 와중에 먼저 기선을 잡은 것은 YTN이었고, 여기서 문제가 된 것은 MBC PD의 고압적 태도에 의한 취재 행태였다. MBC측은 취재윤리의 문제가 제기되자 이를 즉각 인정하고 사과하는 한편 문제가 된 〈PD수첩〉의 존폐까지 거론했다. 반년 이상의 시간이 지난 현 시점에서 볼 때, MBC의 보도내용은 일부 사소한 대목을 제외하고는 거의 다 사실로 밝혀져 취재의 결과물과 취재의 윤리 사이의 미묘한 간극과 긴장 문제를 파장으로 남겼다.

MBC측의 사과 며칠 뒤 이번엔 YTN측의 보도를 두고 윤리적으로 문제가 있다는 지적이 제기됐다. 황우석 씨의 문제점을 일관되게 지적해 온 이형기 미 피츠버그의대 교수의 사신(私信)을, 본인의 보도 거부에도 불구하고, YTN측이 방송을 해버린 것이다. 이 교수로서는 공개적으로 YTN측을 비난하며 공식 사과를 요청했고, 이를 MBC측이 대단히 크게 취급한 것은 물론이다. YTN측은 방송위의 '시청자에 대한 사과방송' 결정에 따라 한 달 여가 지나서 사과 방송을 내보내지 않을 수 없었다.

언론사 간의 다툼이라는 점에서 보자면 이것 역시 익숙한 풍경일 수 있다. 그러나 이때의 대립은 MBC과 YTN이라는 두 언론사의 대립, 또는 전통적인 취재 및 보도 윤리의 문제를 넘어서는 측면이 있다. 두 가지 점에 있어서 그렇다.

첫째는 한국의 현존하는 모든 매체가 거의 예외 없이, 의식적이건 결과론적이건 간에, MBC 또는 YTN의 편에 서는 대단히 드문 경우였다. 물론 MBC 편이라고 할 수 있는 매체의 수가 상대적으로 훨씬 적었다는 점에서 그것은 두 진영의 대립이라기보다는 오히려 보편적 진리의 편과 그에 대립하는 소수 이단아들의 대립처럼 보이기도 했다. 어쨌든 그것은 황우석 씨 논문의 진위에 대한 한국사회의 폭발적인 관심도를 반영하는 것으로서 어느 언론사건, 의도적이라고까지는 할 수 없어도 최소한 결과적으로는, 어느 한쪽을 편들지(take side) 않을 수 없는 상황이었다고 할 수 있다.

둘째는 한국 사회에서 대통령의 권위를 능가하는 것으로 보이기까지 했던 황우석 씨의 권위에 기대어 주로 그 쪽의 취재원에 의존하는 취재 및 보도 행태를 보였던 YTN 등 대다수의 매체들은 황 씨 쪽의 주장이 대부분 허위거나 무리한 것으로 정리되고 난 뒤 자신의 보도행태에 대해 아무런 조치도 취하지 않았다.

이 두 가지 대목을 종합하면 언론 윤리와 관련해 대단히 중요한 시사점을 얻을 수 있다. YTN의 사과라는 것도 이형기 교수의 사신을 인용 보도한 데 대한 사과였을 뿐 황 씨 문제 일반에 대한 보도와 관련된 것이 아니었다.

황 씨 사태에 대한 우리 언론의 보도를 언론윤리의 관점에서 요약하면 이렇게 된다.

a. 사회적 권위에 무반성적으로 편승한다.
b. 일단 보도의 대세를 이룬 관점에 대해서는 재검토할 필요성을 별로 못 느낀다.
c. 사태가 거짓으로 드러나고 그 사태에 대한 자사의 보도가 잘못된 관점에 입각한 것이었음이 밝혀진 다음에도 그에 대해서는 사과하지 않는다. 특히 대부분의 언론의 공히 잘못된 관점에 입각했을 때는 적이 안도감까지 느끼면서.

황우석 사태와 달리 최근 진행되고 있는 전시 작전통제권 환수와 관련된 보도 역시 미국의 권위랄까 안보주의의 관점에 입각해 가의 무비판과 무반성의 토대 위에서 캠페인성으로 일관하는 경우가 있다는 점에서 비슷한 경향으로 볼 수도 있겠다. 그러나 아직 종료되지 않은 사안이라는 점에서 별도의 검토가 필요한 것으로 보인다.

황우석 사태 보도를 통해 살펴본 몇 가지 문제점은, 그것이 구체적으로 언론윤리강령의 몇장 몇 절 어느 항목에 해당하느냐는 문제를 넘어, 한국언론에 내재한 윤리적 문제들의 근저를 드러내 보여준다. 윤리의 본질을 자기검증 또는 자기통제라고 할 때 위에 적시한 몇 가지 문제들은 그 정신의 대척점에 서는 것들이기 때문이다.

2. 언론윤리의 위기를 결정짓는 몇 가지 구조적 요인

윤리적 관점에서 본 한국언론의 문제는 일반적으로 다음과 같은 몇 가지 정황을 배경으로 형성되었다고 할 수 있다.

(1) 정치적 편향

몇 차례의 이른바 민주화된 정부를 거치면서 '정치적 억압'에 의해 언론의 자유가 침해되던 상황은 더 이상 존재하지 않게 됐으나 오히려 각 언론사가 이러저러한 이유로 갖게 된 정치적 편향이 해당 언론사의 이른바 '논조'를 결정함으로써 자유스러운 언론활동이 더 이상 존재하기 어렵게 됐다. 언론자유의 침해가 외부가 아니라 내부에서 온다는 얘기다.

그 결과 '공론의 장'으로서의 언론은 더 이상 존재하기 어렵게 되었고, 대단히 강압적인 형태의 주장을 중심으로 뉴스와 해설이 제작되는 것이 김대중 정부, 특히 2001년 언론사 세무조사 이후 한국 언론의 일반적인 양상이다. 현존하는 권위를 비판적으로 보는 것이 언론 본래의 사명이라는 측면과 세무조사의 당사자로서 피해의식 또는 적개심을 갖게 되었다는 측면은 구별되어야 함에도 그 두 가지를 현실적으로 유의미하게 구별하기 힘든 것이 오늘의 현실이다.

이같은 한국언론의 정치적 편향성은 이미 외국에서도 파악이 된 모양이다. 최근 국내의 한 모임에 참석한 미국 언론인 한 사람은 노무현 정권에 대한 한국 미디어 보도의 정확성에 대해 이렇게 언급했다. "가끔 전후관계 없이 선택적으로 기사가 작성되며 정부에 대한 특정 입장을 지지하는 경향이 보인다. 아무도 한국 정부의 견해를 파악하고자 할 때 한국 언론을 신뢰하지 않을 것이다."

(2) 경제적 종속

언론사 수입구조의 80% 이상이 광고로 충당되는 구조에서 경제적 자립을 얘기한다는 것 자체가 우스운 얘기가 될 소지가 크다. 게다가 1990년대 이후 신문이 증면 등의 '고비용 무한경쟁 구조'를 스스로 만들고, 1997년 외환위기 속에 생존을 위해 피나는 노력을 하게 되면서 광고주에 종속되는 구조가 고착되고 말았다. 이는 제작과 판매의 고비용 구조는 고스란히 두고 인건비만 줄이는 구조조정에 주력한 결과였다. 신문사들이 제작 비용 자체를 줄이기 위해 감면 감부에 나선 것은 아주 최근의 일일 뿐이다.

그 결과 기사인지 광고인지 알 수 없는 기사형 광고와 광고특집이 신문의 신뢰도를 갉아먹는 독버섯이라는 지적을 이제는 아무도 하지 않는다. 광고 수주가 언론사의 가장 중요한 일이라는 말을 경영자가 할 때 어느 누구도 그에 반기를 들지 못한다. 혹시라도 그런 지적을 하거나 반기를 들라치면 정신 나간 사람으로 매도되거나, 잘해야 뜬금없는 소리로 치부될 뿐이다.

그 결과는 가혹하다. 취재와 보도를 포함해 제작 부문을 압도하는 '광고주 최우선'의 마인드가 언론종사자들의 의식 속에 자연스럽게 형성된 것이다. 이건 한국 언론에서 길어야 10여 년래의 현상이다. 이는 물론 광고주가 모든 기사의 모든 논조를 좌지우지 하고 있다는 얘기와는 구별되어야 한다.

(3) 자유로운 상상력의 고갈

위와 같은 정치적·경제적 자유의 부재는 필연적으로 언론종사자들의 의식을 제약할 수밖에 없다. 언론행위의 전제로서의 자유스러운 사고가 제약된다는 얘기다. 기자로서 생존하기 위해서는 자신이 소속된 언론사의 논조에 맞추는 수밖에 도리가 없다.

국내에 존재하는 거의 모든 언론사가 애당초 정파지 또는 이념적 지향을 내세우지 않은 것은 물론이고 오히려 그를 배척하는 듯한 제스처를 취하고 있지만 현실적인 행태는 전혀 그렇지 않다. 기본적으로 '황우석은 옳다', '작전통제권 이양은 매국이다'는 등의 논조가 이미 정해져 있는 마당에 사주가 일일이 개입할 일도 없고 기자들은 저항할 엄두도 못 낸다.

그 결과는 그나마 희박하던 윤리의식의 완전한 실종이며 자유로운 상상력 역시 찾아볼 길이 없다. 이 두 가지는 함께 가는 것이다. 흔히 규범적일 수밖에 없는 윤리의식이 왕성할 때 상상력의 발현이 제약을 받는다고 생각하기 쉽지만 현실은 아주 재미있게도 그 역의 방향으로 움직인다. 오히려 자기통제를 기본속성으로 하는 언론윤리가 작동되지 않고 자기가 속한 언론사의 그리 논리적이지도 않은 이유로 미리 정해진 틀에 따라 기자들이 사고하는 한국적 상황에서 자유롭고 풍부한 문제의식이 나올 수는 없는 노릇이기 때문이다.

3. 법적 통제와 윤리의식의 상관관계

이렇게 취재와 보도에 있어서 자기통제가 이뤄지지 않고, 그 결과 자기반성이 존재하지 않는 곳에 법적 통제가 효과를 발휘하리라고 기대하는 것은 어불성설이다. 물론 자기통제가 안 되다보니 법적 통제가 새로운 통제의 방식으로 제기된 것이라고도 생각할 수 있겠지만 한국에서의 상황은 꼭 그런 것도 아니다. 법적 통제가 이뤄진 역사적 배경 자체가 조금 다르며 법적 통제장치의 등장이 윤리의식의 마비에 일정부분 기여하기도 했다는 얘기다.

그런 점에서 한국에서의 언론윤리와 언론법제는 불화의 운명을 타고 났는지도 모르겠다.

(1) 윤리위원회법 파동

1964년 이른바 6·3사태를 거치며 박정희 정권은 "언론의 과잉자유로 인해 국가안정이 침해되어서는 안된다"는 취지로 언론윤리위원회법을 마련했다. 이는 1961년 이후 자율통제 기구로 존재하던 윤리위를 법적 기구로 강제화함으로써 박정희식 국가개발에 협조하는 언론 풍토를 법적으로 조성하겠다는 취지를 담고 있는 것이었다. 이 법안은 거센 철폐투쟁의 반발을 불러 왔고 우여곡절 끝에 박정희 대통령이 유성에서 당시 언론계 대표들과의 면담을 통해 '법 시행의 보류' 건의를 받아들이는 형식으로 마무리되었다. 다시 말해 이미 국회를 통과된 법은 그대로 유지하되 그 시행만을 보류하는 것이었다.

이 40년도 훨씬 넘은 케케묵은 이야기를 하는 이유는 이 파동이 현재의 법적 통제기구의 등장에 전사(前史)의 역할을 하기 때문이다. 즉 언론윤리위법은 폐지된 것이 아니라 1964년 9월 시행보류로부터 1980년 말 신군부에 의해 폐지되기까지 16년 동안 잠자고 있었던 것이다. 그리고 1980년의 폐지도 온전한 폐지가 아니라 그 이듬해 언론기본법에 의해 언론중재위원회라는 훨씬 강력한 법적 통제기구의 부활로 연결됐다.

(2) 언론중재위원회의 등장

1981년 언론기본법에 의해 구성된 언론중재위원회는 한국의 기형적 언론구조를 상징적으로 보여주는 사생아와 같은 구조다. 원천적으로 신군부에 의해 마련된 언론법제의 산물이라는 점에서 그러하고, 중재위원을 분명치도 않은 기준에 의해 문광부장관이 임명한다는 점에서 그러하고, 운영 재원 역시 예산과 사업계획을 문광부장관과 협의해 마련토록 한다는 점에서 그렇다.

태생과 인사와 예산 등 모든 것이 정부의 손 안에 있는 마당에 자율규제는 언감생심이고 무슨 언론자유를 논할 수 있을까? 물론 언론계 스스로가 이런 상황을 초래한 측면이 강하다. 그러나 권력의 개입에 의한 중재위의 출현은 언론윤리의 완전한 고사를 불러왔고, 사실 언론 길들이기라는 의도로 그것을 의도했다고도 할 수 있다.

2004년 언론중재 및 피해구제 등에 관한 법률이 제정되면서 중재위의 기능을 더욱 확대 강화되었고, 최근 헌법재판소의 일부 위헌 판결이 있었지만 그것은 대개 절차적인 문제에 국한된 것으로 보인다.

아무튼 오늘날 신문윤리위원회는 아무도 기억하지 못하는 기구가 되어버렸다. 언론계 밖은 물론이고 언론계의 구성원들조차 그것이 무엇을 하는 기구인지, 심지어 그런 기구가 있는지, 나아가 그 모태가 된 언론윤리강령이라는 것이 존재하는지 전혀 의식하지 못하는 상황에 이른 것이다.

4. 약간의 제언

이렇게 빈사 상태에 이르고 과연 회생이 가능하기나 한 것인지 의문시되는 언론의 자기통제 장치를 과연 어디에서부터 복원하고 다시 추스릴 수 있을지 막막하기 이를 데 없다. 자기반성 없는 언론의 귀결은 최근 우리가 눈앞에서 보고 있는 바와 같은, 천박하기 이를 데 없는 이전투구의 양상일 뿐이다. 소위 메이저 언론사와 권력의 대립, 신문과 방송의 대립, 보수언론과 진보언론의 대립은 사실상 외형상의 대립일 뿐 이념도 원칙도 찾기 힘든 막싸움으로 보일 뿐이다.

당분간은 이같은 양상이 계속될 것 같다. 최소한 이 정권의 임기가 끝날 때까지는 새로운 모멘텀을 찾기 힘들 것으로 보인다. 물론 다음 정권 시기가 온다고 해서 지금과 같은 헐벗은 싸움이 끝나고 조화로운 법의 지배가 확립된다는 보장은 더욱이나 없다. 새로운 보복과 맞대응이 계속될 수밖에 없기 때문이다.

결국 문제를 해소하는 길은 '밖'이 아니라 일단 '안'에서 찾을 수밖에 없어 보인다. 언론계 안에 희망의 싹이 있어서가 아니라 외부에서 그런 단초를 찾는다는 것은 애당초 불가능하기 때문에 그렇다. 단, 그런 단초를 모두가 부추겨주는 노력이 있어야 할 것 같다.

언론계가 내부에 이같은 언론윤리의 재정립을 위한 동력이 생겨날 때 비로소 법적 통제장치와의 불화 문제도 재정리의 기회를 맞게 될 것이고, 그런 논의의 바탕 위에서 비로소 언론윤리의 자기통제와 법적 통제의 조화 문제가 논의될 수 있을 것으로 보인다.

언론계 내부의 논의를 위한 몇 가지 단서를 가설적으로 생각해 본다.

(1) 자유-책임의 축에서 독립-신뢰의 축으로

언론윤리는 늘 자유와 책임의 조화라는 전제 위에서 사고되어 왔다. 그러나 최소한 외형상의 통제가 사라진 오늘날 자유의 의미는, 근본적으로 소멸하지는 않았겠지만, 현실적인 행위의 규준으로서는 일정부분 의미를 상실한 것으로 보인다. 나아가 언론의 손에 쥐어진 자유가 최근과 같은 이전투구의 자유처럼 외화되고, 해당 언론사의 구성원들의 자유로운 상상력을 제약하는 결과를 빚을 때 그 자유는 이율배반적일 수밖에 없다. 책임 역시 보는 시각에 따라 대단히 공허한 레토릭에 그칠 소지가 크다.

이런 상황에서 언론의 기본적인 존립 양태를 '독립'이라는 관점에서 한번 생각해볼 필요가 있다. 이는 정치적 경제적 구속으로부터의 탈피라는 점에서 '자유'와 다르지 않으나 단순히 외적인 제약이 없는 상황을 가리키는 것이 아니라 스스로 그런 구속으로부터의 탈피를 지향한다는 점에서 자신의 의지를 전제로 한다. 거기엔 '자존'과 '책임'도 수반될 수밖에 없다.

그런 '독립의 지향'은 필연적으로 '신뢰'를 생산한다. 최근 한 언론사가 "세상을 보는 맑은 창이 되겠습니다. 신뢰받는 신문 ○○일보"라는 캐치프레이즈를 내건 일이 있다. 이는 '신뢰'가 이 시점 현재 존재하지 않는다는, 다시 말해 독자들로부터 그리 신뢰받지 못하고 있다는 현실의 반영이기도 하다. 이 시점 현재 언론이 회복해야 할 가장 중요한 가치 중의 하나는 바로 이 신뢰라고 할 수 있다.

언론이 관성의 미로에서 헤어나지 못할 때 오히려 외부에서 이런 잣대로 질문을 제기할 수도 있을 것 같다. 과연 언론 당신은 자기 구속과 편견에서 벗어나 독립적인 언론행위를 하고 있는지, 그럼으로써 자기 편이라고 전제된 독자들만이 아닌 독자 일반의 신뢰를 어느 정도 획득하고 있다고 생각하는지 준엄하게 물을 수 있는 단서가 생길 수도 있겠다는 얘기다. 언론 안팎에서 이런 노력이 동시에 경주될 때 새로운 언론윤리의 작은 씨앗 정도는 발견될 수 있지 않을까 생각된다.

(2) 자기반성에서 시작하는 언론개혁

일반적인 의미에서의 자기반성이 아니라 구체적인 사안에 대한 구체적인 보도를 전제로 자기반성이 있어야 한다. 예컨대 앞서 언급한 황우석 사태에 대한 보도 같은 것을 두고 하는 말이다. 어느 언론사도 황우석 사태에 대한 자사의 보도를 반성적으로 돌이켜 보고 독자를 오도한 잘못에 대해 공개적으로 사과한 일이 없다. 바로 그런 사과를 명시적으로 요청하고, 또 개별 언론사들은 외부의 요청이 있기 전에 그런 시도를 해야 한다.

물론 현실에 존재하는 사안들은 승패와 정오가 그리 뚜렷하게 갈리지 않는다는 한계가 있다. 설사 정오가 제 3 자들의 눈에는 분명해 뵌다 하더라도 언론사 스스로 자기정당화에 능수능란한 것이 한국 언론의 특징이기도 하다. 한국언론 가운데 해방 이후, 4 · 19 이후, 그리고 소위 문민정부 수립 이후 그 직전 시기의 자기 행위를 반성하고 사과했다는 말을 들어본 적이 없다.

그렇게 긴 시간대가 아니더라도, 아니 가능하면 촘촘하게 시간대를 나눠 보도를 리뷰하고 정리하는 내부 시스템을 복원해야 한다. 각 언론사는 편집국 안에 또는 노조 안에 그런 기구들을 대개 설정해 놓고 있으면서도 1990년대 중반을 넘으면서 무한경쟁의 파고를 넘지 못하고 유명무실해진 것이 오늘의 현실이다.

그 자기 리뷰의 시스템이 복원될 수 있도록 언론사 안팎에서 공히 노력하는 상황을 만들 수 있을 것이다. 그 노력이 합치될 때 한국언론의 자기반성과 자기통제의 새로운 출발점이 마련될 수 있지 않을까 생각된다.

제 8 절　기자들의 법의식과 언론 법교육

신　효　섭*

1. 시작하는 말

언론이 어느 사건이 뉴스인지 아닌지를 판단하는 기준 가운데 중요한 것 중 하나가 희소성이다. 문제된 사건이 희귀한 경우이면 일단 뉴스로서의 기본 요건 중 하나는 갖춘 것으로 판단한다. 기자가 처음 신문사에 들어간 1988년 이후 1990년대 중반까지만 해도 기사에 대한 중재요구 또는 소송 제기와 같은 언론과 법의 충돌은 기자 사회에서 '뉴스'였던 것으로 기억한다. 그 만큼 그런 일들이 자주 벌어지는 게 아니었다는 뜻이다. 여러 요인이 있었겠지만 당시만해도 우리 사회의 민주화가 막 자리를 잡아가는 단계였다. 국민은 언론을 하나의 권력기관처럼 여겨 감히 '대들' 생각을 하지 못했고, 언론인들도 스스로 '선민의식'에 빠져있었던 게 사실이다. 언론이 사회 각 분야에 대해 상대적으로 우월적인 지위를 누렸었던 것이다. 그 결과 언론에 의해 피해를 본 사람들은 "힘센 언론을 상대로 싸워봤자지"하며 체념하거나 법적 구제의 길을 스스로 포기하는 게 일반적이었고, 언론사는 "감히 누가 우리를 법정에 세워"하며 법적 책임을 아예 부인하거나 무시하려 했다. 그러나 90년대 중반 이후 우리 사회가 급격하게 민주화 길을 걸으면서 2006년 현재 기자 사회에서 언론과 법의 충돌은 더 이상 뉴스가 아니다. 그 만큼 언론인이, 그들이 쓴 기

* 조선일보 논설위원.

사들이 법적으로 책임 추궁을 당하는 경우가 흔하다는 얘기다. 이런 새로운 흐름속에서 기사를 쓰고 논평을 해야 하는 기자들은 과연 자신들의 법적 책임을 규정하고 판단하며 제재하는 법제에 대해 얼마나 알고 있을까. 그들은 제대로 된 법 교육을 받고 있는 것일까. 언론사나 언론관련 기관들은 충분한 법 교육 시스템을 마련해 놓고 있는 것일까. 아래에서는 조선일보 기자들의 사례를 중심으로 이런 문제들에 대해 짚어보기로 한다.

2. 기자들의 위법 경험과 법의식

한국언론재단이 지난 해 3월 전국의 신문 방송 통신사 기자 930명과 온라인매체 기자 102명을 상대로 실시한 '제 9 회 신문 방송 통신 인터넷 기자 의식조사'(한국언론재단 발간 '한국의 언론인 2005')를 중심으로 살펴본다.

(1) 오보와 정정보도

'최근 1년간 오보로 인해 정정기사를 쓴 경험이 있다'고 답한 응답자가 오프라인 매체 기자의 12.0%, 온라인매체 기자의 27.5%였다. 매체별로 좀더 상세히 보면 오보로 인한 정정기사 작성 경험은 '인터넷 전용 신문'기자가 32.5%로 가장 높았고, 중앙일간지 19.6%, 특수방송사 16.2%, 지방일간지 10.2%, 경제지 9.7%, 중앙방송사 4.7% 순이었다. 오보를 내게 된 원인으로는 '사실의 미확인 또는 불충분한 취재'가 오프라인 61.9%, 온라인 48.0%로 가장 많았다. 다음이 '기자의 부주의'(오프라인 18.1% 온라인 24.5%)였다. 인터넷신문 기자들의 정정보도가 다른 매체에 비해 상대적으로 잦은 것은 매체 속성상 치열한 속보 경쟁 때문에 상대적으로 법적 문제를 거를 시간적 여유가 없고, 회사 차원의 검증시스템도 약하기 때문인 것으로 추측된다. 중앙일간지의 경우 취재원들의 권리 의식이 높아졌고, 특히 과거 정부와 비교할 수 없을 정도로 현 정부 부처들의 반론 또는 정정 요구가 늘어난 것이 반영된 결과로 보인다.

(2) 기자들의 인권침해

'최근 1년간 보도로 인해 인권 침해를 당했다는 항의나 지적을 받은 적이 있는지'에 대해 오프라인 기자의 12.0%, 온라인 기자의 13.7%가 '경험이 있다'고 답했다. 매체별로는 통신사 31.4%, 방송사 14.4%, 신문사 9.6% 순이었다. 소속 매체별로는 지방방송사 21.8%, 지방일간지 14.2%, 중앙방송사 13.8%, 중앙일간지 10.5%, 경제지 8.0%의 순이었다. 부서별로는 사회부 21.0%, 일반 취재부서 18.3%, 국제부·북한부 16.9%, 사진·카메라부 15.5%, 문화부 12.2%, 정치부 10.3% 순이었다. 출입처별로는 검·경·법조 29.1%, 지방자치단체 14.7%, 정부부처 10.9%였다. 업계·경제계가 7.4%로 가장 낮았다. 인권 침해를 불러오는 요인으로는 오프라인 매체(괄호안은 온라인매체)의 경우 언론사간 경쟁 32.9%(27.5%), 언론인의 윤리·인권의식 결여 22.7%(39.2%), 언론인의 법제도에 대한 이해부족 9.9%(7.8%)였다.

(3) 취재방식

취재를 위해서라면 법도 어길 수 있을까. '취재를 위해 기업이나 정부의 비밀문서를 허가없이 사용할 수 있다'는 기자들이 오프라인 43.9%, 온라인 53.9%였다. '상대방에게 자신의 신분을 속일 수도 있다'는 답은 오프라인 43.2%, 온라인 39.2%였다. '내부 정보를 얻기 위해 회사에 위장취업할 수 있다'는 오프라인 35.9%, 온라인 39.2%, '편지나 사진과 같은 사적 문서를 허가없이 사용할 수 있다'는 오프라인 18.2%, 온라인 14.7%, '비밀정보를 얻기 위해 돈을 줄 수 있다'는 오프라인 17.7%, 온라인 11.8%, '비밀을 지킬 것을 동의하고 어길 수도 있다'는 오프라인 12.9%, 온라인 19.6%였다. 우리나라 기자들은 온·오프라인을 가리지 않고 취재와 법이 충돌했을 때는 취재를 우선하겠다는 의지가 강함을 알게 한다.

(4) 언론법과 제도와 언론의 자유

기자들 가운데 언론법과 제도가 언론의 자유를 간접적으로 제한하고 있다고 생각하는 사람이 오프라인 매체의 경우 18.3%, 온라인의 경우 14.7%였다.

3. 조선일보 기자 설문 결과

발표자가 일하고 있는 조선일보의 기자들은 실제 취재 및 기사작성 과정에서 얼마나 법을 의식하고 있는지, 이들에 대한 법교육 실태는 어떤지를 설문조사를 통해 알아보았다. 응답에 응한 기자는 모두 31명으로 법적 충돌 위험성이 상대적으로 높은 사회부 사건담당 및 검찰·법원담당 기자와 정치부 정당팀·행정부 담당 기자, 이들의 기사를 손보고 최종 책임을 지는 정치부・사회부의 전・현직 데스크 및 전・현직 사건팀장들이다.

(1) 언론 법제 교육 여부

'사내외에서 취재 윤리나 언론 관련법 등 언론 법제에 대해 교육을 받은 적이 있느냐'는 물음에 '있다'는 응답이 17명(54.8%), '없다'는 응답이 14명(45.2%)로 엇비슷했다.

(2) 법 문제 의식 실태

'취재, 기사 작성 또는 기사 데스크 과정에서 취재원의 명예훼손 또는 기사게재 후 소송 문제와 같은 법적 문제들을 의식하느냐'는 물음에 '많이 의식한다' 17명(54.8%), '대체로 의식한다' 13명(41.9%) 등 응답자 대부분이 긍정했다. '거의 의식하지 않는다'는 답은 1명(3.3%)에 불과했고, '전혀 의식하지 않는다'는 답은 한 명도 없었다. 그 만큼 기자들이 느끼는 법에 대한 부담이 크다는 의미다. '법적 문제를 의식하지 않는다'고 답한 기자는 '언론 관련 법제에 대해 아는 게 적어서'라고 이유를 설명했다.

(3) 기자들이 고려하는 법적 문제

기자들이 취재나 기사 작성, 기사 데스크 과정에서 고려해 봤던 법적 문제를 있는대로 골라보라고 했다. 그 결과 '기사게재 후 취재원에 의한 언론중재 요구'를 꼽은 사람이 24명으로 가장 많았다. 다음은 '기사게재 후 취재원에 의한 소송 제기' 22명, '취재과정의 위법 여부' 7명, '취재원의 사생활 침해 여부' 1명 순이었다. 언론중재나 소송 제기가 기자들을 얼마나 심하게 압박하고 있는지를 알아볼 수 있는 결과이다.

(4) 법률전문가 상담 여부

'취재, 기사 작성 또는 데스크 과정에서 취재원의 명예훼손 또는 기사게재 후 소송 문제와 같은 법적 문제를 사내외 법률전문가와 상의한 적이 있느냐'는 물음에 '있다'고 답한 사람이 22명(71.0%), '없다'는 응답이 9명(29.0%)으로 조사됐다. 신문이 만들어지기 전에 기자 작성 및 기사 게재 과정에서의 사전 법적 검증이 비교적 활발히 이뤄지고 있음을 알 수 있다.

(5) 법적 문제로 인한 기사 작성 포기 여부

'취재, 기사 작성 또는 데스크 과정에서 취재원의 명예훼손 또는 기사게재 후 소송 문제와 같은 법적 문제 때문에 취재나 기사 작성을 포기하거나 보류한 적이 있느냐'는 물음에 '있다'는 응답이 20명(64.5%), '없다'는 응답이 11명(35.5%)이었다. 앞선 (4)번 항목의 설문 결과와 연결지어 보면 신문을 만드는 과정에서의 사전 게이트키핑이 신문 발행 후의 법적 충돌을 막는데 어느 정도 역할을 하고 있음을 알려주는 것이다.

(6) 기자들에 대한 법교육 필요성

'기자에 대한 언론 관련 법 교육이 필요하다고 보느냐'는 물음에 '필요하다'는 답이 31명으로 100%였다. 기자들이 법적으로 책임을 추궁 당할지 모른다는 부담감을 강하게 느끼는 만큼 그런 사태를 미리 막을 수 있는 법 교육의 필요성도 강하게 느끼고 있다는 뜻이다.

4. 언론법 교육 실태

그러면 현직 기자 또는 기자가 되려고 하는 예비기자들에 대한 우리 대학 또는 언론관련 기관들의 법교육 실태는 어떨까.

(1) 서울소재 대학의 경우

한국언론재단이 2005년 7월 펴낸 '한국의 언론교육과 저널리즘 스쿨'(책임연구 남재일 · 최민재)에 따르면 언론학과를 개설해 놓고 있는 서울 소재 19개 대학의 저널리즘 영역 과목들을 주제별로 분류한 결과 '언론윤리 · 법제' 분야 과목은 전체 개설 과목 가운데 7.07%였다. 보도 · 취재 · 편집(17.7%), 언론학일반(16.4%), 언론과 사회 · 문화(12.3%), 언론사 · 사상사(10.3%)에 뒤이은 비중이었다. '언론법제'보다 비중이 적게 배정된 과목으로는 비판 · 문화 · 비평이론, 문장론, 정치커뮤니케이션 등이 있다.

(2) 서울소재 대학원의 경우

'언론홍보대학원', '언론정보대학원', '언론대학원', '신문방송대학원'과 같은 이름으로 언론학 대학원을 열어놓고 있는 서울 소재 대학은 모두 9곳이다. 이들 학교에서 가르치고 있는 저널리즘 영역 과목들 가운데 '언론윤리 · 법제' 과목은 전체 개설 강좌 중 8.9%였다. 언론학일반(16.5%), 방송 · 영상보도(12.7%), 방송 · 영상보도 실습(11.4%)보다는 작은 비중을 차지한다.

(3) 현직 기자들에 대한 교육

1) 교육기관 및 대상

현직 기자 및 신입기자들에 대한 재교육은 언론재단 내 한국언론교육원에서 주로 이뤄진다. 언론교육원은 1회 2박 3일 또는 3박 4일 일정으로 연간 3회 현직 기자들에 대한 재교육을 실시하고 있다. 1회당 교육인원은 20-30명이며 하루에 9시간씩 20시간 안팎씩 교육이 이뤄진다고 한다. 수습기자 교육은 언론사들의 요청이 있을 경우 그때그때 이뤄진다.

2) 교육 내용

중견기자들에 대한 교육 프로그램은 크게 8가지 범주로 이뤄져 있다. 먼저 '뉴미디어 환경과 언론법제 윤리'에서는 헌법상의 언론자유 문제, 언론피해구제법과 신문법 · 방송법 · 공연법 · 공공기관정보공개법 등 언론관련 각종 법률 규정 등을 소개한다. '보도와 취재윤리' 부분에서는 취재원 보호의 한계와 위장취재 · 함정취재 · 도청 · 몰래카메라의 한계와 같은 취재절차와 취재기법, 취재윤리 등을 교육한다. '언론중재제도의 이해' 분야에서는 언론중재의 실무적 쟁점과 언론중재절차 이후의 민사소송 실제 사례 등을 살펴보고 '언론소송 · 분쟁사례 분석'도 함께 해 본다. 이 밖에 '뉴미디어시대의 포토저널리즘과 윤리', '법윤리 측면의 좋은 기사, 나쁜 기사', '언론분쟁에 대한 내부적 자율적 대처방안', '분쟁사례 종합토론' 등으로 커리큘럼이 짜여져 있다.

수습기자 교육에서는 3시간 범위에서 언론보도와 명예훼손, 언론중재 사례에서의 역할 실습 등을 실시한다.

5. 문제점과 개선방향

기자들이 법교육의 중요성을 얼마나 높이 보고 있고, 교육을 얼마나 필요로 하는지는 조선일보 기자 대상 설문 결과에서 잘 나타나 있다. 그러나 현실은 이런 기자들의 기대를 충족시키지 못하고 있는 게 사실이다. 우선 각 언론사의 사내 교육이 거의 없거나 있어도 매우 부실하다는 게 일선 기자들의 공통된 의견이다. 우선 발표자부터가 1988년 언론에 발을 들여놓은 이래 두 언론사에서 근무하고 있지만 한 번도 재교육을 받은 일이 없다. 회사 차원의 물적·인적 준비가 부족한 게 가장 큰 요인임은 물론이다.

회사내 시스템이 부실하면 회사 밖의 프로그램을 이용하는 것도 한 방법이 될 수 있다. 위에 소개한 한국언론교육원의 언론법제·윤리 교육은 전체 시간은 그리 길지 않지만 중견기자들의 법 관련 재교육 프로그램으로서는 비교적 알찬 내용을 담고 있다는 게 발표자의 개인적 평가이다. 문제는 현직 기자, 특히 기사 수요가 많은 현장 취재부서 기자들이 이런 교육 프로그램에 참여할 기회가 별로 많지 않다는 것이다. 거의 모든 언론사가 인력 부족에 시달리고 있는 상황에서 며칠씩 일선 기자를 재교육 명분으로 '열외'시키는 건 회사나 기자 개인에게나 모두 만만찮은 부담이 되는 게 사실이다. 그렇다 해도 언론에 대한 법적 책임 추궁의 빈도와 강도가 날이 갈수록 강해지고, 상대적으로 언론인들이 취재 또는 기자작성 및 기사 게재 후 져야 할 법적 책임에 대한 부담도 갈수록 무거워지는 상황에서 언론인들에 대한 법교육의 필요성은 아무리 강조해도 지나치지 않다. 이 부분에 대한 언론기관 책임자 및 취재부서 간부들의 발상의 전환이 필요한 때다.

참고문헌

오수정 (2005), 한국의 언론인 2005, 한국언론재단.
남재일·최민재 (2005), 한국의 언론교육과 저널리즘 스쿨, 한국언론재단.

〈참고자료〉

- 조선일보 대상 설문 전문 및 결과

1. 사내·외에서 언론 법제(취재윤리나 언론 관련법) 교육을 받은 적이 있습니까.

1) 있다 17(54.8%) 2) 없다 14 (45.2%)

2. 취재, 기사 작성 또는 기사 데스크 과정에서 취재원의 명예훼손 또는 기사 게재후 소송 문제와 같은 법적 문제들을 의식하십니까.

1) 많이 의식한다(문2-1로) 17(54.8%)

2) 대체로 의식한다(문2-1로) 13(41.9%)

3) 거의 의식하지 않는다(문2-2로) 1(3.3%)

4) 전혀 의식하지 않는다(문2-2로)

2-1. 취재 기사 작성 또는 기사 데스크 과정에서 고려해 봤던 법적 문제는 무엇입니까(있는대로 고르세요).

1) 취재과정의 위법 여부 7명

2) 기사게재후 취재원에 의한 소송 제기 22명

3) 기사게재후 취재원에 의한 언론중재 요구 4명

4)기타(사생활 침해 여부)

2-2. 법적 문제를 의식하지 않는 이유는 무엇입니까.

1) 언론 관련 법제에 대해 아는 게 적어서 1명

2) 언론 보도는 법적으로 책임이 면제될 것으로 믿기 때문에

3) 문제가 생겨도 회사가 잘 처리해 줄 것으로 믿어서

4) 개인적으로 법적 책임 의식이 그리 강하지 못해서

3. 취재, 기사 작성 또는 데스크 과정에서 취재원의 명예훼손 또는 기사 게재후 소송 문제와 같은 법적 문제를 사내외 법률전문가와 상의한 적이 있습니까.

1) 있다 22(71.0%) 2) 없다 9 (29.0%)

4. 취재, 기사 작성 또는 데스크 과정에서 취재원의 명예훼손 또는 기사 게재 후 소송 문제와 같은 법적 문제 때문에 취재나 기사 작성을 포기하거나 보류한 적이 있습니까.

1) 있다 20(64.5%) 2) 없다 11(35.5%)

5. 기자에 대한 언론 관련 법 교육이 필요하다고 보십니까.

1) 필요하다 31(100%) 2) 필요없다

제 9 절 한국언론과 '국민정서법'

양 승 목*

1. 들어가는 말

지난 여름 포항건설노조가 포스코 본사를 점거했다가 농성을 풀던 날, KBS 라디오의 한 시사프로그램은 그 배경을 다음과 같이 설명했다.

> "포스코 본사에 대한 점거농성은 투쟁방식에 있어서 잘못되었습니다. 국민정서에 어긋나는 무리한 투쟁방식으로 된 면이 많았고, 특히 국가경제에 타격을 미치는 방식이 되어 버렸기 때문에 결과적으로 여론이 등을 돌려 버렸고 노조는 노조대로 타격이 심했습니다."

이어서 포항건설노조의 주장이 잘 알려지지 않았다며 자세히 소개하고, 앞으로 사태해결을 위해 풀어야 할 문제점 등을 설명했다. 필자는 포스코 점거농성에 대한 이러한 해설이 잘못된 것이라고 보지 않는다. 아마도 옳을 것이다. 그러나 그 해설 어디에도 동 사태의 '불법성' 여부에 대한 언급이 없었다는 것은 유감이다. 혹시 노조의 투쟁방식이 합법적이어도 '국민정서에 어긋나는 무리한' 것이라면 문제가 된다는 뜻일까. 아니면, 투쟁방식이 불법적이어도 국민정서에 어긋나지 않으면 상관없다는 것일까.

---

* 서울대학교 언론정보학과 교수.

법률보다는 국민정서를 판단의 기준으로 삼는 이런 식의 언론보도를 우리는 일상적으로 접하고 있다. 한국사회에서는, 특히 한국 언론에서는, 그 어떤 실정법에 못지않게 ‘국민정서법’이 중요하다. 우리 국민 중에는 국민정서법이란 법이 실제로 있는 줄로 착각하는 사람도 있다. 물론 이런 이름의 실정법은 존재하지 않지만, 그러나 국민정서라고 하는 다소 추상적인 판단기준에 의거 사건 또는 행위의 잘잘못을 평가하는 사례가 우리 사회에는 허다하다. 국민정서법은 순전히 국민들의 정서에 부합한다는 조건만 맞으면 때로는 실정법보다 더 무서운 힘을 발휘한다. 실정법을 위반하지 않았더라도 국민정서에 맞지 않으면 처벌을 받아야 한다는 점에서 국민정서법은 초법률적이다. 이 글에서 필자는 먼저 ‘국민정서법’이 우리 언론에 적용된 몇 가지 사례들을 소개하고, 우리 언론이 왜 국민정서법에 의존적이며, 그러한 보도 관행이 법치주의와 관련해 안고 있는 문제점은 무엇인지를 논의할 것이다.

2. 국민정서법의 적용 사례

국민정서법이 적용된 대표적인 예는 1997년 IMF 외환위기 당시 ‘환란의 주범’으로 지목되어 사법심판대에 오른 강경식 부총리와 김인호 청와대 경제수석을 들 수 있다. 두 사람은 당시 김영삼 정부의 경제정책 책임자로서 IMF 사태에 대해 정치적·도의적 책임을 져야 할 위치에 있었다. 하지만 정책 실패를 이유로 장차관을 사법심판대에 올려 형사 처벌할 수는 없는 일이었다. 그러나 당시 국민정서는 ‘환란’의 책임을 질 희생양을 찾고 있었고 언론은 그런 국민정서에 부응했다. 결국 두 사람은 ‘환란의 주범’으로 기소되었다가 6년 동안 수사기관과 재판정에 불려 다니며 갖은 고초를 겪은 끝에 무죄 선고를 받았다.

비슷한 사례들이 정권이 바뀐 뒤에도 반복되었다. 예컨대 1999년 김대중 정권 당시 발생한 ‘옷 로비 사건’이 그러한 예다. 이 사건의 본질은 당시 김태정 검찰총장의 부인(연정희씨)에 대한 재벌부인(최순영 대한생명 회장의 부인 이형자씨)의 로비 시도인데, 이것이 언론의 선정적인 보도로 사건의 본질과는 무관하게 다수의 관련자들이 고초를 겪고 총체적인 정권비리로 확대되어 마침내 김대중 정권의 조기 레임덕을 가져올 정도의 초대형 정치사건으로 발전했다. 따지고 보면, 언론에 보도된 고위층 부인들의 행태가 국민정서에 크게 거슬렸고, 이런 국민정서를 바탕으로 언론은 더욱 사실관계보다는 의혹과 소문에 근거한 보도를 함으로써 사태가 확대되었던 것이다.

노무현 정부에 와서 국민정서법이 적용된 비교적 최근의 예로는 이해찬 전 총리의 3.1절 골프 파문을 들 수 있다. '총리가 3.1절에 웬 골프냐'는 국민정서에 기대어 언론은 골프 모임과 관련한 각종 의혹을 잇달아 제기했다. 당시 이병완 청와대 비서실장이 "만사를 여론이라는 일시적인 '국민정서법'에 휘말려 사실관계나 법 절차를 무시한다면 책임있는 국정운영 방식이 아니다"라고 하면서 청와대는 버텼지만, 결국 노무현 대통령은 이총리의 사임을 받아들이지 않을 수 없었다. 여기서도, 총리의 부주의한 골프 모임이 국민정서를 거슬렀고, 국민정서에 기댄 언론의 선정적 보도는 실세 총리의 사임을 불러 왔다.

이상의 사례들에서 찾을 수 있는 공통점은 실정법상 문제가 되지 않거나 또는 경미한 처벌로 끝날 사안들이 국민정서라는 여론의 뭇매를 맞고 사건당사자가 과도한 처벌을 받거나 사건이 엉뚱한 방향으로 확대되었다는 점이다. 그리고 이런 형태의 사건 전개 이면에는 반드시 국민정서를 빌미로 사안을 확대하고 과장한 언론의 선정적 보도가 깔려 있다는 점이다.

3. 국민정서는 감성적 여론

국민정서는 감성적 차원의 여론으로 볼 수 있다. 전통적으로 계몽주의 관점에서는 여론(public opinion)의 이성적 측면이 강조되어 왔다. 즉 여론이라 하면 합리적으로 따져서 나온 공중의 이성적 의견으로 본 것이다. 여론전문가 다니엘 양켈로비치가 전문가들의 전문지식 이상으로 존중해야 한다고 강조한 '공중의 판단'(public judgment)은 바로 이런 전통의 여론 개념을 반영한 것이다.[1] 또 오늘날 새로운 민주주의 형태로 각광받고 있는 숙의민주주의(deliberative democracy)도 민주적 공론장을 기반으로 토론에 의한 시민의 합리적 의사결정을 강조한다는 점에서 이성주의적 여론관을 바탕에 깔고 있다.

그러나 여론이 언제나 합리성에 의해 움직이는 것은 아니다. 개인의 의견이 이성과 감성의 산물인 것처럼, '공중의 의견' 즉 여론에도 감성의 영향이 작용한다.

1) Daniel Yankelovich, *Coming to Public Judgment, Syracuse*, NY: Syracuse University Press, 1991.

가령 북한의 미사일 발사에 대한 우리 국민의 여론에는 남북관계와 미국과 기타 주변국과의 관계 등에 미칠 파장을 고려한 이성적 판단뿐만 아니라, 북한의 막무가내식 행동에 대한 혐오감 등 여러 감정이 복잡하게 얽혀 있다.

현실적으로 보면 여론이 이성적 판단보다 오히려 감성적 느낌을 반영한 경우가 더 많다. 여론이 조변석개하는 이유도 따지고 보면 그만큼 이성적 요소보다 감성적 요소가 여론에 더 크게 작용하기 때문이다. 이런 점에서 국민정서란 감성적 요소가 극대화된 여론이라 할 수 있다. 국민의 좋고 싫은 감정을 집단적으로 반영하는 국민정서는 사소한 자극에 의해서도 쉽게 활성화된다. 또 그만큼 쉽게 사그라지기도 한다. 문제는 국민정서가 활성화된 상황에서는 특별한 계기가 없는 한 국민정서에 반하는 의견은 발을 붙이기는 대단히 어렵다는 점이다. 그만큼 국민정서는 전염성이 강하고 폭발력이 있다. 언론이 국민정서에 민감한 것도 이런 특성 때문이다.

4. 언론은 왜 국민정서에 의존하나?

우선, 국민정서를 반영하는 일은 언론의 사회적 책무이다. 언론의 사회적 기능 가운데 하나가 여론을 반영하고 조성하는 것이기 때문에 언론은 감성적 여론이라 할 수 있는 국민정서를 있는 그대로 보여줘야 한다. 언론이 국민정서를 적극 활용하는 또 다른 이유는 '안전성'에 있다. 언론이 누군가를 비판할 때는 항상 반론 또는 역비판의 위험을 안고 있지만, 국민정서를 업고 비판할 때는 반격을 받을 소지가 별로 없다. 일본 총리의 야스쿠니 신사 참배를 비판할 때 어느 한국인이 이를 반대할 수 있을 것인가.

그러나 언론이 국민정서법에 의존하는 더 중요한 이유는 국민정서를 자극함으로써 단시간에 커다란 관심과 주목을 끌어낼 수 있기 때문이다. 언론은 항상 독자나 시청자의 주목에 목말라 있다. 구독률과 시청률은 신문과 방송의 매출액을 결정하는 성적표이다. 따라서 매체간의 경쟁이 치열할수록 수용자의 주목을 손쉽게 끌어낼 수 있는 선정적 보도에 대한 유혹은 커져 간다. 특히 서울시청을 중심으로 반경 10Km 이내에 주요 언론이 밀집하여 치열한 경쟁을 벌이고 있는 우리나라 상황에서는 어느 언론이든 국민정서를 자극하고 이용하고 싶은 유혹을 뿌리치기 어렵다. 또 민주화 이후 언론과 정당의 '병행관계'가 심화되고 있는 한국사회의 현실에서,[2] 일부 언론은 정치적 이해관계 때문에 국민감정을 빌미로 사소한 사건도 선정적으로 과장 보도한다는 의혹을 받고 있다. 이런 맥락에서 보면 언론이 국민정서법의 '제정'과 '집행'에 직·간접적으로 관여한다고 볼 수 있는데, 특히 사건의 성격이 정치적으로나 사회적으로 충격적이어서 대중의 관심을 끌만한 것이면 언론은 적극적으로 국민정서법을 '제정'하고 이를 근거로 여론재판을 '집행'한다.

5. 국민정서법의 두 얼굴: 정의의 실현인가, 법치주의 훼손인가?

민주주의 사회에서 언론이 여론 또는 국민정서를 바탕으로 사안의 시시비비를 가리는 것은 잘못된 일이 아니다. 뿐만 아니라 경우에 따라서는 국민정서법이 아니면 잘못된 행위를 처벌할 수 있는 길이 없는 경우도 있다. 가령, 실정법의 법망을 교묘히 빠져나간 기업(인)이나 도덕적·윤리적으로 부적절하게 처신한 정치인들의 행위는 국민정서법에 의한 사회적·정치적 처벌이 아니면 처벌이 어려운 경우가 많다. 각종 편법을 동원해 막대한 상속세를 물지 않고 2세들에게 재산을 상속하는 재벌들에게 국민정서법의 발동은 일종의 '정의의 실현'이라는 의미가 있다. 또 외환은행 매각과 관련해 천문학적 차익이 예상되지만 현행법으로는 세금 추징이 쉽지 않은 론스타의 경우에도 국민정서법이 아니면 마땅한 제재 수단을 찾기 어려울지 모른다.

무엇보다도 정치인들의 부도덕한 행위에 대해서는 국민정서법이 가장 효과적인 처벌 수단이 될 수 있다. 지난 여름 온 국민이 수해의 고통을 받는 와중에 골프를 쳤다가 국민적 지탄을 받고 소속 정당으로부터 중징계를 당한 야당 정치인들의 경우 국민정서법이 제대로 적용된 케이스다. 현재 재판이 진행 중인 최연희 의원의 성추행사건도 법원의 판결이 무죄 또는 경미한 처벌로 귀결된다면 사건 당시 발동된 국민정서법이 지나쳤다고 보기는 어려울 것이다.

한편, 사건이 발생하고 오랜 세월이 흘러 실정법상 공소시효가 지난 경우에도 국민정서법에 의하지 않으면 처벌이 불가능한 경우가 있다. 예컨대 X파일이라 부르는 옛 안기부의 불법도청 테이프 관련자들 가운데 공소시효가 만료된 사람들의

2) 윤영철, "권력이동과 신문의 대북정책 보도: 신문과 정당의 '병행관계'," 언론과 사회 제27호, 2000, 48-81면; 양승목, "언론과 정부의 관계," 오택섭 외, 현대 정치커뮤니케이션 연구, 나남출판, 2006, 363-387면.

경우, 이름이 언론에 거론되는 인격적 처벌이 아니면 달리 사법적 처벌을 할 수 없는 것이다.

이런 사례들은 어떤 특정의 상황에서는 국민정서법이 정의를 실현하는 하나의 수단이 될 수도 있음을 보여준다. 그러나 엄연히 존재하는 실정법을 무시하고 국민정서에 맞지 않는다고 해서 처벌을 주장한다면 이는 법치주의의 근간을 훼손하는 일이다. 또 국민정서법에 의한 처벌은 자칫 죄형법정주의를 부정하는 초법적 조처가 될 수 있기 때문에 최소화해야 한다. 하지만 안타깝게도 우리 언론은 종종 국민정서를 내세워 실정법상 문제삼기 어려운 사안을 가지고 특정 개인이나 집단의 처벌을 주장하는 경우가 있다. 뿐만 아니라 언론이 때로는 자신의 이해관계 때문에 국민정서를 적극적으로 활용하는 경우가 있다는 혐의까지 받고 있다. 국민정서에 지나치게 의존적인 한국 언론의 이러한 보도 관행은 개인적으로는 언론인들의 자질 문제이며, 구조적으로는 언론사간의 과도한 경쟁에서 비롯된 것이기도 하다. 국민정서를 빌미로 확인되지 않은 사실과 의혹들을 경쟁적으로 보도하여 선의의 피해자를 양산하는 언론의 선정주의적 보도태도는 우리 사회의 법치주의 정립에 결코 도움이 되지 않는다. 저널리즘 윤리의 강화와 법치주의에 대한 언론인들의 보다 엄격한 태도가 절실히 요구되는 때이다.

제10절 국민정서법, 언론, 그리고 사법(司法)

한 인 섭*

[국민정서법에 대한 말‥말…말]

▲ 법 위에 헌법 있고, 헌법 위에 국민정서법이 있는 듯…(오창규, 산업부장, 문화일보 2005/8/12)

▲ 정치권력자 및 떼쟁이 언론몰이배 또는 시민 협잡단체 들이 법에도 없는 요구를 기업에 강요 또는 협박 내지는 협잡할 때 사용하는 용어 (인터넷에서)

▲ 한국에 경제자유가 없는 이유—헌법 위에 국민정서법 있고 그 위에 우격다짐법이 있다. (인터넷에서)

▲ 외국인 투자가들은 "한국에는 헌법 위에 국민정서법이라는 것이 존재한다"는 말을 농담처럼 한다. (인터넷에서)

▲ 검찰은 국민의 보편적 법감정을 해치는 일을 해서는 절대 안된다. (강정구 구속여부에 대한 대검의 한 간부의 회의석상에서의 발언)

▲ 만사를 여론이라는 일시적인 '국민정서법'에 휘말려 사실관계나 법절차를 무시한다면 책임있는 국정운영방식이 아니다. (이병완 대통령 비서실장, 2006/3/10)

▲ 요즘 우리나라에서 죄형법정주의를 부정하는 '국민정서법'이란 묘한 논리가 등장했다. 이 법은 손에 잡히는 실체도, 글로 기록된 문건도 없다. 하지만 국민정서에 부합한다는 조건만 충족하면 실정법에 구애받지 않는 불문율(不文律)이 되고 있다. 헌법 위에도 군림한다. 애매하고 추상적인 개념의 국민정서는 일부 시민단체

* 서울대학교 법과대학 교수.

와 학자의 뜻에 따라 구체화되는 경향을 보인다. 이들이 특정 사안에 대해 옳고 그름을 판단하고, 이를 일부 언론이 뒷받침해 주면 국민정서법은 '제정'된다. 국민정서법에 걸려들면 어떤 형태로든 죗값을 치러야 한다. 수십 년 전의 위장전입, 반세기가 넘은 부친의 친일 등의 문제로 국민정서를 등진 공직자는 현직에서 쫓겨나는 '망신형'을 당했다. (고대훈, 사건사회부 차장, 중앙일보 2005/8/13)

Ⅰ. 글머리에

"법률 위에 헌법 있고, 헌법 위에 국민정서법 있다"는 말이 있다. "여론의 뭇매 앞에 견딜 장사 없다"는 말도 있다. 국민정서법은 우리 사회의 여론의 한 실체 중의 하나이다. 그냥 공론, 여론과 다른 것은 일단 형성되어 작동되는 국민정서법 앞에는 누구도 쉽게 버텨낼 수 없다는 점이다.

국민정서법과 법치주의 사이의 긴장이 종종 발생한다. 실정법적으로는 문제되지 않아도, 혹은 실정법과 충돌되는 경우에도, 국민정서는 그 실정법보다 더 높은 정의, 실정법과 다른 정의를 추구할 수 있다. 혹은 국민정서의 이름으로 엄청난 여론의 횡포가 자행될 수 있으며, 공론형성 및 행위평가를 위해 제도화된 장치를 순식간에 무력화시킬 위험성도 있다. 그렇다면 실정법의 적용을 일차적 임무로 삼고 있는 사법부는 그 거센 국민정서의 파고에 어떻게 대응해야 할까 하는 문제가 등장한다.

과연 국민정서법이라 불릴만한 수준의 여론은 어떤 과정을 통해 형성되는 것일까. 그 형성에 기존의 매스컴은 어떤 작용을 하는 것일까. 국민정서법과 매스컴이 서로 상승할 때와, 서로 견제할 때는 그 효과는 어떻게 상이하게 나타나는가. 언론의 물살을 탄 국민정서법은 결국 사법부에 어떠한 압박으로 작용하고, 사법부는 어떻게 반응할까 하는 것은 한국의 법치주의의 활동의 환경을 이해하기 위한 하나의 법사회학적 시도일 수 있다.

그러나 이 문제를 충분히 검토하지 못하고, 이제까지의 피상적 관측에 의거한 경험의 단편을 소개하는 데 그칠 수밖에 없다. 제재의 성격이 모호한 것도 그 한 핑계가 될 수 있을 것이다.

Ⅱ. 국민정서법의 가운데 있는 것

국민정서법을 무조건 비난함은 그 본질을 제대로 독해하고 있지 못한 탓이다. 국민정서법은 어떤 사태에 대한 국민들의(혹은 대중의) "원초적 감정"을 담고 있다. 그 원초적 감정이 비등점에까지 끓어올라야 하며, 그에 대해 합리적 시비나 제동을 걸기에는 그 감정의 수위가 너무 높을 때 국민정서법이라 부를 수 있을 것이다.

그 원초적 감정의 한 가운데는 "원초적 정의감"이 들어 있다고 생각한다. 원초적 정의감은 어떤 대상을 만나, 어떤 쟁점을 만나, "거친 분노의 형태"로 표출된다.

특권에 대한 분노! 그 점이 가장 두드러진다. 모두가 힘들게 규칙을 준수하고 있는데, 규칙위반을 하고도 괜찮은 자, 혹은 특혜를 받는 자의 존재는 커다란 공분을 사게 된다. 가장 쉬운 예로는 병역비리가 있다. 그 중에서도 특권층의 병역비리, 고위공직자의 자녀의 병역기피는 바로 국민의 가슴에 불을 지른다. 군대의 의무복무는 아무리 "신성한" 국방의무라고 격상시키려 해도, 몇 년간 현실적으로 치르는 대가가 너무 큰 것이다. 병역의무라는 특별희생은 다른 시민 모두가 같은 정도의 희생을 감당하는 경우에만 그 희생의 불이익을 중화시킬 수 있다. 그런데 이미 잘 살고 잘 누리는 자의 아들이 병역기피를 해낼 때 이는 특권의 대물림으로 여겨지며, 상대적 박탈감을 중첩적으로 받는다고 느끼는 대중의 엄청난 분노를 받게 되어 있는 것이다.

차별에 대한 분노! 그것은 특권에 대한 분노에 못지 않다. 사람들은 절대적 박탈감보다 상대적 박탈감에 더 분노한다. 아마 차별에 대한 분노의 가장 응집된 형태가 지역감정일 것이다. 지역감정은 지역차별에서 유래했다. 그러므로 '차별'을 놔두고 '감정'만 문제삼는 것은 본말을 잘못 짚은 것이다. 오늘날 의도적으로 지역감정을 이용해서 재미보는 세력들도 있지만, 누구도 지역감정의 뇌관을 건드리겠다는 시도를 감히 하지 못한다. 교육정책에서도 대외적 경쟁력보다 차별받지 않겠다는 강렬한 정서가 평준화정책을 지지하는 원류를 이루고 있다.

불의에 대한 분노! 국민정서법에는 원초적 정의감이 근원적으로 침해당했다고 느끼는 국민의 분노가 배어 있다. 어느 정도까지는 참지만 더 이상 견딜 수 없다고 느낄 때, 다시 말해 인내의 한계점을 넘을 때 폭발한다. 김주열, 박종철 사건을 보면, 그것은 국가권력이 살인했다는 점에 대해서는 인내의 한계점(critical point)에 근접하지만, 국가권력이 이를 조직적으로 은폐까지 했다는 점 때문에 그 한계점을 넘어서 폭발하는 것이다.

가진 자에 대한 불신과 분노! 우리나라의 가진 자들은 아직 부의 축적에 대한 대중의 승인을 제대로 받지 못했다. 시장에 대한 신뢰도 약하다. 재산형성에 대해서는 뭔가 반칙적, 특권적 행위들이 있었을 것이라는 강렬한 의구심이 쌓여 있기에, 가진 것 자체를 보란 듯이 내세울 수 없게 된다. 부는 선망과 질시의 대상이기도 하지만, 원초적 정의감에 비추어볼 때 늘 의혹거리로 잠재해 있다. 공직자 재산공개에서 재산이 가장 많다는 이유로 그 형성과정을 묻지 않고 공직을 떠나야 했던 사례도 있었다.

피해의식의 전이! 우리의 역사적 체험 속에서 개인적으로나, 사회적으로나, 국가적으로 피해의식이 많다. 대표적인 예가 일본에 대한 피해의식이다. 물론 그 의식은 확실한 사실적 기반을 갖고 있다. 그래서 반일 민족정서는 견제없는 분노의 출구가 된다. '일본은 없다'라는 말도 안되는 말에 통쾌감을 느끼고, '일본침몰'이라는 영화가 다른 나라보다 유달리 인기다. 역사적 피해가 누적되어온 탓인지 애국심은 거대한 동원력을 갖고 있다. 그 정제되지 않는 원초적 애국심의 남용으로 인한 폐해는 가령 황우석 신화의 형성에서도 볼 수 있다. 다른 학자의 과학적 성과보다 황우석이 월등하게 두드러진 데는 과학을 애국심으로 포장해낸 비법에 힘입은 바 크다. 인터뷰 때마다 "태극기를 꽂았다," "문익점이 목화씨 갖고 오듯…" 하는 비유를 구사함으로써, 줄기세포가 뭔지를 도저히 알 수 없는 사람들에게도 인상적으로 다가섰던 것이다. 반일감정에 이어, 반미감정도 국민정서법의 수준으로 격상될 잠재적 동원력을 갖고 있다.

대체로 보면 국민정서법의 핵심에 있는 것은 **평등에 대한 거대한 갈망**인 듯하다. 특권, 차별, 불의에 대한 집단적 분노는 평등주의적 사고를 바탕에 깔고 있다. 확실히 우리끼리는 별로 다르지 않다고 느끼고, 그렇기에 나보다 이유없이 더 가진 자에 대한 분노를 내장하고 있다. 반면 나보다 못가진 자에 대한 관용과 배려는 별 생각지 않는다. 평등에 대한 거대한 갈망은 한국사회 전반의 민주적 변형(democratic transformation)에 소요된 엄청난 에너지의 원천이었음에 틀림없다. 그러나 국민정서법은 자기보다 많이 누리고 있는 자에 대한 것이며, 자기보다 힘없고 덜 누리는 자에 대하여는 문제가 되지 않는다. 즉 국민정서법은 일방적/상향적으로 작용하는 것 같다.

국민정서법은 통상적인 법적 제약을 뛰어넘는 주장을 담고 있는 경우가 많다. 실정법을 철저히 적용할 것을 주문할 때도 있지만, 실정법에 구애되지 않는 '감정의 격랑'이다. 국민정서법의 세계는 때로 개인의 인권, 법치주의, 적법절차의 요구를 너무나 무시하고 있기에 숱한 부작용을 갖고 있음을 무시해선 안된다. 그 점은 뒤에서 상세히 논의하고 싶다.

Ⅲ. 국민정서법과 매스컴의 관계

원초적 국민정서가 그 정서를 직접 자극할만한 사건과 만나면 국민정서법이라 할만한 현상이 탄생한다. 그러나 국민정서법이 형성되려면 우선 국민들에게 알려져야 한다. 언론의 매개적 역할이 없이 국민정서법이 생겨날 수 없다.

그러나 언론은 '중립적 보도'만 하는 것이 아니다. 언론은 사건이란 원재료를 가공하여 대중들에게 전달한다. 백마디 말보다 '최루탄이 박힌 김주열'의 사진 한 장이 폭발력을 갖는다. 문제의 사건에서 언론은 그 사건에의 관심을 끌기 위하여 사건을 '극화'(dramatization)한다. 극화를 위해서는 언론의 논조는 일방적이고 편파적인 편집을 해야 한다. 거기서 상대방의 주장은 무시되거나 왜곡처리된다. 매스컴의 일정한 과장과 왜곡을 통한 극화가 없으면, 원초적 분노의 폭발력은 제어될 것이다.

그러한 가공작업에는 언론의 속성이 가세한다. 언론은 타 언론과 늘 경쟁관계에 있다. 속보 없이 특종 없다. 속보는 사건의 전체적 측면을 심사숙고할 여유를 주지 않는다. 속보는 그 보도내용이 사실에 부합한다고 해도, 다른 쪽의 이야기는 제대로 전달하지 않게 된다.

언론의 극화작업을 통해 그 사건에는 선/악의 이분법이 가동된다. 이분법은 현상을 원심화시키며, 그에 따라 최악과 최선 이외의 중간영역이 사라진다. 여기서 낙인(labelling)의 효과가 작동된다. 예컨대 미군 트럭에 치어 숨진 효선·미순양의 사고를 생각해보자. 만약 그 학생들이 한국인 운전자에 의해 사고를 당했다면 다른 교통사고와 별다를 바 없이 여론의 물의를 일으키지 않고 종결되었을 것이다. 그러나 '주한미군'이 '작전중'에 그 사고를 냈다는 점으로 인해, 이는 '가해자 미국'과 '피해자 한국인'의 민족문제로 비화되고, '사고를 저지른 한 운전자'는 '절대악으로서의 미군범죄자'로 재규정된다. 피해사실을 놓고 보면 어떤 한국인 운전자가 저지른 것과 무엇이 크게 다르겠느냐고 생각할지 모르지만, 평소의 미군 내지 미국에 대한 고정관념(stereotype)이 배경요인으로 등장하면서 이 행위는 단순한 교통사고가 아닌 제국주의 대 그 피해민족의 민족문제로 변형되어 버리는 것이다.

국민정서법의 형성에는 종이신문, 영상매체, 거기다 최근에는 인터넷 매체가 관여한다. 국민정서법의 형성은 매우 '즉각적'이다. 차분한 숙고와 냉각기간을 갖고서는 순식간에 분노의 합성이 집중적으로 표출되기 어렵기 때문이다. 특히 인터넷의 즉각성과 신속성은 종이매체가 따라잡을 수 없다. 한순간에 폭발적으로 형성된 국민정서 앞에는 누구도 저항하기 어렵다. 매스컴은 많은 경우 국민정서를 형성하는 데 관여하지만, 일단 형성된 국민정서법 앞에는 매스컴도 위축되지 않을 수 없다. 해당 매스컴 자체가 국민정서법에 도전했다가는 순식간에 불매운동이나 다른 뜨거운 도전 앞에 항거불능 상태로 노출되기 때문이다.

일단 형성된 국민정서법을 교혁(矯革)하기란 매우 어렵다. 그 어려움의 강도는 가령 최근 황우석 사태에 대한 PD수첩의 역할을 생각해볼 수 있다. PD수첩의 내용이 보도되기까지는 말할 수 없는 어려움과 박해를 겪어야 했다. 결국 그 보도를 기점으로 진실이 드러났지만, 그 진실이 국민들로부터 사랑받을만한 유쾌한 진실이 아니었기에 탐사보도한 그 자체에 대해 일종의 심리적 괘씸함이 잔존할 수밖에 없다. 국민정서법은 국민의 마음을 불편하게 하는 방향으로 형성되는 것 같지 않기에, 불편한 진실은 국민정서의 정서적 향방과 충돌되는 경우가 적지 않을 것이다.

Ⅳ. 국민정서와 형사사법

한국에 특징적인 국민정서의 발현형태는 그 문제에 책임있는 자를 '사법처리' 하라, '즉각 구속'하라는 주장이다. 완전한 실체적 진실이 아니라 국민정서에 충격을 준 일응의 사실을 궁극적 진실로 간주하고, 그에 대해 강력한 처벌을 요구한다. 강력한 처벌의 의지가 있는가의 시금석은 '구속'이다. 한국의 대중정서는 집행유예를 '촌놈무죄'로 받아들이는 경향이 있으므로, 다음의 시금석은 '실형'이 될 것이다.

그러나 구속/불구속, 유죄/무죄, 실형/집행유예의 결정은 국민정서에 의한 것이 아니라 형사법에 따른 법적 결정이다. 따라서 관련 사건을 취급하는 검사와 법관은 어디까지나 법조문에 따라 결정해야 한다. 문제는 구속/불구속, 실형/집행유예의 결정에 있어 검사와 법관의 재량권이 대폭 부여되어 있다는 사실이다. 국민정서법은 그 재량권의 행사의 방향에 대한 강력한 주문을 갖고 있다. 검사와 법관이 국민정서법에 배치된 결정을 내릴 경우, 그들은 온갖 비난을 받을 상황에 처하게 된다. '법대로' 했다고 주장해도, '재량권'을 국민의 입장이 아닌 반국민적(특권적·차별적·연고적)으로 행사한 것이아니냐고 의심쩍게 접근하는 것이다.

그러나 법관과 검사는 결코 국민정서에 기대어 실정법을 이탈할 자유는 갖고 있지 않다. 국민정서의 일부를 고려한다고 해도, 그것은 법질서와 합치되는 범위 안에서의 일이다. 더욱이 법관과 검사는 정치적으로 판단하는 역할이 아니라, 법적으로 판단하는 역할을 책임지고 있다. 여론의 공세에 맞서, 피의자와 피고인의 최후의 이익을 수호해 주어야 할 임무를 띠고 있다. 법관이 여론을 그대로 추종했다면 이는 법관으로서의 자격이 없을 것이며, 검사 역시 법관이란 판단영역에 일부 미룰 수 있기는 해도 다소간 여론을 그대로 추종해서는 안 된다. 이는 법전문가로서 마땅히 그래야 할 것이다. 이 점에서 사법관은 정치가, 언론인과 달라야 한다.

사법적 결정과정은 정치적 혹은 정서적 결정과정과 결정적 차이가 있다. 정치적·정서적 결정은 보다 일방적이고 편파적이며 낙인적이다. 그에 반해 사법적 결정은 쌍방의 주장을 대등하게 청취해야 한다. 양 당사자는 자신의 주장과 입증을 할 수 있고, 사법적 판단은 양측의 논박을 다 청취한 후에 행해진다. 이러한 엄격한 적법절차의 보장은 정치적·정서적 판단영역에서는 기대하기 어렵다.

정치적·정서적 판단은, 특히 국민정서법이라 부를만한 영역 속에서는, 즉각적이고 원초적으로 이루어진다. 국민정서법의 형성은 매우 짧은 시간 내에 이루어진다. 그에 반해 사법은 '신중함'을 특징으로 한다. 신속한 수사와 재판이 강조되지만, 이는 사건을 마냥 '미뤄조지지' 말라는 뜻이지, 졸속처리가 정당화될 수 있다는 뜻은 결코 아니다. 여론의 분노가 끓어오를수록, 사법적 판단은 훨씬 냉각기를 두어야 한다. 적어도 제 1 심판단이 나오려면 사건발생일로부터 상당한 기간이 경과한 뒤이다. 2개월만 지나면 다른 이슈로 달려가고 원래의 쟁점이 밀리거나 망각되는 한국적 풍토에서, 몇 개월의 기간은 특정사건이 주는 원초적 분노를 상쇄시킬 만한 여유를 줄 수 있다.

V. 국민정서법에 대한 법원과 검찰의 대응

국민정서의 파도에 정면으로 맞선 사례가 우리 현대법사에서 없었던 것은 아니다. 그러나 그 용기, 그 자세에 대한 본격적 평가는 매우 인색했던 셈이다. 대개는 당시에 비판받고, 곧 잊혀져 버렸다. 국민정서법의 홍수 속에 침몰해 버린 셈이다. 그러나 국민정서법의 작용과 함께 위험성이 현실화되는 현 시점에서 그러한 노력을 재조명할 필요가 있다. 또한 국민정서법을 그대로 추종하거나 오히려 국민정서를 촉발시켜 기소거리로 삼았던 사례를 비판적으로 조명해볼 필요도 있다.

(1) 용기있는 판사들

- 유병진과 부역자재판: 유병진(柳秉震, 1914-1966)은 1950년 불의의 남침에 가족을 남겨두고 홀로 부산으로 떠난다. 9·28 수복 이후 서울에 돌아온 그에게는 자녀의 죽음이란 가혹한 현실이 기다리고 있었다. 재판관으로서 그에게 닥친 첫 임무는 적치하의 소위 부역자의 처벌 문제였다. 이미 정부는 「비상사태하범죄처벌에관한특별조치령」이라는 긴급명령을 제정하여, 부역자에 대하여는 사형·무기 등 초중형을 선고할 수 있도록 하였으며, 재판은 단심으로, 그것도 40일 이내 선고하고, 증거의 설시를 생략할 수 있도록 규정하였다. 거기다 "부역자는 씨를 말려야 한다"는 여론의 압력과 부역자를 관대하게 처리했다간 스스로 부역자혐의를 덮어쓸 수도 있는 엄혹한 상황이었다. 유병진은 엄혹한 법과 비등한 여론에 맞서 '법률의 노예'냐 '법관직의 사표'냐의 택일을 강요받던 상황에서, 최선의 법리와 사실심리를 통해 재판관의 임무를 수행했다.

- 장준택 판사와 4·19재판: 4·19혁명 직후 이승만 정권 하에서 저질러진 소위 6대범죄에 대한 기소가 이루어졌다. 장면 부통령 저격사건의 배후, 4·19시위대에 대한 발포명령, 4·18정치깡패의 폭력행사 등이었으며 사건발생시점은 1952년부터 1960년까지 다양했다. 그런데 뜻밖에도 서울지방법원(재판장 장준택)에서는 ① 일부 혐의에 대하여 증거불충분으로 무죄를 선고했고, ② 다른 일부 혐의에 대하여는 공소시효 완성을 이유로 면소판결을 선고했으며, ③ 유죄에 대하여도 비교적 경미한 형을 선고하였다. 이 중 ③의 부분에 대하여는 논란의 여지가 있겠지만, ①②는 형사법의 원칙에 비추어 그럴 수밖에 없는 것이었다. 장준택 판사는 "위정자가

법을 지키지 않아 4·19가 일어났는데 법관마저 법을 제쳐둔 채 감정대로 판결할 수 없었다"고 나중에 술회한 바 있다. 그러나 이 판결은 엄청난 여론의 폭풍을 불러일으켰다. 국회는 마침내 특별법을 제정하고 소급처벌이 가능하도록 하기 위한 헌법개정까지 하게 되었다. 그러나 장준택 판사의 재판은 정치와 다른 법치의 본연의 임무를 수행한 점에서 그것은 그것대로 평가하지 않을 수 없다.

-『한국사회의 이해』 사건과 최인석 판사: 1994년 김일성 사망 직후 공안광풍이 불었다. 광풍에는 표적을 찾아내기 마련이다. 공안당국은 경상대 교수들이 공동집필한『한국사회의 이해』가 국가보안법 위반이라고 여론공세를 하고, 소환장 구인장 발부 등으로 압박을 가하였다. 집필자 중 두 교수에게는 구속영장이 청구되었다. 그에 대해 최인석 판사는 구속영장을 기각하였다. 사건의 정치화의 흐름과 무관하게, 구속영장 발부사유(도주, 증거인멸, 주거부정)가 없다는 것이다. 범죄의 혐의에 대하여도 "국가공권력의 개입보다는 대학의 자율에 맡기는 것이 낫다"고 보았다. 최인석 판사는 구속영장을 기각함으로써 협박전화를 받는 등 개인적 시달림이 적지 않았다. 그러나 법조문에 충실한 적용을 한 재판을 공식적으로 문제삼을 수 없었고, 검찰은 이후 지리하게 공소유지를 위해 애쓰게 되지만, 2005년에 들어서서 대법원판결로써 이 사건 관계자의 무죄가 확정되었다. 법관은 단독으로 판단한다. 한 법관의 판결과 결정은 여론의 총공세, 공안당국의 무리하고 강압적인 수사를 한 몸으로 막아낼 수 있는 있다. 그 점에서 소신있는 법관의 '법대로'의 재판은 광풍으로부터 인권을 지켜내는 보루가 된다.

(2) 비판받을 사례들

- IMF 환란 주범을 기소한 검찰: 1997년 말 한국의 경제와 사회를 파국으로 몰아넣었던 IMF 환란사태는 참으로 거대한 고통을 안겨주었다. 국민들의 갑작스런 고통은 IMF를 초래한 장본인이 누구인가에 대한 추궁으로 이어졌다. 국민들은 정치적 책임을 누군가 지는 것만으로 만족할 수 없었다. 책임자를 '사법처리' 혹은 '실형선고'하라고 요구하는 국민정서법의 압력 앞에 검찰은 환란의 주범으로 강경식, 김인호 씨를 선택했다. 그들은 직무유기죄와 직권남용죄의 혐의로 소추되었다. 기왕의 확고한 판례가 위 범죄가 성립되기 위해서는 직무를 의식적으로 포기해야 하며, 단순히 직무상의 판단착오나 불성실한 행위는 형법상의 범죄를 구성하지 않는다는 것이었지만, 검찰은 그를 잘 알면서도 기소하였다. 검찰은 "경제사를 다시

쓰는 심정으로" 기소한다고 했다. 그러나 비등하는 국민여론에 못이겨, 법규정에 맞지 않는데도 기소했음이 분명하다. 기소한 지 1년이 지나 제1심판결은 강경식·김인호에 대한 직권남용 및 직무유기죄가 성립하지 않음을 판시했다. 그러나 그들이 외환의 주범, 경제를 망친 역적이란 오명은 기소행위를 통해 반쯤 낙인찍힌 셈이며, 법원의 무죄판결로 이미 인각된 외환주범의 낙인이 제거될 수 있는 것은 아니었다. 정책적 판단사항을 무리하게 형사법적 판단으로 밀고 나간 검찰은 물론 아무런 책임을 스스로에게 묻지 않았다.

- 박근혜 대표 피습에 대한 검찰의 태도: 노골적인 정치테러가 사라진 우리나라에서 박근혜 대표가 공개단상에서 피습당한 것은 매우 불행한 일이다. 정치적 사안이 그러하듯, 배후에 정치적 음모가 있다는 등의 여러 설이 제기되었다. 물론 여론은 철저한 진상규명과 단호한 처벌을 요구했다. 선거국면이어서 검찰도 그렇게 자유롭게 판단할 여지는 적었다. 그러나 실정법적으로 볼 때, 이 사건에 대한 법적용에서 살인미수죄가 성립되기엔 곤란하다. 살인할 동기를 찾을 수 없고, 커트날이란 범행도구가 고의살해용으로 선택되기에 부적합한 것이었으며, 상처의 부위도 살해를 겨냥한 부위라고 보기 어렵다. 그런데 검찰은 여론에 거스를 경우 생길 부담 때문에 살인미수죄로 기소했다. 물론 예비적 공소사실로 상해죄를 들기는 했지만 말이다. 몇 개월 뒤 제1심판결은 상해죄의 유죄선고를 내렸다. 이런 공소를 통해 검찰은 여론의 부담을 고스란히 법원에 떠넘긴 셈이다.

(3) 국민정서에 대응하는 사법적 장치들

국민정서법에 맞서는 법원의 가장 정통적인 수단은 충분한 냉각기간을 두는 것이다. 여론의 파고가 높을 때 재판하면 법관도 대단한 부담을 갖지 않을 수 없다. 따라서 국민정서가 가라앉고, 감정 대신 차분한 이성이 귀를 열 정도가 될 때 정확한 증거판단에 기초하여 판결을 내린다면 어느 정도는 국민정서가 수용할 수 있는 분위기가 된다. 그와 관련하여 몇 가지 생각해 볼 사건들이 있다. 한 가지만 소개해 보자.

지존파 사건과 6명의 처형에 대한 것이다. 지금도 그 충격적인 지존파 사건을 많은 이들이 기억할 것이다. "사체소각로," "인육을 먹다," "어머니를 못 죽여 한이다"는 등 그들이 뱉은 섬뜩한 말들과 그들의 행적은 참으로 경악할 수준이었다. 더욱이 추석연휴의 마지막 날 발표된 내용은 국민들을 정서적 격랑의 극한으로 내몰

왔다. 법원은 거의 적용하지 않던 집중심리제도를 채택하여 사건의 기억이 생생할 때 신속한 재판을 서둘렀다. 대법원판결이 나오기 까지 6개월이 걸리지 않았고, 6명이 주종의 구분도 없이 사형을 선고받았고, 곧이어 그들은 처형되었다. 그러나 만일 이 사건이 다른 사건들처럼 1년 이상을 끌었고, 변호인들이 충분히 활동할 여건이 주어졌다면, 주범 한둘을 제외하고는 사형의 선고까지 내려지지 않았을 수 있다. 그들의 범행기간이 상대적으로 짧았고, 언론에 보도된 엽기적 언사들도 곰곰이 뜯어보면 그들의 흉포함의 증거보다는 그들의 심리적 취약함을 과시적 행동을 통해 이겨보자는 것으로 이해될 수도 있을 것이다. 너무 신속하게 재판의 전체 재판과정을 종결함으로써, 사법부가 국민정서를 충분히 냉각시켜 숙고해보는 과정을 소홀히 하지 않았나 아쉬움이 남는다.

사법적 결정을 위해서는 국민정서법적 접근과 대립되는 수많은 법적 원칙이 제도화되어 있다. 국민정서가 휘몰아칠 때 당사자는 그에 대해 제대로 자기의 입장을 방어하기 어렵다. 방어할수록 잘못한 자가 변명까지 한다는 인상을 주기 때문이다. 그저 자기의 잘못을 자백하고, 석고대죄하는 것이 상책이라 여긴다. 그러나 사법과정은 그렇지 않다. 누구나 자신을 방어할 수 있고, 공격자(원고, 검사)와 대등한 위치에서 주장하고 입증할 수 있다. 사법부의 기본입장은 국민정서 편이 아니라, 백지 상태에서 중립적인 자세로 임하게 된다. 당사자가 잘못했다고 하면 끝나는 게 아니라, 잘못에 대한 증거를 들이대어야 한다. 충분한 증거를 확보하지 못한 경우 의심할 만한 정황이 있긴 하지만 확실한 증명이 안 될 경우 적어도 형사재판에서는 무죄로 선언된다. 이는 여론의 입장과 매우 상이한 것이다. "열명의 범인을 놓치더라도 한명의 무고한 자를 범인으로 만들지 말라"는 법언은 국민정서의 논리와는 맞지 않다. 불구속수사/재판의 원칙도 마찬가지다. 여론은 구속하라고 하지만, 법은 범죄의 상당한 혐의가 있어도 증거인멸이나 도주의 사유가 없으면 구속영장을 발부할 수 없다. 국민정서의 거센 파도는 여론의 세계, 정치의 세계는 쉽게 통과하지만, 여론의 집적만으로 사법과정을 통과할 수는 없는 것이다.

법관의 독립성 보장도 국민정서법에 대한 중요한 견제장치다. 법관은 '법률과 양심에 따라 독립적으로' 심판하여야 한다. 법관은 부화뇌동하지 않고, 홀로 독립하여 재판해야 한다. 법관의 독립성은 권력에 대한 독립성과 함께 여론으로 포장된 다수의 횡포에 대한 견제와 저항도 포함되어 있다. 정치적 결정은 다수화된 여론의 횡포에 저항하기 쉽지 않으며, 국민정서법의 수준에 이른 것이라면 더욱 그렇다.

그러나 법원은 다수의 이익, 다수결의 원칙에 따르도록 되어 있는 것이 아니라 법원칙, 법조문, 그리고 법관 개인의 양심에 따르도록 되어 있다. 특히나 증거에 따라 판단해야 하는 증거재판주의에 의거하지 않는 사법적 결정은 그 자체 하나의 악이다.

물론 법원의 판단은 어느 정도의 여론설복력을 갖출 것이 사실상 요구될 수 있다. 법원의 사회적 신뢰의 확보는 사법부의 독립과 법관의 독립성 확보를 위해서도 장기적으로 필요하기 때문이다. 그러므로 국민정서법의 모습을 갖춘 여론을 무조건 횡포라면서 배척하는 태도가 바람직한 것도 아니다. 그 국민정서에 포함되어 있는 기본정서 중 비합리적 부분을 선별해내고 나면, 그 정서에는 대중의 정의에의 갈망, 불의에 대한 분노, 법앞의 평등에 대한 소망을 담고 있다. 그 점에서 국민정서와 법적 원칙 사이에 넘어설 수 없는 괴리가 처음부터 존재하는 것은 아니다. 법관은 국민정서를 이해하려 노력하되 그에 굴종하지는 말 것이며, 법적 원칙을 내세우되 그것이 국민감정과 조화될 수 있도록 하는 자기노력은 언제나 필요하다. 물론 법관은 개인적 권리를 옹호하는 책무를 다해야 하며, 국민정서가 법원칙과 법조문을 뛰어넘어 남용되는 것을 견제해야 한다.

제11절 언론의 사회 통합적 기능

차 병 직*

1. 민주주의와 언론

언론의 자유를 흔히 민주주의의 핵심이라고 말한다. 사회 구성원들이 지니고 있는 다양한 의사의 확인, 의사의 소통, 의사에 대한 비판과 수용을 통한 여론의 형성 없이 민주주의의 실현은 불가능하기 때문이다. 그런데 민주주의란 일의적으로 정의할 수 있는 게 아니다. 우리의 정치 활동과 일상생활에서 가장 친숙한 개념을 한마디로 말할 수 없다는 사실이 조금 당혹스럽기는 하다. 하지만 사람마다 살아가는 방식과 태도가 다르듯이 국가마다 정치 형태도 다르다. 새삼스럽게 여기서 민주주의의 역사를 늘어놓으려는 것은 아니다. 다만, 지금 지구 위에 존재하는 모든 국가의 정치 제도는 모조리 민주주의라고 말할 수 있다는 의미다. 민주주의란 어느 국가의 영역 내에서 합의된 실효성 있는 통치 방식이라고 정의하고 싶기 때문이다.

민주주의를 세세하게 분류한다면 그 종류의 수는 국가의 수와 일치할 것이다. 이러한 일반주의적이고 모호한 민주주의의 정의나 표현이 그저 무책임한 태도만은 아니다. 거기에 과장이 포함됐다 하더라도 그렇게 심한 정도는 아닐 터이다. 그렇게 하는 편이 오히려 민주주의의 어의나 관념을 단정적으로 언명하여 본질에 해당

* 법무법인 한결 변호사, 참여연대정책자문위원장, 고려대학교 법과대학 겸임교수.

하는 요소들을 놓침으로써 발생하는 오류보다 더 나쁘지 않을 가능성이 크다.

그렇다면 다음 단계의 생각으로 넘어가기에 그리 어려움을 느끼지 않는다. 이제 이렇게 말하려는 것이다. 어느 국가건 그 특유의 민주주의를 실현하기 위한 도구로 언론 제도를 갖추고 있다. 언론의 자유의 정도가 그 국가가 유지하고 있는 민주주의의 형식과 내용을 채워주는 식으로 운용되고 있다고 이해하면 된다. 시간의 순서로 따져보더라도 정치 원리로서 민주주의보다는 언론의 자유가 먼저 개념화됐고 앞서 성장을 시작했다. 이동식 활자에다 유성 잉크, 안정적인 종이 공급기와 인쇄기를 결합하는 기술이 지역의 대표자를 선출하기 위해 암투를 벌이는 것보다 재미있었을 것이다. 어떤 의미에선 사회 기능의 필요에 따라 이미 존재하는 언론의 자유를 체계화하고, 거기에 내포된 가치를 정치 이념과 수단으로 변용시킨 것의 하나가 민주주의이다.

민주적으로 의사를 결정한다는 것은 무엇인가? 여러 개의 의사 중에서 어느 특정한 의사 하나를 선택한다는 의미가 아니다. 운이 좋게 힘을 얻은 어느 의사에 형식상 배제될 수밖에 없는 다른 의사들을 섞는 것이다. 이때 섞는다고 하여 반드시 여러 의사를 종합하고 절충하는 형태를 말하는 것은 아니다. 결정된 의사로 하여금 다른 의사들의 영향을 받게 하는 정도로도 충분하다.

그렇다면 민주주의에서 언론의 기능이 차지하는 위상이나 비중은 저절로 드러난다. 정보는 사람들 사이를 자유롭게 흐르고, 사회 안팎을 쉽게 넘나들어야 한다. 그 정도에 따라 그 국가가 표방하는 민주주의의 수준이 결정된다. 사회 민주주의 국가에서 이루어지는 정보의 유통과 제한을 생각해 보면 이해가 더 빨라질 것이다. 어쨌든 신문이나 방송은 단순히 언론의 자유를 구가하는 수단이 아니다. 민주주의 사회 내에서 자존심 있는 문명을 유지하는 도구이자 민주주의 제도의 내부적 결합제 역할을 하는 매개다.

2. 언론의 사회적 영향력

실제로 사회 구조의 내부에서 언론의 영향력은 어느 정도일까? 앞서 그럴듯한 수사학을 동원하여 확인한 언론의 중요성이나 기능보다 현실의 영향력은 훨씬 크다고 생각한다. 언론을 이용해 본 사람이나, 언론으로부터 뭔가 당해 본 사람은 잘 알 것이다. 언론의 힘에 관한 사례는 얼마나 숱한가. 그 중에서 대표적인 경우를 되풀이해 가며 확인하느니, 새로운 이야기를 하나 보태는 편이 산뜻할 것 같다. 프랑크푸르트의 재야 법철학자 윤재왕이 보낸 편지가 예를 들게 만들었다.

독일 빌레펠트 대학에 있던 니클라스 루만이 1980년대 초반에 브라질을 방문하였다. 루만이 브라질로 간 것은 축구 구경을 위해서가 아니라 파벨라(Favela)의 현실을 두 눈으로 확인하고 싶은 갈증 때문이었다. 파벨라는 포르투갈 어로 빈민촌이라는 뜻이다. 세계 어느 나라 어느 도시에도 빈민촌은 있지만, 여기서는 어디까지나 브라질의 파벨라다. 사람들은 아이가 태어나도 출생 신고를 하지 않는다. 아이들이 자라면 어른이 되는지라, 아버지들도 신분증이 없다. 아무도 학교에 가지 않는다. 글을 읽지 못하니 정치에 참여할 수 없고, 공식의 기록이 없으니 투표조차 못한다. 그들에겐 경제생활 자체가 없다. 돈이 한푼도 없으니 아파도 병원 근방에 갈 엄두를 못 낸다. 그 곳에서 유일하게 제대로 작동하는 기능 체계가 있다면 예방접종이다. 전염병이 생기면 파벨라 밖의 사람들에게까지 옮기기 때문에 바깥의 사람들이 더 적극적이다. 면역 체계를 유지하기 위해 예방 주사를 맞는 사람에겐 물건과 교환할 수 있는 딱지를 준다. 그러니 너도 나도 주사만은 빠지지 않고 맞는다. 대부분의 사람들은 그 딱지로 맥주를 바꿔 마신다. 그들은 오직 몸뚱어리로만 존재한다. 파벨라에서 십 분 정도만 걸어가면 루이뷔통 가게가 있다. 전통 좌파들은 파벨라의 현상을 착취의 현장이라고 흥분하여 비판한다. 하지만 침착한 논객들은 착취할 것조차 남아 있지 않은 곳이 파벨라이므로 그런 주장은 설득력이 없다고, 보다 낮은 목소리로 더 실감나게 꾸짖는다.

브라질의 파벨라를 다녀온 루만은 너무 충격을 받은 나머지 자신의 이론을 수정하기에 이르렀다. 어느 집단이 사회 내부의 한 기능 체계로부터 배제 당하면 다른 기능 체계로부터도 배제 당하는 도미노 효과가 일어난다는 걸 깨달았다. 파벨라의 현실이 그것을 말해 주고 있었다. 인권이란 것도 구성원들을 정치, 경제, 사법 등 각 기능 체계에서 소외시키지 않고 포섭하기 위한 사회적 커뮤니케이션으로 정의했다. 여기서 강조하려는 것은 루만의 인권이나 사회 이론이 아니다. 루만이 자신의 학문적 신념을 일부 변경했다는 사실을 말하려는 것뿐이다. 그 동기가 된 브라질 여행은 어떻게 이루어졌는가? 텔레비전을 통해 파벨라에 관한 다큐멘터리 필름을 보았기 때문이다.

루만의 예를 두고, 에어푸르트 대학에서 강의하는 사회학자 한스 요아스는 이렇게 질문했다. 인권 의식의 확산에 가장 기여하는 것이 있다면 그것은 무엇인가?

종교적 믿음일까, 철학적 고민일까, 아니면 정치한 이론적 논리일까? 그런 것들보다 현실에서 가장 영향력을 행사하는 것은 바로 언론 매체라는 것이 요아스의 주장이다.

학자의 이론을 수정하는 데도, 국가의 제도를 개폐하는 데도 언론은 가장 큰 힘을 발휘한다. 언론의 현실적 영향력은 민주주의 제도가 작동하는 사회에서, 그것도 자유 민주주의 국가의 정도가 높은 사회에서 더 크게 발휘된다. 이러한 언론의 힘을 우리는 삶을 위한 정치에 어떻게 최대로 이용할 것인가? 그 영향력의 폐해를 어떻게 최소화할 것인가? 그 사이에서 필요한 최소한의 기능을 어떻게 확보할 것인가?

3. 불안정한 정치 현실

언론의 자유를 기본권적 가치의 하나로 받아들이고 있는 헌법을 가진 나라에서는 저마다 민주주의를 근본이념이자 기본 원리로 내세우고 있다. 정치의 이념적 목표가 민주주의의 실현이다. 그리고 예외없이 채택하고 있는 방식이 대의민주제다. 직접민주주의가 물리적으로 불가능한 현실에서 대의민주제는 나름대로 탁월한 고안이었다. 하지만 대의민주제는 근대 국가 정치의 상징이면서 동시에 한계가 되고 말았다. 현대 민주주의의 위기는 바로 대의제도의 문제점이라는 도화선에 불이 붙어 초래된 것에 다름 아니다. 따라서 어느 국가의 정치적 성숙도나 안정성은 대통령제의 형식 유무에 관계없이 의회 제도와 정당 정치의 기능 수준에 의존하게 됐다.

우리의 정치와 현상은 어떠한가? 혼란과 불안정성 그리고 예측 불가능성이란 몇몇의 어휘로 나타내는 데 별다른 이견이 없을 것이다. 정치적 현안에 대한 첨예한 의견 대립은 화해 가능한 길이 없어 보이지만, 바로 그런 정치의 현실에 대해서는 누구든 수긍하고 동의하는 사태, 그것이 우리 정치의 가장 큰 특징이자 폐해다. 우리 정치의 혼탁한 양상을 설명하는 사례를 열거할 필요를 아무도 느끼지 못할 것이다. 늘상 경험하고 있기 때문이다.

국회와 정당의 모습은 크게 바뀌지 않는다. 그 모습을 직접 바라보지 않고도 의회와 정당 정치의 현황을 알 수 있다. 우리 사회에서 시민단체의 역할과 비중을 확인해 보면 된다. 시민단체의 활동이 중앙 정치에 강항 영향력을 행사하는 나라는 우리밖에 없을 것이다. 가까운 일본이나 우리 NGO들이 모델로 삼았던 미국이나 유럽 그 어느 국가에서도 찾아볼 수 없는 이례적 현상의 하나다. 정치권이나 보수 논객들은 이러한 시민단체의 힘을 정치 불안의 원인처럼 비난하고, 꾸짖듯이 자제할 것을 요청한다. 그런 태도는 납득할 수 없을 뿐 아니라, 그런 상황의 원인 분석은 완전히 틀렸다고 할 수밖에 없다. 시민단체가 함부로 영향력을 행사하기 때문에 정치가 혼란해지는 것이 아니라, 정당 정치가 제 구실을 못하여 정국이 항상적으로 불안하기 때문에 시민단체가 영향력을 행사하는 것이다.

민주화 이후의 한국 정치가 불안정성을 고질병처럼 지니고 있다는 것은 무엇을 의미하는가? 쉽게 제자리를 찾아가지 못하고 있는 의회 기능과 정당의 역할은 헌법 질서가 제대로 작동하고 있지 못하다는 의심을 하게 한다. 우리 헌법이 자유민주주의를 근본이념으로 삼고 있다는 점에서 그러하다.

게다가 뒤숭숭한 여론의 앞뒤에서 언론이 정치적 불안정성을 가속시킨다. 이는 주로 언론의 정치 이념적 편향성 때문이다. 언론은 정세를 잘 판단하여 엄격한 균형성을 유지하려는 노력보다, 자체 판단으로 정한 방향을 관철하려고 고집하는 경향이 잦다. 달리 표현하면, 정치적 불안정성의 일차적 원인은 의회와 정당에 있지만, 언론은 그 불안정성을 치유하는 데 도움을 주지 못하고 더 악화시킨다는 것이다. 정치적 의사의 양극화 현상을 심화시키는 데 결정적 원인을 제공하고 있다.

4. 사회 통합의 필요성

제 구실을 못하는 의회와 정당의 활동에는 악순환적 패턴이 있다. 복수정당제가 보장돼 있고 실제로 다수 정당이 의석을 차지하고 있지만, 의석 점유율로 보면 거의 집권당과 제1야당의 양당 구조를 이어가고 있다. 양당이 중심이 된 의회 정치는 민주주의가 기대하고 있는 견제와 비판을 통한 정치적 합의에 매번 실패한다. 정치적 합의 없는 여야 정당의 활동은 정쟁으로 일관할 뿐이다. 그 이유 중의 하나는 양대 정당의 목표가 오직 대통령 선거이기 때문이다. 대통령중심제에서 정당은 오직 대선에서의 승리만이 정당의 존재 이유인 양 행동하고 있다. 모든 정당의 정치적 활동과 그 의도는 대선에 초점이 맞추어져 있다. 대선에서 승리하면 대권을 유지한 상태에서 계속 집권하기 위한 발판 다지기에 주력하고, 패배하면 그 다음날부터 차기 대선을 목표로 진력한다. 그러다 보니 정당의 정치적 의사 표현이란 주로 상대방 당의 약점 찾아내기와 합리적 비판의 선을 넘는 헐뜯기가 대부분이다. 정당의 최대 관심이 오직 대선에만 있다 보니, 국회의원 선거나 지방자치단체 선거는 그저 대권의 향배를 가늠하는 중간 평가나 대선으로 향해 가는 전략적 과정 정도로 치부한다.

정당의 이런 비정상적 정치 행태는 사회 전반에 좋지 않은 영향을 미친다. 그런 병리적 정치 현상을 근원지로 하여 국가 내의 모든 정치적 의사의 양극화를 초래한다. 정치적 현안이 제시되면 사회 내부의 의사는 비교적 선명하게 찬성과 반대로 나뉜다. 토론은 민주주의의 불꽃이 튈 정도로 격렬하게 진행된다. 그리고 어떤 상황에서든 결론에 도달한다. 안건에 대한 결정이 이루어지면 반대 의견을 주장하던 사람들은 다수의견의 집행에 협력을 하든지, 아니면 그 이후의 집행 과정을 감시하는 체제로 전환하든지 해야 한다. 하지만 대부분의 경우에는 결정된 이후에도 극렬한 반대로 일관한다. 이런 정치적 의사 표출의 방식은 점점 굳어져서 사회를 모종의 두 부류로 갈라놓고 만다. 그래서 어느덧 경제적 양극화보다 정치적 양극화가 더 심각하게 느껴지게 되고 말았다.

정치적 의사의 양극화는 그것이 일시적인 현상이란 확증이 없는 한 미래를 비관적으로 만든다. 양극화는 그 자체로 헌법 질서를 유지하는 데 장애가 된다. 헌법 질서는 국민 전체가 동화적으로 통합된 상태를 말하기 때문이다. 동화적 통합이란 아무리 다른 의견을 가진 사람들이라도 함께 공존할 수 있는 질서의 형성을 의미한다. 양극화는 적절히 치유책을 처방하지 않을 경우 점점 심화된다. 그렇다면 정치적 의사의 양극화란 진단이 내려진 상황은 헌법 질서를 파괴하는 정도는 아닐지라도, 상당히 불안하게 흔들어 놓는 정도는 된다. 국가라는 것은 다양한 이해관계를 가진 구성원들이 정치적 생활공동체로 동화하고 통합해 가는 부단한 과정의 무대이자 산물이다. 그리고 그것의 실체 중의 하나가 헌법 질서다. 그렇다면 정치적 불안에서 비롯한 헌법 질서의 불안정을 정상화해야 한다. 그것이 사회 통합이다.

사회 통합의 의미를 분명히 할 필요가 있다. 모든 국민의 개괄적 의견 통일이나 대다수의 합의가 결코 아니다. 그런 국민 다수의 합의는 현실적으로 가능하지도 않을 뿐더러 바람직하지도 않다. 최소한 토론 과정에서 반대 의견을 이해하고, 결정의 결과를 비판적으로 수용할 수 있는 분위기가 형성되는 상황을 말한다. 내가 틀리고 당신이 맞을 수도 있다는 수용적 논쟁이 일반화하는 토론장의 출현을 의미한다. 의사 결정 과정에서는 신랄한 비판이 오가고 격렬한 토론으로 밤을 지새울지라도, 결말을 받아들일 수 있어야 정책이 실현되고 제도가 동력을 얻게 된다. 그렇지 않고 정쟁과 이념 대립으로 혼란이 가중되면 사회는 정체되고 헌법 질서도 제대로 기능한다고 볼 수 없다. 사회 통합의 필요성은 거기에 있다.

5. 언론의 기능

그렇다면 이제 비로소 언론에 대해 이야기할 수 있게 되었다. 이 장면에서 언론의 최소한의 책무를 등장시켜야 한다. 엄청난 힘을 지닌 언론이 민주주의의 작동을 위해 반드시 필요한 기능을 수행할 수 있으리라고 믿기 때문이다. 더군다나 정치적 불안정성과 정치적 의사 양극화라는 부정적 현상에 언론의 책임이 포함돼 있다는 점을 상기하면, 언론의 사회적 의무는 더 무거워진다.

언론의 적극적 역할이란 것이 있다. 말하자면 특정한 사회적 문제에 대하여 국민을 계몽하고 설득하여 의견의 통일이나 대다수의 합의를 유도하는 일이다. 이 방식은 시대적으로 맞지 않고 바라는 바도 아니다. 완전한 통합 역시 민주적이라고 할 수 없기 때문이다. 그렇다면 다른 방식의 역할은 어떠한 것인가? 소극적인 역할이다. 정치적 의사의 양극화를 초래하고 심화시키는 정도의 선동만 하지 않아도 좋다는 것이다. 특히 우리 현실에서는 이런 면이 더 절실하다. 그 지표의 하나가 공정성이다.

언론의 공정성이란 무엇인가? 우선 어느 쪽의 의견을 지지하든 편파적이어서는 안 된다는 의미는 그 덕목에 반드시 들어 있을 것이다. 그런데 새로 제정된 신문을 포함한 정기간행물에 관한 법률 — 이름은 거창하게 '신문 등의 자유와 기능보장에 관한 법률'이다 — 에는 공정성과 공익성의 내용을 나열하고 있다. 공정하고 객관적인 보도, 성별·연령·직업·신념·계층·지역·인종 등을 이유로 불합리한 차별을 하지 않는 편집, 상대적으로 소수거나 이익 추구의 실현에 불리한 계층의 이해관계를 충분히 반영하는 태도, 지역 사회의 균형적 발전과 민족 문화의 창달을 위한 노력, 정부나 정당의 정책 등과 관련한 균등한 기회의 보장, 정치적 이해관계에 관한 보도에서 균형성의 유지 등이다. 마치 언론의 경전을 요약한 듯한 느낌이 들 정도로 이상적이고 강력한 요구를 법률이 하고 있다.

언론의 공정성의 의미가 어떠하다 해도 상관없다. 이 글에서 강조하는 언론의 공정성은 민주사회에서 사회적 통합을 위해 필요한, 또는 사회적 통합에 기여하는,

아니면 사회적 통합을 저해하지 않는 정도의 최소한의 공정성이다. 아마도 규범이 요구하는 공정성은 이론상 거의 최대치일 터이므로, 그 중 일부분이라도 실행에 옮기면 저절로 최소한의 공정성 요건을 충족하리라고 본다. 최소한의 공정성은 안정된 정치, 민주주의 질서의 회복을 위한 불가결의 요소다. 다양한 가치관과 의견이 교차하고 충돌하면서 공존하는 현대 사회가 원하는 질서란 민주주의의 이상적 실현을 말하는 것이 아니다. 최소한의 장애 요소를 제거하자는 것이다.

언론의 공정성이 반드시 필요한가? 이 물음에 대해서는 찬반의 견해가 맞서 있다. 굳이 언론에 대하여 공정성이란 이름의 덕목을 강요할 필요가 없다는 주장은 언론의 속성과 독자의 이성적 판단을 존중한 데서 출발했다. 언론의 자유는 거의 무제한으로 내버려두어도 자동으로 조절된다는 것이다. 인간의 이성이 그것과 싸울 수 있는 자유가 남아 있는 곳에서는 잘못된 의견도 감내될 수 있다는 안정성의 상징으로, 터무니없는 여론을 퍼뜨리는 자들을 방해하지 않고 내버려 둘 수 있다는 것이다. 게다가 한 가지 가치관이 덧붙여진다. 아무리 상반된 사상들이라 하더라도 다양한 의견이 사회에 이로운 이유가 있다. 진실이란, 그것이 만약 존재한다면, 상반된 두 의견 사이에 놓여 있을 것이기 때문이다. 겸손과 끈기가 필요한 이런 신념은 언론의 소비자인 대중의 이성이 도와줄 때 유지될 수 있을 뿐이다.

언론의 자유란 그렇지 않다는 주장은 더 강력하다. 언론의 자유란 진실의 영역을 넘어서지 않는 경우에만 언론이 자유로울 수 있다는 의미라는 생각에서 출발한 논리들은, 언론의 존재 가치는 사회를 위해 기능하기 때문에 부여되는 것이라고 확신한다. 그러므로 보도 이후에는 어떠한 제재도 합리성의 범위만 벗어나지 않으면 가능한 상황을 조성하게 한다. 어떤 행동을 처벌한다고 해서 그 행동을 할 자유를 제한하는 것은 아니라는 주장으로까지 나아간다. 반드시 그 정도는 아니라고 하더라도, 언론의 자유는 개인적 선이라기보다 사회적 선이라는 관념을 부각시킨다. 과거 미국의 실용주의자들처럼, 우리가 다른 생각들을 필요로 하기 때문에 개인들로 하여금 스스로를 표현하도록 놔두는 것이 사회를 위해 이익이라고 믿는 습관이다. 개인의 이익이 아니라 사회의 이익을 위해 필요하므로 언론의 자유를 보장한다는 사상이다.

관념의 흐름에서 빠져나와 다시 우리 현실로 돌아온다. 언론의 힘은 강하고 정치적 현실은 불안하다. 정치 체계의 순기능이 작동하면 저절로 민주주의의 질서도 회복될 것이다. 다양한 세계관과 국가관을 가진 언론들이 각자의 입장을 고수하면서 이 위기를 극복하는 데 공통으로 기여할 수 있는 길은 무엇인가? 바로 여론 형성을 통해 사회 통합에 도움을 주는 것이다. 정확하게 말하면, 사회 통합에 방해가 되는 선동적 여론 조작을 시도하지 않으면 충분하다는 것이다. 그 정도가 이 글이 의도한 언론의 공정성이다.

제 5 장

미디어의 새로운 패러다임

제 1 절 OECD 주요 국가의 신문 법제 및 정책 트렌드와 한국 신문관계법 개정 방향[1)]

김 택 환*

I. 서 론

'개혁 입법인가, 언론 탄압 법인가.'

한국 사회에서 논란의 중심에 서 있던 신문관계법인 신문법('신문 등의 자유와 기능 보장에 관한 법률')과 언론중재법('언론중재 및 피해구제에 관한 법률')에 대한 헌법재판소 판결이 지난 6월 29일 내려졌다. 이들 일부 조항에 위헌과 헌법 불합치, 그리고 각하 결정을 내린 것이다.

따라서 이들 법률에 대한 개정은 불가피해졌다. 하지만 헌재 판결에 대한 제 이해 세력들의 해석은 제 각각으로, 신문관련법 개정을 둘러싼 정쟁과 논란은 더욱 가열될 조짐조차 보이고 있다.

이미 언노련을 포함, 일부 언론단체들은 위헌 판결에도 불구하고 시장 점유율 강화는 물론 신문 소유에 대한 개인 지분 제한선 강화까지 주장하고 나섰다. 청와대 · 문화부 · 열린우리당 등 여권에선 위헌 및 헌법불합치 판결은 받은 조항만 개선하자고 주장한다. 하지만 한나라당과 일부 시민단체들은 현행 신문관련법을 크게

---

* 중앙일보 멀티미디어랩 소장, 언론학 박사.

1) 이 글은 개인 의견임을 밝혀둡니다.

손질해야 한다는 의견을 개진한다. 나아가 일부 학자들과 학계에선 기존 신문법을 완전히 폐기하고 언론중재법을 포함해 새로 판을 짜자는 주장도 나오고 있다. 그만큼 각 진영의 의견 차가 커 새로운 전선 형성의 가능성도 배제할 수 없는 형국이다.

이 발제는 신문관계법 개정을 둘러싸고 국가의 소모적인 논쟁을 지양하고, 생산적인 논의를 위해 OECD(경제협력개발기구)에 가입한 30개국의 신문 법제 및 정책을 분석했다. 한국 역시 OECD 회원국으로 '글로벌 스탠다드'를 따르는 것이 바람직하기 때문이다.

Ⅱ. 헌법재판소 주요 결정 내용과 향후 쟁점 사항들

1. 헌재 결정 주요 조항 및 내용

(1) 위헌 조항

신문법 제17조의 시장 지배적 사업자 추정과 제34조 제 2 항 제 2 호의 시장 지배적 사업자의 신문발전기금 지원 배제, 언론중재법 제26조 제 6 항의 가처분 절차 재판에서 '정정보도 청구' 부분과 부칙 제 2 조 경과 조치에서 '정정보도 청구' 부문은 헌법에 위반된다는 판결을 내렸다.

즉 신문법 제17조인 한 신문사가 30%, 3 신문사가 60% 이상을 차지할 때 시장 지배자로 규정한 조항에 대해 위헌 판결을 내린 것이다. 또한 이들 시장 지배적 사업자가 신문발전기금의 지원 대상에서 제외된 것 역시 위헌 판결을 받았다.

헌법재판소는 또 언론중재법에서 정정보도 청구를 법원의 재판 절차가 아닌 가처분 절차에 준해 처리토록 한 조항 역시 위헌이라고 판단했다. 피해구제 절차가 엄격해야 한다는 점을 강조한 것이다.

(2) 헌법불합치 조항

신문법 제15조 제 3 항의 신문 복수 소유 조항은 헌법 정신에 합치되지 않는다는 불합치 판결을 내렸다. 즉 다른 일간지의 복수 소유를 금지한 신문법 규정에 대해서 헌법불합치 판결을 내린 것이다. 이에 따라 신문사 간 인수 혹은 합병할 수 있게 됐다.

다만 이 조항은 국회가 개정할 때까지는 효력을 유지한다.

(3) 각하 조항

신문의 사회적 책임 조항, 편집권 관련 조항, 자료 신고 조항, 신문발전위 및 신문유통원 조항, 고충처리인 조항, 시정 권고 및 과태료 조항 등에 대해선 직접성과 기본권 침해 가능성이 없기 때문에 헌법 소원의 적법 요건을 충족시키지 않아 본안 대상에서 제외시켰다. 각하 결정을 내린 것이다. 그러나 이들 조항들이 향후 실행과정에서 위헌 논란에 완전히 비켜서 있는 것은 아니다. 따라서 언제든지 위헌 시비 논란에 휩싸일 수 있다는 지적이다.

2. 향후 쟁점 주요 사항들

(1) 시장 지배적 사업자 추정 및 지원 대상

이 조항에 대해 헌재의 위헌 판결에도 불구하고 논란이 일고 있다. 청와대와 일부 언론유관단체들은 브리핑과 성명을 통해 입법의 정당성을 주장하며, 방법의 문제점을 개선하자는 입장을 피력하기도 했다. 시장 지배자 사업자에 대한 특별 규제를 할 수 있는 의견이다. 반면, 반대편에선 이 조항의 위헌 판결은 신문에 대해 다른 일반사업자보다 강화된 규제는 헌법의 가치를 저해한다고 해석해 이 조항을 삭제해야 한다는 관점이다. 또한 시장 지배적 사업자로 추정된 신문사를 신문발전기금의 지원 대상에서 배제시키는 조항은 위헌 결정으로 효력을 상실할 수밖에 없다는 주장이다.

(2) 신문의 복수 소유

헌재는 모든 일간 신문사에 대해 복수 소유를 금지하는 것은 과잉금지이기 때문에 신문법 제15조 제 2 항에 대해 헌법불합치 판결을 내렸다. 다만 복수 소유의 규제 기준은 입법자의 판단에 일임했다. 이번 헌재 재판관들은 시장 점유율이 높은 신문사에 대해 복수 소유를 금지하는 것은 헌법에 위반되지 않는 다는 시각을 지배적으로 갖고 있는 것으로 해석할 수 있다.

따라서 이 같은 시각에선 시장 점유율에 대한 판단이 필요하기 때문에 신문사의 자료 신고 및 검증은 정당할 수밖에 없다는 유추도 가능하다.

(3) 신문과 방송의 겸영 사항

헌재는 신문과 방송의 겸영 금지 조항에 대해 일부 합헌 판결을 내리면서도, 국회에 공을 넘겨 이 문제를 다시 검토하도록 했다. 입법자의 정책적 판단에 맡기겠다는 것이다.

판결문에서 헌재 재판관들은 디지털 미디어의 혁명적인 상황을 인정하지 않았다. 하지만 입법자들이 오늘날의 미디어 현실을 어떻게 판단하는가에 따라 신문과 방송의 겸영 방향은 결정될 것으로 전망된다.

(4) 신문 발전기금

신문발전위원회와 발전기금에 대한 조항들은 헌재에서 각하 결정을 내렸다. 하지만 해당 조항이 현실화되는 과정에서 위헌 논란은 재연될 수 있다. 따라서 특정 신문사에 대한 특혜가 아닌 보편적이고 합리적인 기준 정립이 필요하다는 것이다. 즉 기금의 지원 기준과 용도를 객관적으로 구체화하는 것이 필요하다는 것이다. 이를 법률 조항으로 규정하는가 혹은 고시나 훈령으로 규정하는 것이 바람직한지에 대한 논란이 있을 수 있다.

(5) 자료 신고 및 공개

헌재는 신문사에게 발행부수와 유가 판매부수, 구독 수입과 광고 수입을 신고하라는 조항이 헌법에 위반되지 않는다고 판결했다. 하지만 신발위가 집행과정에서 지국의 일일 자료는 물론 잉크 사용량까지 기입하는 요구에 신문사들은 '영업비밀 자료'까지 요구한다면 반발하고 있는 실정이다. 위헌 시비에 다시 휩싸일 수 있는 대목이기도 하다.

하지만 헌재가 결정한 수준에서 자료 신고 및 검증이 있어야 신문법의 정신과 정책이 가능한 것이 현실이다.

(6) 언론중재법

언론중재법에 대해선 입법자들이 다시 근본적으로 재검토해야 한다는 주장도 제기되고 있다. 세계에서 언론중재법을 두고 있는 나라는 한국이 유일하다. 1980년 신군부가 언론통폐합을 단행하면서 만든 악법인 언론기본법에서 언론중재제도가 출발했다. 물론 그동안 긍정적인 기능과 부정적인 기능을 동시에 수행했다는 평가도 있다.

따라서 이 기회에 정정보도 청구 관련 조항에서 위헌 판결을 받은 내용뿐 아니라, 언론중재법을 전면적으로 개폐해야 한다는 주장이다. 지난 '정기간행물 등록 등에 관한 법률'에서와 같이 신문법에 담을 수 있다는 의견이다.

Ⅲ. 주요 선진국의 미디어 및 신문 정책 규제 기관 및 특성

1. 신문미디어만 별도로 규제하는 정부 부처는 없어

대다수 선진국에서 아예 신문법을 제정하지 않고 있거나, 신문법이 있더라도 '언론 자유의 확대'를 보장하기 위한 법률이다. 신문의 적극적 자유를 보장하기 위해서다. 물론 프랑스와 이탈리아에선 신문의 투명성과 다양성을 보장하기 위한 법률을 제정하기도 했다. 신문 미디어만을 규제하기보다는 전체 미디어 시장의 점유율과 시장 독과점을 고려한 규제 방식을 선택하고 있다.

또한 일부 국가에선 신문은 민주주의 발전을 위한 초석으로 신문 산업의 지원을 위해 법률 조항을 두고 있기도 하다.

2. 미디어 전체 차원에서 신문시장 규제

미국, 영국 등 선진국에선 신문, 라디오, TV, 통신 등 전체 미디어 시장에서 시장 지배적 사업자를 규제하고 있다. 따라서 미디어 융합 시대에 전체 미디어 시장을 규제할 수 있는 기구를 두고 있는 것이다. 대표적으로 미국의 FCC나 일본의 우정성을 들 수 있다.

영국 등 일부 국가에서 정부의 정책 기능과 독립기관의 인허가 등 규제 업무를 분리해, 부처를 운용하는 경우도 있다. 이는 미디어 정책의 자율성과 책임성을 높이기 위한 방안으로 인식하고 있기 때문이다.

〈표〉 주요국가 미디어 정책 및 규제 기관

구분		개편전		개편후	
		기구	주요기능	기구	주요기능
미 국	방송통신	FCC	방송통신정책총괄	FCC조직정비	방송통신정책총괄
일 본	방송통신	우정성	방송통신정책총괄	우정성 해체 총무성 이관	방송통신정책총괄
영 국	방 송	DCMS	방송정책총괄	DCMS	방송정책총괄
		ITC	TV주파수할당 · 규제	OFCOM	방송통신규제 (주파수/내용/경제)
		BSC	방송내용규제		
	통 신	OFTEL	통신규제 · 감독		
		DTI	통신정책총괄	DTI	통신정책총괄
프랑스	방송통신	CNCL	방송통신규제	CSA	방송규제
				ART	통신규제

3. 미디어 규제 기관 통합

최근 사례로 영국의 오프컴을 들 수 있다. 원래 독립텔레비전위원회(ITC), 공정거래청(OFT), 통신위원회(OFTEL), 방송기준위원회(BSC), 라디오위원회(RAu)로 세분화된 규제 기관들을 통폐합했다. 세분화된 규제 기관들로 그 체계가 복잡했고 업무의 중복으로 비효율적이라는 문제에 직면했기 때문이다.

2003년 12월 29일 기존 5개 규제기관의 전권을 이양받은 OFCOM은 효율성 제고를 위하해 민간기업의 원리를 상당부분 적용하며 조화시키는 형태를 추구했다.

4. 한국만 미디어 규제 및 신문 관련 기관이 너무 많아

한국의 미디어 정책에 문화부, 방송위원회, 정통부 등 지나치게 많은 정부 기관들이 개입하고 있다. 따라서 많은 전문가들은 미디어 융합 시대 미디어 관련 부처의 통폐합을 주장하고 있지만 부처 이기주의에 발목이 잡혀 있다. 최근 방통융합 준비위원회가 출범했지만, 활약상에 대한 전망은 밝지만은 않다. 정권 말기에 정부가 추진할 힘이 부족하기 때문이다.

뿐만 아니라 신문관련 유관기관들도 지나치게 많다는 비판도 높다. 국민의 세금을 방만하게 사용한다는 지적이다. 신문발전위원회, 지역신문발전위원회, 신문유통원, 언론재단 등 비슷한 사업을 중복으로 집행 내지 추진하고 있는 것이다. 따라서 이들 기관에 대한 통합 및 역할 제 정립이 필요하다는 주장도 설득력을 얻고 있다.

5. 신문에 대해선 탈규제가 추세

주요 선진국들의 미디어 정책을 종합하면, 먼저 신문만을 따로 규제하는 기구를 두고 있는 국가는 없다. 나아가 자율 규제에 맡기고 있다. 규제하더라도 최소한 규제만 하고 있는 것이다. 시장 지배자 사업자 규제의 경우 신문과 방송을 합쳐서 규제하든지, 인수와 합병 때만 규제하고 있는 것을 알 수 있다.

다만 방송에 대한 규제는 엄격하다. 소유에서 내용 규제 등 다양한 방식으로 규제한다. 이는 국민의 재산인 한정된 주파수를 방송 사업자들이 사용하고 있기 때문이다. 하지만 최근에 방송과 통신의 융합으로 방송통신 규제 기관들이 통합되고 있는 상황이다. 이를 통해 원-스톱 서비스를 실시하기 위해서다.

Ⅳ. OECD 국가의 신문법과 정책 트렌드

1. OECD 국가들의 신문법 현황과 내용

경제협력개발기구(OECD) 소속 대다수 국가들은 신문에 대해 법적인 규제보다 자율에 맡기고 있다. 신문 특별법을 만들지 않고 규제는 최소화한다. 단 언론 스스로 수준 높은 윤리강령을 만들어 지키고, 보도 피해엔 적극적으로 나서는 환경과 전통을 가지고 있다.

OECD 가입 30개국의 신문법 체계를 분석한 결과, 신문만을 대상으로 한 법(신문법)을 갖고 있는 나라는 8개국이었다. 독일·프랑스·한국 등이다. 신문법을 갖고 있는 이들 국가들도 역사적 경험과 정치·경제 상황에 따라 법 내용에서 차

이를 보였다.

(1) 어떤 신문관련법도 제정하지 않아

OECD 모든 국가들은 헌법으로 언론의 자유를 보장한다.

미국·영국 등 22개국에는 아예 신문관련법이 없었다. 특히 미국의 경우 수정헌법 제1조에 "언론과 언론사의 자유를 제한하는 어떤 법률도 만들 수 없다"고까지 못 박았다. 언론 자유를 다른 어떤 가치보다 우월적인 것으로 인정한 것이다. 특히 OECD 국가 중 독자의 선택을 많이 받은 신문의 시장점유율을 문제삼는 나라는 한 곳도 없었다.

(2) 신문의 적극적 자유를 공고히 하기 위해

나치를 경험했던 독일·오스트리아·룩셈부르크는 헌법(기본법)으로 언론 자유를 보장하는 것에서 한 걸음 더 나아가 외부의 간섭을 막는 취지의 신문법을 만들었다. 규제가 아니라 언론자유를 확대하기 위한 법이다. 독일 헌법은 신문 사항을 주(洲)의 권한으로 규정, 연방 차원에는 어떤 신문법도 제정할 수 없다고 못 박았다.

(3) 신문 시장의 다양성과 투명성을 위해

프랑스는 '출판의 자유에 대한 법률'과 '신문의 법적 제도 개혁에 관한 법률' 등 2개의 신문법을 갖고 있다. 언론 자유를 보장하면서도 동시에 시장의 다양성과 투명성을 확보하기 위해서다.

이탈리아는 80년대 신문 소유의 투명성과 시장의 집중을 방지하고 낙후된 신문 산업을 육성하기 위해 '출판법'을 제정했다.

(4) 지체된 민주주의로

반면 권위주의 정권의 장기집권으로 민주화가 지체된 포르투갈과 터키는 다르다. 터키의 신문법은 신문사 등록을 의무화했고 발행인 자격도 엄격히 규정해 놓았다. 신문사 경영 현황까지 신고토록 했다. 포르투갈 역시 신문사 주주와 발행 사항에 대해 의무적으로 공표하도록 했고, 편집규약과 편집위원회를 운용하도록 규정하고 있다.

〈표〉 경제협력개발기구(OECD) 가입 국가 신문법 비교(2006년)

국가	룩셈부르크	오스트리아	독일	프랑스	이탈리아	포르투갈	터키	한국
신문법명	신문자유법	출판(신문)법	출판(신문)법	신문자유법, 신문의 법적 제도에 관한 법	출판(신문)법	신문법	신문법	신문법(신문등의 자유와 기능 보장에 관한 법률)
주요내용	언론자유 보호, 정보원 보호, 반론권, 경영 투명성	언론자유 보호, 편집권 독립 권장, 반론권	언론 자유보호, 편집인 자격과 압류 한계 규정	언론자유 보호, 불법 겸영 제한, 발행인 자격	신문 방송 교차 소유 제한, 경영 투명성, 신문사 지원	신문발행 등록, 주주공표, 편집규약 제정	발행인 자격, 겸영제한, 부수 공개	시장지배적 사업자 추정, 경영현황 보고, 겸영 금지
인구 천 명당 구독부수	310.8	314.4	305.2	159.6	114.3	68.6	162.9	200부 추정
1인당 GDP (달러)	5만8057	3만1185	2만9138	2만9240	2만5570	1만4629	3361	1만5628

2. 주요 국가 신문 정책과 산업 트렌드

OECD 국가들의 신문 정책을 포함, 신문 산업 현황과 트렌드를 종합적으로 분석한 결과, 규제를 아예 없애거나 최소화하고, 오히려 언론의 자유를 확대하고 지원을 늘리고 있는 것으로 나타났다.

신문을 이데올로기가 아닌 민주주의와 산업 차원에서 바라보고 있다는 것이다.

(1) 규제가 많을수록 신문 산업 낙후

OECD 가입국가의 구독율과 신문 규제와의 연관관계를 분석한 결과, 신문단일법을 가지고 있거나 신문 규제가 많은 국가일수록 신문 산업이 낙후된 것으로 나타났다. 2006년 세계신문협회(WAN) 자료에 따르면, 인구 천 명당 구독자 수는 포르투갈 68.6부, 터키 162.9부로 OECD 국가 중 하위 수준이다. 경제발전 수준 역시 가장 낮은 국가다. 인수·합병에 대해 신문 시장점유율을 신문단일법으로 규제하고 있는 프랑스와 이탈리아도 인구 천명 당 각 159.6부, 114.3부로 선진국가들 중 하위 수준이다.

(2) 언론의 자유는 확대, 지원은 강화하는 국가도

언론의 자유를 확대하는 방향으로 신문법을 갖고 있는 독일, 오스트리아, 룩셈부르크의 신문 산업은 유럽에서 가장 발전한 수준에 속한다. 이들 국가들의 인구 천 명당 구독 부수는 독일 305.2부, 오스트리아 314.4부, 룩셈부르크 310.8부다.

또한 OECD 국가 대부분은 국민의 알권리 신장을 위해 정보공개법을 제정해 정부나 공공기간의 자료 접근을 용이하게 할 뿐 아니라, 기자의 취재·보도 편의를 위해 다양한 지원책을 내놓고 있기도 하다.

세계 최고의 신문 부수를 자랑할 정도의 노르웨이(인구 천명당 626부)와 스웨덴(481부)이지만 신문 산업 지원 정책도 과감히 펴고 있다. 이데올로기적 신문 통제 차원이 아닌 국민 지식과 산업 차원에서 지원하고 있다.

(3) 신문과 방송의 겸영을 원천적으로 봉쇄하는 국가는 없어

한국을 제외하고, OECD 가입 국가 중 어떤 정부도 신문과 방송의 겸영을 원천적으로 봉쇄하고 있는 국가는 없었다. 다만 영국이나 독일같이 한 사업자가 신문, 라디오, TV 등 전체 여론의 시장의 30% 이상일 경우 시장 지배자 사업자로 간주해 신문과 방송의 겸영을 규제한다. 또한 미국은 한 지역에서 여론 독과점을 막기 위해 겸영을 금지한다.

(4) 미디어환경 변화로 국제경쟁력이 우선

인터넷, 케이블·위성 방송, 디지털멀티미디어(DMB)·모바일 방송, IP-TV 등 뉴미디어 발전에 따른 미디어 빅뱅으로 새로운 미디어 정책이 필요하다고 선진국들은 인식한다. 영국과 미국 등 여러 국가들은 이 같은 환경에 부응하기 위해 미디어 법제를 마련 중이거나 이미 개혁을 단행했다. 이들 국가에겐 신문 단일시장을 옥죄는 단일법 제정은 상상하기 힘든 상황이다.

1985년 프랑스 헌법위원회는 "언론의 다원성이 모든 대중매체에 적용돼야 하며, 신문은 이것의 한 구성 부분에 불과하다"며 신문 단일시장 점유율 제한 조항을 위헌 판결했다. 당시 헌법위원들과 언론 교수들은 "시장점유율 제한은 규모의 경제가 어려워져 프랑스 신문기업이 국제 다른 기업에 비해 경쟁력이 뒤떨어질 것을 우려했기 때문"이라고 평가했다.

3. OECD 주요 국가들의 신문 정책 원칙(Principles)

(1) 규제 정책

규제로는 산업 규제가 대표적인 행태다. 산업 규제는 경제 활동에 정부가 개입해 자원 배분 과정에 영향을 미치는 것을 말한다. 규제 목표는 자원 효율을 극대화하고, 공정경쟁을 확보해 이상적 성과를 거두기 위해서다. 궁극적으로 나은 품질의 서비스를 제공해 소비자를 보호하고 산업을 활성화하기 위해서다. 소비자 복지 차원인 것이다.

◇ 진입규제

1980년 신군부는 언론기본법을 만들어 신문의 시장 진입을 철저하게 통제했다. 가장 대표적이고 강력한 진입 규제의 유형으로 인허가제를 도입한 것이다. 하지만 1987년 민주화 운동으로 악법인 '언론기본법'은 폐지되고, '정기간행물 등록 등에 관한 법률'로 대체되었다. 허가제에서 등록제로 바뀐 것이다.

하지만 선진국 대다수 국가에선 신문 사업에 대해 등록제를 운용하고 있지 않다. 그야말로 '자유로운 사상의 자유 시장의 원리'에 일임하고 있는 것이다.

하지만 방송 사업에 대해선 외국에서도 철저하게 허가제로 운영하고 있다. 전파가 국민의 재산으로 한정돼 있을 뿐만 아니라 그 만큼 국민들에게 미치는 영향이 크게 때문이다.

◇ 시장 독과점 규제

선진국에서 미디어 산업의 독과점을 막기 위해 시장 구조를 규제하는 행태는 크게 2가지다. 즉 미디어 기업 인수 및 합병과 신문과 방송의 교차 소유에 대한 규제 방식이다.

전자는 한 신문사가 다른 신문을 인수 혹은 합병할 때 시장 점유율이 독과점 상태에 이를 때 이를 금지하는 제도이다. 후자의 경우 신문과 방송을 겸영하는 미디어 그룹이 다른 신문이나 방송사를 인수해 여론 시장의 독과점이 될 경우 이를 금지하는 조항을 둔 것이다.

프랑스와 이탈리아의 경우 신문사가 전체 신문 시장의 30% 이상일 경우 다른 신문을 인수 혹은 합병을 금지하고 있다. 또한 영국과 독일의 경우 전체 미디어 시장의 시장 점유율이 30% 이상 넘을 경우 신문과 방송의 겸영 혹은 지분 소유를 제한하는 법률을 제정해 놓고 있다. 하지만 이들 국가 모두 신문과 방송의 겸영을 허용하고 있다.

◇ 시장 행태 규제

신문 산업의 시장 행태 규제로는 과다 경품제공으로 시장 교란, 가격 담합, 약탈 가격, 내부자 거래 등 반경쟁적 행위에 대한 규제들을 들 수 있다.

한국의 경우 '신문 고시'를 규정해, 시장에서의 과다한 교란 행위에 대한 규제하고 있다. 하지만 일본에서도 과다 경품 및 무가지 제공이 문제됐지만 신문협회를 중심으로 자율적으로 해결하려고 노력하고 있다.

(2) 신문 경쟁 및 시장 정책

OECD에 가입한 30 개국의 신문시장 규제 상황을 분석한 결과, 신문이라는 단일미디어의 시장 점유율만을 제한하는 경우는 없었다. 즉 신문에만 아주 '특별한 기준'을 정해 규제하지 않는다는 것이다.

물론 OECD 많은 국가들은 전체 미디어의 시장 지배자적 사업자에 대해선 규제한다. 미디어의 집중화가 여론의 다양성을 해칠 수 있기 때문에서다.

하지만 대표적인 규제 수단은 소유지분이나 점유율 제한이 아닌 '경쟁 정책'이다. 공정한 경쟁 환경을 조성해 독자에게 양질의 서비스가 제공되도록 유도하는 것이다.

그럼 OECD 국가들의 전체 미디어시장 지배자적 사업자에 대한 규제 방식과 내용은 어떠한가.

◇ 신문 역시 다른 산업과 동일하게 일반경쟁법으로 규제

영국, 스웨덴 등 대다수 국가들은 특별한 예외 없이 일반경쟁법으로 다른 산업영역과 동일하게 신문 시장의 집중화를 규제하고 있다. 스웨덴의 경우 한 신문사의

시장 점유율이 50% 이상인 경우 규제하나, 자연 성장은 문제되지 않는다.

◇ 일반경쟁법에 미디어 및 신문에 대한 특별 규정을 둬

독일, 오스트리아, 아일랜드 등은 모든 산업영역에 적용하는 경쟁법에다 미디어 영역에 대한 특별 규정을 두고 있는 경우다. 이들 국가들은 다른 신문사의 입수·합병으로 시장의 독과점이 심화될 때만 사업자에 대해 규제한다. 예로 최근 독일 최대 신문그룹의 하나인 홀츠브링크 신문사가 베를린의 '베를리너 차이퉁'를 인수하려다가 거부당했다. 베를린 지역의 신문 시장이 독과점이 되기 때문이다.

◇ 신문단일법으로 규제

프랑스와 이탈리아는 신문단일법으로 수평적인 신문 집중화를 규제한다. 프랑스의 경우 전체 신문시장의 점유율이 30% 이상이면 다른 신문사를 인수 및 합병을 하지 못하게 법으로 규정하고 있다. 또한 신문시장 점유율의 일정 기준(20% 등)을 넘는 신문사는 방송 소유의 지분 제한을 받는다. 이들 국가들은 신문 산업을 규모의 경제로 인정하면서 여러 신문을 경영하는 것을 법적으로 터놓고 있다.

◇ 방송법으로 신문을 방송 소유와 연계 규제

네덜란드와 그리스는 방송법으로 신문시장과 연계해 여론 시장의 독과점을 규제한다. 네덜란드는 전체 신문시장의 점유율이 25% 이상인 경우 한 방송사의 의결주식 30% 이상을 갖지 못하게 했다.

◇ 아예 규제하지 않아

일본, 핀란드같이 미디어 시장지배자 사업자를 아예 규제하지 않은 국가들도 있다.

(3) 신문 산업 진흥 정책

신문 산업을 진흥하기 위한 정책으론 특별 우대나 보조가 대표적인 수단이다. 우대 및 보조는 특정 산업을 지원하기 위해 예외적으로 제공하는 공통점을 갖고 있다.

◇ 보조(Subsides)

보조는 특정 산업이나 특정 생산을 촉진하기 위해 정부가 제공하는 현금 급부

가 대표적이다. OECD 가입 국가 중 신문사에 직간접적으로 현금을 지원하는 국가들은 오스트리아, 프랑스, 이탈리아, 한국, 룩셈부르크, 노르웨이, 포르투칼, 스웨덴 등 8개국이다. 기타 독일의 경우 신문사에 저금리로 융자 혜택을 주기도 한다. 하지만 이들 국가 중 한국을 제외하고, 신문법으로 이를 규정해 지원하는 국가는 없었다. 고시나 훈령 수준으로 지원책을 마련한 것이다.

지원 명목도 다양하다. 멀티미디어 장비 구축을 위한 직접 지원에서 언론인 교육 및 연구, 연구 및 개발, 판촉 및 배달에 지원하기도 한다.

또한 유럽 일부 국가에선 신문 판촉과 배달에 정부가 지원하기도 한다. 독일은 공동배달전문회사에 지원을 하고 있으며, 신문협회가 감독한다. 스웨덴은 60년대부터 신문배달 시장의 합리화와 지역신문의 재정적 부담을 덜기 배달회사에 직접 재정적으로 지원한다. 2002년 배달비 지원금은 약 8백만 유로였다. 프랑스는 1947년 비세법으로 공동배달회사(NMPP)를 설립해 정부가 직접 지원을 하고 있다. 이 회사는 각 종 출판물 3,500종을 가정으로 배달한다. 그러나 공산당 당원으로 중심으로 한 강성노조가 만들어져, 배달지연과 구독자 수의 감소로 회원사와 독자들의 불만을 사고 있다. 르 피가로 등 일부 신문은 공격적인 판촉활동을 위해 NMPP를 탈퇴해 독자 판매망을 구축 중이다.

◇ 특혜우대(Advantage)

특혜 우대 역시 특정 산업을 지원하기 위해 예외적으로 지원하는 공통점을 가지고 있다. 주로 학교, 도서관 등 공적 섹터에 대해 이같은 정책을 펴고 있다. 신문 역시 공공재적 성격을 띠고 있기 때문에 규제 면제, 세제상의 특혜, 우편료에 대한 정부 서비스 할인 등 다양하다.

▶ 세제 우대

신문 산업에 대한 가장 보편적인 특별우대는 세제상의 혜택이다. 미국과 영국 등 OCED에 가입한 많은 국가들은 신문구독료와 사업세 등에 경감세율을 도입하고 있다. 한국 역시 책, 잡지 등 일반 문화상품과 더불어 구독료 및 판매에 대해 부가가치세를 면세해주고 있다. 일부 국가에선 용지나 잉크, 그리고 윤전기 등 일부 기자재에 대해서도 면세 조치를 취하기도 한다.

그러나 필란드와 중국 등 일부 국가에선 신문 광고에 대해서도 부가가치세를 경감하거나 면제해주고 있기도 하다.

▶ 규제 면제

규제 면제는 모든 일반 기업에 적용하는 것을 특수한 경우 예외 조치를 취하는 경우다. 대표적인 예가 미국의 경우 '신문보호법'을 제정해, 한 지역에서 신문이 통폐합되는 것을 카르텔(독과점)법으로 규제하는 것이 아니라 지원하는 정책을 펴기도 했다. 또한 일부 국가에선 신문 판촉에 대해서도 규제를 완화하는 조치를 취하기도 한다.

▶ 정부 각종 서비스

정부가 신문 산업에 대한 특혜 조치 중 하나가 정부가 제공하는 각종 서비스에 대해 할인요금제도 도입이다. 대표적인 예가 신문이나 기타 정기 간행물에 대한 우송비 할인 조치다. 이같은 조치는 신문과 정기간행물을 공공재로 인식, 많은 사람들이 접근할 수 있고, 사업자의 경영을 지원해 공공복지를 증진시키는 수단으로 판단하고 있기 때문이다.

Ⅴ. 결론: 신문 정책 및 신문법 개정 방향

1. 미디어 및 신문 정책

신문을 포함, 세계적으로 미디어 정책 방향은 크게 3가지로 요약할 수 있다. 먼저 탈규제다. 디지털 혁명으로 하루가 다루게 새로운 미디어가 출현하고 있는 현실에서 미디어에 대한 규제는 산업 자체를 사양길로 몰아 갈 수 있기 때문이다.

둘째, 자국 미디어 산업과 기업의 국제 경쟁력 강화 지원이다. 미국이나 프랑스 등 자국의 미디어 산업이 세계 경쟁력을 확보할 수 있도록 다양한 정책을 구현하고 있다. 국제 경쟁력 강화를 위한 미디어 기업 간 연합과 합병은 물론, FTA 등 국제 협상에서도 자국의 미디어 기업이 유리하도록 다양한 노력을 기울이고 있는 것이다. 미국과 한국의 스크린 쿼터 협상 역시 이같은 관점에 바라볼 수 있다.

셋째, 미디어 및 신문 산업 진흥책이다. 프랑스 등 유럽의 많은 국가들은 자국이 미디어 산업이 생존할 수 있는 기반을 구축하기 위해 직간접적인 지원을 아끼지 않고 있다. 영국의 경우 중복 규제를 막기 위해 규제 기관을 통폐합하는 결단을 보이기도 했다. 이제 미디어를 이데올로기적 수단으로 바라보기 보다는 국가 경제의 핵심 성장 동력으로 인식하고 있는 것이다.

신문에 대한 정책 역시 이 같은 기조 위에서 다양한 방안을 실천한다. 선진국들의 신문 정책을 종합하면 다음과 같다.

먼저, 개인이나 법인에 대한 소유 규제보다는 시장 규제를 원칙으로 하고 있다. 즉 인수와 합병으로 시장 점유율이 일정 비율을 넘어 시장 지배적 사업자가 될 때만 규제하는 것이다. 자연으로 성장한 기업에 대해선 규제하지 않는다는 시장의 원리를 준수하고 있다.

둘째, 신문과 방송의 겸영을 허용하고 있다. 다만 국가에 따라 지역이나 혹은 한 사업자가 전체 여론 시장 점유율 30% 이상일 경우에 규제하는 방식을 선택하고 있는 것이다. 하지만 미디어 융합 시대 신문, 방송, 통신의 융합은 대세로 받아들이고, 법제를 개정해 가고 있다.

셋째, 언론사에 대한 직간접 지원이다. 방식은 다양하다. 물론 일부 국가에선 신문에 대한 정부의 직접 지원을 문제삼는다. 독일의 경우 헌법재판소가 정부의 직접 지원을 위헌 판결했다. 하지만 국가에 따라 위기의 신문 산업을 살리기 위한 다양한 지원책을 펴기도 한다.

다만 분명한 사실은 국가 지원은 일시적이며, 스스로 경쟁력을 갖추지 못하면 생존할 수 없다는 점을 강조한다.

2. 신문관련법 개정 방향

신문관련법이 가을 정기국회에서 개정, 처리 될지는 아직 불투명하다. 다만 현재의 신문관련법의 일부 조항에 대한 위헌 및 헌법불합치 판결로 손질을 봐야 하는 것은 분명하다. 다만 그 폭이 어느 정도인지에 대해선 이해 세력 간의 주장이 엇갈리고 있다.

따라서 OECD 가입국가인 한국의 신문관련법은 글로벌 스탠다드를 따라가는 것이 바람직하다고 볼 수 있다.

글로벌 스탠다드 관점에서 신문법 개정 방향을 요약하면,

- 신문의 시장 지배적 사업자 추정 조항은 삭제하며, 이를 신문발전기금의 지원대상에서 배제한 조항도 삭제하고,

- 신문발전기금의 지원 기준 및 용도를 신문법에서 제외하고, '고시'나 '훈령' 차원에서 규정해 정파에서 벗어난 신문계 인물로 구성된 위원회 설립 및 운용하는 것도 모색할 필요가 있으며,

- 신문의 복수 소유는 물론 신문과 방송의 겸영도 허용하는 것이 바람직하며, 특히 방송법에 규정된 보도 채널에 신문사가 진입할 수 없는 조항도 삭제해야 한다. 다만 시장점유율을 기준으로 신문의 복수 소유와 신문과 방송의 겸영을 규제하는 것이 합리적이며,

- 신문법과 지역신문법, 그리고 신문법과 언론중재법을 통합해, 신발위와 지발위 등도 통합하는 것이 세금을 효율적이며 합리적으로 운용할 수 있다.

헌법재판소는 신문법과 언론중재법 일부 조항에 대해 위헌 및 헌법불합치 판결을 내렸다. 이제 신문을 둘러싼 소모적 논쟁 및 정파 간 정쟁을 지양하며 한국 신문산업이 발전할 수 있는 지혜를 모아야 할 때다. 그 방향은 '글로벌 스탠다드'와 '신문 산업의 경쟁력 제고'라는 키 워드로 압축할 수 있다.

참고문헌

김택환 (1998), 21세기 한국 언론 정책 법제 연구, 한국언론연구원.

김택환/이상복 (2005), 미디어빅뱅, 커뮤니케이션북스.

문재완 (2004), 언론의 다양성 확보를 위한 정책수단에 대한 연구, 한국신문협회.

문재완 (2006), 신문관계법 개정방향과 해외 언론법제 및 정책 최근 추이, 한국신문협회 경영자 세미나 발표 자료.

세계언론법제 동향, 한국언론재단 2001-2006.

한국언론연구원 (1995), 세계의 언론법 상 하.

KBI 포커스 (2006), 방송통신융합 구조개편의 원칙과 과제, 한국방송영상산업진흥원.

Brantner, C., Langenbucher, W. R. (2003), Medienkonzentration-Kontrollmechanismen innerhalb der Staaten der EU. Wien.

WAN(세계신문협회), 2006 World Press Trends.

등 다수 등

제 2 절 미디어 융합 현상과 법률문제

우 병 현*

Ⅰ. 웹2.0, 동영상 UCC 열풍

올 상반기 인터넷과 미디어 업계에서 화제를 모은 용어를 꼽으라면 '웹2.0', 'UCC', 'Online Video Sharing Service(온라인 비디오 공유 서비스)' 등 3개 용어가 단연 상위 순위에 오를 것이다.

온라인 비디오 공유서비스의 경우 미국의 실리콘 밸리의 벤처기업인 유튜브(www.youtube.com)의 성공담이 올해 초부터 외신을 타고 들어오면서 관심을 자극했다. 유튜브는 서비스 개시 불과 1년 만에 세계 15위권에 진입할 정도로 폭발적인 성장을 거듭하면서 세계의 이목을 집중시키고 있다.

국내에서도 UCC(User Created Contents)가 지난해 후반기부터 인터넷 업계의 화두로 떠오른 뒤, 올해 초반부터 인터넷 업계를 뜨겁게 달구는 역할을 하고 있다. 특히 사용자가 만든 동영상을 의미하는 UCC 동영상 시장의 경쟁이 가장 치열하다.

예를 들어 판도라TV, 엠군닷컴, 디오데오 등 중견 인터넷업체들이 동영상 UCC 전문 시장을 개척하고 있고, 이어 네이버, 다음, 싸이월드 등 국내 대형 포털 사이트들이 동영상 UCC 서비스를 경쟁적으로 도입하면서 경쟁 열기가 한껏 달아

* UMC 대표.

오르고 있다.

UCC 열풍은 인터넷 업계에만 국한되지 않는다. KT, SK텔레콤, 하나로텔레콤 등 유무선 통신사업자들이 동영상 UCC사업 진출 여부를 탐색하고 있다. SBS가 자사 영상컨텐츠를 네티즌들이 자기 방식대로 만들어 사용하게 하는 서비스(NeTV)를 선보이는 등 거대 방송사도 UCC 시장의 중요성을 주목하고 있다.

이 밖에 삼성전자, LG전자 등 디바이스 제조업체들도 애플의 아이포드(iPod) 성공 신화를 감안, 동영상 UCC 시장 진출 가능성을 다각도로 모색하고 있다.

지난해 말부터 미국과 한국에서 거의 동시에 나타나고 있는 이와 같은 현상은 대체로 웹2.0이라는 흐름을 깊게 반영하고 있다. 또 동영상(Video)을 소재로 하는 점에서 영상미디어 산업계 움직임과 깊은 관련성을 지니고 있으며, 나아가 미디어 산업의 빅뱅을 예고하고 있기도 하다.

웹2.0은 본래 차세대 웹을 뜻한다. 웹2.0은 월드와이드웹(World Wide Web)이 1990년대 초 처음 등장한 이후 지금까지 경험한 인터넷 웹을 1.0 버전이라고 보고, 앞으로 새로 전개될 웹을 2.0 버전에 해당한다는 뜻을 담고 있다. 구체적으로는 정보 참여, 공유, 개방이라는 가치를 실현하는데 필요한 RDF, Ajax, Tag 등 신 기술을 수용하는 것을 목표로 삼고 있다.

UCC(또는 UGC: User Generated Contents)는 네티즌들이 스스로 각종 컨텐츠(사진, 동영상, 칼럼, 음악 등)를 만들어 다른 사람들과 공유하고 함께 사용하는 것을 뜻하는 것으로 크게 웹2.0이라는 큰 테두리 안에 포함된다. 온라인 비디오 공유 서비스는 UCC 서비스를 표방하는 구체적인 서비스 사례에 속한다.

얼핏 보면 인터넷업계 내의 뜨거운 이슈인 웹2.0과 UCC는 방송, 영화 등 영상을 주로 다루는 영상 미디어산업계와 일정한 거리를 두고 있는 듯하다. 그런데, 인터넷 업계에 뿌리를 두고 있는 웹2.0과 UCC가 영상 미디어 산업계에서 중심화두로 떠오른 것일까?

Ⅱ. 인터넷과 영상미디어산업의 융합

2000년대 중반에 웹2.0을 중심으로 동영상 UCC가 세간의 관심을 끄는 배경에는 통신과 방송의 융합, 신문과 방송의 융합 등 미디어 융합이라는 거대한 흐름이 놓여 있다. 특히 인터넷과 영상의 융합이라는 흐름이 핵심을 이루고 있다.

인터넷과 영상의 융합은 본래 디지털 기술혁명에서 촉발됐다. PC 등 디지털 정보 처리기기들이 보편화되고 또 정보를 디지털 방식으로 전달할 수 있는 길이 열리면서 영상 제작에서부터 유통에 이르는 과정이 근본적으로 바뀌기 시작한 것이다.

인터넷과 영상의 융합 초기 모습은 VOD와 웹캐스팅(Web Casting) 모델 형태로 나타났다. 1990년대 중반 인터넷이 확산되면서 전파를 통하지 않고 영상을 원하는 시간대에, 원하는 영상을 골라 볼 수 있는 길이 열렸기 때문이다.

이에 따라 한때 인터넷 방송을 표방하는 사이트들이 우후죽순격으로 등장했었다. 그러나 방송사가 운영하는 인터넷 방송 서비스 이외에는 대부분 시장에서 사라졌었다. 화면 크기가 작고 화질이 떨어지는 등 방송 품질이 기존 방송에 비해 크게 떨어졌기 때문이다.

인터넷과 영상의 융합과정에서 두번째 등장한 모델은 이른바 영상 '다운로드' 서비스 형태다. 이것은 고화질 대용량 영상을 서버로부터 인터넷을 통해 한꺼번에 PC에 다운로드받은 다음, 소프트웨어로 영상을 보는 방식이다.

2000년대 초반부터 등장한 아이팝, PD박스 등 웹하드 서비스기반 모델이 바로 다운로드 형태에 속한다. 이들 업체는 여러 회원이 서버의 하드웨어 공간에 영화, 드라마 등 대용량 고화질 동영상을 공유하면서 다운로드받을 수 있는 서비스를 제공하고, 이용료를 받았다.

다운로드 서비스는 대부분 저작권을 침해한 불법 영상이나 음란물을 유통 대상으로 삼았기 때문에 많은 문제점을 지니고 있다. 그러나 다운로드방식은 인터넷 사용자들이 새로운 영상 소비 도구로서 적극적으로 수용하면서 빠른 속도로 대중화됐다.

인터넷과 영상 융합에서 세 번째 등장한 모델은 IPTV이다. IPTV는 고화질 영상을 공중파나 케이블 대신 인터넷을 통해 각 가정에 전송하는 것이다. 이진 인터넷 방송과 다른 점은 고화질 대용량 영상을 인터넷을 통해 보내고, 또 품질 보장을 함으로써 보편 서비스가 가능하다는 것이다.

인터넷과 영상 융합에서 마지막으로 등장한 모델이 바로 동영상 UCC다. 동영상 UCC는 영상 제작 주체를 전문 영상 제작자에서 네티즌으로 살짝 바꿨다. 누구나 아무런 제약없이 자신이 만든 영상을 인터넷에 올려놓고 전세계 네티즌과 공유하라는 것이다.

동영상 UCC 모델은 앞서 언급한 세 개의 융합 모델과 다른 점을 많이 지니고 있다. 우선, 인터넷방송과 다운로드 모델은 영상 컨텐츠를 이용하는 방식을 전파나 비디오테이프에서 인터넷으로 바꾸는데 그쳤다. 즉, 주 이용 대상은 방송사, 영화사 등 전문 영상 제작 시스템에서 만든 프레미엄 컨텐츠(또는 Ready Made Contents)였다는 것이다.

이에 비해 동영상 UCC 모델은 일정한 수준을 구현한 프레미엄 컨텐츠가 아니라, 품질 편차가 심한 네티즌이 생산한 영상을 소비 대상으로 삼고 있다. 내용, 길이, 품질 등 모든 면에서 UCC 동영상은 프레미엄 영상과 큰 차이점을 지닐 수밖에 없다.

또 다른 차이는 앞선 세 개의 모델이 인터넷보다 기존 방송에 가깝다면, 동영상 UCC는 인터넷, 특히 웹에 가깝다는 점이다. 동영상 UCC 모델은 영상자체도 중요하지만 검색, 커뮤니티, 1인미디어 등 인터넷의 기본 요소가 더 중요한 요소를 차지하기 때문이다.

Ⅲ. 웹2.0 시대 인터넷과 영상미디어 산업의 융합

1990년대 초반 인터넷의 대중화와 더불어 시작된 인터넷과 영상산업간 융합은 이제 서서히 꼭지점을 향해 가고 있다. 이미 널리 알려진 대로 영상산업과 인터넷이 만나면서 공중파중심의 기존 영산산업구조가 서서히 붕괴됐고, 그 틈을 타서 통신회사, 연예기획사, 전자회사 등 새로운 플레이어들이 영상산업 패권 다툼에 끼어들었다.

이에 따라 2000년대 중반이후 새로운 영상산업 구도에서 한 자리를 차지하려는 경쟁이 곳곳에서 뜨겁게 벌어지고 있다. 첫번째 전쟁터는 영상 컨텐츠 유통네트워크분야다. 공중파 방송사는 기존 유통네트워크 이외에 케이블과 지상파DMB를 추가로 확보하는데 힘을 쏟았다. 통신사들은 인터넷망(또는 IP망), DMB, 와이브로 등 통신 네트워크를 영상컨텐츠 유통망으로 활용하려고 안간힘을 쏟고 있다. 대형 포털들도 인터넷 서비스 플랫폼을 실질적인 영상컨텐츠 유통망으로 활용하고 있다.

둘째, 경쟁 참여자들은 영상컨텐츠 확보에 사활을 걸고 있다. '컨텐츠가 왕이다'이라는 말이 실감날 정도로 누가 인기 영상컨텐츠를 확보하느냐에 따라 영상산업 패권 향배가 결정될 가능성이 높기 때문이다. 이에 따라 모든 플레이어들이 영화제작사및 배급사 등 영상컨텐츠 생산 조직 확보에 혈안이 돼 있다.

셋째, 영상 이용자들을 독점적으로 확보하기 위해 게이트웨이(길목) 장악에 전력투구하고 있다. 케이블 방송사는 셋톱박스를 게이트웨이로 삼는 전략을 구사하고 있고, 이동통신사는 휴대폰 단말기를 게이트 웨이로 활용하고자 한다. 네이버와 같은 포털사이트는 매일 1천여만 명이 이용하는 검색엔진 서비스를 사실상 게이트웨이로 삼고 있다.

동영상 UCC모델은 이처럼 영상 미디어 산업 패권다툼이 치열하게 벌어지는 가운데 등장한 것이다. 미국에서 유튜브가 혜성처럼 나타나자, 영상산업 패권 전쟁에 참여한 플레이어들의 시선이 유튜브에 집중됐다.

직원 20여명을 지닌 벤처기업인 유튜브는 출범한지 1년 반 만에 수천만 명의 독점적 사용자(게이트 웨이), 무한대로 확장하는 영상컨텐츠 DB(컨텐츠), 전세계에 뻗쳐있는 유통망(인터넷) 등 패권 경쟁에 필요한 3개를 단 1년 만에 확보했다.

기존 강자들은 유튜브의 정체성에 대해 의문을 던지면서도, 전 세계 네티즌들이 자발적으로 만들어내는 에너지와 영상컨텐츠의 양에 혀를 내밀었다. 유튜브에 하루 평균 6만 5,000건 동영상이 올라오고, 3,000여만 명이 동영상을 감상하고 있기 때문이다.

그럼, 유튜브 초고속 성장의 힘은 어디에서 나온 것일까. 시각에 따라 다르겠지만 유튜브의 성공은 인터넷의 속성을 잘 활용한 점에서 비롯됐다고 볼 수 있다. 특히 웹2.0 흐름을 잘 탔기 때문이라고 분석할 수 있다.

앞서 언급했듯이 영상미디어 산업에서 인터넷 업계의 이슈인 웹2.0과 UCC가 화두인 까닭도 바로 그와 같은 점에서 찾을 수 있다.

유튜브는 이전 인터넷 방송과는 달리, 개방형 서비스 구조를 지니고 있다. 유튜브는 네티즌들이 동영상을 유튜브 사이트에 올린 다음, 다양한 방식으로 블로그 등 다른 인터넷 서비스에 마음껏 퍼갈 수 있도록 했다.

유튜브는 또 태그방식 정보 분류 기법을 도입해, 네티즌들이 올린 동영상이 주제별로 서로 연결돼 자연스럽게 정보의 가치가 높아지도록 했다. 개별 컨텐츠가 서로 꼬리에 꼬리를 물면서 유기적 결합을 하도록 한 것이다.

물론, 유튜브의 고속성장 배경에는 미국에서 오래전부터 발달한 홈비디오 문화가 깔려 있다. 1980년대부터 각 가정마다 비디오카메라가 돼 있었고, 미국인들은 가정생활을 비디오카메라에 담아 가족이나 친구끼리 함께 공유하는 문화를 지니고 있다.

유튜브의 동영상 UCC 모델에 대한 도전과 실험은 아직도 진행형이다. 계속 성장을 할지, 아니면 성장을 멈추거나 다른 회사에 인수당할지 모른다. 그러나 영상산업 패권 경쟁자들에게 현재 던지는 메시지는 분명하다.

Ⅳ. 미디어 융합에 따르는 사회적 과제

동영상 UCC모델은 중앙에서 미리 만든 컨텐츠를 일방적으로 공급하는 시대는 이미 지나갔다는 점을 말해준다. 예를 들어 인터넷을 일상적으로 이용하고 휴대폰을 신체 일부처럼 사용하는 '인터넷세대' 또는 '모바일 세대'는 강한 참여 성향을 보이고 있다. 이전처럼 잘 만들어진 영상컨텐츠를 일방적으로 소비하는데 그치지 않고, 자신의 영상을 만들어 다른 사람과 공유하겠다는 것이다.

그리고 동영상 UCC모델은 인터넷 세대들이 영상컨텐츠를 TV수상기 이외에 다양한 방식으로 이용하기를 원하는 것을 보여준다. 이들은 PC, 휴대용 단말기 등 다양한 디바이스를 활용해 영상을 이용하고 있다.

마지막으로 동영상 UCC모델은 인터넷 세대들의 정보 이용 행태를 잘 보여준다. 이 세대는 원하는 영상을 찾을 때 TV프로그램 편성표나 리모컨에 의존하지 않고, 검색엔진, 태그, 블로그 등 다양한 정보매개 서비스를 이용한다. 그래서 검색엔진의 성능이나 개방형 서비스 설계가 중요한 것이다.

그러나 동영상 UCC모델이 밝은 면만 지니고 있는 것은 아니다. 저작권 침해, 음란물 유통 등 어두운 면들도 많이 지니고 있다. 특히 저작권이나 초상권 침해는 동영상 UCC 모델의 발전을 가로막을 수도 있는 악재들이다.

또 만인 대 만인을 대상으로 서비스가 자칫 저널리즘의 위기를 불러올 수도 있다. 예를 들어 조작된 영상이 순식간에 전세계에 유포될 가능성이 상존하고 있다. 이 경우 누가 검증하고, 누가 책임을 질 것인가라는 문제가 여전히 숙제로 남아 있다.

종합적으로 보면 영상산업을 둘러싼 패권 경쟁은 인터넷 또는 모바일 세대를 어떻게 공략하느냐에 달려 있을 것이다. 좀더 세부적으로 보면 웹2.0이라는 흐름 속에서 녹아있는 시대 흐름을 누가 영상산업에서 창조적으로 수용하느냐가 경쟁의 핵심이다.

아울러 사용자 참여라는 가치를 잘 구현하기 위해서는 필연적으로 따르는 부작용을 방지하고 해소할 수 있는 사회적 합의를 만들어가는 것이 중요할 것이다.

제 3 절 방송·방송관련제도의 특성과 필요성

김 정 태*

Ⅰ. 서 언

1. 개 요

방송은 우리 일상속에 자리잡고 있는 생활매체이다. 매체로서 갖고 있는 기본 속성상 광파성과 속보성 때문에 그 정도를 가늠하기 어려울 정도로 큰 영향력을 갖고 있다고 일컬어진다.

방송의 영향력은 선진국일수록 분명하게 드러난다. 세계 10위권의 경제규모를 갖고 있을 뿐만 아니라, 디지털분야에 있어서 세계 선두권에 진입해 있는 우리나라의 경우에도 방송의 모습은 더욱 도드라지게 나타나고 있다.

최근 들어 방송을 설명할 때 두 가지 모습을 들고 있다. 첫째는 언론으로서의 방송이고, 둘째는 산업으로서의 방송이다.

첫째, 언론으로서의 방송의 모습은 1920년대 등장한 초기 라디오방송에서 출발한다. 이후 1960년대에서 1980년대에 활발하게 진행된 우리나라 민주화 역사와 함께 방송은 핵심언론매체로 성장했다. 민주화가 진행되면 될수록 방송의 위상도 함께 커졌다. 인쇄매체와의 선의의 경쟁 속에서 영향력있는 미디어로서의 위상이 확

---

* 방송위원회 법제부장.

립됐다. 헌법재판소 판례에서 제시된 대로 언론매체로서의 방송의 역할은 「민주적 여론형성」, 「생활정보의 제공」, 「국민문화의 향상」[1]으로 설명할 수 있다.

둘째, 산업으로서의 방송은 디지털전송기술과 접목돼 국가성장동력으로서의 위상과 역할을 갖게 된 점을 반영한 것이다. 방송이 단순히 언론매체로서의 기능뿐만 아니라 각종 디지털가전기기산업과 결합하여 산업으로서의 엄청난 잠재력을 갖고 있다는 것은 이제 더 이상 새로운 일이 아니다. 방송의 산업적인 측면에 주목하여 방송에 대한 각종 규제완화 및 진흥정책에 대한 주장이 활발히 나타나고 있다.

방송이 갖는 특성으로 인해 진흥논리와 공익성 구현을 위한 규제논리 사이에서 혼란스러운 상황이 나타나고 있다. 방송제도와 방송정책의 개선방향은 향후 10년 동안 관련 정책기관을 포함하여 우리 사회 전체의 가장 어려운 고민거리 중 하나가 될 것으로 예상되고 있다.

2. 우리나라 방송의 현황

우리나라 방송은 과거 10년 동안 외형적으로 매년 10% 내지 20% 정도씩 지속적으로 성장해왔다. 10여년 전 지상파방송뿐이던 상태에서 지금은 지상파방송, 케이블방송, 위성방송, 이동멀티미디어방송(DMB) 등 비교하기 어려울 정도로 많은 방송매체가 등장해 방송서비스를 제공하고 있다.

이러한 방송의 외형적 성장은 방송이라는 언론매체의 영향력 증대를 의미하는 것이고, 방송도 영리를 목적으로 하든 공익적 기여를 목적으로 하든, 하나의 산업으로 인식되기 시작했다는 것을 뜻하기도 한다.

방송산업과 관련된 수치는 방송산업의 위상을 대략적으로 가늠하게 해준다. 2004년 12월 현재 방송산업 전체 매출액은 약 7조원을 상회하고 있다. 그 중 지상파방송이 50% 정도를 차지하고 있어 여전히 가장 중요한 방송매체임을 알 수 있다. 그러나, 홈쇼핑 전문채널의 비약적인 성장을 반영하여 유료방송PP채널의 매출액도 약 2조 5천억원을 넘어서고 있으며, 케이블SO의 매출액도 1조 3천억원 수준을 보이고 있다. 이 수치는 방송사업매출액만을 산정한 것으로 인터넷부가서비스 등 망(network)을 이용한 사업매출액을 합하면 더욱 커진다. 우리나라 전체 가구수

1) 헌법재판소 1999. 5. 27. 선고 98헌바70 결정. 한국방송공사법 제35조 등 위헌소원.

는 1천 7백만인데 TV등록대수는 1천 9백만대를 넘어서 가구당 1.12대꼴로 TV수상기를 갖고 있다. 방송사업자 수도 500 여개를 헤아리고 있으며, 종사자수는 3만여명 수준이다.

(1) 지상파방송

지상파방송은 지난 수십년 동안 시청자들의 사랑과 종사자의 노력으로 국민일반에 가장 친근한 매체로 성장했다. 뉴미디어시대가 도래했음에도 불구하고, 통상적으로 '방송'이라고 하면 지상파방송으로 인식되고 있을 정도이다.

새로 출범한 뉴미디어 분야에서도 지상파방송의 자회사가 단연 두각을 나타낼 정도로 우리나라 방송에 있어서 지상파방송의 영향력은 여전히 막강하다. 그러나 이는 콘텐츠분야에만 집중된 것으로서, 뒤집어 보면 지상파방송도 뉴미디어사업자들과의 관계를 제대로 정립하지 못할 경우 방송사업운영 전체에 큰 위기가 올 수도 있음을 말해주고 있다. 그런 측면에서 지상파방송의 독보적인 존재감은 실제로 많이 줄어들고 있다.

(2) 종합유선방송사업자(SO)

지난 1995년 척박한 국내 방송업계에 첫발을 내디딘 이후, 현재는 뉴미디어업계 선두주자로서의 입지를 구축한 상태다. 우리나라는 2000년을 기점으로 이미 고도 케이블화 국가대열에 합류했다. 전체가구수의 80% 정도가 케이블망을 이용한 유료방송에 가입한 상태이다. 이정도 수치라면 거의 전국민이 케이블 유료방송서비스를 일상적인 것으로 느끼고 있다는 것을 의미한다.

이러한 대중화를 기반으로 케이블SO사업자들은 인터넷과 결합한 부가서비스개발을 통해 무한한 발전 가능성을 보여주고 있다. 그러나 한편으로 IPTV 등 앞으로 등장할 방송통신융합서비스 사업자 등, 보다 진보된 쌍방향성과 채널용량을 가진 잠재사업자들과의 경쟁이 불가피할 것이라는 예상도 제기된다.

(3) 방송채널사용사업자(PP)

뉴스전문채널(YTN, MBN)과 홈쇼핑전문채널(GS홈쇼핑, CJ홈쇼핑, 농수산홈쇼핑, 우리홈쇼핑, 현대홈쇼핑)로 대표되는 PP는 케이블TV의 도입과 함께 전문채널로 출범했다. 초기 황금알을 낳는 거위로 인식되면서 대기업 중심의 시장참여가 이뤄졌으나, 현재는 홈쇼핑전문채널을 제외한 대부분의 분야에서 중소기업 규모의 전문채널이 주류를 이루고 있다. 그러나 결국 방송사업의 성패를 좌우하는 것은 콘텐츠가 될 것이기 때문에 PP분야에 대해서도 대규모 투자가 이뤄져야 하고, 또 그렇게 될 것으로 예상된다.

PP분야에 대해서는 도입 초기에는 허가제가 적용되어 엄격한 진입장벽이 있었으나, 이후에 등록제로 변경되어 진입장벽이 현격히 낮아졌다. 그러나 뉴스보도·종합편성, 홈쇼핑 분야는 여전히 승인제가 적용되고 있다.

등록제가 도입됨에 따라 전문채널수도 폭발적으로 늘어났다. 1990년대 후반까지도 30개 수준이던 채널 수가 2006년 9월 기준 490개를 헤아리고 있다. 이에 따라 적정채널수에 대한 논란이 끊임없이 제기되고 있다.

(4) 위성방송

위성방송은 2000년 새 방송법 제정과 함께 도입된 신생매체이다. 1990년대 중반에 방송사업 용도로 무궁화 위성 발사에 성공한 이래 5년여를 흘려 보낸 뒤 뒤늦게 출범했다.

2000년 11월 사업자 선정당시까지만 해도 사업전망에 대한 기대가 매우 컸으나, 현재 케이블TV와의 치열한 경쟁속에 상대적 약세를 보이고 있다.

전국을 단일권역으로 하는 단독사업자(한국디지털위성방송, SkyLife)가 있으며 2006년 9월 기준 가입자수는 200만가구에 약간 못미치고 있다.

(5) 위성이동멀티미디어방송(위성DMB)

위성DMB는 이른바 '손안의 TV' 시대를 연 선구자적 미디어로서 초기 시장형성 단계에 있다.

통신사(SK텔레콤)가 주도적으로 방송사업에 진입함에 따라 방송통신융합시대를 열었다는 평가를 받았다. 2005년 중반 사업을 개시하였으며 2006년 9월 현재 가입자수는 약 80만 수준을 보이고 있다.

(6) 지상파이동멀티미디어방송(지상파DMB)

위성DMB와 같이 휴대방송으로 도입된 신규미디어이다. 2006년 초 수도권지역에서 방송서비스를 개시했으며, 2006년 12월 이전에 수도권을 제외한 지역의 지상파 DMB 도입정책이 논의되고 있다.

지상파DMB는 무료이기 때문에 상대적으로 많은 시청자를 확보할 수 있을 것으로 기대되나, 수익원이 부족한 문제점을 안고 있다.

(7) IPTV(Internet Protocol TV) 등

인터넷에 기반을 둔 방송서비스로서 사업의 성격에 대한 논쟁이 지속되고 있다. IPTV는 새로운 방송플랫폼 개발과 신기술의 시험대가 될 것으로 예상되고 있다. IPTV에 대해서 방송법의 규제가 필요한지, 신규입법이 필요한지, 방송서비스인지, 인터넷서비스인지 등 사업자체의 정체성에 대한 근본적인 의문이 가시지 않은 상태이다. 아울러 그 수익성 여부도 확실히 검증된 바는 없다.

2006년 하반기에 방송위와 정통부의 공동시범사업이 실시되며, 이와 연관하여 사업성 분석 등 다양한 연구사업도 함께 진행되고 있으므로 조만간 IPTV의 실제 모습이 드러나게 될 것으로 기대되고 있다. 그 과정에서 법적 논란 등 다소간의 혼란[2]은 불가피할 것으로 보인다.

Ⅱ. 방송시장과 방송제도의 특수성

1. 개 요

한나라의 방송제도는 그 나라의 역사적 경험을 반영한 것이며, 그시대 국민들의 선택을 반영한 것이다. 방송제도를 놓고서 완전경쟁 또는 자유시장논리에 중점을 둘 것인지도 결국 그 시대 사회구성원들의 선택의 결과로 받아들여질 수 있다. 방송제도에 대한 해외사례가 각 나라별로 매우 다른 특성을 보여주고 있다는 것은 이를 증명한다. 우리나라도 그동안의 역사적 경험을 고스란히 반영한 독특한 방송

2) 디지털타임스, 2006. 10. 9 기사. 하나로통신의 하나TV, 곰TV, 심TV 등 이른바 'TV포탈'에 대한 합법성 논쟁과 사업전망에 대한 논쟁이 지속적으로 전개되고 있는 상태이다. 아울러 언론이냐 아니냐를 놓고 논란이 시작되고 있는 인터넷 포털사업자(NAVER 등)의 정체성 문제도 같은 맥락에서 바라볼 수 있다. 새로운 기술의 개발에 따라 인터넷 포털이 방송 또는 방송유사서비스를 제공하는 사업에 관계하는 것은 시간문제이기 때문이다. 신문과 방송이 제대로 자리를 잡지 못한 영역에서 이미 인터넷(포털)이 견고한 사업영역을 개척해 차지하고 있다는 견해도 있다.

제도를 갖고 있다.

방송은 우리가 일상적으로 접하는 친숙한 매체이지만, 방송시장과 방송제도는 일반적이지 않다. 방송시장과 제도가 갖는 특수성과 복잡함으로 인해 법의 지배(Rule of Law)라는 관점에서도, 통일되고 일목요연한 논리를 대입해 분석하고 평가하기에는 무리가 따른다. 이는 방송을 총괄하는 방송법 조문이 보는 이에 따라 지나치게 사변적·관념적이고, 또 한편으로는 정치적이라는 평가를 받게 되는 원인중의 하나이다.

2. 방송시장의 특수성

우리나라의 방송시장구조는 각 방송사의 도입초기 역사와 위상에 따라 독특한 특징을 띠고 있다. 이와 같은 시장구조는 방송제도·정책에 대한 통일적인 접근을 어렵게 하는 원인이 되기도 한다.

첫째, 공영방송과 민영방송 등 이질적인 매체가 공존한다는 것이다. KBS와 EBS는 공영방송에 해당되며, SBS와 지역민방은 민영방송으로 분류할 수 있다. MBC의 경우는 일반적으로 공영방송으로 분류되기도 하지만, 민영방송으로서의 성격도 함께 갖고 있다.

공영방송과 민영방송으로 구분하는 입장이 있는 한편, 그 역할에 있어서는 차별을 두지 않으려는 시각도 존재한다. 방송법에서도 방송의 공적 책임, 공정성과 공익성 규정에 있어서 공영방송과 민영방송을 구분하지 않는 입장을 취하고 있다. 공영방송과 민영방송의 구분과 그 역할에 대한 기대는 거의 모든 관계자들이 각각 다른 입장을 갖고 있다고 해도 과장이 아니다. 각 방송사 구성원뿐만 아니라 한 방송사 내부에서도 각자의 가치관과 직종에 따라 방송사의 정체성에 대해서 다른 의견을 보이기도 하며, 실제로 방송위원회의 재허가 심사과정[3]에 있어서도 논란의 대상이 되기도 한다.

둘째는 유료방송과 무료방송의 차별성과 동질성이 혼재한다는 점이다. 상식선에서 본다면 유료방송은 사용자가 일정한 비용을 지불하는 유료서비스 개념이 적

3) 2004년 방송위원회 재허가 추천심사 당시, 민영방송에도 공영방송에 준하는 책임이 요구된다는 의견이 있었다. 이를 반영하여 '공익적 민영방송'이라는 용어가 많이 알려지기도 했는데, 이 용어는 우리나라 특유의 방송시장구조를 잘 대변해주는 것이다.

용되는 시장이기 때문에 무료방송(지상파방송)과 딱히 이해관계가 부딪힐 일은 없어야 한다. 그러나 우리나라의 경우 유료방송과 무료방송간에도 밀접한 관련성을 맺고 있다. 유료방송의 경우에도 무료방송(지상파방송)과의 관계를 빼놓고서는 이론적으로나 실제적으로나 분석 자체가 불가능한 모습을 보여주고 있다. 이것은 유료방송이 무료방송(지상파방송)을 깨끗한 화면으로 제공하는 것을 바탕으로 사업을 전개하고 있기 때문이다. 이런 이유 때문에 유료방송 시청료와 텔레비전방송 수신료를 같은 성질의 비용으로 인식하는 현상도 나타나게 되는 것이다.

이와 같은 시장구조상의 기본성격을 근거로 하여 규제분야별로 방송(시장)의 모습을 살펴보면 다음과 같다.

(1) 소유규제 분야

방송사업에는 중첩적이고 이중적인 소유제한 제도가 존재하고 있다. 이것은 민주화과정에서 불공정한 언론의 폐해를 경험한 결과이기도 하며, 방송의 역할에 대한 국민의 기대가 그만큼 높다는 사실을 반영하고 있는 것으로도 볼 수 있다.

각 방송사별 소유구조를 보면 KBS와 EBS는 정부출자 100%의 공영방송이다. 관련법에 규정된 KBS의 자본금은 3천억원이며, EBS의 자본금은 1천억원이다. MBC의 경우는 주식회사 지위를 갖고 있으며, 서울MBC와 지역MBC가 각각 이질적인 소유구조를 갖고 있다. 서울MBC는 특별법에 의해 설치된 재단법인인 방송문화진흥회가 70%를, 민법상 재단법인인 정수장학회가 30%[4]를 갖고 있다. 전국 19개 지역MBC는 더욱 다양한 주주구성을 갖고 있으며, 공통된 현상은 서울MBC가 50%이상의 지분을 소유하고 있다는 점이다. 서울MBC가 지역MBC의 사장을 임명할 수 있는 것은 이런 지분구조를 갖고 있기 때문이다.

방송사업에는 겸영 및 소유제한제도에 있어서도 중첩적인 제한을 두고 있다. 즉, 여론의 독과점으로 인한 폐해를 최소화하기 위해 1인 지분제한(30%)과 대기업 진입금지 또는 제한제도를 갖고 있을 뿐만 아니라, 신문과 방송간의 겸영금지 규정도 있다. 같은 방송사업 내에서도 지상파방송은 케이블SO의 지분을 갖지 못하도록 하는 사업자간 겸영제한제도를 엄격히 시행하고 있다.

---

4) 서울MBC의 지분구조상 정수장학회 30%가 갖는 의미는 매우 크다. 정수장학회 지분 30%가 존재하기 때문에 MBC는 완전 민영화도, 완전 공영화도 어려운 복잡한 법적 과제를 던지고 있다. 이것은 설사 방송정책기관이나 MBC구성원이 어떤 방향으로 나아가겠다는 합의를 한다 하더라도 여전히 남는 문제이다.

방송사업에 적용되는 이와같은 엄격한 소유 및 겸영제한 제도는 방송매체가 갖는 영향력을 고려한 것으로 이해할 수 있다.

(2) 경쟁정책 분야

방송시장의 경쟁정책과 제도는 단순한 경쟁논리 기준으로는 잘 설명되지 않지만, 방송의 중요한 제도로 자리잡고 있다. 방송시장의 경쟁정책과 관련해서는 일반적 · 포괄적 경쟁정책을 담당하는 공정거래위원회와의 입장 차이가 늘상 이슈가 되곤 한다.

방송산업의 경쟁제한적 제도중의 하나는 유료방송사업자의 의무재송신 제도(방송법 제78조)이다. 즉, 다채널 방송을 운영하는 유료방송사에 대해 의무적으로 특정 지상파채널(KBS 1TV, EBS TV)을 방송하도록 하고 있는 것이다. 이것은 경쟁정책적으로 보면 매우 불합리한 제한이 될 수 있지만, 공영방송에 대한 국민일반의 접근성을 보장하기 위한 것으로 받아들여지고 있다.

지상파방송사에 부과되는 외주의무비율제도는 또다른 경쟁제한적 사례다. 외주의무비율제도란 지상파방송사는 의무적으로 자신의 방송시간 중 일정비율만큼을 자기 자신이 아닌 다른 사업자가 제작한 프로그램을 방송하여야 한다는 것이다. 이것은 방송사업자 입장과 산업논리에서 보면 쉽게 이해하기 어려운 경쟁제한 제도이지만, 방송이 갖는 정신문화적 특성을 고려할 때, 다양성을 보장하기 위한 핵심 방송제도로 인식되고 있다.

(3) 언론매체로서의 공적 책임

방송은 미디어 선거시대를 이끌어가는 핵심매체로서의 역할을 수행하고 있다. 이것은 주요한 공익성 구현의 한 형태로 인정될 수 있다.

아울러 방송이 국민의 정신문화에 미치는 영향을 고려한 다양한 제도가 시행되고 있다. 방송보도 및 내용에 대한 타율적 심의제도를 두는 것도 그 예다. 언론매체인 방송에 대해 방송위원회라는 국가기관에 의한 규제권한을 부여하는 제도를 두고 있는 것은 사회적 합의를 바탕으로 하지 않고서는 민주주의 국가에서는 불가능한 일이다.

방송에 대해 지역문화육성과 다양성 보장을 위해 자체편성비율제도를 부과하거나, 국가정체성을 보장하기 위해 국내프로그램 편성의무비율을 두고 있는 것도 같은 맥락에서 이해될 수 있다. 덧붙여 법적 의무사항은 아니지만, 모든 방송사가 방송시작 및 종료시에 애국가연주를 내보내는 것도 방송에서만 볼 수 있는 모습이다.

(4) 신문과의 차이점

언론매체라는 점에서는 공통점이 있기 때문에 방송과 신문을 동일선상에서 비교하기도 하지만, 제도적인 관점에서 방송과 신문은 많은 차이점이 있다. 현재 진행되고 있는 방송통신융합 및 매체간 동질화와 관련하여 신문과의 차이점에 대해 다시금 음미해볼 필요가 있다.

첫째는 진입규제상의 차이점이다. 방송사업은 허가제와 승인제가 일반적인 가운데, 뉴미디어분야에 대해서는 등록제를 적용하고 있는 등 진입규제 제도상 매우 다양한 스펙트럼을 보이고 있다. 신문의 경우에는 전국일간지와 지역일간지 등에서 약간의 차이점은 있지만 기본적으로 등록제가 적용되고 있다.

둘째는 내용규제상의 차이점이다. 방송은 방송사 자율규제와 방송위원회에 의한 심의제도의 적용을 받는다. 그러나 상대적으로 자유시장 논리가 적용되는 신문의 경우에는 국가기관이 내용규제를 하는 일은 없다. 신문기사가 방송뉴스에 비해 보다 자유로운 내용과 편집으로 채워지는 것은 바로 그런 이유에서다. 방송위의 심의제재가 실효성이 없다는 의견도 일부 있으나, 방송내용에 대해 결정(권고, 경고, 사과방송)을 내리고 그것을 공개적으로 실시토록 하며, 재허가 심사에 반영된다는 것은 심의제재가 결코 가벼운 제도가 아니라는 점을 말해준다.

셋째는 광고규제상의 차이점이다. 방송에 있어서는 광고량, 횟수 및 영업방식에 대한 엄격한 제한을 두고 있다. 지상파방송에서 한국방송광고공사(KOBACO)라는 기관이 광고영업을 강제적으로 대행하고 있는 것도 큰 특징 중의 하나이다. KOBACO의 존폐 여부에 대해서는 매번 논란거리가 되고 있지만, 근 25년 동안 유지되고 있는 것을 보면 방송의 성격을 간접적으로 말해주고 있는 것이다. 방송시장에 적용되는 광고규제는 신문시장에서는 찾아볼 수 없는 제도이다.

넷째는 시장구조상의 차이점이다. 방송은 공영방송과 민영방송, 지상파방송과 뉴미디어 방송 등 다양화된 시장구조를 보이고 있는데 반해, 신문시장의 경우에는 그 속성상 방송시장과 같은 다층적인 구조를 갖기는 어렵다.

이와 같이 방송과 신문은 제도적인 관점에서는 유의미한 차이점을 보이고 있다. 최근 논의되고 있는 신문과 방송의 겸영금지에 대한 제도개선에 있어서도, 찬반여부 또는 가치관의 차이점과는 별개로 서로 다른 규제시스템을 가진 두 시장에 대한 분명한 인식이 먼저 이뤄져야 한다. 이러한 제도상의 차이점을 도외시한 겸영 허용주장은 혼란을 가중시킬 우려가 있다.

방송과 신문의 제도상의 차이에 대해 그대로 유지해야 되는지에 대한 논란도 있을 수 있다. 이 문제 역시 사회적 합의를 필요로 하는 문제로 보아야 할 것이다.

3. 방송위원회

방송제도의 특수성을 구성하는 항목중 방송위원회는 그 중심에 서있다. 방송에 관한 총괄기관으로서 방송위원회는 합의제기관으로서 정책·행정권과 심의·의결기능을 함께 수행하고 있다. 이에따라 독임제 관청이 정책·행정권을 도맡아온 우리나라 전통에 비추어 방송위원회는 다소 생소한 기관으로 인식되고 있다. 합의제 기관이 심의기능에서 벗어나 방송정책, 행정이라는 실질적인 국가정책을 수행하는 것은 비슷한 예를 찾기 어려운 것이다. 2000년 방송법 제정 당시 국회 법제사법위원회의 전문위원 검토보고서도 기존 법관행에서 상당히 벗어나는 것이라는 점을 밝히고 있다.

방송위원회의 위상이 완전한 것으로 인식되고 있지는 않지만, 일반적인 견해는 독립규제위원회 역사가 깊은 미국의 FCC 체제의 차용이라는 것이다. 이와같은 측면에서 방송위원회 체제가 갖는 우리나라 법제도상 선구자적 의의를 부인할 수는 없다. 반대로 또 그만큼 완전하지는 않기 때문에 안정적인 직무수행 및 정착을 위해서는 사회적 지지라는 법 외적인 요소가 필요하다는 것 또한 분명하다.

합의제의 폐해에 대한 비판의견이 지속적으로 제기되고 있기는 하지만, 정책결정시 충실한 의견조율과정을 거치는 것은 그만큼 사후 갈등을 방지할 수 있다는 것을 의미한다. 방송위원회가 합의제기관으로서 정책기능을 수행하게 된 결정적인 계기는 우리나라 민주화 투쟁과 밀접한 관련이 있다. 우리 국민들은 경험상 독임제 관청에 의한 방송장악이라는 반민주적 역사를 경험했기 때문에, 방송정책·규제에 있어서는 합의제를 선택한 것으로 이해할 수 있다.

합의제기관이라는 기본성격을 바탕으로 방송위원회의 구성원리는 철저하게 국민대표성에 기반을 두고 있다. 즉 방송위원회 위원 구성방식에 있어서 정당의 추천

방식을 대폭적으로 채택한 것이나, 정무직 공무원 신분을 가진 5인의 상임위원 선출방식에 있어서도 야당추천인사를 반드시 포함토록 의무화[5)]한 것은, 국민대표성 논리를 배제한다면 상상하기 어려운 제도이다. 이러한 위원구성 방식을 두고 방송의 정치색을 강화한 것이라는 비판의견이 만만치 않다. 또한 방송의 영향력에 초점을 맞추어 정치권과 방송사와의 유착위험까지 제기하는 의견도 있다. 그러나 이러한 구성방식이 국민의 의사가 반영돼야 하는 방송의 성격을 고려한 입법정책적인 결단이라는 것은 분명하다.

Ⅲ. 방송관련 제도의 필요성(유효성)

1. 새로운 환경, 새로운 방송

사회전반의 변화와 함께 방송업계도 급속히 변화되고 시장환경도 재편되고 있다. 디지털기술과 접목된 방송이 여러 가지 다양한 모습으로 다가서면서, 방송에 대한 일반적인 인식도 함께 변화하고 있다. 이에 따라 방송분야에도 다른 산업과 동일한 제도 도입이 필요하다는 의견도 제기되고 있다.

방송의 산업성에 대한 새로운 조명이 이뤄지면서 방송산업의 성장가능성에 대한 관심이 고조되고 있다. 자연히 방송의 공익성 개념에도 변화가 요구되고 있다. 시대적 상황변화에 부응하는 합리적인 개선은 필수적이지만, 국민의 공기(公器)로서의 방송을 바라보는 국민의 시각이나 기대하는 바가 여전히 크다.

방송을 통해 얻는 것 또는 얻고자 하는 것이 사라지지 않는 한, 그러한 방송을 북돋우고 뒷받침하는 방송제도의 필요성과 유효성도 간과되어서는 안된다.

---

5) 방송위원회 위원 구성 방식에 있어서 사법부의 참여를 배제시킨 것은 아직까지도 논란의 대상이 되고 있다. 2000년 당시 사법부의 추천권이 배제된 것은 국민대표성의 원리상 선출직이 아닌 사법부보다는 국민의 직접선거에 의해 구성되는 국회가 국민대표성의 논리에 더 부합한다는 의견에 따른 것이었다. 이에 따라 방송위원 9인 중 6인이 국회추천 몫으로 배정됐다. 이 부분은 앞으로도 사법부 참여에 대한 다양한 논의가 이뤄질 필요가 있다.

2. 공익성과 산업성의 조화와 균형

디지털시대가 가속화되고 있지만, 방송의 공익성에 대한 요구수준은 오히려 더 높아지고 있다. 2004년 지상파방송사에 대한 재허가심사과정에서 나타난 다소 격렬하기까지 한 시청자 · 시민단체의 요구는 이를 잘 말해준다. 같은 해에 일어난 노무현 대통령 탄핵사태에 대한 방송보도를 놓고 벌어진 사회적 갈등 양상도 방송을 바라보는 국민과 시청자의 시각을 여실히 증명해 주고 있다.

이러한 방송에 대한 복합적인 기대가 있기 때문에 방송의 공익성과 산업성의 발전적 조화와 균형은 정책기관인 방송위원회의 시대적 사명이라고 할 수 있다. 앞으로도 공익론자와 산업론자의 대립과 논쟁은 지속될 것으로 예상되며, 어쩌면 지금까지의 양상보다 더욱 심해질 가능성도 있다. 방송의 특수성이 간과된 정책의 오류가능성에 대한 범사회적 대비가 필요한 것도 이 때문이다.

3. 합의제기관의 필요성

현행 방송제도의 유효성과 관련해서 별도로 고찰이 필요한 부분은 방송정책주무기관의 정체성이다. 그것은 합의제기관의 필요성 논쟁으로 요약될 수 있다.

방송관련 업무는 '무형의 가치'를 놓고 판단을 내려야 하는 고차원적인 직무로서, 사회의 다양한 견해와 입장이 반영돼야 한다. 합의제가 곧 독립성으로 연결되지 않는다는 견해도 존중될 필요가 있지만, 우리사회 전체의 갈등사안에 대해 최종적인 심판자로서의 역할이 요구되는 한, 합의제는 의사결정의 독립성과 실효성을 확보하기 위해 필요한 최소한의 기본전제라고 할 수 있다.

방송의 사회통합기능이 존재하는 한, 방송정책에 있어서 가치론적 접근은 불가피하며, 이를 위해 가장 '합리적이고 효율적인' 체제는 합의제기관이라고 할 수 있다.

4. 방송통신융합

방송통신융합에 따른 제도개편 논의가 2006년 9월 이후 본격적으로 시작되고 있다. 이는 디지털시대에 필수적인 과정이다. 방송통신구조개편과정에서도 방송의 역할과 관련 제도의 필요타당성에 대해서는 충분히 고려돼야 할 것으로 본다. 방송의 역할이 산업논리에 의해 지나치게 훼손되는 방송통신융합은 또다른 사회적 비용을 초래할 수 있다.

2006년 하반기 이후 본격적으로 시작되고 있는 한-미 FTA협상도 마찬가지 시각에서 접근할 필요가 있다. 방송분야를 개방대상으로 할 것인가 아닌가는 철저하게 국민적 공감대가 형성돼야 할 것이다. 2006년 9월 현재 방송위원회와 재정경제부 등 유관기관의 입장에서 방송분야가 핵심적인 (개방)유보대상으로 설정되어 있는 것도, 우리사회에서 방송이 갖는 의미를 반영한 것으로 이해할 수 있다.

5. 방송에서의 법의 지배(Rule of Law) 구현

수십년 동안 방송은 우리사회에서 특수한 영역으로 진화하고 발전해 왔으며, 이제는 21세기 디지털시대를 맞아 새로운 도약과정을 거치고 있다. 그러나 법제도 측면에서는 현재의 방송현상에 대한 깊이 있는 고찰이 본격적으로 이뤄지기도 전에 새로운 환경에 적합한 법제도 정비방안이 논의되는 등 혼란기를 맞고 있다. 이를 타개하기 위해서는 앞으로 방송법제 및 방송통신융합법제에 대한 학문적 연구가 활발하게 전개될 필요가 있다.

이러한 연구의 밑바탕에는 방송법의 규제·정책 논리에 대한 관용과 포용이 필요하다. 이것은 모든 국내외 정책담당자와 연구자들에게 공통적으로 요구되는 미덕이다. 방송법적 특수성을 이해하지 않고서는 방송제도에 대한 기본적인 분석이 원천적으로 불가능하거나 기대하지 않았던 방향으로 흐를 수 있다.

법제적 관점에서 논의가 필요한 것들은 방송통신 통합기구의 설치필요성과 위상, 일반경쟁정책과 방송시장 경쟁정책의 차이점과 법제도 보완필요성, 방송광고 사전심의 제도의 유지 필요성, 방송사업 재허가제도의 개선방향, IPTV 등 방송통신경계영역서비스(넓게는 인터넷 포털 등 신개념 미디어 포함)에 대한 규제방향, 방송위원회의 헌법기관화 여부, 민관혼합기관의 위상과 법적 보완 등이다.

방송을 포함한 언론에서는 법의 지배(Rule of Law)가 통하지 않는다는 다소 극단적인 평가도 있지만, 그것은 우리사회 구성원들의 노력 여하에 따라 얼마든지 고차원적인 법의 지배를 구현할 수도 있을 것이다. 방송과 언론에 적합한 제도를 찾아내고 그것을 입법화하는 과정이 지속적으로 이뤄질 필요가 있다. 그 과정에서 간과될 수 없는 것은 방송과 언론의 특수성에 대한 이해가 선행돼야 한다는 점이다. 이러한 연구를 통해 우리는 디지털시대에도 유효한 방송제도를 가질 수 있고, 그것을 통해 방송을 통한 국민복지 향상과 공동번영에 기여하는 궁극적 목표를 이룰 수 있을 것이다.

참고문헌

김동희 (2004), 행정법 I, 박영사.
김동희 (2004), 행정법 II, 박영사.
김옥조 (2005), 미디어법, 커뮤니케이션북스.
성낙인 (2005), 헌법학, 법문사.
미디어 미래(Media+Future) 2006. 8월호, 미디어미래연구소.

제 4 절 지상파방송에 대한 허가와 재허가의 문제

방 석 號*

1. 추천과 허가제도

방송위원회는 2004년 10월 26일에 12월 31일자로 허가유효기간이 만료되는 42개 지상파방송사업자의 506개 방송국에 대한 재허가추천 여부를 의결하면서 경인방송에 대해서는 재무구조 개선 계획을 제출하고 매년 실적을 제출하며, 허가당시 출연하기로 한 방송발전기금 납부계획 확인 및 이행 각서의 제출, 그리고 최다주주 보유 우선주의 구체적 처분계획(초과소유분)의 3가지 조건을 붙여 사실 확인 후 재추천하겠다고 천명하였다. 그러나 결국 12월 21일, 허가만료기간을 10일 남겨 놓은 상태에서 재허가추천을 거부하는 처분을 하였고, 이에 대해 경인방송은 2005년 1월 29일(토)에 방송위원회에 재허가추천거부의 취소를 구하는 행정심판청구서를 제출하면서[1] 방송법상의 재허가제도가 법리적으로 주목을 받는 계기가 되었다.

현행 방송법은 지상파방송사업자에 대해 방송위원회의 '추천'과 정보통신부장관의 방송국 허가를 받아 방송사업을 하도록 규정하고 있다. 헌법 제21조가 '언론, 출판에 대한 허가'를 금지하고 있음을 들어 방송법상의 '추천'이라는 용어는 '허가'라는 단어에 담긴 違憲 시비를 피하기 위해 필요하다는 견해가 있을 수 있

* 홍익대학교 법과대학 교수.

1) 방송위원회는 독립적인 행정청이므로 자신의 처분에 대한 행정심판에서 직접 裁決을 하게 된다.

지만[2] 헌법재판소는 2001년 5월 31일의 전원재판부 판결(00헌바43, 52 병합)에서 방송사업허가제가 헌법적으로 허용될 수 있다고 판시한 바 있다. 즉 당시 중계유선방송사업자가 낸 헌법소송에서 헌법재판소는 "내용규제 그 자체가 아니거나 내용규제의 효과를 초래하는 것이 아니라면 헌법 제21조 제 2 항의 금지된 "허가"에는 해당되지 않는다. 한편, 헌법 제21조 제 3 항은 통신·방송의 시설기준을 법률로 정하도록 규정하여 일정한 방송시설기준을 구비한 자에 대해서만 방송사업을 허가하는 허가제가 허용될 여지를 주는 한편 행정부에 의한 방송사업허가제의 자의적 운영이 방지되도록 하고 있다"고 판시하면서 "정보유통 통로의 유한성, 사회적 영향력 등 방송매체의 특성을 감안할 때, 그리고 위 헌법 제21조 제 3 항의 규정에 비추어 보더라도, 종합유선방송등에 대한 사업허가제를 두는 것 자체는 허용된다"고 하였다. 방송법 조문을 잘 읽어보더라도 '허가'라는 단어가 방송 자체를 할 것인지 말 것인지에 대한 것이 아니라 방송 사업에 대한 것임을 쉽게 알 수 있다는 점에서 '허가'라는 단어를 둘러싼 오해에서 비롯된 소송이었다고 평가할 수 있다.

결국 현행 법체계상으로는 '추천'이라는 용어로 표현되는 '방송에 대한 사업 허가'(business licensing)와 '허가'로 표현되는 사업의 수단이 되는 전파의 사용 허가 내지 주파수 배분(spectrum licensing)이 각각 2개의 규제행정기관인 방송위원회와 정보통신부 장관에 의해 구분, 행해지고 있으며,[3] 절차상으로는 전파법 시행령과 방송법 시행령 모두가 방송위원회의 추천 절차를 거친 뒤에 정보통신부 장관에 의한 방송국 개설 허가 신청을 하도록 규정하고 있기 때문에 방송위원회의 사업추천이 先行 절차라고 할 수 있다.

방송위원회의 추천을 거쳐 정보통신부 장관의 허가를 받으면 어떤 권리가 발생하는가?

전파법은 제14조에서 주파수할당을 받은 자에 대한 '배타적 이용권'을 규정하고 있다.

그러한 '배타적 이용권'은 소유권은 아니지만 재산권이기 때문에 주파수를 사

2) 지상파방송사업과 위성방송사업에 대한 '허가'는 전파법에 의한 무선국 허가임을 방송법은 명시하고 있지만(제 9 조 제 1 항), 종합유선방송사업과 중계유선방송사업 역시 '허가'라는 용어를 사용하면서 정보통신부 장관이 하는 것으로 규정하고 있다(동조 제 2 항). 이에 반해 방송위원회는 모두 '추천' 권한을 행사하는 것으로 용어를 사용하고 있다.

3) 전파법은 주파수 대역에 따라 각각 통신과 방송을 할 수 있는 구분을 짓고 있고, 사업허가에 대해서는 통신의 경우에는 전기통신사업법으로, 방송은 방송법으로 규율하고 있는 것이다.

용할 권리자는 주파수 자원을 사용, 수익할 수 있는 것은 물론이고 처분하는 자유도 헌법상 보장되는 재산권의 행사라는 틀 속에서 인정되어져야만 한다. 그러나 전파법은 주파수 자원을 한정된 공공의 재산으로 이해하고 있기 때문에 '배타적 이용권'을 처분을 제한할 수 있는 채권적 권리로 규정하고 있다(제14조 제4항).

이러한 제한적 재산권은 기간 등의 조건을 단 상태로 인정되어질 수 있으며, 재허가를 받아야 되는 기간에 대해 지상파방송사업자의 경우 전파법에 따라 무선국 허가를 받으면서 3년마다 절차를 밟도록 하고 있으며(전파법 시행령 제21조) 허가의 유효기간 만료전 2개월 이상 4개월 이내에 재허가를 신청하도록 규정하고 있다(제22조). 그러나 先行 절차인 방송위원회의 재허가 추천은 허가유효기간 만료 6개월 전까지 신청하도록 규정하고 있기 때문에(방송법 시행령 제16조 제2항) 실제 전파법과 충돌되지 않으면서 방송위원회가 재허가 추천절차를 잘 운영하기 위해서는 최소 6개월 전에 공고, 작업을 시작하지 않으면 안된다.

2. 경인방송에 대한 재허가 추천거부 사례의 분석

(1) 절차법적 측면에서 본 타당성

방송위원회가 당시 경인방송에 대해 재허가 추천을 거부한 이유로 제시한 것은 세 가지이다.

즉 첫째 사업수행을 위한 재정적 능력 부족, 둘째 방송발전을 위한 지원계획 및 방송수익 사회환원 불이행, 셋째 협찬 및 간접광고 규정 반복적 위반의 3가지이다.

기존 지상파방송사업자를 규제기관이 재허가 심사 절차를 통해 방송을 못하도록 한 것은 외국에서도 극히 드문 경우라는 점에서 처분의 타당성을 절차법적, 실체법적 측면으로 구분하여 분석할 필요가 있다.

절차법적 측면에서 우선 생각할 수 있는 점은 재허가 절차를 규정한 방송법 제17조와 동 시행령은 '재허가추천거부'에 대한 규정을 두고 있지 않기 때문에 불이익을 당하는 당사자로 하여금 행정절차법상의 의견청취 규정(제22조)을 準用, 충분한 의견 제출의 기회가 주어져야만 하는 것은 당연하다. 이는 방송법 자체가 '재허가추천거부'의 경우를 예상하지 못했기 때문에 발생한 입법의 흠결에서 나온 문제이긴 하지만 당사자의 정당한 절차상 이익을 보호하기 위해서는 행정절차법이 보충적으로 적용되어져야 하는 사안임에는 이론의 여지가 없다. 그렇지만 방송법 제18조와 동 시행령 제17조는 "허위 기타 부정한 방법에 의해" 재허가를 받았을 경우 업무정지 6개월 처분을 내리도록 규정하고 있는 것과 비교할 때 경인방송의 경우 재허가추천의 거부 사유로 들고 있는 잘못이 과연 절차법상 의견청취의 기회나 유예기간도 주지 않고 방송을 즉시 중단시킬만한 심각한 위법사유가 될 수 있는지, 또한 단순 업무정지가 아닌 재허가추천 거부를 함으로써 실질적으로 방송사업을 할 수 없도록 한 것이 '과잉금지의 원칙'에 위반되지 않았는지에 대해서는 비판을 받을 여지가 있다.

더욱이 허가만료기간 불과 10일 전에 불이익 처분을 함으로써 행정절차법 제21조에 규정된 '처분의 사전통지' 기간조차 전혀 지킬 수 없었고 결과적으로는 해당 사업자에게는 물론이고 7년간이나 방송을 시청하고 있었던 시청자의 권익을 일시에 박탈하는 절차법상 잘못을 범했다는 비판도 제기될 수 있는 상황이었다고 할 수 있다. 재허가 행정행위의 성격 자체가 규제기관의 자유재량행위라는 점을 들어 처분의 정당성을 옹호하려는 주장이 있을 수 있지만 법리적으로는 신규 허가가 아닌 재허가의 경우에는 오히려 재허가를 거부할만한 중대하고도 명백한 하자가 없는 한 시청자의 권익 보호를 위해서라도 기속재량행위로 이해하는 것이 타당하다.

실제로 가장 많은 방송사업자가 활동하고 있는 미국의 경우 오랜 논쟁 끝에 1996년 통신법(Telecommunications Act) 제204조에서 그렇게 결론을 내고 있다.

즉 재허가 여부를 둘러싼 FCC의 권한에 대해 "신청자가 公益을 실현했고, 통신법(Communications Act)이나 FCC 규칙의 중대한 위반(serious violations)을 저지르지 않았으며, 전체적으로 볼 때 반복적인 여타의 위반 행위가 없으면" 재허가를 하여야 한다고 규정하고 있는 것이다. 더욱이 재허가 심사 절차시에는 FCC로 하여금 다른 후보자를 고려하지 못하도록 명시적으로 규정하고 있을 정도로 기존 방송사업자에 대한 재허가 여부는 일단 쉽게 행해지는 것으로 推定[4]하고 있음을 알 수 있다.

우리 방송법제의 모델로 인용되어지곤 하는 프랑스의 방송법 역시 같은 입장이다. 소위 '커뮤니케이션 자유법'으로 불리우는 1989년의 방송법은 공영방송과 민

4) "만약 이러한 세 가지 이유 중 하나라도 위반하였고, FCC가 재허가 거부를 하지 않으면 안 되겠다고 판단된 경우"에야 비로소 타 신청인과의 비교청문회(comparative hearing)를 할 수 있도록 되어 있다.

영방송의 허가 절차를 차별화, 민영방송의 경우에는 규제기구인 CSA와의 협약과 신고로 이루어진 허가를 받아야 하지만, 재허가를 받지 못하는 5가지 사유를 방송법 제28조가 규정하고 있다. 즉 ① 국가가 기존 채널이 사용하고 있는 주파수의 목적을 변경하고자 하는 경우, ② 허가 취득자가 처벌 및 연체료의 지불 불능 또는 유죄 판결 등을 이유로 법적 제재를 받거나 '출판보도의 자유에 관한 법률', 형법에 정한 특정 범죄에 대한 유죄판결을 받은 경우, ③ 재허가가 국가나 지방 및 지역방송의 편성계획에서 정한 다원주의 원칙을 해친다고 CSA가 판단하는 경우, ④ 허가취득자의 재정상태가 충분하지 못하여 향후 방송을 계속할 수 없을 때, ⑤ 방송국이 허가 기준을 이행할 수 없을 때이며 허가에 비해 재허가의 심사 절차는 훨씬 간략하게 처리하고 있다.

(2) 실체법적 측면에서 본 타당성

방송위원회가 재허가추천거부의 실체적 이유 가운데 첫 번째로 들고 있는 '재정능력' 부분은 일반적으로는 방송사업자 스스로 판단, 시장을 통해 필요한 조치를 강구할 수 있다고 판단되는 영역에 대해 규제기관이 일방적으로 개입, 방송을 중단시켰다는 점에서 외국에서도 사례를 발견하기가 극히 힘든 경우이다. 더욱이 방송사업 자체의 성질상 초기 설비투자 등의 비중이 높은 반면 사업이 안정적인 구도에 오르기까지 수익 창출은 더디게 증가하는 특성과 현재 다른 지역민방의 경우에는 전체 프로그램 중 70 내지 80%를 SBS의 프로그램을 구입하여 방송하고 있어서 자체 제작비용이 크게 들지 않지만 경인방송의 경우에는 서울지역민방인 SBS의 시청권역과 중첩되기 때문에 SBS의 프로그램을 구매하여 방송할 수가 없어서 방영 프로그램의 대부분을 자체 제작 또는 외주 제작의 형식으로 제작할 수밖에 없고 상대적으로 방송권역은 협소하여 광고 등 수입이 적은 구조적 특성을 고려한다면 특별한 추가 이유가 없는 한 그 자체로는 논리적 설득력이 떨어질 수밖에 없다고 할 수 있다.[5)]

---

5) 2004년 2월과 6월에 이미 방송위원회가 디지털방송국 및 디지털방송 중계소 허가추천을 해주면서 디지털방송에 소요될 자금조달에 대해서 전혀 문제를 삼지 않은 바 있었기 때문에 '신뢰보호의 원칙'에도 위배된 처분 결정이라고 할 수 있고, 더욱이 당시 노조의 장기파업으로 인하여 기존주주의 추가적인 출자 여부 및 신규투자자 확보가 어려운 상황이었다는 점을 지적할 수 있다. 또한 방송위원회가 2004년 7월 26일자로 확정한 "방송채널정책 운용방안" 중 SO사업자의 역외 지상파방송 재송신 승인방안에 따르면 지역 지상파 방송사가 제작한 양질의 프로그램이 死藏되지 않고 다른 매체를 통해 전국적으로 유통될 수 있는 창구를 허용한다는 취지에

그런 점에서 특히 주목하게 되는 것은 당시 노조가 파업하면서, 또한 방송위원회에게 재허가추천을 거부하도록 요구하면서 주장한 '공익적 민영방송'의 도입 논리이다.

'공익적 민영방송'의 핵심은 소유구조의 개편요구로서 구체적으로는 "최대주주인 동양제철화학㈜가 보유하고 있는 우선주 전부를 노동조합에 廉價로 매각하고 재단운영기금 50억원과 발전자금을 노동조합에 증여하면, 노동조합이 이를 財源으로 비영리 공익재단을 설립하고 우선주 및 기금을 재단에 출연하여 이 공익재단이 청구인의 주주로서 경영에 참여하는 것"을 의미한다. 즉 주장 자체는 '공익적 방송을 실현하기 위해서는 대기업에 의한 私的 자본이 아닌 공익재단으로 자본의 실체를 구성하여야 한다'는 것으로서 현재의 주식회사 MBC를 모델로 하고 있다.

구체적으로 서울 MBC는 주식회사 형태로 되어 있긴 하지만 주주는 두 개의 비영리공익재단법인인 방송문화진흥회[6]와 정수장학회이며, 각각 7 대 3의 지분을 가졌고 출자 당시 총 자본금 10억원이었고, 그러한 서울 MBC는 독립법인인 지방의 MBC에 대해 51%를 소유하는 대주주로 구성되어 있음을 전제로 할 때 '공익적 민영방송' 주장은 私企業인 현재의 대주주로 하여금 出捐金을 부담케 한 뒤 이를 노동조합이 비영리재단법인으로 전환, 방송사의 대주주로 다시 참여케 한다는 것이다.

私企業이 방송사 설립을 위해 出捐만 할 뿐 향후 방송의 소유와 경영에서 손을 떼는 것이 과연 타당한가는 別論으로 하더라도 소유의 공공성이 방송의 공영성을 확보할 수 있는 필요충분조건인지에 대해서는 이미 많은 학문적 논쟁이 벌어졌음에도 불구하고 아직까지 확실한 상관관계를 이끌어내지 못한 假說에 불과한 것이다. 오히려 실증적으로는 시장에서의 M&A가 활발히 일어남으로써 방송의 공영성을 담보하기 위한 수단이 꼭 소유의 공공성이어야 한다는 생각은 이미 쉽게 논박이 되고 있는 상황이다. 더욱이 그러한 비영리재단법인이 직접 경영을 할 수 있

서 '자체 편성비율이 50% 이상인 지역방송에 한하여 역외 재송신을 허용한다는 방침을 확정'하고 이를 수도권지역에서부터 우선 시행하도록 하였는바, 2005년부터 지역방송의 역외 재송신이 예정되어 있었기 때문에 서울을 포함한 수도권전역에 방송을 송신함으로써 일반적 재정적 상황은 오히려 호전될 수 있는 상황이었다는 점도 방송위원회 처분의 타당성을 의심케 하는 이유가 된다.

6) 방송문화진흥회는 특별법인 '방송문화진흥회법'에 의해 만들어진 재단법인으로서 2000년 전문개정을 통해 '최다출자자인 방송사업자의 경영에 대한 관리 및 감독기능'을 주요 업무로 수행하고 있다.

게끔 한다는 것은 현실과 맞지 않는 모순을 낳기 쉽다.

구체적으로 서울 MBC의 경우 주식회사로서 부동산 임대등의 收益사업을 할 수 있도록 定款에서 규정하고 있기 때문에 부동산 임대업을 할 경우 대주주인 방송문화진흥회는 주주로서의 경제적 이익 실현의 극대화 차원에서는 법적 문제가 없지만 비영리공익재단법인의 최초 설립 취지에 반하게 되는 비판을 받을 수 있으며, 이를 막기 위해서는 현행 법상 대주주가 '방송의 공적 책임 실현'을 우선 순위에 두어 경영을 하도록 요구할 수밖에 없다. 그러나 이럴 경우 디지털 기술 변화 등으로 인한 추가 財源은 결국 자본금의 增資없이는 마련할 수가 없기 때문에 현재의 소유 구조를 고정 변수로 이해하는 한 '어디에서, 어떻게 추가 出資를 끌어낼 수 있는가?'의 숙제를 안게 된다. 그나마 MBC처럼 특별법에 의해 대주주인 비영리재단법인의 성격을 규정하고 있지 않은 채 '공익적 민영방송'을 추진할 경우 대기업의 최초 자본 출자 후 비영리재단법인으로의 인위적 전환을 거치더라도 실제 경영에 필요한 財源조달을 위해서는 손쉬운 收益사업 쪽으로 눈을 돌릴 수밖에 없다는 점에서 '공익적 민영방송' 주장은 실제 방송시를 기준으로 한 것이 아니라 단순히 설립시점을 기준으로 나름대로의 공익성을 궁색하게나마 옹호하기 위한 논리라고 할 수 있다.

둘째의 재허가추천거부 사유로 지적받고 있는 '협찬 및 간접광고 규정의 반복적 위반'은 현재의 방송위원회 광고심의 제도 자체가 프로그램 심의와 달리 事前심의방식이기 때문에 표현 자유를 침해함을 이유로 위헌소송이 계류되어 있을 정도로[7] 대표적인 과잉 규제의 예로 지적받았다는 점을 고려할 때 이를 재허가추천거부의 사유를 삼는 것은 재량권의 逸脫, 濫用에 해당한다는 비판을 면하기 어렵다.

오히려 현재의 프로그램 심의 제도가 프로그램별 개별 심사와 이에 따른 일회성 제재 시스템으로 구성되어 있기 때문에 허가 기간 동안의 계약 위반 여부 등을 총체적으로 점검하는 장치로서 기능할 수 없었던 한계를 극복하기 위해 도입된 것이 방송법상의 '방송평가제'(제31조)이며, 방송법은 재허가시 방송위원회의 '방송평가'를 1차적 심사기준으로 제시하고 있음(제17조 제3항)을 주목하여야 한다. 방송위

7) 헌법재판소는 "광고물도 사상, 지식, 정보 등을 불특정 다수인에게 전파하는 것으로서 언론, 출판의 자유에 의한 보호를 받는 대상이 된다"고 판시하였으며(헌법재판소 1998. 2. 27. 선고 96헌바2 결정), "광고가 단순히 상업적인 상품이나 서비스에 관한 사실을 알리는 경우에도 그 내용이 공익을 포함하는 때에는 헌법 제21조의 표현의 자유에 의하여 보호된다"고 판시한 바 있다(헌법재판소 2002. 12. 18. 선고 2000헌마764 결정).

원회가 공개한 재허가시의 채점 기준에서도 '방송평가'가 총점 가운데 절반을 차지하고 있으며, 방송평가제가 열거하고 있는 '프로그램의 내용, 편성, 운영'의 3가지 평가 항목 가운데 어느 것도 재허가추천 거부 사유로 지적을 받지 못한 상황을 고려하면 더더욱 둘째 사유의 타당성이 떨어진다고 할 수 있다.

셋째의 사유인 '방송발전을 위한 지원계획 및 방송수익 사회환원 불이행' 부분에 대해서는 허가시의 약속을 공법상의 계약으로 이해, 법적 구속력을 인정한다 하더라도 똑같은 상황이었던 SBS를 포함한 여타 방송사들에 대해서는 결국 재허가추천을 하였다는 사실은 평등원칙을 위반하고 재량권을 남용한 위법한 처분행위라는 비판을 면하기 어렵다.

3. 맺는 말

현재의 방송법이 예상하지 못하는 '재허가추천거부'라는 사태를 맞이하게 되면서 관련 법제의 미비한 점과 관련 문제점을 살펴보았다. 방송위원회의 '독립행정기관성'에 대해 아직까지도 법적 혼선이 빚어질 정도로 여전히 우리에게는 낯선 규제시스템이 근본적 원인이라고도 할 수 있겠지만 동시에 우리가 포용할 수밖에 없는 시스템이라면 입법상의 보완이 시급하다.

특히 '허가'로 인해 비록 제한된 것이긴 하지만 허가를 받은 사업자에게는 분명히 법에 의해 보호받을 수 있는 권리가 발생함에도 실질적으로는 '사업허가'를 의미하는 '추천'이라는 단어를 마치 법적 구속력이 없는 듯한 모호한 개념으로 사용하고 있음을 보았다. 더욱이 실제 '추천거부'라는 규제기관의 행위를 통해 절차법적으로뿐만 아니라 실체법적으로도 '허가취소'와 동일한 효과가 발생하는 현실은 입법에 의한 행정 통제를 더욱 어렵게 만든다는 점에서 빨리 시정되어지지 않으면 안된다. 이를 위해서는 우선적으로 허가와 차별화된 재허가시의 추천거부 사유를 보다 제한적으로 열거하고 이것이 없으면 재허가는 이루어지는 것으로 추정하는 법 개정이 필요하다.

제 5 절 방송 정책의 정당성 위기와 방송법

김 영 욱*

Ⅰ. 실제적 유효성으로서 정당성

나는 한국의 방송 정책이 심각한 수준의 정당성 위기를 겪고 있다고 생각한다. 막스 베버는 통치체제(Herrschaft)를 "특정한 (혹은 모든) 명령이 특정한 구체적인 사람들의 복종을 받아낼 수 있는 기회(Chance)"라고 정의했다(Max Weber 1985, Wirtschaft und Gesellschaft, 5. Aufl., Tübingen; Mohr, 122). 여기서 '기회'라는 표현은 통치체제가 고정된 상태가 아니라 유동적이라는 것을 의미한다(김영욱 2004, 미디어사회의 정치와 언론, 한국언론재단, 7면 이하). 통치체제의 하나인 국가는 "특정 지역 내에서 정당한(legitimate) 물리적 강제력의 독점을 (성공적으로) 관철할 수 있는 인간 공동체다"(Weber 1985, 822). 시민불복종이 확대되고 법이나 법에 근거한 결정이 실효성을 잃으면, 그 정도만큼 국가는 통치체제로서의 위상을 상실한다. 그 만큼 '덜' 국가인 셈이다.

베버에게서 통치체제는 단순한 힘의 관계를 넘어서서, 안정되고 제도화된 힘의 관계를 말한다. 그렇기 때문에 통치체제는 정당성(legitimacy)을 확보해야 한다. 정당성은 규범의 실제적 유효성을 의미한다. 실제적 유효성의 근거는 처벌에 대한 두려움, 절차적 정당성에 대한 인정, 합리성에 대한 동의 등으로 구분될 수 있

* 한국언론재단 수석연구위원.

고, 각각의 근거에 따라 규범의 안정성과 규범을 관철하는 비용이 차이가 난다(김영욱 2004, 54면 이하). 통치체제의 정당성은 '통치체제라고 받아들여지고 그렇게 취급되는 기회의 정도'이다(Weber 1985, p. 123).

이런 의미에서 한국의 방송 정책은 정당성 위기를 겪고 있다. 정책적 결정의 합리성이 의심받는 것은 물론이고, 절차적 정당성에 대해 의문이 제기되고, 심지어 결정된 정책이 유보되거나 유효성을 잃기까지 한다. 방송 영역에서 법치국가가 허물어지고 있다는 말이다.

Ⅱ. 정당성 위기의 사례들

몇 가지 예를 들어보자. 첫 번째 사례는 이른바 '방송대란'이라고 불린 위성방송의 지상파 재전송에 대한 갈등이다. 텔레비전이 케이블, 위성, DMB로 디스플레이를 확장해 가고 있지만, 컨텐트에서는 아직까지 3대 지상파 텔레비전의 프로그램이 결정적 역할을 하고 있다. 지상파 텔레비전 채널의 재전송이 새로운 방송사업의 가입자 확보에 중요한 역할을 하며 그래서 이를 '킬러 컨텐트'라고 부르기도 한다. 그래서 2002년 위성방송 출범을 전후로 지역지상파 방송 및 케이블TV 관련자와 직원들이 위성방송의 재전송을 반대한 것은 당연한 일이다. 이들은 방송위원회 위원장실 앞 철야 농성, 방송회관 로비 장기 농성, 한나라당 당사 앞 대형 집회 등을 통해 위성방송의 지상파 채널 재전송에 대한 반대 의사를 표현했다. 2002년 4월 개정된 방송법은 KBS와 EBS의 각각 1개 채널을 위성방송의 의무 재전송 대상으로 규정하면서 의무 재전송에서 제외된 지상파 방송 채널의 재전송은 방송위원회의 승인을 얻도록 했다. 그 결과 KBS-2TV를 비롯한 MBC, SBS 채널의 재전송은 법적으로 불가능하게 되었다. 막 출발한 위성방송으로는 가입자 확보에 난관을 만난 것이다. 위성방송(스카이라이프)은 해당 권역 내의 지역 지상파 방송만을 재전송할 수 있는 기술적 대안을 마련하는 한편, 2002년부터 말부터 방송위원회에 KBS-2TV 등 다른 지상파 방송 재전송을 신청했다. 방송위원회는 이에 대한 심사를 미루다가 2004년 하반기에야 이를 승인했다. 그러나 스카이라이프는 승인이 되지 않은 상황에서도 계속해서 KBS-2TV의 재전송을 지속해 왔고 이 때문에 23차례에 걸친 과태료 부과 처분을 받았다. 일개 개인이 아니라 방송사가 법을 지속적으로 위반한 것이다.

지상파 재전송에 대한 갈등은 위성 DMB에서 재연되었다. 2004년 위성 DMB의 도입을 앞두고 지역방송협의회, 전국언론노조는 방송회관 로비에서 '위성 DMB 저지를 위한 총력투쟁 선언'을 통해, 만약 방송위원회가 위성 DMB에 지상파 방송 채널 재전송을 허용하면 위원회 해체와 방송위원 퇴진 투쟁에 돌입하겠다고 밝혔다. 방송위원회는 2004년 10월 회의에서 위성 DMB의 지상파 재전송을 허용하지 않는다는 결정을 내렸다. 지상파 DMB 허가 추천 때 종합적으로 검토하겠다는 것이 방송위원회의 입장이었다. 위성 DMB에게는 타격이 아닐 수 없었다. 그러다가 2005년 4월에는 방송위원회가 '사업자 자율계약을 전제로 한 전면허용 방침'을 발표했다. 즉, 금지하지는 않을 터이니 사업자끼리 알아서 하라는 것이었다. 이 결정에 대해 전국언론노조, 시민단체 및 MBC 노조 등은 방송위원의 사퇴를 요구했다. 방송회관 로비에서는 방송위원 퇴진을 요구하는 농성이 벌어졌고, 방송위원회 위원장 등 일부 위원과 방송위원회 담당 간부는 '방송 5적'이라고 비난받는 수모를 겪었다.

이 결정이 위성 DMB의 지상파 방송 재전송으로 이어진 것은 아니다. 지상파 3사가 노조의 요구를 받아들여 아직 재전송을 하지 않기 때문이다. 이 결정이 담합이라는 문제가 제기되기도 했지만 위성 DMB는 아직까지 지상파 채널 재전송을 하지 못하고 있는 상황이다.

두 번째 사례는 신임 방송위원의 출근 저지 투쟁이다. 2006년 7월 14일 제 3기 방송위원 9명이 대통령에게서 임명장을 받았다. 그러나 이들은 이날 방송위원 사무실로 출근하지 못했다. 방송위원회 노조가 일부 방송위원의 출근을 물리적으로 저지했기 때문이다. 일부 위원의 과거 경력(병역 면제, 삼성 X파일 관련 의혹)과 방송 정책에 대한 입장(신문방송 겸영 허용, 편향적 매체 시각) 등이 방송위원회 노조가 밝힌 출근 저지의 이유다. 방송위원들은 임명장을 받고 시내 한 호텔에서 업무를 시작한 것으로 알려졌다. 그로부터 약 15일 후, 방송위원회 노조와 9개항에 합의를 하고서야 정식으로 출근할 수 있었다. 방송위원회 노조는 방송위원의 업무 수행을 지원하는 사무처 직원들의 노조다. 그런데 9개 항의 합의 사항에는 사무처 운영에 관한 내용도 있지만, 방송위원회 임무 수행 방식과 위원회의 정치적 중립성, 방송 정책의 기본 방향에 대한 내용도 포함되어 있다.

새로 임명된 방송위원에 대한 출근 저지는 이번이 처음이 아니다. 2003년 5

월 제 2 기 방송위원회 출범 때에도 방송위 노조는 신임 방송위원의 전문성 부족과 정치적 편향성을 이유로 출근을 막았다. 이 때도 위원회는 임명장을 받은 후 약 20일이 지나서 노조와 4개항에 합의한 후 정식으로 일을 시작할 수 있었다. 2000년 처음 출범한 1기 방송위원들도 임명장을 받을 당시 시민단체로부터 개혁성과 전문성에서 '함량미달'이라는 비판을 받았다. 초대 위원장이 위성방송의 지상파 방송 재전송 문제에 대한 갈등의 와중에서 중도 사퇴하기도 했다.

세 번째 사례는 디지털 텔레비전 전송방식에 대한 갈등이다. 이미 1997년 정보통신부가 '미국식(ATSC)'으로 이미 결정을 해 놓은 상황에서 2000년 방송기술인연합회가 유럽식 전환을 요구하면서 갈등이 시작되었다. 미국식은 이동수신이 어렵다는 것이 그 이유였다. 그 후 MBC와 언론노조가 유럽식 전환 주장에 동참했다. 이들의 강력한 촉구에도 불구하고 정통부가 미국식을 고수하자 2003년 언론노조는 투쟁의 대상을 디지털 텔레비전 전환일정에 대한 정책권을 가진 방송위원회로 바꾸었다. 이를 위해 언론노조는 2003년 8월부터 방송회관 로비에서 장기 철야농성에 들어갔다. 그 후 텔레비전 토론을 포함해서 수많은 토론회가 개최되었고, 해외 시찰과 비교실험이 이루어졌다. 그러나 이견이 좁혀지지 않았고, 기술적 사실 관계에 대해서도 상반되는 주장이 제기되어 혼란을 주었다. 이 문제는 결국 2004년 2월 정보통신부 장관, 방송위원회 위원장, KBS 사장, 전국언론노조 위원장 4인이 '디지털 텔레비전 비교시험 추진위원회'를 구성하면서 해결의 기미를 보였다. 이 위원회는 2004년 7월 미국식에 합의했다. 1997년 결정된 전송방식이 7여 년이 지난 후에 다시 확정된 것이다. 이 사례는 중요한 방송 정책이 법적 근거가 없는 임의 기구인 '4인 위원회'의 합의로 확정되었다는 점에서 한국 방송 정책의 난맥상을 상징적으로 보여준다.

이 외에도 방송 정책이 이해 당사자의 반발이나 항의 때문에 변경되거나 결정이 미루어진 사례는 아주 많다. 새 방송법 제정되고, 방송위원회가 규제 기구에서 정책 기구로 위상을 확대한 이후 한국의 방송 영역은 이런 의미에서 법치와는 상당한 거리가 있다. 방송 정책을 둘러싼 갈등들이 구체적인 목표와 일관된 원칙에 의해 조정되는 것이 아니라 이해 당사자들의 압박과 힘의 관계에 의해 봉합되어 온 것이다.

Ⅲ. 방송위원의 권위와 방송법

방송 정책의 이러한 아노미 현상의 원인은 무엇일까. 매우 복합적인 분석을 요구하는 이 질문에 대해 여기서는 방송위원회와 방송법을 중심으로 몇 가지만을 살펴보고자 한다. 가장 현저한 것은 방송 정책의 주요 결정권자인 방송위원회 위원들이 권위를 확보하지 못했다는 것이다. 대통령에게 임명장을 받은 위원들이 바로 자신의 사무실로 들어갈 수 없는 현실이 이를 상징적으로 말해준다. 여기에는 주어진 공적 사명에 충실하기 위해 자신을 임명하거나 추천한 사람에 대해 '안면몰수'를 하는 것이 아직은 한국 사회에서는 미덕으로 자리 잡지 못한 문화와 ―이와 연계된 것으로― 공적 임무와 사적 관계를 잘 구분하지 못하는 공적 윤리의 결함도 한 몫을 했을 것이다.

내가 살펴보고자 하는 것은 방송법 자체에 구조적인 문제가 없는가이다. 먼저 눈에 띄는 것은 방송위원회 구성과 자격에 대한 방송법의 규정들이 구체적이지 못하다는 점이다. 방송위원회 구성에 관하여 방송법 제21조는 아래와 같이 규정하고 있다.

> 第21條 (委員會의 구성) ① 委員會는 전문성 및 사회 각 분야의 대표성을 가진 者 중에서 大統領이 임명하는 9人의 委員으로 구성한다.
> ② 大統領은 委員會 委員을 임명함에 있어 3人은 國會議長이 國會 각 交涉團體代表議員과 協議하여 추천한 者를 임명하고, 3人은 放送關聯 전문성과 視聽者代表性을 고려하여 國會 文化觀光委員會의 推薦依賴를 받아 國會議長이 추천한 者를 임명한다.
> ③ 國會議長이 第2項의 規定에 의하여 放送委員會 委員을 추천하는 때에는 그 추천기준과 추천사유를 제시하여야 한다.
> ④ 委員會에서는 委員長 1人, 副委員長 1人과 3인의 常任委員을 두되, 委員長은 委員會에서 互選하여 大統領이 任命하고 副委員長 및 3인의 常任委員은 전문성을 고려하여 委員會에서 互選한다. 다만, 상임위원 중 2인은 대통령이 속하지 않은 교섭단체의 대표의원과 협의하여 추천된 자가 포함되어야 한다.

제21조는 제 1 항에서 방송위원회의 구성에 대해 "전문성 및 사회 각 분야의

대표성을 가진 자 중에서" 9명의 위원을 대통령이 임명할 것을 규정하고 있다. 동조 제 2 항은 방송위원 9인 중 6인은 국회의장이 추천할 것을 규정하면서 그 중 3인은 교섭단체대표의원과 협의하여 추천하고, 나머지 3인은 국회 문광위의 의뢰를 받아 추천할 것을 규정했다. 제 2 항은 유독 문광위 추천의뢰 3인에 대해서 "방송관련 전문성과 시청자대표성"을 고려할 것을 규정하고 있다. 법을 문리적으로 해석하면 방송위원 모두는 '전문성'을 갖추어야 하며, 그 중 문광위가 추천의뢰하는 3인은 '방송관련 전문성'을 특별히 혹은 추가로 가져야 한다. 그러나 '전문성'과 '방송관련 전문성'의 차이가 불분명하다. 차이만 불분명한 것이 아니라 '전문성'과 '방송관련 전문성' 자체의 의미가 불분명하다. 대한민국 시청자라면 모두 방송관련 전문성을 갖추고 있다고 볼 수도 있고, 방송사에 수십년 근무한 사람도 방송위원회의 임무와 관련되는 방송허가추천, 방송관련 법규(규칙) 제정, 기금관리, 프로그램 유통질서 등에 대한 전문성이 없을 수 있다. 사실은 의미가 없거나 약한 이 규정이 방송위원의 권위에 발목을 잡는다. 인선이나 정책 결정에 불만이 있는 세력들이 '전문성이 없다'는 식으로 비판을 가하기 때문이다. 한국과 유사한 기구인 미국의 FCC 위원에 관한 규정에는 '전문성'과 같은 자격 요건이 없다. 독일 공영방송사의 방송위원회도 자격 요건이 없다. 모호한 규정은 삭제하든가, 아니면 구체적으로 명시할 필요가 있다고 본다.

'사회 각 분야의 대표성'이나 '시청자대표성'도 모호한 규정이다. 국회교섭단체, 국회 문광위, 대통령 등 3개의 주체가 각각 3명을 추천 혹은 임명하는 구조에서 위원들의 대표성을 조정하는 것이 불가능할 뿐만 아니라, 대표성 자체가 무엇을 의미하는지 불분명하다. 그러나 이 규정 역시 '지상파 방송 출신이 너무 많다', '특정 시민단체 출신이 너무 많다'는 식으로 방송위원의 권위를 허무는 빌미를 준다. 미국 FCC 위원 구성에서는 대표성 개념이 없다. 단지 5인의 위원 중에서 한 정당에 소속된 사람이 3인을 넘을 수 없다는 규정이 있다. 독일 공영방송사 법에는 정당, 노조, 교회, 소비자보호단체 등 대표를 보내는 구체적인 단체를 규정해서 위원회의 대표성을 확보하고 있다. 한국 방송법에서 대표성에 관한 규정을 삭제하든가, 아니면 대표성을 담보할 수 있는 구체적인 규정을 만들 필요가 있다.

방송위원회의 정치적 독립성도 복합적인 문제를 내포하고 있다. 방송위원회는 정치적 독립성을 표방하고 있다. 그래서 대통령이 모두 임명하는 것이 아니라 국회의장이 6인을 추천하게 되어 있다. 그러나 실제로는 대통령 직접 임명 3인과 국회에서 여당 몫을 합쳐서 여당에서 추천 혹은 임명한 위원이 다수를 차지하는 구조다. 실제로야 어떻든 친여적이라는 의심을 받을 수밖에 없는 구조라는 것이다. 인선과정에서 대통령의 의지는 위원 임명에만 반영되는 것이 아니다. 위원장은 호선해서 대통령이 임명하고, 부위원장과 3인의 상임위원은 "전문성을 고려하여 위원회에서 호선"하는 것으로 규정되어 있다. 9인 중에서 호선해서 선출한 위원장은 장관급 예우를 받는 정무직, 그리고 부위원장과 3인의 상임위원은 기업의 임원급에 해당하는 정무직이 되고 나머지 4인은 명예직이 되는 구조다. '전문성 고려'는 허사(虛辭)라고 치더라도, 이런 구조에서 9명이 모여 앉아 자유롭게 의견을 교환하거나 투표를 해서 위원장, 부위원장, 상임위원 3인을 선출하는 것은 현실적으로 거의 불가능한 것으로 보인다. 즉, 이 구조는 청와대와 여당, 야당이 위원장과 상임위원 '호선'에 사전 개입을 하지 않을 수 없도록 만들고 있고 그 과정에서 대통령 혹은 청와대가 가장 큰 역할을 하는 것으로 짐작된다. 위원회 활동에서 정치적 독립성이 얼마나 유지되는가는 잘 모르겠지만, 적어도 위원회 구성과정에서는 정부와 여당의 영향력이 큰 것은 입법자의 의지인 것으로 보인다.

나는 방송위원회의 정치적 독립성과 관련된 것보다 방송위원회의 정책적 결정에 대해 누구도 정치적 책임을 지기 (혹은 누구에게도 정치적 책임을 묻기) 힘든 구조라는 것이 더 큰 문제라고 본다. 여기서 '정치적 책임'이란 정책 수행자가 정책 결과에 대해 이해당사자만이 아니라 일반 국민들로부터 평가를 받고 그에 상응하는 정치적 이익을 얻거나 손해를 보는 것을 의미한다. 2000년 제정된 새 방송법을 통해 방송위원회는 방송 내용의 공익성과 적법성을 규제하는 기구에서 방송 정책을 담당하는 '합의제 행정 기구'로 역할을 확대했다. 그런데 방송 정책은 방송에 관한 정치적 행위다. 정치적 행위에 대해서는 선거 등을 통해 정치적 책임을 물을 수 있어야 한다. 방송위원회의 실책이나 정책의 실기(失期)에 대해서 위원회 구성에서 가장 큰 역할을 한 대통령과 여당에 책임을 물어야겠지만 실제로는 그렇게 하기 힘든 측면이 있다. 상임위원 중에서 2인은 야당 몫이다. 전체 구성원을 정부와 여당이 임명하는 것이 아니라는 것이다. 그렇게 때문에 방송위원회의 개별 결정에 대해 청와대나 여당을 비판하는 것이 어색하다. 임명을 하면 임기 중에는 해임도 할 수 없다. 유일하게 연임이라는 끈이 있지만 아직 한번도 사용된 적이 없고 현재 한국의 정치문화에서는 '바람직하지 않은 것'으로 인식되고 있다.

방송위원들에게 책임을 묻는 것도 쉽지 않다. 9명이 모인 합의제라는 점에서 개별 방송위원들의 책임 소재가 불분명하다. 그들이 다음 선거에 나오는 것도 아니다. 다양한 이해관계로 갈등이 고조된 상황에서 방송위원회가 결단력 있는 '제3의 조정자' 역할을 하기보다는 결정을 미루거나 애매한 결정을 하는 것도 정치적 책임에 대한 부담이 약하기 때문인지도 모른다. 채널 허가나 사업자 결정 같은 방송위원회의 핵심 업무가 외부 심사위원회에 위탁되어 진행되는 것도 비슷한 이유일 것이다. 미국 FCC는 5인의 위원으로 구성되어 있고 대통령이 의회의 동의를 얻어 임명하며, 위원장은 대통령이 지명한다. 독일 공영방송사의 방송위원회는 정당과 사회 각 영역을 대표하는 수십명의 위원으로 구성되어 있지만 정책 결정 기구는 아니다. 방송 정책은 주 총리실 혹은 주 총리들이 협의를 통해 결정한다.

Ⅳ. 구체적이고 정교한 방송법 규정 필요

한국에서는 방송 정책의 목표와 기본 원칙에 대한 합의나 이러한 합의를 도출하기 위한 노력이 부족한 상황이다. 위성 텔레비전과 위성 DMB의 지상파 재전송 문제에서 재전송의 '승인'이 어떤 원칙에 의해 결정되는가에 대한 법적 규정이나 사회적 합의가 없다. 언론 자유의 측면에서 보면, 방송 허가제의 출발은 가용한 기술적 채널의 수보다 이 채널을 이용해서 방송하고자 하는 공급자가 더 많을 경우이다. 국가는 이 때 공익성 등 정해진 기준에 따라 일부만을 선정할 수 있는 정당성을 확보할 수 있다. 그러나 위성방송 사례에서 보았듯이 가용한 채널이 있음에도 불구하고 방송위원회는 재전송 허락을 뒤로 미루었다. 이 조치가 — 지역방송사들의 주장처럼 — 지역 언론과 지역 문화에 기여하는 지역방송사를 보호하기 위한 것이라고 이해할 수도 있다. 그러나 지역민방은 실제 SBS의 네트워크와 같은 기능을 하고 있다. 방송법 시행령 제50조는 지역민방이 다른 지상파 방송(실제로는 SBS)의 프로그램을 "100분의 50 내지 100분의 85"의 비율로 편성할 수 있도록 규정하고 있고, 방송위원회는 현재 이 비율을 방송사별로 69-77%로 고시하고 있다.

방송의 다양성이 목적이었다면, 경인지역 민방인 iTV의 권역 확대를 미루어온 조치가 이해가 가지 않는다. 다른 지역민방이 주요 프로그램을 모두 SBS 재전송으로 채울 때 iTV는 독자적인 프로그램을 편성해 왔다. 이 방송의 프로그램은 3대 지상파 텔레비전과도 차별되었다. 가용한 채널이 있음에도 불구하고 지상파 송신 권역 확대를 받지 못했다. 3대 지상파 방송사가 이를 견제하기 때문이라고 평가되고 있다. 이 때문에 iTV는 경영적인 어려움을 겪다가 2004년 말 방송위원회 재허가 추천에서 탈락했다.

방송 정책에는 명확한 목표와 원칙이 있어야 한다. 자유로운 여론 형성을 위한 '다양성', 문화적 정체성과 풍요를 위한 '프로그램 품질', 산업적 효과와 경쟁력을 높이기 위한 건실한 시장 등이 방송 정책의 주요 목표가 될 수 있다. 이 목표들 사이에 우선순위가 정해지고 그 원칙이 일관되게 적용되어야 한다. 그래야 방송사업자나 방송 종사자 등 방송 영역의 주체들이 예측 가능한 조건에서 활동할 수 있다. 그러나 정책이 일관성을 잃고 개별 사안에 매몰된 결정으로 기본 원칙이 보이지 않을 때, 모든 결정은 자의적으로 비친다. 자의적인 결정에 대한 반발은 그 정도나 표현 방법이 심하고 거칠 수밖에 없다. 행여 이해당사자의 반발이나 여론 때문에 결정된 정책의 실행이 미루어지거나 변경되기라도 하면 악순환의 고리가 시작된다. 이 악순환이 바로 방송 영역에 대한 국가 정책의 정당성 위기이다.

한국에서는 아직까지 방송 정책의 목표와 기본 원칙에 대한 사회적 합의가 부족하다는 점에서 방송법을 보다 구체적이고 정교하게 만들 필요가 있다. 예를 들면 방송사업자 허가추천(제10조)과 재허가추천(제17조)을 위한 심사 기준을 보다 구체적으로 규정해야 한다. 또한 현재와 같이 여러 기준을 나열할 것이 아니라, 기준들의 우선순위, 측정 방법, 배점 등을 입법자가 직접 규정할 필요가 있다. 규범 제정의 주체도 재검토되어야 한다. 프로그램 편성 비율과 같이 직접적으로 방송의 자유를 제약하는 규정들은 시행령이나 규칙이 아니라 입법자들이 규정한 방송법에 포함되어야 한다. 또한 방송 내용에 규정은 법이나 위원회 규칙보다는 자율 규제 기구의 규정으로 이관하는 것을 고려해 볼 필요가 있다.

제 6 장

포털 사이트의 등장과 과제

제 1 절 네이버 뉴스 서비스에 대하여

박 정 용*

1. 네이버 뉴스 서비스 개요

(1) 방문자 통계

하루 1,350만 명(Unique visitors)이 네이버를 방문하며 이중 450만 명이 뉴스 서비스를 방문하고 있다.

(2) 서비스 기사 현황

80여 개 사의 언론사와 제휴, 하루 8천여 건의 기사를 서비스하고 있으며 이 중 1천여 건이 초기화면과 주요 기사, 섹션 기사 등에 배치되고 있다.

(3) 뉴스 서비스 운영 현황

35명의 편집자들이 기사들을 배치하고 있으며 50여명이 뉴스 댓글을 모니터하고 있음. 네이버 전체의 모니터 인원은 300명 규모로 뉴스 댓글 이외 블로그, 카페 등의 UCC 컨텐츠에 대한 다양한 요청을 접수, 처리하고 있다.

---

* NHN 미디어서비스 유닛장.

(4) 주요계획

2006년 11월경부터 네이버 뉴스 검색 결과 나온 기사들을 선택할 경우 해당 언론사의 닷컴 페이지로 이동하는 아웃링크 방식을 도입할 예정이다. 아울러 네이버 초기화면에 이용자들이 원하는 언론사와 원하는 섹션들을 선택할 수 있는 방식을 채택하고 해당 언론사들이 직접 원하는 기사 제목을 띄울 수 있도록 개편할 예정. 이는 더 다양한 검색결과 제공과 이용자의 선택권 강화, 기존 언론사와의 산업적 공생관계를 함께 모색하려는 고민에서 나온 계획이다.

2. 언론사에 대비한 네이버 뉴스 서비스의 특성

네이버 뉴스 서비스와 언론사는 다른 가치를 지향하고 있다. 언론사의 임무는 진실을 발견하고 보도하는 데 있는 반면 취재 기능이 없는 네이버 뉴스 서비스는 이용자들에게 진실을 발견할 수 있는 플랫폼을 제공하는데 존립의 의의를 두고 있다.

기존 언론사는 진실을 발견하기 위해 공정성과 신뢰성, 심층성, 정확성이라는 가치를 지향하고 있으나 네이버 뉴스 서비스에서 발견될 수 있는 가치는 다음과 같다.

(1) 일 람 성

언론사에서 보내온 많은 기사들을 일목요연하게 정리해 주요 기사를 제공함으로써 이용자들의 시간과 비용을 절약하고 있다.

(2) 즉 시 성

사건과 현안에 대한 정보를 실시간으로 제공함으로써 이용자들이 정보를 구하는데 시간적 지체를 줄이고 있다.

(3) 변 별 성

다양한 논조를 갖고 있는 각 언론사의 기사를 동시에 제공함으로써 이용자들이 객관적 판단을 내릴 수 있는 근거를 확보할 수 있다.

(4) 포 괄 성

80여개 매체에서 제공하는 하루 8천여건의 기사를 제공함으로써 이용자들이 원하는 기사를 언제든지 찾아볼 수 있다.

(5) 쌍방향성

이용자들이 뉴스 댓글과 여론조사 등에 능동적으로 참여할 수 있어 의제를 설정할 수 있는 권한을 보유하고 있다.

3. 네이버 뉴스 서비스의 환경적 요인

(1) 정치적 통제

정치세력들은 포털의 영향력을 유리하게 이용하려는 경향이 있다. 하지만 네이버에서 정보를 찾는 하루 1,350만명이 넘는 이용자들을 유지하기 위해서는 특정정파에 치우친 서비스나 편집을 할 수 없다.

(2) 경제적 통제

신문에서는 대기업에 의존하는 광고비중이 높지만 네이버의 경우 소액광고인 검색 광고의 비중이 전체 수입의 50% 이상을 점할 만큼 높아 대기업이 광고를 지렛대로 서비스나 편집에 미치는 영향력이 없는 현실이다. 그 외에도 쌍방향성의 서비스 특성상 이용자들의 감시에 24시간 노출돼 있어 특정 기업에 치우친 편집을 할 수 없으며, 이는 자사와 관련된 경우에도 마찬가지로 적용되는 현실이다.

(3) 내부적 통제

네이버 뉴스 편집팀은 경영진으로부터 편집에 관한 지침을 받고 있지 않을 만큼 독립돼 있다. 광고나 영업 부서 등에서 편집팀에 뉴스 서비스와 기사 배치와 관련한 요구를 할 경우 사규에 의해 처벌받게 돼 있다.

(4) 이용자 통제

이용자의 통제는 강한 편이다. 그것은 편집 이후 사후적으로 이뤄지는 특성을 지니고 있고 때로는 개똥녀 사건처럼 부작용도 빚고 있지만 전통적으로 뉴스를 생산하는 사람이 독점하던 의제 설정 권한을 민주화하는 경향을 보이고 있다.

4. 포털 뉴스와 관련한 쟁점

(1) 선정성 논란

주장: 포털에서 강조하는 뉴스는 선정적이고 연예, 오락, 스포츠 등 연성뉴스에 집중해 있다. 포털 뉴스가 연성화된 기사를 공급하면서 사회적으로 중요한 이슈나 국제문제가 외면당하고 있다. '가장 많이 본 기사'의 목록을 보면 언제나 연예 오락 기사가 대종을 이룬다.

반론: 네이버 뉴스 서비스는 연예 스포츠 기사가 초기 화면에 배치되는 비율을 30% 이하로 제한하고 있다. TV 방송국에서 연예, 오락 프로그램의 시청률이 높듯이 연성 기사에 대한 수요가 많은 게 사실이다. 하지만 네이버 뉴스 서비스가 연성 기사에 대한 수요를 조장하고 있는 것은 아니다. 흔히 지적하는 가장 많이 본 기사는 뉴스 배치 여부와 상관없이 이용자들이 가장 많이 찾아본 기사를 순위로 제공하는 서비스이다.

또한 흔히 저널리즘 학자들이 지적하는 것과 달리 이용자들은 연성기사만을 찾거나 하지 않고 자신의 필요에 따라 뉴스를 이용하고 있다. 예를 들어 북핵이슈가 터진 2006년 10월 9일의 경우 가장 많이 본 뉴스 10개 중 8개가 북핵과 관련된 기사였으며, 가장 스크랩을 많이 한 기사와 가장 많이 검색한 기사의 목록에는 연예 오락 기사보다는 정보성이 강한 기사들이 대종을 이룬다. 이는 네이버 뉴스 서비스를 통해 이용자들은 자신의 필요에 따라 다양한 뉴스 소비를 하고 있음을 확인할 수 있다.

(2) 영향력 행사 논란

주장: 포털 뉴스는 몇 개의 언론사를 합친 것보다 많은 영향력을 발휘하고 있다. 뉴스 소비자들은 전통적인 매체 대신 포털 뉴스를 통해 정보를 얻고 있다. 포털은 이 영향력을 활용해 자신의 상업적 이익을 추구하고 있다.

반론: 많은 이용자들이 네이버를 통해 뉴스를 소비하고 있는 것은 사실이지만, 이를 과거 언론의 영향력과 비교하면서 네이버의 영향력이 커진다고 해석하는 건

잘못된 이해이다. 네이버를 통해 언론사 개별 기사의 파급력이 확산되고 있는 측면을 간과해서는 안 된다. 많은 이용자들이 인터넷을 통해 정보를 얻고 있는 추세다. 언론사의 홈페이지보다 포털 뉴스 서비스를 통해 훨씬 더 많은 이용자들이 해당 언론사의 기사를 읽게 된다.

영향력은 의제를 설정하는 기능에서 발생한다. 한국 사회에서 의제를 설정하는 주체는 엘리트와 미디어 그리고 공중으로 나눠볼 수 있다. 군사 정권 하에서는 엘리트들이 독점적으로 의제를 설정해왔고 군사정권 이후 2000년까지는 미디어가 의제를 주로 설정해왔다. 인터넷 시대가 도래함으로써 의제 설정에 시민들이 참여하기 시작했다. 네이버 뉴스 서비스는 미디어가 설정한 의제를 전달하고 시민들이 그 의제를 선택할 수 있는 통로를 제공하고 있으며, 독자적으로 의제를 설정하려는 기능도 의도도 없다.

(3) 편집기준에 대한 논란

주장: 포털 뉴스는 특정 견해나 정보제공자를 부각시키는 등 편집의 공정성을 지키지 않는다. 일부에서는 포털 뉴스가 정치적인 측면으로 볼 때 체계적 편향성이 있음을 지적한다. 또한 주류매체의 뉴스와 검증되지 않은 매체의 뉴스를 동등하게 다룸으로써 이용자들에게 정보의 신뢰도를 평가하는데 혼란을 준다. 사실과 소문의 경계가 불분명하여 언론매체 전반에 대한 신뢰를 떨어뜨린다.

반론: 네이버 뉴스 서비스에서 기사를 배치하는 기준은 △ 현재시간 가장 많은 기사가 들어오고 있는 이슈, △ 방송과 신문에서 비중 있게 다룬 이슈, △ 그외 언론에서 비중 있게 다른 이슈의 속보다. 이는 80여개 매체에서 하루 8천여건의 기사를 제공받게 되면서 가능한 네이버 뉴스의 특성이며, 네이버 뉴스에서 다루어지는 이슈와 기존 언론의 이슈가 크게 다르지 않은 이유이기도 하다. 게이트키핑의 이론을 보면 게이트키퍼의 주관성과 임의성에 초점을 맞추는 연구에서 외부적 통제요인에 대한 연구까지 다양한 이론이 나오고 있다. 언론사 국제부 기자들이 기사를 선정하는 기준을 보면 AP와 로이터 통신 등 통신사에서 많이 보내는 기사를 우선적으로 배치한다는 연구결과가 있다. 해외 통신사들이 일차적 게이트키퍼임을 밝혀낸 이 연구는 네이버의 편집과정을 이해하는 데도 유용하다. 네이버 뉴스 서비스의 기사 선정 기준은 자의적이지 않다.

(4) 뉴스 생산 기반의 위축

주장: 포털 뉴스로 뉴스 이용이 집중화되면서 기존 언론사 및 인터넷뉴스를 포함한 뉴스매체들이 경쟁력을 잃고 단순한 컨텐츠 공급자(CP)의 위치로 축소됨으로써 언론 산업을 전반적으로 축소시키고 있다. 또한 거대 포털에 의한 종속성이 커져서 개별 언론사들이 인터넷에서 독자적인 비즈니스를 구현하기 어렵게 만들고 있다.

반론: 뉴스를 소비하는 플랫폼이 인터넷으로 이동하고 있는 것은 세계적인 추세로 보인다. 인터넷은 이용자들은 자신이 원하는 시간에 가장 쉽게 뉴스를 소비할 수 있는 플랫폼이기 때문이다. 그러나 전통적인 언론의 영역은 여전히 살아남을 것으로 본다. 생산과 소비가 분리됨으로써 생산이 위축되고 있는 것은 빠르게 플랫폼이 바뀌고 있는 데 따른 일시적 현상으로 본다. 포털 뉴스 서비스의 입장에서도 이것은 일시적 현상이어야 한다. 생산 없이 유통도 없기 때문이다. 네이버는 뉴스를 생산하는 언론사들과 공존할 수 있도록 계속 노력하고 있다.

2006년 11월경 서비스를 목표로 네이버가 추진하고 있는 개편안은 이용자들에게 네이버 초기 화면의 뉴스 박스에서 원하는 언론사를 선택할 수 있는 권한을 부여하고 해당언론사로 가서 직접 뉴스를 읽도록 유도하려는 것이다. 이 외에도 네이버는 언론사들이 컨텐츠를 유료화하는 방안을 지원하게 될 것이다. 아쿠아 프로젝트 등을 통해 언론사의 컨텐츠를 데이터베이스화하는 데도 적극 지원하고 있다.

(5) 포털 뉴스의 사회적 책임과 제도적 규제에 대한 쟁점

주장: 포털 뉴스는 강력한 언론매체로 제도적 규제를 받아야 한다. 포털 뉴스는 이미 언론으로서 중요한 기능을 수행하고 있지만, 신문법과 언론중재 및 피해구제법에서 제외됨으로써 제도적 규제를 받고 있지 않는다. 따라서 다른 매체와 비교해 볼 때 형평성에 문제가 있다. 특히, 잘못된 보도로 인한 이용자 피해구제에 대한 제도적 책임이 없어 이용자 보호차원에서 제도화가 요구된다. 더 나아가 언론활동을 하기 때문에 신문법을 개정해서 포털에도 제도적 책무를 부여해야 한다는 일부 의견도 있다.

반론: 포털 뉴스가 언론의 일부 기능을 수행하고 있는 것이 현실이지만, 그렇다고 신문사와 같은 형태의 적용을 받아야 한다는 논리는 법적 근거가 부족하다.

포털이 언론이냐 아니냐는 논란을 떠나 언론을 규제대상으로 설정하는 것 자체가 언론자유와 표현의 자유에 대한 침해라는 헌법적 논란을 빚을 시각이다. 또한 신문과 전혀 다른 성격의 인터넷 서비스인 포털을 신문과 동일시하는 것은 매체의 진화과정을 무시한 발상이다.

네이버 뉴스는 사회적 책임을 보장하기 위한 법적 논의를 거부한 바 없다. 네이버 뉴스는 새로운 형태의 매체에서 발생하는 새로운 형태의 피해의 신속한 구제에 초점을 두고 있다. 특정인의 명예를 훼손하거나 저작권을 침해한 기사를 전달하지 않도록 법적인 절차를 마련하는 데 적극 참여하고 있다. 특히 현행법에는 피해구제절차가 불명확하기 때문에 언론중재위 등을 통해 구체적인 피해구제 절차를 마련하는 시도를 환영한다.

(6) 이용자 생산 컨텐츠(UCC, User Created Contents)와 연관된 쟁점

주장: 포털의 블로그, 까페 등에 검증되지 않고 전문성이 부족한 정보가 범람함으로써 사회정보의 신뢰성을 떨어뜨리고 있다. 또한 언론매체의 뉴스 기사가 무절제하게 포털 서비스를 통해 개인 블로그나 미니홈피에 복사 및 전송됨으로써 뉴스 생산자의 저작권 침해에 일조하고 있다.

반론: 포털은 이용자가 컨텐츠를 생산할 수 있는 다양한 서비스를 개발함으로써 이용자와 언론사의 일방적 정보흐름을 쌍방향으로 바꾸고 있으며 이용자의 의제가 부상할 수 있는 기반을 제공하고 있다. 저작권의 침해는 정보를 생산하는 기반을 무너뜨리기 때문에 엄격히 다뤄져야 한다고 믿고 그런 피해가 발생하지 않도록 최선의 노력을 다하려고 한다. 네이버에서는 뉴스의 경우 24시간 뉴스 안내센터를 운영하고 있으며, 그 외에도 300여명의 인원이 블로그, 카페 등 UCC 컨텐츠에 대한 저작권 이슈 등을 접수해 이용자들이 저작권이 보호되고 있는 컨텐츠를 무단사용했을 경우 신속히 삭제하고 있다. 그와 함께 원 저작권자도 무단 스크랩 및 복사를 방지하려는 노력을 해야 한다.

문제가 발생하지 않도록 사전에 문제있는 컨텐츠를 가려내는 것은 검열과 표현의 자유 침해라는 더 큰 문제를 낳을 수 있다. 미국에서도 Notice and take down(통보를 받으면 문제된 컨텐츠를 삭제하는 것)이 판례로 나왔으며 한국에서도 유사한 판례가 있었다. 이는 UCC와 저작권 이슈가 일방에 대한 책임이나 법적 절차 강화만으로 해결되기 힘든 사회적 합의가 필요한 문제라는 점을 설명하고 있다.

제 2 절 인터넷 부작용 해결을 위한 기업의 역할

— 사이버 폭력 문제를 중심으로 —

박 성 호*

Ⅰ. 인터넷 부작용과 사이버 폭력

인터넷상에서 빈번하게 발생하고 있는 사이버 폭력의 사례와 인터넷기업의 입장에서 바라본 원인분석 및 이를 해결하기 위한 인터넷기업의 노력을 소개하고자 한다. 특히 이러한 사이버 폭력의 현상들이 포털의 뉴스서비스 자체에서 필연적으로 기인하는 문제라기보다 인터넷 이용의 활성화에 따른 사회적 부작용의 일면이라는 점에서, 기업차원의 해결뿐만 아니라 사회적 차원의 정책 마련이 필요한 영역이며 사회 공동의 과제로 함께 해결해야 하는 문제라는 점을 강조하고자 한다.

* NHN 정책실장.

Ⅱ. 사이버 폭력의 유형, 사례 및 원인분석

1. 사이버 폭력의 유형

인터넷을 통한 사이버 폭력은 크게 1) 명예훼손 및 언어폭력, 2) 개인정보 유출 및 프라이버시 침해나 명의도용, 3) 저작권 등 지적 재산권 침해, 4) 상업성 광고 등 스팸 문제, 5) 음란물 유포 등으로 유형화 할 수 있다.

이번 컨퍼런스의 '포털과 뉴스서비스 세션'에서는 이상의 사이버 폭력의 유형 중 포털의 뉴스서비스와 관련하여 문제가 되고 있는 명예훼손, 언어폭력 및 프라이버시 침해를 중심으로 논의하고자 한다.

2. 주요 사이버 폭력의 사례

(1) 2005년 3월 발생한 S대 도서관 폭행사건

S대 중앙도서관에서 한 학생이 정숙을 요하던 다른 학우를 폭행한 사건으로 사건 당사자들간 합의가 있었으나 네티즌들의 강력한 항의로 S대측이 가해자를 징계하였다. 가해자 및 가해자 여자친구의 개인 신상정보 및 미니홈피 주소가 공개되었다.

(2) 2005년 4월 발생한 체벌 여교사 자살사건

학생체벌로 경찰조사를 받던 교사가 자살한 사건으로 교사의 자살이 피해 학생측의 압박에 기인하고, 학생측 부모들이 부유층 권력가라는 소문이 인터넷을 통해 퍼지면서 피해학생의 실명과 학교명이 공개되어 피해학생이 정신질환을 호소하였다.

(3) 2005년 5월 발생한 서모씨 자살사건

사귀던 김씨와의 갈등관계를 비관하고 김씨의 냉정한 응대에 배신감을 느낀 서씨가 자살한 사건이다. 서씨의 어머니가 서씨의 미니홈피에 딸이 남긴 사연과 억울한 사연을 게재하여 김씨의 공개사과가 있었으나 네티즌들은 김씨 소속 회사의 징계를 촉구하는 대대적 사이버 서명운동을 전개하였고 김씨는 결국 회사를 그만두었다.

(4) 2005년 5월 발생한 S고 유모양 자살사건

7명의 친구들에게 도둑으로 몰려 억울하다는 유서를 남긴 16세 여고생이 건물에서 투신하여 자살한 사건으로 유양의 친구들이 원한을 풀어준다는 취지로 관련 사실관계와 유서의 내용을 인터넷에 공개한 후 가해자로 지목된 7명 학생들의 실명과 얼굴사진이 인터넷에 공개되었다.

(5) 2005년 6월 발생한 이른바 '개똥녀' 사건

지하철에서 애완견의 배설물을 치우지 않은 한 여성의 동영상이 공개된 사건으로 해당 여성에 대한 욕설과 비방이 인터넷을 통해 전개되었다.

(6) 2005년 10월 발생한 부산 G중 폭행치사 사건

부산 G중학교 교실에서 14세 C군이 홍모군을 폭행하여 사망케 한 사건이다. 홍모군의 친구들이 가해 학생을 비난하는 내용을 인터넷을 통해 유포하였고 C군의 신상정보노출에 대해 포털이 사이버 폭력 차단을 위해 C군 관련 정보를 전면 차단하자 오히려 네티즌들의 항의가 거세졌고 이 과정에서 가해학생과 유명 포털간의 유착관계설 등 괴소문이 유포되면서 포털의 사이버 폭력 차단 노력이 대대적으로 폄하되었다.

3. 사이버 폭력의 원인분석

(1) 사이버 폭력에 대한 인식부재

최근 임수경씨 사건에서 보여지듯(그림 1) 가해자들은 40대 연령대의 대학교수 등 사회 지도층이었으며 사이버 폭력에 대한 우리 사회의 무감각이 연령/학력을 불문하고 사회적으로 만연되어 있음을 보여준다.

임수경씨 사건은 실명제를 도입하고 있는 사이트에서 발생했다는 점을 놓고 볼 때, 인터넷의 '익명성'이 문제라기보다는 직접 대면하지 않은 채 의사소통이 이루어진다는 인터넷의 '비대면성'으로 인한 것으로 분석이 가능하다.

특히 사법처리 관련 언론보도에 따라 댓글을 통한 언어 폭력이 대폭 감소한 점에서 알 수 있듯이 현행법상 처벌의 대상이 '폭력'이라는 점에 대한 인식 저변 확대가 사이버 폭력 문제 해결에 있어 중요한 역할을 하고 있다는 점을 시사하고 있다.

〈그림 1〉 모 언론사 사이트에서 발생한 임수경씨에 대한 사이버 폭력

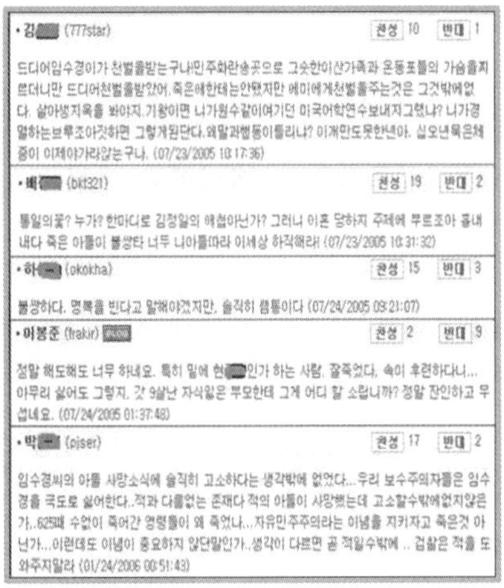

• 김■■ (777star) 찬성 10 반대 1

드디어임수경이가 천벌를받는구나민주화란송곳으로 그숫한이산가족과 온동포들의 가슴을지르더니만 드디어천벌를받았어.죽은애한테는안됐지만 에미에게천벌를주는것은 그것밖에없다. 살아생지옥를 봐야지.기왕이면 니가원수같이여기던 미국어학연수보내지그랬냐? 니가경멸하는브루조아짓하면 그렇게된단다.왜말과행동이틀리냐? 이계만도못한년아. 십오년묵은체증이 이제야가라앉는구나. (07/23/2005 10:17:36)

• 배■■ (bkt321) 찬성 19 반대 2

통일의꽃? 누가? 한마디로 김정일의 애첩아닌가? 그러니 이혼 당하지 주제에 부르조아 흉내내다 죽은 아들이 불쌍타 너두 니아들따라 이세상 하직해라! (07/23/2005 10:31:32)

• 하■■ (okokha) 찬성 15 반대 3

불쌍하다. 명복를 빈다고 말해야겠지만, 솔직히 쌤통이다 (07/24/2005 09:21:07)

• 이봉준 (trakir) 찬성 2 반대 9

정말 해도해도 너무 하네요. 특히 밑에 현■■인가 하는 사람. 잘죽었다, 속이 후련하다니... 아무리 싫어도 그렇지. 갓 9살난 자식잃은 부모한테 그게 어디 할 소립니까? 정말 잔인하고 무섭네요. (07/24/2005 01:37:48)

• 박■■ (pjser) 찬성 17 반대 2

임수경씨의 아들 사망소식에 솔직히 고소하다는 생각밖에 없었다...우리 보수주의자들은 임수경을 극도로 싫어한다..적과 다름없는 존재다 적의 아들이 사망했는데 고소할수밖에없지않은가..625때 수없이 죽어간 영령들이 왜 죽었나...자유민주주의라는 이념를 지키자고 죽은것 아닌가...이런데도 이념이 중요하지 않단말인가..생각이 다르면 곧 적일수밖에 .. 겁없은 적를 도와주지말라 (01/24/2006 00:51:43)

〈그림 2〉 이른바 '개똥녀'사건으로 노출된 피해자의 사진

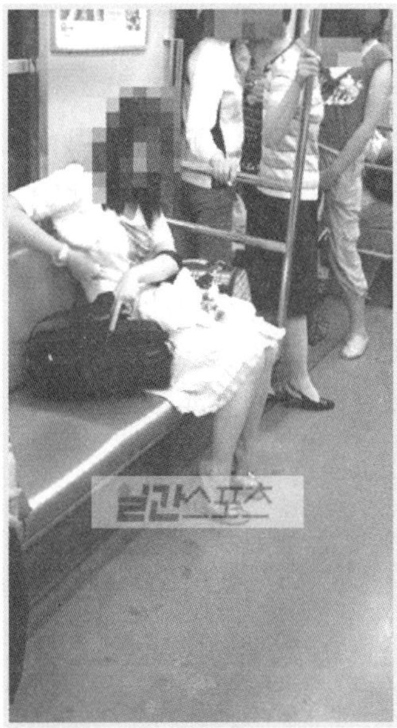

(2) 개인정보의 과도한 노출로 인한 폭력의 확대재생산

이른바 '개똥녀'사건의 경우(그림 2) 모자이크 처리되지 않은 사진의 공개가 문제되었다. 이처럼 네티즌들이 사건 당사자들의 신상정보를 가감없이 공개하면서 피해자들이 당해 사건과 무관한 불특성 다수의 공격에 무방비로 노출됨으로 인해 사이버 폭력이 확대재생산되고 있다.

특히 미니홈피 등을 통해 개인신상정보가 평소에 많이 노출된 사람의 경우 사이버 폭력 발생시 무차별하게 재생산된 폭력의 피해를 입게 될 위험에 직면하게 된다.

이처럼 개인정보와 프라이버시 보호라는 사회적 공감대가 형성되어 있지 않는 상황에서 피해자 정보의 손쉬운 노출은 마녀사냥식 사이버 폭력 양산의 기폭제가 되고 있는 것이다.

(3) 기성세대 및 제도에 대한 신뢰 부족이 낳은 왜곡된 정의감

학원폭력 등과 관련된 사건의 경우, 공통적으로 가해자의 부모가 '부유층', '권력가'라는 소문과 함께 "진실이 은폐되고 있다"는 의심에서 사이버 폭력 가해자의 관심이 증폭되고 있다.

사이버 폭력 가해자들은 자신을 "불의에 대항하는 정의로운 사람"으로 인식하면서 관련 내용을 유포하는 데에 앞장서고 있는 실정이다

이러한 인식구조에서 인터넷기업의 사이버 폭력 적극 차단 노력은 앞서 주요 사례 6)에서 소개한 '부산 G중 폭행치사 사건'에서와 같이 "권력자와 결탁한 은폐 시도"로 비난 받고 있다.

(4) 사적 공간과 공적 공간 구분의 불명확

인터넷의 카페와 블로그, 미니홈피 등은 기본적으로는 사적 공간이지만, 인터넷에서는 컨텐츠가 자유롭게 이동하고 언제든지 검색을 통하여 불특정 다수에게 공개될 수 있으므로 공적 공간의 특성도 지니고 있다.

이러한 특성으로 인해, 실생활에서는 주변 지인들에 의한 도덕적 제재 수준으로 종결될 문제가 인터넷을 이용하는 불특정 다수의 비난을 통한 폭력적 양상으로 확산될 수 있다. 개인적 의견을 넘어서 공공적 표현을 위한 새로운 윤리관의 재정립이 시급히 필요한 시점이다.

Ⅲ. 인터넷 부작용 해결을 위한 기업의 노력

1. 사이버 폭력과 기업의 리스크

인터넷기업의 입장에서도 사이버 폭력은 주된 서비스 영역의 불건전성을 심화시킴으로써 전반적인 서비스의 질을 떨어뜨리는 위험 요인이다.

Naver나 Daum의 경우 사이버 폭력 방지를 위한 모니터링에 각각 전체 인력의 20% 정도를 투여하고 있으며 금칙어 시스템, 스팸방지 시스템 등 다양한 시스템 개발을 병행하는 등 이미 막대한 인적, 물적 리소스를 투여하고 있다. 이는 기업 입장에서는 비용증대라는 위험요인이기도 하다.
따라서 인터넷기업이 수익을 위해 사이버 폭력을 방치하고 있다는 것은 잘못된 이해이며 인터넷 기업은 정책적으로 사이버 폭력 문제의 해결을 위해 노력하고 있다.

2. 사이버 폭력 해결을 위한 기업의 노력

(1) Daum의 권리침해 신고센터

Daum은 사이버 명예훼손, 저작권 침해, 개인정보 침해 등에 대한 적극적 피해 신고 체제를 확립하고 권리침해 신고 사례, 권리침해 관련 소식 등을 지속적으로 업데이트함으로써 권리침해의 유형과 처리 방법에 대한 사용자의 이해를 돕고 있다.

〈그림 3〉 Daum의 권리침해 신고센터 화면

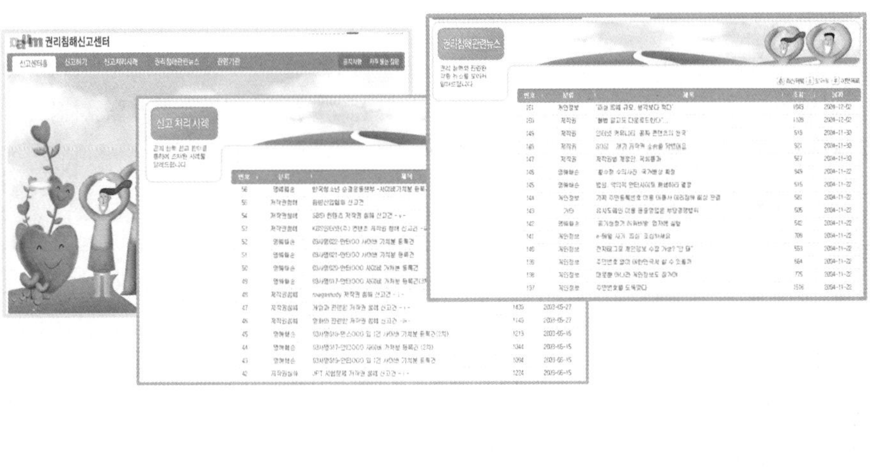

(2) Naver의 게시중단 요청 서비스

Naver는 사이버폭력, 저작권침해 등 사건 발생시 민·형사상 사법절차가 종결되기 전까지 해당 게시물로 인한 피해를 최소화하기 위한 게시물 임시 삭제를 요청할 수 있는 체제를 확립하고 온라인, 우편, 방문 등 각종 유형의 접수방법을 제공함으로써 이용자의 피해 확산 방지에 만전을 기하고 있다.

〈그림 4〉 Naver의 게시중단 요청 서비스

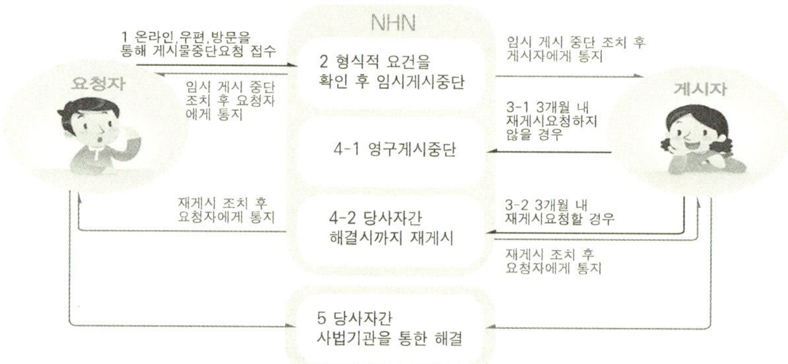

(3) 실명제, 금칙어 및 댓글 제한 설정을 통한 사전 예방 노력

Naver나 Yahoo 등 포털 서비스의 경우 이용자가 게시판이나 댓글을 이용하여 자신의 의사를 표현하기 위해서는 반드시 실명 인증을 거치도록 하고 있어, 이로써 게시글을 통한 사이버 폭력 발생시 가해자의 책임소재가 명확히 드러날 수 있도록 실명제 운영을 원칙적으로 제도화 하고 있다.

또한 이용자의 게시글 작성시 비속어, 욕설 등 언어 폭력적 표현을 사용할 수 없도록 금칙어 DB를 적용하고 있으며 현재까지 2,800여 가지의 금칙어를 지정하여 운영하면서 변형 금칙어에 대한 지속적인 관리도 수행하고 있다.

뉴스 댓글과 관련하여서도 뉴스 서비스 이용시 해당 기사 하단의 댓글 노출 여부의 default 설정을 '닫은 상태'로 유지하도록 하였으며, 댓글 on/off 기능을 추가하여 명예훼손 및 개인 정보 유출 가능성이 있는 기사의 댓글에 대해 신속한 차단을 가능하게 하고 있다.

(4) 댓글 신고제 등 이용자 참여 모니터링 시스템 적용

불건전 댓글에 대한 네티즌 신고제를 실시하여 2회 이상 신고된 게시물에 대한 임시 접근 제한 조치를 적용하고 있으며 한편으로는 각종 게시판에 추천 시스템을 두어 양질의 게시물을 표시하여 이용자 참여를 통한 게시판 자율 정화가 가능하도록 모색하고 있다.

〈그림 5〉 불건전 댓글에 대한 네티즌 신고제

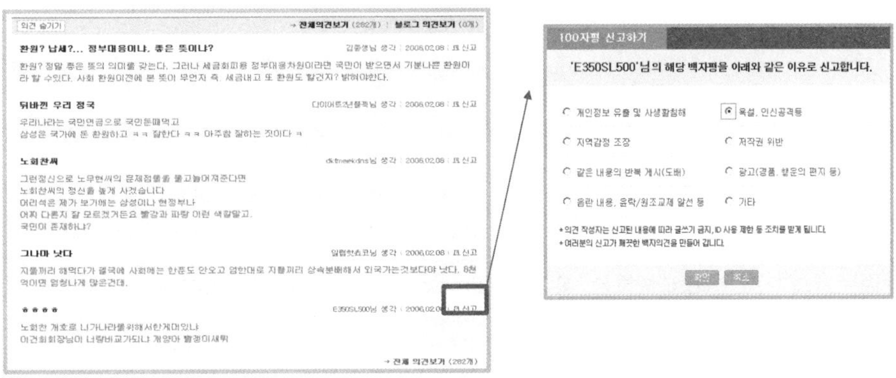

Ⅳ. 인터넷 부작용 해결의 어려움

1. 기업차원 해결의 현실적 어려움

(1) 기술적 조치의 한계

다양한 기술적 조치들이 고안되고 있음에도 불구하고 세계적으로 수많은 인구가 동시 접속하는 인터넷의 특성상 사이버 폭력의 완벽한 방지는 어려움 있다.

사이버 폭력에 대한 사용자 의식의 개선이 수반되지 않는 한 사이버 폭력 해결은 기술적 조치만으로는 사실상 불가능할 것으로 보인다.

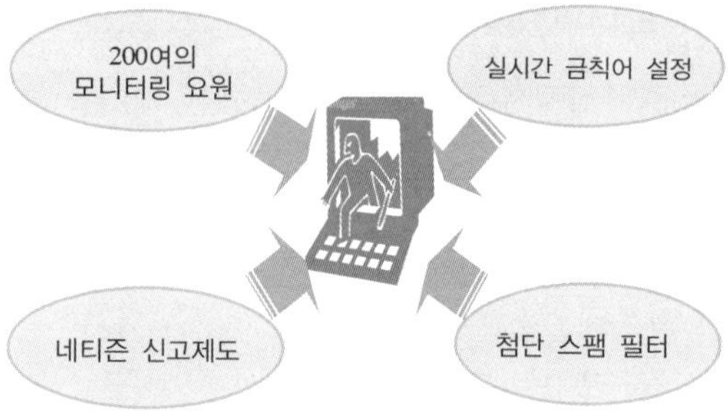

방대한 양:

Daum의 경우, 600만개의 카페, 7000만개의 게시판에, 하루 300만개의 게시글이 작성됨

악의적인 사용자는 막지 못함

'광고'란 단어를 금지하면, '광*고'라고 표기해서 금칙어를 회피

시스템은 내용을 파악하지 않아 선의의 피해자발생:

"나도 여자지만 이런 여성....."
"대성기계"
금칙어로 인하여 게시불가

(2) 명확한 기준의 부재

사이버 명예훼손 등의 권리침해 발생시 사법부의 판단이 내려지기 전에 사업자가 자의적으로 삭제조치를 취하는 것은 이용자의 표현의 자유를 크게 훼손할 수 있다.

이처럼 선정성, 폭력성 정보 등에 대한 판단기준은 표현물에 대한 사전 등급분류를 담당하는 영상물등급위원회, 사후 감독을 담당하는 정보통신윤리위원회, 수사를 담당하는 경찰검찰 등 각 기관마다 유해성 여부에 대한 판단 기준이 모호한 실정이다.

특히 뉴스 기사 자체가 특정인에 대한 명예훼손 정보를 담고 있는 경우에는 기사를 작성한 언론사의 양해 없이 인터넷 기업의 판단만으로 기사 자체의 삭제 및 변경이 곤란하다.

(3) 이용자 의식 개선을 위한 방법론과 내용의 부족

사용자 의식 제고를 위한 검증된 교육 컨텐츠가 부재한 실정이다. 현실적으로 연령별 교육 방법론 등의 다양화가 요구되고 있으나 이에 대한 충분한 연구 및 사회적 합의가 부족하며, 인터넷 기업이 스스로 이용자 의식 개선을 위한 교육과 캠페인을 진행하고자 하여도 현실적 어려움이 많다.

2. 사회적 차원의 정책 마련 어려움

(1) 일반적인 기업 규제 정책과 다른 성격의 문제

일반적인 기업 규제는 기업의 이윤추구 과정에서 기업의 과실로 인한 소비자의 피해 발생을 방지하기 위한 것임. 예컨대 무선 인터넷의 과도한 요금으로 인한 청소년 자살의 경우 기업측이 요금부과 방식에 대한 고지를 충분히 하지 않은 과실이 있다고 해석이 가능하다.

반면 인터넷 기업의 경우 포털 서비스를 통해 카페, 블로그, 메일, 게시판 등 의사소통 수단과 표현 공간을 이용자에게 제공하나, 이러한 수단이나 공간을 이용한 행위는 이용자의 자율과 선택의 영역이어서 기업의 과실에 대한 책임을 추궁하는 방식으로 기업을 규제하는 정책은 인터넷 기업에 적용하기 어렵다.

결국 규제의 실효성 측면에서 '기업'행위에 대한 규제보다는 '이용자'에 대한 인증을 강화하고, 이용을 통제하고, 이용자에게 책임을 부여하는 방향으로 인터넷 관련 규제가 만들어지고 있다.

(2) 문제의 복합성으로 인해 하나의 문제해결은 또 다른 문제를 야기함

예를 들어 아래와 같은 규제의 악순환이 반복되고 있다.

기본적으로 이용자를 통제하고 이용에 대한 책임을 부여하기 위해서는 '성인인증제도'나 '실명제'처럼 이용자의 신원을 확인하는 '인증'이 필수적이다. ☞ 인터넷의 비대면성 때문에 '인증'을 위해서는 주민등록번호나 실명확인 등을 통한 '개인정보' 수집이 수반되어야 한다. ☞ 이러한 개인정보 확인을 통해 개인의 인터넷 활동은 일일이 추적될 수 있게 되었으며 '프라이버시 침해', '사적 검열', '표현의 자유 침해' 등 부작용이 야기된다. ☞ 때로는 수집된 정보의 누출로 인한 '명의도용'이 양산되기도 하며, ☞ 이러한 부작용을 해결하기 위해서는 다시 '복잡한 인증제도'의 도입이 필요하게 된다. ☞ 인증 방식이 복잡하게 되면 청소년, 재외동포 등 인증소외 계층이 발생하게 되며, ☞ 이로 인해 정보격차 증대, 산업발전 저해, 사회적 비용증가 등의 문제가 발생한다.

(3) 악의적 이용자 통제는 어려워지면서 다수 선의의 이용자 불편은 증가

악의적인 이용자는 통제를 피할 수 있는 방법을 찾음으로써 규제를 회피한다. 예를들어 단어 변형을 통해 금칙어를 회피하거나 타인명의 도용이나 가상IP를 통해 악의적 이용사실을 은폐하고 있다. 반면에 다수의 일반 이용자는 강화된 인증을 해야하는 복잡한 과정을 거치거나 명의도용의 피해자가 될 수도 있고 금칙어로 인하여 희망하고자 하는 표현이 원천적으로 차단된다.

(4) 획일적 규제로 서비스 다양성 및 소비자 선택권 훼손

각 기업이 서비스 다양성을 확보하고 소비자의 선택에 따라 시장에서 판단되어야 할 것들도 획일적인 서비스를 강요함으로써 서비스 다양성에 기반한 자유로운 기업 경쟁을 방해 당하고 있는 실정이다. 이러한 불필요한 사회적 비용증가와 이를 기업에 전가하는 현상은 인터넷 산업의 장기적 발전의 가장 큰 저해 요인이 될 수 있다.

Ⅴ. 인터넷 부작용의 사회적 해결을 위한 제언

1. 인내를 가지고 시민사회의 자정 능력을 신뢰해야

인터넷은 기본적으로 이용 주체간의 의사소통에서 파생된 공간이므로 인위적인 문제 해결보다는 이용자들의 공감 형성이 무엇보다 중요하다.

이용 주체들의 경험과 자율적 토론 속에서 인터넷 이용 규범에 대한 공감대를 만들어 가는 것이 근본적이고 지속 가능한 대안을 만들어 나가는 지름길이다.

2. 부작용간의 길항관계가 존재하므로, 사회적 합의가 무엇보다도 중요

개인정보보호, 프라이버시 보호, 표현의 자유, 이용자 책임의 강화, 정보접근성 등 다양한 가치가 인터넷상의 실제 모습에서는 근본적으로 충돌하고 있다.

따라서, 시민사회 내의 폭넓은 합의가 전제되지 않는다면, 정책은 다른 부작용으로 인하여 좌초될 수 있다.

3. 안전한 인터넷의 문제는 사회 공동의 문제

인터넷은 참여와 토론 속에서 참여 민주주의의 발전, 사회/문화적인 경쟁력 강화, 문화 다양성을 통한 창의성 함양 등 높은 순기능을 가지고 있다.

인터넷은 이미 대다수의 국민이 사용하고 있으며, 이용자에게 매우 많은 자유와 책임을 부여하는 것은 '인터넷의 순기능'을 만들어 가는 원동력이다.

인터넷 부작용의 해결은 기업, 행정기관, 입법기관, 사법기관, 시민사회, 교육기관 등이 함께 해결해 가야하며, 각자의 위치에서 알맞은 역할을 수행해야 한다.

사법기관: 사이버범죄에 대한 인식제고, 현행법내의 엄정한 판단, 사회적 기준 마련.

행정기관: 신속한 피해구제 및 사회적 교육 시스템 마련을 위한 재정적·행정적 지원.

입법기관, 시민사회: 다양한 가치 충돌을 조정하고, 사회적 합의를 도출.

교육기관: 정규교과에 올바른 인터넷 사용 문화에 대한 교육과정 신설.

기업: 합리적인 토론 문화를 위한 서비스 개선, 이용자 계몽.

4. 기술의 발전을 저해하지 않고, 역차별 받지 않는 규제

Web 2.0으로 불리어지는 새로운 인터넷 기술과 문화적인 동향은 1) 이용자 중심싱에 기반하여 이용자의 컨텐츠 생산을 더 강화히는 방향으로 진행중이며, 2) 기업의 컨텐츠 소유 구조에서 이용자의 컨텐츠 소유 구조로 전화되고 있다.

한편, FTA 등 국가간 자유무역협정으로 인해 일국 차원의 규제는 점차 실효성을 상실하게 될 우려가 있다.

따라서 일국내 규제가 타국의 기업에도 동일하게 미치도록 실효성을 확보하지 못하게 된다면 결국 국내 기업은 타국의 기업에 비해 역차별 받는 상황에 이르게 되어 기업의 국제 경쟁력뿐만 아니라 국내 경쟁력 또한 약화될 것으로 예상된다.

5. 인터넷 기업의 책임과 역할 및 산업 특성을 명확히 할 필요가 있음

기존의 유선망 기반의 전기통신사업법과 정보통신망법은 포털 등 정보미디어 산업을 단순히 부가통신사업자 정도로 바라보고 있어 기업 및 인터넷 서비스 특성에 맞는 책임과 역할, 진흥의 방향을 부여하지 못하고 있어 이로 인해 사안별로 단기적, 단편적 규제만이 양산될 우려가 있다.

따라서 이용자 중심의 서비스인 인터넷 기업의 특성에 부합하는 규제의 원칙과 철학을 정립하고 적용해 나갈 필요성이 있다.

제 3 절 포털과 언론, 그리고 웹2.0과 UCC

이 한 기*

Ⅰ. 올드미디어와 뉴미디어, 속도와의 전쟁

미디어의 변화 발전은 '속도'에 민감하게 조응해왔다.

똑같은 정보 전달이라면, 속도가 승패를 좌우한다. 올드 미디어의 주축 가운데 하나인 종이 신문도 시간과의 전쟁 속에서 성장해왔다. 언론계에서 흔히 말하는 '시간차 특종'도 뉴스의 내용만큼이나 전달 속도가 중요하다는 사실을 말해준다.

독점적인 뉴스 컨텐츠를 '정확하게', '더 빨리' 전달하는 건 미디어의 숙명에 가깝다. 순간에서 주간, 주간에서 격일간, 격일간에서 일간, 조간과 석간 등 신문의 발전은 속도와 비례해왔다. 그건 비단 신문 간의 경쟁뿐만이 아니다.

라디오·TV 등 오디오·비디오 매체가 신문과 잡지 등 전통적인 활자 매체에 비교우위를 갖게 된 데에도 '속도'를 빼 놓을 수 없다. '속도를 지배하는 자가 세상을 지배한다'는 광고 카피나, '빠른 놈이 느린 놈을 이긴다'는 스피드 경영론은 미디어 전쟁에서도 중요한 키워드다.

신문과 방송 등 전통적인 매체와, 인터넷을 기반으로 한 뉴미디어와의 경쟁에서도 '속도'를 빼놓고는 이야기하기 어렵다. 인터넷 미디어가 전통적인 매체에 비해

---

* 오마이뉴스 뉴스게릴라본부장.

상대적으로 시간과 공간적인 제약이 덜 하다는 인터넷 미디어의 장점은, '속도'에서 비교우위를 점하고 있기 때문에 가능한 일이다. 속도를 기준으로 한다면, 신문에 비해 경쟁우위를 가졌던 방송의 장점이 인터넷 미디어와 비교해서는 약점으로 작용하기도 한다.

'속도와의 전쟁'은 여기서 그치지 않는다. 같은 인터넷 공간에서도 뉴스 컨텐츠의 '속도 전쟁'은 빠르게 진화하고 있다. 〈오마이뉴스〉·〈프레시안〉 등 독립 인터넷 미디어와 〈조선닷컴〉·〈동아닷컴〉·〈한겨레〉 등 신문사닷컴은, 수십 · 수백 개의 뉴스CP(Contents Provider)를 거느린 '뉴스 유통업체' 포털과의 경쟁에 직면해 있다.

또한 인터넷 미디어와 포털과의 뉴스 경쟁 1라운드에서는 이미 포털이 승리를 거뒀다. 자본력을 바탕으로 구입한 다량의 컨텐츠가 결국 개별 인터넷 미디어와의 속도 경쟁에서 이겼기 때문이다. 신문과 방송은 물론 인터넷 매체 등 대부분의 언론사 뉴스 컨텐츠를 독점한 포털과의 경쟁은 이미 결과가 예측된 불공정한 게임이었다. 시시비비를 따지기 이전에 이 경쟁에서도 '속도'는 중요한 무기였다.

아직 전면화되지는 않았지만, 게시판과 블로그 포스트 등 개별 오피니언(1인 미디어)과 포털 뉴스와의 경쟁도 앞으로 눈여겨 볼 대목이다. 정보의 신뢰성은 전자가 크게 뒤지지만, 정보 전달의 속도에서는 크게 앞서고 있기 때문이다. 미디어에서는 확인한 뒤 내보내야 하는 첩보 수준의 정보들을 '날 것'으로 유통하는 1인 제작 컨텐츠는, 정보 신뢰성을 어떻게 높여 내느냐에 따라 속도와의 전쟁에서 또다른 인터넷 강자로 떠오를 가능성이 있다.

Ⅱ. 웹2.0과 UCC

최근 인터넷 업계의 최고 인기 키워드는 단연 'UCC'와 '웹2.0'이다.

UCC(User Created Contents · 사용자 제작 컨텐츠)와 웹(Web)2.0의 기저에는 '자발성'과 '개방성'이라는 인터넷의 근본 속성이 녹아 있다. UCC가 소프트웨어적인 측면이 강하다고 한다면, 웹2.0은 하드웨어적인 측면이 두드러진다. UCC는 컨텐츠를 중심으로 하고, 웹2.0은 플랫폼이 강조되기 때문이다.

웹2.0 전도사라고 불리는 IT 칼럼니스트 김중태씨는 〈오마이뉴스〉와의 인터뷰에서 웹2.0에 대해 다음과 같이 정의했다.

"초기에 네티즌들은 정보를 소비하기만 하는 존재였지만 지금은 스스로 제작한 콘텐츠(UCC)를 서로 공유하고 확대재생산하고 있게 됐습니다. 이것이 바로 웹2.0의 대표적인 특징입니다. 그래서 저는 웹2.0을 '좀더 행복한 삶을 위한 웹의 변화 욕구의 실천과 관련된 현상'이라고 정의하고 싶습니다."

김중태씨의 정의에 따르면, 웹2.0은 사용자들의 새로운 욕구를 만족시키는 플랫폼으로서의 웹, 사용자들의 자발적인 참여와 협동작업의 웹, 한층 더 사용자 중심적인 웹 등으로 설명할 수 있다.

오프라인에 대입해보자면, 웹2.0은 이마트와 홈플러스 같은 유통에 가깝고 UCC는 개별 상품에 비유할 수 있다. 상품의 질이 좋다는 것과 효율적인 유통망을 갖고 있다는 것은 '필요조건'이지 '필요충분조건'은 아니다. 양자가 제대로 된 결합을 할 때 비로소 소비자들을 만족시킬 수 있는 '필요충분조건'을 갖췄다고 할 수 있을 것이다.

'힘 있는' 대형 유통업체는 제품에 대한 가격 결정력을 갖는다. 제조-유통업체간의 갑을관계도 당사자의 파워에 따라 결정되지 고정된 틀이 깨진 지 오래다. 물론 독과점이랄지, 소비자 장악력이 센 소수의 제품군과 기업을 제외하면 그렇다는 것이다. 필요할 경우에는 유통업체가 직접 자체 브랜드(Private Brand)로 제품을 만들기도 한다.

반대의 경우도 마찬가지다. 진입장벽이 두텁고 소비자 장악력이 센 제품군이나 그것을 생산하는 기업은 유통업체와의 관계에서 '갑'의 위치를 점유한다. 파워가 셀수록 가격결정력과 유통업체에 대한 선택권이 강화된다. 상황에 따라서는 유통업체를 끼지 않고, 자체 유통망을 만들어 소비자와 접촉하기도 한다.

UCC를 제조업체, 웹2.0을 유통업체에 비유한다면, 온라인과 오프라인의 작동 메커니즘이 흡사하다는 걸 알 수 있다. 이와 더불어 웹2.0과 UCC는 각각의 영역에서, 또 서로의 관계에서 무경계(borderless) 현상이 나타나고 있다. 여기에서 기존의 '경계'란 독점과 폐쇄, 인위적인 선긋기를 뜻한다.

Ⅲ. 포털 검색서비스의 UCC, 그 허와 실

포털의 검색 서비스에서 UCC의 중요성이 부각된 건 최근의 일이다.

불과 몇 년 전, 야후는 디렉토리 검색으로 선풍적인 인기를 끌었다. 우리나라에서는 1세대 검색이다. 그 다음으로 치고나온 것이 엠파스의 자연어 검색이다. 단어가 아닌 문장을 입력해도 그에 맞는 검색 결과를 보여준다고 해서 자연어 검색이라고 불렀다. 이 때까지만 해도 검색과 UCC는 그리 밀접하지 않았다.

현재 검색의 대명사처럼 돼버린 네이버의 지식 검색이 등장하면서 UCC는 각광을 받았다. 제 3 세대 검색이다. 지식 검색은 '묻고 답하는' 방식의 '지식in' 서비스를 뼈대로 한다. 이전 〈인터넷한겨레〉가 서비스했던 '디비딕'과 같은 방식이다. 다만, 묻는 이나 답하는 이 모두 네티즌들이다. 스스로 묻고 스스로 답을 해주는 자발적인 '멘토' 방식이다.

그러나 지식 검색이 등장한 지 3-4년이 지나자 차츰 '지루해 하는' 분위기가 역력하다. 신뢰할 수 있는 답변은 대개 뉴스 컨텐츠나 사전 등에 실린 내용을 퍼온 것에 지나지 않기 때문이다. 네티즌들의 발랄함을 엿볼 수 있는 독창적인 UCC는 가뭄에 콩나듯 한다. 혹자는 지식 검색을 'Copy&Paste'라고 비판하는 것도 이 때문이다.

인터넷 트렌드에 민감한 전문가들 사이에서는 게시판이 제 4 세대 검색이 될 것이라고 한다. 게시판이 일정한 틀 안에 갇힌 제 3 세대 검색의 한계를 뛰어넘을 것이라는 전망이다. '게시판 검색'은 좁은 의미의 게시판으로만 한정된 것은 아니다. 넓게는 블로그의 포스트 등 다양한 컨텐츠들이 포함된다. 적어도 제 3 세대 검색에 비해 독창적인 창작물이라는 비교우위를 전제로 한다.

이처럼 UCC는 검색과도 조응하며 변화 발전하고 있다. 이런 가운데 '무늬만' UCC이지 사실상 'U펌C(이미 만들어진 다른 이의 컨텐츠를 단순히 전달하는)'에 가까운 '유사 UCC'와의 차별성이 도드라지기도 한다. 물론 전문적인 '컨텐츠 퍼오기'를 전제로 한 일부 seeding site도 외국에선 또다른 인기를 누리고 있다. 그러나 여기에서는 단순한 U펌C가 아니라 '평가'와 '토론'이라는 커뮤니티적인 기능이 중요한 역할을 한다.

검색 결과가 다양해지다보니, 블로그나 카페 등에 올려진 포스트나 게시글도 포털에서는 UCC의 영역으로 부각되고 있다. 그러나 이 또한 적지 않은 단순 U펌C와 중복되는 문제가 여전하다. 지식in이건 블로그나 카페의 글이건 간에 '뉴스 컨텐츠'의 재활용이 적잖은 비중을 차지하고 있다. 이는 선순환적인 '원 소스 멀티 유즈'가 아니라 악순환적인 '원 소스 멀티 유즈' 방식이다. 컨텐츠 생산이 아니라 컨텐츠 유포·확산의 기능만을 수행하는 것이다.

네티즌들이 검색 결과에 흥미를 보이고, 뉴스 컨텐츠를 소비하는 것은 '새롭고' '다양한' 정보를 얻기 위함이다. 그런 면에서 볼 때 '유사 UCC'를 확대 재생산하는 포털의 뉴스·정보 유통방식은 '악화가 양화를 구축하는' 부작용을 낳을 가능성이 농후하다. 또한 이런 방식이 만연할 경우, 새로운 컨텐츠 개발에도 질곡으로 작용하기 쉽다. 또한 저작권과 관련한 분쟁을 낳을 소지도 크다.

뉴스 유통업체인 포털이 공룡화되면서, 뉴스 컨텐츠를 생산하는 제조업체인 언론사들이 위축되고 있다.

네이버는 뉴스CP로부터 하루 8,000여 개의 뉴스 컨텐츠를 제공받는다고 한다. 이 가운데 절반 이상의 뉴스 컨텐츠가 중복되는 '붕어빵 컨텐츠'라고 한다. 이는 언론사들의 출입처와 보도자료 위주의 뉴스 생산 방식 때문이다. '창의적인' UCC가 아니라 단순 정보전달인 셈이다. 심지어 포털 전송용 기사만 생산하는 인터넷 미디어까지 등장하는 기현상이 벌어지고 있다. 좋게 이야기하자면 '맞춤형 서비스'이지만, 비판적으로 본다면 '포털 하청업체'인 셈이다.

이렇다보니 계약관계에서 사실상 포털이 '갑(甲)'의 입장, 뉴스CP인 언론사가 '을(乙)'의 입장에 서 있다. 뉴스 컨텐츠의 생산·유통 관계에서 '재주는 곰이 넘고, 돈은 사람이 가져가는' 현상이 발생하고 있다. 이같은 전도 현상이 지속된다면, 뉴스 컨텐츠의 질적 발전은 요원할 수밖에 없다. 또한 뉴스 유통업체인 포털 또한 질 높은 뉴스 컨텐츠를 서비스받기 어렵다.

제 4 절　인터넷 뉴스미디어 현황 및 이용연구

성　동　규*

1. 문제제기

인터넷에 대한 접근성과 개방성, 인터넷 공간이 지니는 다양성에 대한 사회적 기대와 가능성이 높아짐에 따라 인터넷 이용자들의 인터넷 미디어 의존도 역시 높아지고 있다. 이에 다양한 인터넷 미디어가 전달하는 각종 정보는 현대 사회의 정치적·문화적 그리고 일상적 삶에 커다란 영향력을 발휘하고 있으며, 이를 둘러싼 사회적 쟁점사항 역시 다양하게 표출되고 있다. 특히 한국사회의 경우 포털사이트의 뉴스전달 기능이 기존의 매체를 압도함에 따라, 인터넷 저널리즘이 지니는 고유한 특이성에 따른 다양한 현상 및 문제점이 발생하고 있다. 예컨대, 뉴스의 범위 및 내용, 뉴스의 형태, 뉴스 제작 방식, 저널리스트의 역할 등이 변화하고 있으며, 뉴스기사의 신뢰성 및 질적 저하의 문제가 제기되고 있다. 또한 황색 저널리즘, 정크 저널리즘의 확산이 우려되기도 한다. 더불어 뉴스 수용자의 위치 또한 변화했는데, 인터넷 미디어 이용자들이 단순한 정보 수용자의 위치를 벗어나 생산자의 위치로 발전함에 따라, 다양한 법률적·윤리적 문제가 확산되고 있다.

이처럼 인터넷 미디어가 사회 전반에 미치는 영향력이 급증하고 있는 현 상황 속에서, 특히 포털사이트를 중심으로 한 뉴스의 생산 및 수용 방식이 변화하고 있

* 중앙대학교 신문방송학부 교수.

는 상황 속에서, 인터넷 미디어의 사회적 기능과 그와 관련된 사회적 책임에 대한 논의가 필수불가결한 문제로 대두되고 있다. 이는 변화된 미디어 환경과 이용자 문화를 고려한 새로운 미디어 정책의 수립 필요성을 의미한다. 따라서 이러한 사회적 필요성을 충족시키기 위한 사전 작업으로서, 인터넷 미디어와 인터넷 미디어 이용자에 대한 보다 심층적인 분석이 요구된다. 뉴스를 생산하고 전달하는 인터넷 미디어의 방식과 현황을 각 유형별로 살펴보고, 여기서 발생하는 문제점을 점검하며, 나아가 이용자들의 이용태도 및 실태를 분석함으로써, 인터넷 미디어를 위한 적절한 정책적 대안을 모색하기 위한 기반을 마련해야 한다.

따라서 본 연구에서는 우선적으로 혼재하고 있는 다양한 인터넷 미디어에 대한 개념 및 범주를 명확히 하고, 인터넷 미디어의 등장에 따른 변화된 언론환경을 점검하고자 한다. 이미 주지하고 있듯이 인터넷 뉴스 미디어의 등장과 대중화는 뉴스생산 및 전달의 기존 방식을 변화시키고, 나아가 뉴스가치와 소비방식 또한 변화시키고 있다. 이에 언론환경의 변화를 인식하고, 그 인식을 토대로 유형별로 구분되는 인터넷 미디어의 운영현황과 뉴스 제작의 특징을 분석할 필요가 있다. 또한 다양한 인터넷 미디어의 유형에 따른, 인터넷 미디어에 대한 이용자들의 이용실태 및 만족도, 그리고 이용태도를 조사·분석하여 이용자들의 전반적인 이용현황을 이해하고자 한다. 나아가 이상의 분석을 토대로 인터넷 뉴스 미디어의 생산 및 소비방식에서의 문제점을 밝히고자 하며, 이를 통해 인터넷 미디어의 사회적 기능과 책임을 강화하고 변화된 언론환경에 적합한 정책적 대안을 모색하기 위한 근거를 마련하고자 한다. 이를 위해 다음과 같은 연구문제를 설정하였으며, 이의 해결을 위해 전문가조사와 이용자조사를 병행하였다.

연구문제 1. 인터넷 뉴스 미디어의 특성은 무엇이며, 저널리즘 패러다임을 어떻게 변화시키고 있는가?

연구문제 2. 인터넷 뉴스 미디어의 범주는 어떻게 구분되며, 발전과정에서 나타난 문제점은 무엇인가?

연구문제 3. 인터넷 뉴스 미디어 이용자의 이용태도 및 이용방식은 어떠하며, 그에 따른 문제점은 무엇인가?

연구문제 4. 인터넷 뉴스 미디어 현황 및 이용에 따른 문제점의 대안은 무엇인가?

2. 이론적 논의

(1) 인터넷 뉴스 미디어의 특성 및 유형

미디어란 커뮤니케이션, 즉 의사소통 과정에서 수신자와 송신자 사이의 정보이동을 매개하는 매개물을 의미한다. 따라서 다양한 형태의 메시지를, 다양한 방식으로 소통 가능하게 하는 '네트워크의 네트워크'인 인터넷 역시 미디어라 할 수 있다. 특히 인터넷은 이제 단순히 개인적인 수준에서 정보를 생산하고 소비하며 축적하는 단계를 넘어서 뉴스전달의 역할을 수행하는 언론 매체, 즉 저널리즘의 기능을 수행하는 주요한 뉴스 미디어로 그 영향력을 확장시켜 나가고 있다. 여기서 저널리즘이란 공적이거나 시사적인 이슈를 취재 혹은 편집하여 신문, 잡지, 방송 등을 통해 보도, 논평, 해설하는 활동을 말한다. 이러한 정의에 따르면, 온라인 저널리즘은 정치, 경제, 사회, 문화, 시사 등에 관한 보도, 논평 및 여론 등을 전파하기 위한 목적으로 인터넷이라는 가상공간을 통해 전문적으로 정보를 제공하는 저널리즘이라 말할 수 있다(박선희, 2002, 155면). 따라서 인터넷 뉴스 미디어는 온라인 저널리즘 활동을 펼쳐 나가는 인터넷 미디어를 의미한다. 그리고 이러한 인터넷 뉴스 미디어는 인터넷의 기술적 속성에 따른 미디어적 특이성, 즉 하이퍼미디어(hypermedia)로서 하이퍼텍스트(hypertext)와 멀티미디어(multimedia)적 특성을 지니며, 나아가 이러한 특징은 뉴스 형식과 내용, 취재 및 보도 환경, 기사 구성방식과 전달방식, 그리고 소비방식의 변화를 야기한다.

인터넷 뉴스 미디어의 특성에 따라, 인터넷 뉴스 미디어를 통해 뉴스를 획득하고자 하는 이용자들의 목적도 변화하게 된다. 즉 이전 뉴스 미디어와는 달리, 서로간의 의견교환을 주목적으로 하는 이용자의 등장도 가능하며, 탐색적 뉴스검색에 목적을 두는 이용자도 나타날 수 있다. 따라서 인터넷 뉴스 미디어에 대한 연구가 '환경감시의 기능'만을 이용 동기로 설정하고 이루어져서는 부족함이 나타날 것이다. 기존 연구들을 살펴보면, 인터넷의 주이용은 정보 수집, 업무나 학업상의 필요 및 교육 등이었고 정보추구 동기가 가장 큰 비율을 차지하였다. 주로 이용하는 사이트는 검색엔진과 온라인신문 등이었다(김경란, 1997; 설재순, 1998). 모리스와 오간(Morris & Ogan, 1996)은 인터넷(혹은 온라인) 미디어가 미디어 패러다임의 혁명적 전환을 가져올 수 있는 많은 가능성을 보이는 이유를 상호작용성(interactivity)을 갖기 때문이라고 보았다.

한편 온라인 저널리즘은 오프라인 미디어와 인터넷 미디어간의 산업적 및 뉴스생산체계 간의 관계를 근거로 '오프라인 종속형'과 '온라인 독립형', '포털사이트형'의 3가지 구분으로 분류할 수 있다(성동규, 2006, 130면). 여기서 '오프라인 종속형'은 오프라인 신문사나 방송사 및 잡지사에 종속되어 있거나, 혹은 오프라인 신문사 및 방송사, 잡지사로부터 외형적으로는 독립된 법인으로 존재하지만 기사의 취재와 작성 등의 측면에서 오프라인 미디어에 의존하는 인터넷 뉴스 미디어를 의미한다. '온라인 독립형'은 인터넷에서만 뉴스를 서비스하는 인터넷 미디어를 의미한다. 마지막 '포털사이트형'은 앞서 언급한 오프라인 종속형 미디어나 온라인 독립형 미디어의 틀 안에서 규정지을 수 없는 제 3 의 뉴스로 〈다음〉, 〈네이버〉, 〈야후〉와 같은 포털사이트에서 제공하는 뉴스를 말한다(윤호진, 2001). 이와 같은 3가지 유형은 오프라인 미디어와 인터넷 미디어간의 산업적 및 뉴스생산체계 간의 관계를 근거로 한 구분으로서 멀티미디어적 속성을 지니는 인터넷 미디어의 특징을 고려해 볼 때, 기존의 매체별 유형구분보다는 이와 같은 구분이 보다 적절하다 할 수 있다.

이러한 인터넷 뉴스 미디어의 구분에 따라, 유형간 관계에 대한 분석의 필요성이 제기된다. 김재영(2002)의 연구에 따르면 상호작용성이나 정보의 다양성 등 인터넷 활용 기재 측면에서 오프라인 종속형의 인터넷 미디어 뉴스나 온라인 독립형의 인터넷 미디어 뉴스가 유의미한 차이가 나타나지 않는 것으로 밝혀졌다. 다시 말해 앞서 언급한 인터넷 뉴스 미디어의 특성들이 서비스 유형에 따라 크게 다르지 않다는 것이다. 하지만, 이동근(2004)의 연구결과에 의하면 뉴스 서비스 유형의 차이로 인해 온라인 독립형 인터넷 미디어인 오마이뉴스는 오프라인 종속형 인터넷 미디어인 언론사닷컴(조선닷컴, 조인스닷컴, 동아닷컴)에 비해 보도의 다양성이 높다는 연구결과가 나타났다. 그러나 이러한 인터넷 뉴스 미디어의 유형구분에 따른 구체적 이용자 실증 분석은 미흡한 실정이다. 앞서 언급한 것처럼 인터넷이라는 미디어 특성으로 인해 미디어의 일괄적 메시지송출보다는 이용자의 선택이 중요시된 지금의 상황에서는 무엇보다 이용에 기반한 인터넷 뉴스 미디어별 문제점 및 대안에 대한 연구가 시급할 것이다.

(2) 포털사이트 뉴스의 저널리즘적 특징과 영향력

포털(portal)의 사전적 의미가 '입구' 혹은 '관문'을 뜻하나 인터넷에서 포털이라는 개념은 사전적 의미와는 다소 상이하여 한 마디로 정의하기가 쉽지는 않다. 인터넷 포털사이트는 인터넷 이용자들이 인터넷에 접속한 후 처음으로 연결되는 출입 사이트를 의미한다(남상신 · 윤영옥, 1999, 30-31면). 기존의 포털사이트는 검색기능을 중심으로 발전해 왔으나 최근 몇 년 사이 이메일을 비롯하여 블로그 기능 및 각종 뉴스정보를 제공하고 있으며, 특히 이용자 개인별 특성에 맞춰 정보를 걸러낸 맞춤정보서비스까지 제공하고 있다. 이는 포털사이트가 목적지로 이동하기 위한 관문의 기능뿐만 아니라 모든 서비스를 제공하는 토털(total)사이트의 개념으로 확장되고 있다는 것을 의미한다(김화동, 2002).

이와 같은 포털사이트의 특징은 흔히 5C로 표현되기도 한다. 즉, PPP 인터넷 접속 및 E-mail 기능을 제공하는 등 인터넷 연결서비스를 의미하는 "Connection," 뉴스나 날씨 주식, 오락, 게임 등과 같은 각종 정보를 의미하는 "Contents," 동호회나 게시판, 대화방 등 공동체를 의미하는 "Communication," 전자결제, 증권, 주식거래 등과 같은 상거래를 의미하는 "Commerce," 다수의 고정고객 확보를 위한 개인화를 의미하는 "Customization" 등 5가지로 특징으로 분류되어지고 있다. 특히 최근에는 편리성(convenience), 일관성(coherence) 등의 특징이 추가되는 경향을 보이고 있다(한국전산원, 2000, 148면).

한편, 최근 들어 인터넷 이용자들이 이메일이나 채팅, 혹은 홈페이지 제공 등과 같은 다양한 인터넷 기능에 대한 제공보다는 사이트의 컨텐츠를 중시하는 경향에 따라, 전자상거래나 특정 분야의 내용을 전문적으로 다루는 전문사이트의 이용이 점점 증가하는 추세에 있다(아이비즈넷, 2000). 하지만 국내에서는 아직까지 다양한 기능제공의 검색엔진 업체의 포털사이트들의 점유율이 높은 상황이다(김화동, 2002). 이러한 높은 점유율은 뉴스 컨텐츠 이용에 있어서도 유사하다. 언론사 닷컴 이용자수의 증가현상은 둔화되고 있는 반면에 포털사이트 뉴스 이용자들은 점차 증가하고 있다(코리안클릭, 2004). 특히 대표적인 포털사이트라 불리는 '미디어 다음'과 '네이버'의 경우 2005년 6월 기준으로 하루 평균 약 2,300만-2,500만여 명의 방문자를 확보하고 있고, 이는 포털사이트 뉴스의 이용으로 이어지고 있다. 인터넷 뉴스 시장에서 포털사이트 뉴스의 위상과 그 영향력이 급증하고 있음을 의미한다.

따라서 이와 같은 상황에서 오프라인 종속형과 온라인 독립형에 비해 포털사이트 뉴스가 인터넷 이용자들의 뉴스 미디어로 급부상하고 있는 이유가 무엇이며, 포털사이트 뉴스의 어떠한 특징들이 인터넷 이용자들을 뉴스 소비자로 유인하는지, 이것이 인터넷 뉴스 이용자들의 이용행위에 미치는 영향에 대해 주목할 필요가 있다.

포털사이트 뉴스의 특성은 쌍방향성으로 인한 적극적 이용자의 부상, 뉴스 제공자와 시민기자로의 확장, 선택권의 확대, 컨텐츠 분량의 무제한성, 하이퍼텍스트성, 컨텐츠 보존성, 멀티미디어 컨텐츠 제공(컨텐츠 특성)을 들 수 있다(박성희 · 박수미, 2005). 또한 접근의 편리성, 정보원의 다양성, 속보성, 그리고 뉴스의 유연성 역시 포털사이트 뉴스의 특징이다.

우선, 포털사이트 뉴스는 접근이 편리하여 이용자의 높은 집중성을 보유한다. 인터넷 이용자들 대부분이 포털사이트의 주 고객이며, 인터넷의 시작 페이지 역시 대부분 포털사이트다. 뿐만 아니라 다른 인터넷 페이지로 이동했다 하더라도 정보검색 혹은 정보서비스를 위해서는 언제든지 포털사이트로 다시 복귀해야 하는 이른바 '허브효과' 때문에 인터넷 이용자들의 대부분이 포털사이트의 주 고객이 될 수밖에 없다. 또한 이용자들은 포털사이트의 서비스를 이용하려고 접속했다가 손쉽게 접할 수 있는 포털사이트 뉴스를 이용하게 된다. 더구나 포털사이트 뉴스는 타 컨텐츠와는 달리 실시간으로 업데이트되고 있기 때문에 상대적으로 타 컨텐츠에 비해 이용자들의 시선을 주목하는 효과가 높다고 할 수 있다(이은진, 2005). 즉, 포털사이트 뉴스는 위치상의 대중성으로 인해 접근성 면에서 우선권을 가진다. 포털사이트가 신문사 닷컴, 방송사 뉴스사이트 등과 같은 오프라인 종속형이나 온라인 독립형에 비해 뉴스 소비구조가 유리하고, 수십 개에 달하는 통신, 신문 및 방송사의 다양한 컨텐츠를 실시간으로 제공받음으로써 사용자 편의성, 속보성, 정보력을 지니게 되는 것이다(최정훈, 2005, 13면).

둘째, 인터넷의 기술적 기반 자체가 뉴스 이용자들이 단순히 뉴스를 수동적으로 소비하는 것이 아닌 뉴스 소비과정에서 능동적이고 활발한 참여를 유도한다. 포털사이트 뉴스는 이러한 인터넷의 기술적 기반을 활용해 정보 표현 방식에 있어서 사용자와 접점을 극대화하는 방향으로 서비스를 개발해 나가고 있다(최정훈, 2005). 예컨대 각종 게시판, 토론방, 댓글 등에서 개별 이용자들의 적극적인 클릭과 읽기, 적극적인 글쓰기 등이 나타나고 있으며, 나아가 포털사이트는 다른 인터넷 미디어에서 실행하고 있는 '시민기자'의 영역을 보다 확장시키고 있다. 개인 블로그에 작성된 사적인 글들을 뉴스화하기도 하고, 이용자들이 생산하는 뉴스 컨텐츠를 따로 모아 별도의 섹션을 구성하기도 한다. 이용자들이 직접 생산하는 뉴스 컨텐츠인 UCC(User Created Contents)는 포털사이트의 뉴스 컨텐츠 생산방식, 뉴스 소재 및 주제, 그리고 글쓰기 방식을 변화시키는데 커다란 영향을 미쳤다. 이러한 특징은 포털사이트의 다양한 컨텐츠와 충성도 높은 대규모 이용자를 보유한 허브 매체로서 포털사이트의 기본 속성과 맞물리면서 포털사이트 뉴스가 새로운 형식의 온라인 저널리즘으로 성장할 수 있는 원동력이 되고 있다(조숙현, 2005).

셋째, 포털사이트 뉴스의 또 다른 중요한 특징은 '재매개' 혹은 '편집'의 측면일 것이다. 일부 포털사이트에서는 자체적으로 취재 팀을 꾸려 직접 뉴스를 생산하고 있지만, 엄밀한 의미에서 보면 대부분의 포털사이트는 제공받은 수많은 미디어의 수많은 뉴스 중 일부를 선택해서 제시하는 '재매개' 저널리즘을 실천한다. 여기서 재매개가 중요한 것은 포털사이트가 뉴스를 소비하는 최종 수용자와의 접점에서 뉴스 자체를 대상으로 선택과 공시를 통한 매개의 고유한 권한을 수행하기 때문이다. 그리고 이러한 포털사이트의 재매개 활동은 포털사이트가 뉴스의 핵심 기능인 '게이트키핑'을 수행하고 있음을 의미한다. 특히 포털사이트가 수행하는 저널리즘 기능은 생산 단계에서의 의제설정이나 프레이밍 외에, 수용자의 뉴스 소비과정에서 발생하는 '의제 소비의 선차성'을 결정짓는 데 커다란 역할을 수행한다. 달리 말하자면 포털사이트는 특정 의제를 생산한다기보다는 특정 의제의 소비를 선도한다. 그리고 이러한 의제 소비의 선차성은 기성 매체에서 생산된 특정 의제가 포털사이트에서 걸러져, 다시 기성 매체에서 중요하게 다루어지는 '재의제화' 경향을 낳기도 한다(임종수, 2005, 17면).

3. 인터넷 뉴스 미디어의 유형별 현황 및 문제점

인터넷 미디어 관련 전문가를 대상으로 한 설문조사와 기존 연구조사 결과를 토대로 인터넷 뉴스 미디어의 운영현황과 뉴스생산체계 및 방식, 피해접수 사항 및 처리방법 등을 살펴보았다.

우선, 인터넷 뉴스 미디어의 일반현황 및 운영실태와 관하여 두드러지는 특징은 포털사이트에 대한 높은 이용자 집중성이다. 포털사이트는 언론사 닷컴이나 방송사 닷컴, 온라인 독립형 미디어의 배에 달하는 순수방문자수를 기록하고 있는데,

이는 포털사이트가 지니는 '허브효과'와 접근의 용이성, 대중성 때문인 것으로 파악된다. 또한 인터넷 뉴스 미디어들이 제공하고 있는 뉴스 컨텐츠 중에서 가장 조회수가 많은 뉴스 기사는 스포츠・연예 관련 뉴스였으며, 다음으로는 사회 관련 뉴스로 나타났는데, 기존 연구결과에 따르면 사회 관련 뉴스 중에서도 흥미위주의 단순 사건・사고에 관한 기사가 높은 조회수를 보이고 있는 것으로 나타났다. 이는 포털사이트를 비롯한 인터넷 뉴스 미디어들의 뉴스 연성화에 대한 문제점을 보여주는데, 이와 같은 결과를 기존에 포털사이트를 대상으로 실시한 모니터 조사・분석결과와 결부시켜 본다면 더욱 중요한 사실을 발견할 수 있다. 즉 이 연구결과에 따르면, 포털 3사(네이버, 네이트, 다음)가 제공하고 있는 뉴스박스의 고정기사 중 연예부문 기사와 스포츠 부문 기사가 높은 비중을 차지하고 있었다. 포털사이트의 의제설정 기능이 이미 충분한 사회적 효력을 발휘하고 있음을 전제할 때, 뉴스의 연성화를 초래하는 포털사이트의 사회적 책임을 신중히 고려해 보아야만 할 것이다.

다음으로 인터넷 뉴스 미디어의 인력과 제휴업체를 조사한 결과, 적게는 4명에서부터 많게는 30명의 취재 및 편집 기자가 근무하고 있는 것으로 나타났으며, 제휴업체는 적게는 1개의 업체에서 많게는 100개의 제휴업체를 지니고 있는 것으로 나타났다. 대체로 오프라인 종속형 미디어의 경우에는 제휴업체가 많지 않았나, 포털사이트의 경우에는 많은 제휴업체로부터 기사를 제공받고 있었다. 여기서 문제는 평균 70-80개의 제휴업체로부터 하루 수천건에 달하는 기사를 제공받고 있는 포털사이트의 경우, 대개 15-20명의 편집인들이 그 많은 기사들을 선별 및 배치하고 있다는 점이다. 따라서 적은 인력으로 기사의 가치를 제대로 파악하고, 문제의 소지가 있는 기사를 배제한다는 것은 거의 불가능한 일이라 볼 수 있다.

한편, 인터넷 뉴스 미디어의 뉴스 생산 체계 및 방식에서 나타나는 특징은 이미 주지하고 있듯이 포털사이트의 뉴스 '재매개' 방식과 오프라인 종속형 미디어의 자사 오프라인 미디어에 대한 높은 의존도라 할 수 있다. 특히 연합뉴스에 대한 의존도는 포털사이트뿐 아니라 오프라인 종속형 미디어에서도 비교적 적지 않게 나타났는데, 이는 인터넷 뉴스 미디어들의 뉴스 동질화를 야기하는 원인이 될 수도 있다. 더욱이 다른 기존 연구결과에서는 포털사이트 뉴스 박스의 고정기사 중 출처가 연합뉴스인 기사가 가장 큰 비율을 차지하고 있는 것으로 나타났다. 또한 인터넷 미디어들의 뉴스 컨텐츠 제공방식을 살펴본 결과, 대부분의 응답자들이 자사 오프라인 미디어의 기사를 원문 그대로 게재하거나 제휴사 및 통신사의 기사를 원문 그대로 게재한다고 응답했다. 그러나 포털사이트의 뉴스 박스에 게재된 뉴스 제목을 원제목과 비교한 기존의 조사결과에 따르면, 동일한 제목의 기사를 사용하는 경우는 전체의 14.5%에 그치는 것으로 나타났다. 대부분 기사의 제목을 부분 수정하거나(72.8%), 전면 수정하고(12.6%) 있으며, 때로는 원래의 기사 의도나 주제와는 전혀 상관없이 자극적이고 선정적인 제목을 사용하고 있는 것으로 나타났다.

다음으로 뉴스 기사를 선별 게재 및 편집할 때, 뉴스 유형별로 가장 중요하게 생각하는 뉴스의 가치는 정치 · 국제 · 사설 · 이슈 및 토론 부문 뉴스의 경우에는 '시사성'을 꼽았고, 문화 · 스포츠 · 연예 뉴스의 경우에는 '흥미성'을 꼽았다. 그리고 포털사이트의 뉴스 기사 중 헤드라인 기사나 '핫 이슈' 선정 방법으로는 '가장 많은 조회수'를 이야기했다.

마지막으로 뉴스 기사와 관련하여 이용자들로부터 접수된 피해신고 현황을 조사한 결과, 명예훼손에 관한 신고 건수가 가장 많은 비중을 차지했다. 그 밖에 지적재산권이나 욕설, 비방과 같은 인격권 침해에 대한 피해도 더러 있었으나 그 사례는 빈번하지 않은 것으로 나타났다. 반면 포털사이트의 경우 오보 · 허보, 프라이버시, 지적재산권에 대한 피해 신고가 있었으며 욕설이나 비방과 같은 인격권침해와 관련한 신고 건수도 가장 많은 것으로 나타났다. 그러나 포털사이트의 경우 언론중재법의 규제 대상이 아니기 때문에, 언론보도로 인해 경험하게 되는 다양한 피해를 제대로 처리하고 책임질 수 있는 방안이 모호한 실정이다.

4. 인터넷 뉴스 미디어의 이용실태 및 문제점

본 연구에서는 인터넷 뉴스사이트 이용과 관련한 실태조사를 위해 무작위표본에 의한 인터넷 뉴스 이용자 2,777명을 대상으로 인터넷 뉴스 미디어 이용자 프로파일 조사와 이용실태 조사, 그리고 인터넷 뉴스 미디어에 대한 인식 조사를 실시하였다. 더불어 인터넷 뉴스 미디어를 이용하는 방식과 동기에 따라 이용에 있어서의 차별점도 살펴보았다. 이러한 분석결과 무엇보다도 인터넷공간에서의 뉴스사이트 이용에 대한 체계적이고 유기적인 정책적 관여가 필요함을 도출하였다. 즉 인터넷공간에서의 뉴스사이트 이용에 대해, 기존 오프라인의 언론보다 더 영향력이 크다고 대부분의 사람들이 인식하고 있으며, 특히 포털사이트의 뉴스섹션에 대한 활용 빈도 및 의지가 매우 높게 나타난 것과는 달리, 그러한 이용에 따른 피해 또는 정보에 대한 책임 규명에 있어서는 매우 미흡하다는 조사결과가 도출되었다. 사람들은 인터넷 언론의 영향력을 높게 생각하고 있으며, 많은 부분 오프라인보다 인터넷 공간을 통한 뉴스 획득에 주력하고 있는 현실이다. 그러나 현재의 법적 규제로는 그러한 활용도가 높은 인터넷 뉴스사이트에 대한 제재가 이루어질 수 없는 상황을 인지한다면, 언론의 의미에 대한 재개념화를 통해 포털사이트 및 독립형 뉴스사이트에 대한 건전한 활용이 이루어지도록 정책적인 접근이 시급하다고 생각된다.

인터넷 뉴스사이트 이용에 관하여 구체적으로 살펴보면 다음과 같다. 인터넷 초기화면의 90%가 포털사이트일 정도로 습관성과 편리성에 의한 포털 뉴스의 이용이 증가하고 있는 추세이다. 그 결과 뉴스를 접하는 매체에 있어서도, 인터넷 > 방송 > 신문 > 라디오 순으로 나타났으며, 인터넷 내에서는 포털 > 신문사이트 > 독립형 > 방송사이트 순으로 조사되었다. 구체적으로 전체 조사대상자의 43%가 신문사 뉴스사이트를 활용하고 있었으며, 정확하고 심층적이며 신속한 기사를 접근하기 위해 이용하고 있는 것으로 조사되었다. 방송사이트는 전체의 33%가 이용하고 있었으며, 동영상 뉴스 및 뉴스 외의 다른 방송서비스를 이용하다가 우연히 접하게 되는 경우가 많이 나타났다. 독립사이트는 17% 정도의 조사대상자가 이용하고 있었으며, 전문적인 뉴스·정보 획득을 위해 이용하고 있고, 포털사이트는 전체 조사대상자의 83% 정도가 이용하며, 흥미로운 뉴스를 접하기 위해 주로 접근하는 것으로 나타났다.

한편 인터넷 공간의 뉴스에 대한 인식에서는 대체로 포털 뉴스도 언론으로 생각하고 있으며, 인터넷리터러시의 강화가 필요함을 인식하고 있었다. 그리고 이러한 인식은 인터넷을 많이 이용할수록 강하게 나타나고 있었다. 또한 인터넷 뉴스미디어의 댓글과 토론방 등을 통한 여론형성의 가능성에 대해서도 긍정적으로 인식하고 있었다. 그러나 실제 행위에 있어서는 주로 핫이슈에 대한 댓글 남기기 정도에 그치고 있을 뿐, 본인의 생각을 주도적으로 밝히거나, 토론방을 활용하여 이슈에 대한 사회적 합의를 이끌어나가는 행위는 미흡한 것으로 보인다. 기사 작성에 있어서도 전문기자만이 아니라 일반인이 뉴스를 제작하는 것도 의미 있다고 생각하고 있어서 시급히 언론의 의미에 대한 재고찰이 필요함을 알 수 있다.

또한 인터넷 뉴스의 중요 가치에 대해서는 신속한 보도/정확한 보도/정보원 신뢰성 등이 가장 중요한 것으로 인식하고 있었으며, 공론장 제공/멀티미디어성/뉴스 흥미성/영향력 있는 사설/선정성의 배제 등은 상대적으로 덜 중요한 것으로 고려되고 있었다.

조사대상자들의 향후 인터넷 뉴스사이트의 지속적 이용의사에 대해서도 조사하였다. 그 결과 포털 >신문사 >방송사 >독립형 순으로 이용의사를 나타나고 있으며, 특히 독립형과 신문사 인터넷뉴스에 있어서는 여성보다 남성의 이용의사가 강하게 나타나고 있었다. 그리고 이러한 지속적 이용의사에 대해 인터넷 뉴스의 이용동기가 미치는 영향수준을 살펴보기 위해 회귀분석을 시도하였으며, 분석결과 포털 뉴스의 이용의사에는 다양성 요인의 영향력이 가장 높게 나타났고, 정보성 요인은 부적 관계에 있었다. 반면에 다른 유형의 이용의사에는 정보성 요인이 대체로 밀접한 관계로 나타나고 있다. 습관적 요인의 경우는 포털에만 긍정적이었고, 다른 유형에는 부적 관계 또는 유의미하지 않은 것으로 측정되었다. 독립형의 경우는 상대적으로 참여성 요인이 밀접한 영향관계에 있었다. 한편 이용방식요인이 향후 이용의사에 미치는 영향을 회귀분석으로 분석한 결과, 포털사이트의 이용에는 습관적 접근요인과 일상적 추구요인이 정적 영향을 미치고 있었으며, 능동적 활용요인은 오히려 부정적인 영향관계에 있었다. 반면에 독립형 뉴스사이트의 이용에는 능동적 활용요인이 강한 긍정적 영향을 미치고 있었다. 방송사 뉴스사이트에도 능동적 활용요인의 영향력이 크게 나타났으며, 신문사 뉴스사이트의 경우는 일상적 추구요인이 강하게 영향을 미치고 있었다.

마지막으로 인터넷 뉴스 미디어의 유형별 문제점에 대해서는 신문사이트가 내용의 불공정과 잦은 개인 피해 등이 지적되었고, 방송사이트의 경우는 연예-오락 중심과 질의 응답이 어렵다는 점에서 많은 문제제기가 나타났다. 독립사이트의 경우는 공신력 부족과 정보제공자의 불분명 등이 가장 큰 문제점으로 나타났고, 포털사이트의 경우는 무엇보다도 연예-오락 중심적인 내용과 선정적인 내용이 문제인 것으로 나타났다. 그리고 모든 유형에서 잦은 개인피해가 문제점으로 높게 인식되고 있었다. 즉 인터넷 뉴스사이트에서는 개인적 피해사항에 대한 고려가 전반적으로 부족함을 알 수 있다. 이러한 인터넷 이용시 겪는 피해에 대한 상담/신고 경험은 전체 조사대상의 4.8%가 경험이 있다고 응답하였다. 주로 해당 사이트 고객센터를 이용하고, 이메일 방식을 활용하며, 피해유형은 개인정보 유출과 언어 폭력이 많이 나타나고 있었다.

이상의 분석결과, 인터넷 뉴스사이트의 이용에 관해서 예측하기 위해서는 단순히 일반적 인구통계학 변인을 가지고 접근하기보다는, 인터넷 뉴스를 이용하려는 동기가 무엇인지, 그리고 인터넷을 이용하는 수준이 어떤한지에 따른 차별적 접근이 필요할 것으로 보인다. 그리고 앞서 언급한 정책적 논의에 있어서도 그러한 특성을 고려하여 사이트 운영자의 책임을 강화하고, 이용자의 참여를 높일 수 있는 대안을 모색하여야 할 것이다.

5. 결 론

인터넷 뉴스 미디어의 등장과 대중화는 기존 저널리즘의 개념 및 환경을 변화시켰고, 나아가 뉴스의 가치 및 이용방식을 바꾸어 놓았다. 뉴스의 생산 방식 및 전달방식, 뉴스의 내용 및 형식, 뉴스의 가치, 기자의 위상 및 역할, 기사작성법, 뉴스의 이용방식 및 태도 등에서부터 언론이 행해왔던 사회적 기능과 역할에 이르기까지 많은 것들이 변화하고 있다. 특히 포털사이트의 뉴스 서비스 실시와 대중화는 저널리즘의 환경 변화를 본격적인 궤도에 올려놓고 있다. 포털사이트는 기존의 대중매체가 수행해왔던 언론의 의제설정기능과 여론형성기능을 효과적이고 광범위하게 실행하면서 다양한 사회적·법적·윤리적 논쟁지점 및 문제점을 낳고 있다. 이상에서 살펴본 연구 결과를 토대로, 인터넷 뉴스미디어들의 문제점을 살펴보면 다음과 같다.

우선 가장 먼저 지적될 수 있는 문제점은 포털사이트를 둘러싼 언론 및 저널리즘 개념의 재개념화의 문제이다. 본 연구 결과에서도 나타난 것처럼, 개정된 신문법과 언론중재법에서 포털사이트를 언론미디어로 규정하고 있지 않지만, 그와는 별도로 실질적으로 포털사이트는 언론의 기능을 수행하고 있다. 또한 그것이 미치는 사회적 파급력은 다른 인터넷 미디어에 비해 월등히 크다고 할 수 있다. 이미 살펴본 바처럼, 인터넷 미디어 중에서 포털사이트가 가장 높은 순수 방문자수를 기록하고 있으며 이용자 조사 결과에서도 거의 대부분의 이용자들이 포털사이트를 통해 뉴스를 접하고 있었다. 이용자들의 인식조사 결과에서도 많은 사람들이 포털사이트를 비롯한 인터넷 미디어의 언론기능을 높게 평가하고 있었고, 그것이 미치는 사회적 영향력 역시 높게 생각하고 있었다. 그러나 포털사이트가 미치는 사회적 영향력을 고려하지 않은 현행 언론법은 포털사이트의 언론보도로 인한 피해 및 정보에 대한 사회적 책임을 간과하고 있다. 포털사이트가 타 언론미디어의 뉴스를 '재매개'하고 있는 것은 사실이지만, 다양한 뉴스를 선별하고 배치함으로써 편집권을 행사하고 있는 것 역시 사실이다. 더욱이 어느 언론미디어보다도 사회적 의제를 설정하고 여론을 형성하는 데 포털 미디어가 커다란 영향력을 발휘하고 있음을 감안할 때, 포털사이트의 저널리즘 행위에 대한 적절한 개입과 규제가 요구된다 하겠다. 이미 포털사이트를 통해 경험되는 피해사례가 적지 않게 나타나고 있고, 포털사이트가 원 기사의 제목을 편집하여 문제를 야기하는 사례도 나타나고 있는 만큼 포털사이트의 편집권을 비롯한 언론행위에 대해 재고찰해야만 한다. 요컨대 언론의 의미에 대한 재개념화를 통해 포털사이트 및 독립형 뉴스사이트에 대한 건전한 활용이 이루어지도록 사회적 책임과 의무를 명시한 정책적인 대안이 모색되어야 한다.

둘째, 인터넷 미디어와 관련한 또 다른 문제는 뉴스의 연성화에 따른 사회적·정치적 무관심의 증가라 할 수 있다. 포털사이트에 대한 이용자 집중성은 뉴스 소비 방식 및 태도, 그리고 언론의 사회적 역할에도 영향을 미치고 있다. 본 연구 조사결과에서도 나타났듯이, 포털 뉴스의 이용은 온라인 독립형 미디어나 오프라인 종속형 미디어와는 달리 능동적이고 적극적으로 정보를 추구하고 탐색하는 과정이라기보다는 습관적인 방식을 통해 이루어지고 있었다. 또한 이용 동기에 있어서도 흥미로운 뉴스를 접하기 위해 포털사이트의 뉴스를 소비하는 것으로 나타났다. 이러한 사실은 앞서 살펴본 인터넷 뉴스 미디어의 뉴스 컨텐츠 현황과도 결부시켜 생각해볼 수 있다. 즉 포털사이트가 연예 혹은 스포츠 관련 부문 기사와 같은 연성화된 뉴스를 주요 이슈로 선정한다는 연구결과를 고려할 때, 이는 한편으로는 뉴스의 연성화를 초래하고 다른 한편으로는 일반 시민들의 사회에 대한 무관심을 초래한다고 할 수 있다. 달리 말하자면 사회를 이해하고 분석하는 세계를 바라보는 창으로서의 언론 기능을 수행한다기보다는 흥미위주의 가십만을 전달하는 기능만을 수행하고 있는 것이다. 따라서 포털사이트를 비롯한 인터넷 미디어의 올바른 언론 기능과 사회적 역할을 고민하고, 이용자들의 건강한 뉴스 소비 방식 및 태도를 고양시킬 수 있는 방안이 모색되어야 할 것이다. 더불어 인터넷 미디어 조직 내에서 뉴스 선별 기준과 편집 방침을 신중히 고민해야만 한다.

셋째, 인터넷 뉴스 미디어가 언론의 역할과 기능을 제대로 수행하기 위해 해결되어야 할 또 다른 과제는 인력의 문제이다. 특히 포털사이트는 평균 70-80개의 제휴업체로부터 하루 수천건에 달하는 기사를 제공받고 있으나, 대개 15-20명의 편집인들이 그 많은 기사들을 선별 및 배치하고 있다. 따라서 적은 인력으로 기사의 가치를 제대로 파악하고, 적절히 배치하며, 오보를 비롯한 다양한 윤리적·법적 문제의 소지가 있는 기사를 배제한다는 것은 거의 불가능한 일이라 볼 수 있다. 따라서 합리적인 인력 구성과 배치가 요구되며, 나아가 정례화된 기자교육을 통해 기사의 질을 확보할 수 있어야 한다. 이러한 문제는 다른 측면에서 기사의 다양성을 확보하기 위한 방안과 더불어 진행되어야 한다. 연합뉴스에 대한 높은 의존도는 인터넷 뉴스의 동질화를 야기하고 있다. 따라서 인터넷 뉴스 미디어들의 자체 생산 비율을 높이기 위한 인력 확보 방안도 역시 고려되어야 할 것이다.

마지막으로 인터넷 뉴스 미디어를 통해 발생하는 다양한 법적·윤리적 피해사항들을 효율적으로 접수하고 관리하며 해결할 수 있는 창구가 마련되어야 한다. 대부분의 인터넷 미디어들은 이메일을 통해 상담을 접수하거나, 피해접수 사례가 많지 않다는 이유로 피해사항을 접수하고 처리하는 창구를 개설하고 있지 않다. 그러나 현실과는 달리 이용자들은 명예훼손, 프라이버시 침해, 욕설 및 비방으로 인한 모욕감 등과 같은 다양한 인격권 침해를 경험하고 있었다. 그리고 인터넷 미디어들이 이러한 문제점을 해결하기 위해 적절한 방안을 모색해야 한다고 인식하고 있었다. 따라서 인터넷 뉴스 미디어들은 다양한 법적·윤리적 문제점들을 해결하기 위한 상담 및 처리 창구를 마련하고, 나아가 이러한 문제점들이 사전에 방지될 수 있는 언론보도 규약 및 윤리강령을 만들어야 할 것이다. 또한 문제가 발생했을 때 정정보도, 반론보도 등과 같은 기본 방침을 마련해야 한다. 특히 포털사이트의 경우, 현재 수준에서는 기사에 대한 법적 책임이 없으나 원 기사에 대한 정정 및 반론보도가 게재되었을 때 원 기사와 동일한 사회적 효력을 발휘할 수 있도록 의식적으로 노력해야만 할 것이다.

참고문헌

권상희 (2004), 인터넷미디어 뉴스형식(News Form)연구: 온라인 저널리즘의 기사 구성 방식 비교를 중심으로, 한국방송학보, 18-4호, 306-357면.

김사승 (2003), 인터넷이 신문저널리즘에 미친 영향에 대한 기자들의 인식연구: 신문저널리즘의 취재보도활동 차원에서, 한국언론학보, 47-1호.

김재영 (2002), 인터넷 뉴스 사이트 유형별 비교분석: 상호작용성과 정보형태의 다양성을 중심으로, 한국방송학보, 통권 16-3호, 135-166면.

김화동 (2002), 인터넷 포털사이트들의 포지셔닝 이미지 차이에 관한 연구, 한국광고학보, 4-1호, 123-145면.

나스미디어 (2005), Netizen Profile Research.

박선희 (2002), 대안언론으로서 온라인 저널리즘의 가능성, 언론과학연구, 2-3호.

박성희 · 박수미 (2005), 포털뉴스 제공자와 이용자간 상호지향성 연구, 한국언론정보학보, 제30권, 1-33면.

박성희 · 최준호 (2004), 인터넷 이용동기와 이용 행태 간 상관관계에 대한 탐색적 비교연구. 한국과 미국의 네티즌을 대상으로, 한국언론학보, 48-4호, 243-393면.

박정희 (2001), 다매체 시대의 매체별 신뢰도 분석: 온라인과 전통 매체의 변별요소—뉴스의 사회성, 한국방송학보, 15-3호, 129-154면.

반현 (2003), 인터넷 뉴스 미디어의 신뢰도에 관한 실험 연구, 한국방송학보, 17-2호, 207-231면.

성동규 (2006), 사이버커뮤니케이션, 세계사.

성동규 (2006), 인터넷 뉴스 미디어 현황과 이용실태 및 문제점에 관한 연구, 인터넷진흥원.

아이비즈넷 (2000), 포털사이트의 경쟁상황.

안동근 (1999), 인터넷 시대의 수용자: 능동성 개념을 뛰어넘어, 김정기 · 박동숙 외, 매스미디어와 수용자, 서울: 커뮤니케이션북스, 306-326면.

윤영철 (2001), 온라인 저널리즘과 뉴스 패러다임의 변화, 사이버커뮤니케이션학보, 제7권.

윤호진 (2001), 온라인 저널리즘의 뉴스보도방식과 실천원리에 관한 연구, 성균관대학교 박사학위논문.

이동근 (2004), 온라인 뉴스 미디어의 다양성에 관한 일고찰: 정보원 및 프레임 분석을 통하여, 한국언론학보, 48-4호, 218-243면.

이은진 (2005), 포털 환경에서의 인터넷 뉴스 이용행위에 관한 연구: 인터넷 뉴스 장르와 뉴스 사이트 이용유형을 중심으로, 이화여자대학교 신문방송학과 석사학위논문.

임종수 (2005), 포털 미디어 재매개에서의 뉴스 소비: 하나의 탐색적 연구, 한국방송학보, 19-2호, 8-39면.

조숙현 (2005), 이용과 충족 관점에서 본 포털사이트 뉴스의 이용행태, 경북대학교 대학원 신문방송학과 석사학위논문.

코리안클릭 (2004), 미디어 사이트 이용행태 분석보고서.

황용석 (2005), 포털저널리즘에 관한 이론적 고찰—포털뉴스의 언론적 특성과 그 영향,

언론중재위원회 2005년 정기세미나.

Atkin, d., Jeffres, L., & Neuendorf, K. (1998), Understanding Internet Adoption as Telecommunications Behavior, *Journal of Broadcasting & Electronic Media, 42(4)*, 475-490.

Barnhurst (2002), *The Content of Reports on U.S. Newspaper Internet Sites*, The Joan Shorenstein Center: Harvard University.

Heeter, C. (2000), Interactivity in the context of designed experiences. *Journal of Interaction Advertising, 1(1)*, [Online], Available: jiad.org/vol1/no1/heeter/index.html.

John Pavlik (1997), The Future of Online Journalism, *Columbia Journalism Review*, July/August

Korgaonkar, P. K., & Wolin. L. D. (1999), A multivariate analysis of web usage, *Journal of Advertising Research*, 39(2), 53-68.

Lin. C. A. (1999), Online-service adoption likelihood, *Journal of Advertising Research*, March/April 1999, 79-89.

Livingstone, S. (1999), New media, new audience? *New Media & Society, 1(1)*.

Morris, M. & Ogan, C. (1996), The Internet as Mass Medium, *Journal of Communication*, 46(1), 39-50.

제 5 절 인터넷신문 관련 신문법 개정안의 취지

변 희 재*

민주당의 이승희 의원실은 인터넷신문 관련 신문법 개정안을 제출했다. 현행 신문법 제 5 조에 규정된 인터넷신문의 개념은 다음과 같다.

"'인터넷신문'이라 함은 컴퓨터 등 정보처리능력을 가진 장치와 통신망을 이용하여 정치 · 경제 · 사회 · 문화 · 시사 등에 관한 보도 · 논평 · 여론 및 정보 등을 전파하기 위하여 간행하는 전자간행물로서 독자적 기사 생산과 지속적인 발행 등 대통령령이 정하는 기준을 충족하는 것을 말한다."

이 내용 중 '독자적 기사 생산'이라는 문구 하나 때문에 인터넷 상에서 막강한 영향력을 행사하는 포털 사이트와 종이신문 온라인닷컴사는 이 법에서 제외되었다. 이승희 의원실의 개정안은 '독자적 기사 생산' 부분을 삭제하고, 이에 신문법 제10조 독자권익 보호조항으로 "인터넷신문의 경우 불공정거래 행위를 방지하고 언론의 사회적 책임을 다하기 위해 대통령령이 정하는 기준에 따라 뉴스면 비율을 50% 이상 유지해야 한다"를 추가하고 있다. 이 개정안이 발표되자 다양한 비판이 쏟아졌다.

---

* 미디어비평가 · 미디어빅뉴스 대표.

1. 포털을 규제하기 위하여 억지로 신문법에 포함시켰다?

2004년 10월 열린우리당의 입법안에는 '독자적 기사생산' 조항이 없었다. 그러다 인터넷신문협회와 인터넷기자협회 등이 강력히 요청하여, 포털을 배제시키기 위해 '독자적 기사생산'이라는 문구가 갑작스럽게 추가되었다. 이승희 의원실의 개정안은 포털을 억지로 포함시키려는 것이 아니라, 포털을 의도적으로 빼주기 위해 넣은 억지 문구를 삭제하여, 제대로 된 인터넷신문 개념을 법적으로 정리하기 위한 것이다.

2. 인터넷 신문만 반드시 독자적으로 기사를 생산해야 하는가?

신문법에 규정된, 일간지, 주간지, 월간지 등 여타의 매체에는 독자적 기사생산 조항이 없다. 이는 오직 포털을 빼주기 위해 인터넷신문 조항에만 첨가되어 있다. 모든 매체 중 유일하게 인터넷신문만 독자적 기사 생산이라는 조건을 넣어야 할 이유가 있는가? 이 조항을 첨가한 쪽에서는 전혀 이에 대해 답을 하지 못하고 있다.

설사 만약 독자적 기사생산이 그토록 중요한 것이라면, 독자적으로 기사를 생산하지 않는 인터넷신문은 영업을 해서는 안 될 것이다. 예를 들면 같은 등록사항인 비디오방의 경우 복도 넓이가 2미터 이상으로 명시되어 있다. 복도 넓이 2미터 이상이 되지 않으면 영업을 할 수 없다. 조건을 충족하면 등록해서 영업하고, 조건을 충족하지 못하면 등록없이 마음껏 영업할 수 있도록 한 현행 신문법의 인터넷신문 규정은 포털의 규제여부와 관계없이 개정되어야 한다.

현재 인터넷신문으로 등록하려면, 전체 기사 중 독자적으로 생산한 기사 숫자를 파악하여 관련 서류를 제출해야 한다. 그러니 100개 중 30개를 생산한 주간에는 인터넷신문이었던 것이 100개 중 29개를 생산한 주간에는 인터넷신문이 아니라는 우스꽝스러운 일이 벌어지고 있다.

3. 포털 전체가 언론이란 말인가?

인터넷사이트는 다양한 기능을 포함한다. 그리고 그 기능에 따라 관련법규의 적용을 받는다. 예를 들면 오마이뉴스의 경우 게시판 관리는 정보통신망법의 규정에 따라 게시물 삭제 여부 등을 관리받는다. 오마이뉴스의 전자상거래 부분은 전기통신사업자법 상 통신판매업으로 등록되어 관리된다. 또한 선거 기간 중에는 공직선거법 상의 인터넷신문 규정으로 심의를 받는다.

포털이 신문법에 포함된다는 의미는, 포털의 다양한 기능 중, 언론기능에 대해서 신문법으로 관리된다는 것을 뜻한다. 현재의 포털 역시 다양한 법으로 관리되고 있으며, 향후 검색, 이메일, 블로그에 대해서도 관련 법을 제정할 필요가 있다. 그러므로 포털이 신문법에 포함된다고 해서, 포털 전체가 언론이냐는 질문은 그 자체로 우문이다.

4. 신문법은 지원법이므로 포털을 제외시켰다?

대한민국 법 체계에서 지원의 의미를 담은 법은 '지원법'이라 명시되어 있다. 새마을운동지원법, 문화예술지원법 등이 그것이다. 신문법의 법명은 정확히 '신문등의기능과자유보장에관한법률'이다. 이 중에서 신문발전위원회 설치 중 극히 일부분만 지원에 관한 내용을 담고 있다. 설사 이 법이 지원법이라 포털을 제외시켰다고 한다면, 몇몇 매체들과 이익단체들이 지원금을 독식하기 위해 법안의 공공의 목적을 져버린 채 밀실야합으로 법안을 제정했다는 말이 된다.

5. 포털이 신문법에 포함된다고 해서 문제가 해결되는가?

포털은 현재 언론권력을 누리고 있으면서도 언론이 아니라는 말로서 그 책임을 회피하고 있다. 예를 들면 포털은 뉴스편집장이 누구인지 정확히 명시하지 않고 있고 섹션편집장들은 대부분 감추어져 있다. 포털에 올라온 기사에 대해 항의를 하려고 해도, 책임자가 명시되어 있지 않아, 전화통화 자체가 불가능하다. 포털이 현행 신문법에 등록되면 최소한 발행인, 편집인, 섹션 편집 책임자의 실명과 전화번호를 공개해야 한다. 이것 하나만으로도 포털의 언론 책임 부여에 큰 도움이 될 수 있다.

또한 포털 문제 전체가 해결되지 않는다 하더라도, 앞서 언급한 대로 '독자적 기사생산' 조항은 포털과 관계없이 삭제되어야 한다.

6. 뉴스면 비율 50% 의무 조항은 과도하지 않은가?

종이신문의 경우 암묵적으로 뉴스면 비율 50% 이상을 유지해야 한다는 가이드라인이 설정되어 있다. 실제로 언론개혁시민연대는 종이신문에 한해서 이 조항을 신문법에 첨가하려 했었다. 또한 방송은 뉴스와 교양프로그램 편성비율이 방송법에 규정되어 있다. 종이신문에서 뉴스면 비율은 단지 광고를 줄여서 공익에 부합하겠다는 취지밖에 없다. 반면 인터넷신문에서는 훨씬 더 중요한 의미를 지니고 있다.

포털이 언론권력을 장악하게 된 데에는 뉴스면이 초기화면 기준 20%도 채 안 되는 데서 비롯되었다. 나머지 80%의 면은, 무료이메일, 무료검색, 경품 이벤트, 게임, 엔터테인먼트 등 다양한 부대 서비스로 독자를 끌어모으는데 활용된다. 이렇게 모은 회원들이 포털을 방문할 때 어쩔 수 없이 뉴스를 보게 만드는 영업전략을 쓰고 있다.

현재 종이신문 온라인닷컴사들 역시 대부분 포털과 같은 블로그, 검색, 엔터테인먼트 서비스를 하고 있다. 예를 들면 조선닷컴과 네이버의 차이를 서비스로 구분할 수는 없는 것이고, 이들의 차이는 오직 뉴스면 비율 뿐이다.

인터네신문에서 뉴스면 비율 의무화는 공정경쟁을 위한 최소한의 가이드라인이다. 이 조항없이 대규모 서비스를 하는 포털과 인터넷신문은 경쟁 자체가 불가능하다. 만약 이 정도 조항이 과도한 규제라 한다면, 현재 종이신문이 받아들인 대부분의 규제도 풀어주는 것이 맞다.

7. 왜 신문에 대해서는 과도한 규제를 하고 있는가?

포털에 비하면 종이신문에 가해지는 규제는 비교할 수도 없다. 현행 신문법 상 30대 대기업은 신문을 소유 및 경영할 수 없다. 해외 자본에 대한 규제도 명확하다. 이에 반해 포털은 대기업이든 해외자본이든 마음껏 경영에 참여할 수 있다. 실제로 SK는 네이트를 소유 경영하고 있으며, 야후 코리아는 미국 야후가 대주주이다. SK가 네이트를 소유 경영하는 것이 아무 문제 없다면, 대체 삼성은 왜 중앙일보를 경영하면 안 되고, 한화는 왜 경향신문에서 손을 떼야 했는지 답을 할 수 있어야 한다.

또한 신문은 공정거래법 상의 신문고시와 신문법상 독자권익보호 조항으로, 경품과 무가지 제공에 규제를 받고 있다. 반면 포털은 무수한 무료 서비스와 경품 이벤트로 독자를 모으고 있다. 더구나 포털은 현재 신문이든 방송이든 그 어떤 매체 분야 사업에도 진출할 수 있다. 종이신문의 방송 등 여타 사업분야 진출이 사실 상 금지된 것을 감안하면 형평성에서 크게 어긋난다. 포털의 언론권력 장악행위를 법으로 규제하지 않는다면, 신문에 대해서는 모든 규제를 다 풀어주는 것이 논리적으로 적합하다.

8. 신문법 개정의 입법 효과?

포털이 타사의 뉴스를 편집 및 배치하기 시작한 것은 2002년 월드컵 전후로 추정되고 있다. 이승희 의원실의 입법안의 목적은, 뉴스를 취사선택하여 배치하는 행위가 언론의 주된 기능이므로, 포털이 현행 방식의 뉴스서비스를 지속하겠다면, 정정당당히 신문법에 등록하여 언론의 책임을 다하라는 것이다. 만약 포털이 이러한 책임을 다할 수 없다면, 뉴스편집 및 배치하는 행위를 중단하고, 2002년 이전의 포털처럼, 언론사들이 송고한 순서대로 보여주는 서비스만 해야 한다. 현재 웹2.0 기반의 새로운 뉴스포털 방식의 서비스를 제공하고 있는 wzd.com, starton.com 등의 모델을 검토하면, 포털의 자의적 뉴스 편집이 얼마나 부당한 권력을 누리는지 알 수 있다.

포털이 단지 뉴스를 유통할 뿐이라고 주장한다면, 위의 새로운 포털처럼 일체의 인위적인 편집은 포기해야 할 것이다.

第6절 포털의 언론성에 관한 소고

— 인터넷신문과의 비교를 중심으로 —

황 성 기*

Ⅰ. '포털의 언론성' 담론의 문제점

1. 포털과 언론성

최근 포털사이트가 뉴스서비스로 인해 전통적인 의미에서의 언론에 해당하는가의 문제가 관심의 주된 대상이 되고 있다. 소위 '포털의 언론성'에 관한 담론은 주로 기존의 언론기관(신문이나 방송)을 통해서 형성되고 있고, 일부 국회의원들이 언론 및 피해구제관련 법률들의 개정안 제안을 통해서 포털을 전통적인 의미에서의 언론에 포섭시켜 규제하려는 입법화를 시도하려고 하고 있다.

하지만 포털이 비록 뉴스서비스, 엄밀한 의미에서는 '뉴스전달서비스' 내지 '뉴스매개서비스'를 제공하고 있다고 하더라도, 전통적인 의미에서의 언론이라고 보기는 힘들다. 왜냐하면 전통적인 의미에서의 언론의 가장 큰 특징이자 여타 매체와의 차별성을 갖는 요소인 '독립적인 취재 및 기사제작' 및 '실질적·내용적 편집통제권'이라는 요소를 결여하고 있기 때문이다.

여기서 '독립적인 취재 및 기사제작'이란 자신의 인력과 예산을 투입해서, 독립

* 한양대학교 법과대학 부교수.

적인 취재스탭을 갖추고, 취재시스템을 통제함으로써, 자신만의 고유한 기사를 제작하는 것을 의미한다. 언론의 주요기능이 '객관적인 사실 보도'에 있다고 하더라도, 그 전제는 독립적인 취재 및 기사제작이라고 할 수 있다.

그리고 실질적·내용적 편집통제권이란 형식적인 정보매개를 넘어서서, 자신이 전달하는 정보의 내용에 자신의 일정한 이데올로기 내지 지향성을 담아내고 통제한다는 것을 의미한다.

위와 같은 독립적인 취재 및 기사제작, 실질적 의미에서의 편집통제권은 포털 뉴스서비스에서는 보기 힘들다. 왜냐하면 포털의 뉴스서비스는 자체적으로 독립적인 취재 및 기사제작을 하는 것이 아니라,[1] 단지 기존의 언론(방송, 정기간행물, 뉴스통신, 인터넷신문)이 취재·제작한 기사를 포털이용자가 쉽게 접근할 수 있도록 '전달' 또는 '매개'하는 서비스이기 때문이다. 또한 자신이 전달하는 정보의 내용에 자신의 일정한 이데올로기 내지 지향성을 담아내고 통제한다고 보기 힘들기 때문이다.

결론적으로 포털 뉴스서비스를 전통적인 의미에서의 언론과 동일시하는 것은 포털 뉴스서비스의 특성을 감안하지 못한 인식이라고 할 것이다.

2. 포털 뉴스서비스와 인터넷신문

(1) 인터넷신문의 법제화의 의미

포털 뉴스서비스는 '기능'적인 측면에서는 차이가 있음에도 불구하고, 외형적인 '형태'에서는 인터넷신문과 다소 유사하다고 할 수 있다. 따라서 포털 뉴스서비스가 전통적인 의미에서의 언론으로 볼 수 있는가의 문제 혹은 인터넷신문과의 차이점을 분석하기 위해서는, 인터넷신문이 현행 신문법과 언론중재법의 제정을 통해서 법제화된 의미, 개념정의와 관련된 문제점 등을 간단하게 살펴볼 필요가 있다.

일반적으로 인터넷신문에 대한 이해는 다양할 수 있겠지만, 대개 일상적으로 우리가 사용하는 인터넷신문이란 '인터넷'과 '신문'이라는 용어의 합성어로서, 정보의 제 1 차적 뉴스제공자가 웹상에서 하루 1회 이상의 정보내용을 갱신하여 여론을

1) 요즘 일부 대형 포털사이트도 자체적인 기사제작기능을 수행하기도 한다. 예컨대 Daum이 대표적인 경우이다. 물론 자체적인 기사제작기능을 수행하는 한, 포털사이트도 신문법 및 언론중재법상의 인터넷신문의 개념에 포섭될 여지는 있고, 실제로 Daum의 뉴스서비스는 신문법의 적용을 받고 있는 것으로 알고 있다.

전달할 목적으로 발행하는 전자적 형태의 신문(electronic newspaper)이라고 파악될 수 있다.[2] 다시 말하면, 발행방식이 오프라인에서의 인쇄물의 형태를 취했던 전통적인 의미에서의 '신문'이, 그 기능은 그대로 유지한 채 다만 발행방식이 인터넷이라는 새로운 매체를 이용하고 있는 것이라고 할 수 있다.

그런데 2005. 1. 27. 법률 제7370호로 제정된 「언론중재및피해구제등에관한법률」(이하 '언론중재법'이라 한다)과 2005. 1. 27 법률 제7369호로 전문개정된 「신문등의자유와기능보장에관한법률」(이하 '신문법'이라 한다)은 기존의 오프라인 매체와 공존하고 있던 온라인매체 중에서 특히 이러한 '인터넷신문'을 법제화하기에 이른다. 인터넷신문의 법제화는 일단 다음과 같은 의미를 가진다고 할 수 있다.

첫째, 인터넷신문에 대해서도 오프라인상의 신문에 대해서 적용되었던 기존의 각종 언론'지원'정책이 적용된다는 것이다. 예컨대 신문법 제27조부터 제36조까지는 신문산업의 진흥을 위한 신문발전위원회의 설치와 구성 및 직무, 그리고 신문발전기금의 설치 및 조성, 용도에 관한 사항을 규정하고 있는바, 특히 신문발전기금의 지원대상에는 인터넷신문이 포함되는 것으로 해석된다.

둘째, 인터넷신문에 대해서도 오프라인상의 신문에 대해서 적용되었던 기존의 각종 언론'규제'정책이 적용된다는 것이다. 예컨대 신문법 제12조는 인터넷신문에 대해서도 등록을 요구하고 있고, 제21조부터 제25조까지 규정하고 있는 업무정지 및 등록취소제도도 인터넷신문에 대해서 적용되고 있다. 특히 동법 제40조 제 1 호는 등록을 하지 아니하고 인터넷신문을 발행하거나 공표한 자에 대해서는 형사처벌까지 부과하고 있다. 더 나아가서 신문법이 규정하고 있는 신문발전기금의 지원대상은 신문법상의 등록절차를 마친 인터넷신문에 국한되는 것으로 해석된다. 그리고 결정적인 것은 인터넷신문에 대해서 언론중재법상의 언론중재제도가 전면적으로 적용된다는 것이다.

결국 인터넷신문은 신문법과 언론중재법의 제정으로 인해 여론형성을 주된 목적으로 하는 '언론사' 내지 '언론기관'으로서의 법적 지위를 지니게 되었다. 예컨대 언론중재법 제 2 조 제 1 호는 '언론'의 개념을 "방송, 정기간행물, 뉴스통신, 인터넷신문"으

---

2) 이러한 인터넷신문의 특성으로는 시간적, 공간적 제약 없이 배포될 수 있다는 점, 진입장벽이었던 구축비용이 없어짐에 따라 신생기업들이 기사의 질만으로도 경쟁할 수 있는 환경이 조성되었다는 점, 기사가 디지털화되어 저장가능하고 이용이 편리하도록 가공할 수 있어 그 기용가치가 높다는 점 등이 거론된다. 문주영, "인터넷신문," 정보통신산업동향 2001-1, 정보통신정책연구원, 2001. 8, 25-26면 참조.

로 정의함으로써, 언론중재법이 적용되는 언론에 인터넷신문을 포함시키게 된다.

(2) 인터넷신문의 개념범위

1) 인터넷신문과 인터넷언론

신문법 제2조 제5호는 인터넷신문을 "컴퓨터 등 정보처리능력을 가진 장치와 통신망을 이용하여 정치·경제·사회·문화·시사 등에 관한 보도·논평·여론 및 정보 등을 전파하기 위하여 간행하는 전자간행물로서 독자적 기사 생산과 지속적인 발행 등 대통령령이 정하는 기준을 충족하는 것"으로 정의내리고 있다.[3] 한편 언론중재법 제2조 제8호는 인터넷신문을 "신문등의자유와기능보장에관한법률 제2조 제5호의 규정에 따른 인터넷신문"으로 정의내리고 있다. 결국 신문법상의 인터넷신문의 개념과 언론중재법상의 인터넷신문의 개념은 동일하다.

한편 인터넷선거보도심의위원회에 관한 규정인 공직선거법 제8조의 5는 인터넷언론사를 "정치·경제·사회·문화·시사 등에 관한 보도·논평 및 여론 등을 전파할 목적으로 취재·편집·집필한 기사를 인터넷을 통하여 보도·제공하거나 매개하는 인터넷 홈페이지를 경영·관리하는 자와 이와 유사한 언론의 기능을 행하는 인터넷 홈페이지를 경영·관리하는 자"로 정의하고 있다. 따라서 비록 공직선거법이 인터넷언론에 대한 직접적인 개념정의를 내리고 있는 것은 아니지만, 인터넷언론사의 개념정의에 비추어 볼 때, 공직선거법상의 '인터넷언론'개념은 "정치·경제·사회·문화·시사 등에 관한 보도·논평 및 여론 등을 전파할 목적으로 취재·편집·집필한 기사를 인터넷을 통하여 보도·제공하거나 매개하는 인터넷 홈페이지와 이와 유사한 언론의 기능을 행하는 인터넷 홈페이지"로 정의내릴 수 있다.

이러한 개념정의에 따르면, 사실 기존의 언론기관이 운영하는 사이트뿐만 아니라 인터넷상의 대부분의 포털사이트들도 인터넷언론사에 해당하게 된다. 더 나아가서 어떤 특정한 주제에 대한 여론형성이나 정보제공을 목적으로 운영되는 홈페이지나 사이트들도 인터넷언론사에 해당될 수 있다.

---

3) 동법 시행령 제3조(인터넷신문): 법 제2조 제5호에서 "대통령령이 정하는 기준"이라 함은 다음 각 호의 기준을 말한다. 1. 독자적인 기사 생산을 위한 요건으로서 취재 인력 2인 이상을 포함하여 취재 및 편집 인력 3인 이상을 상시적으로 고용하고, 주간 게재 기사 건수의 100분의 30 이상을 자체적으로 생산한 기사로 게재할 것. 2. 지속적인 발행요건으로서 주간 단위로 새로운 기사를 게재할 것.

2) 정　리

이상에서는 신문법상의 '인터넷신문'에 관한 개념정의, 공직선거법상의 '인터넷언론'에 관한 개념정의를 살펴보았는데, 주목을 요하는 것은 신문법상의 인터넷신문과 공직선거법상의 인터넷언론의 개념정의가 차이점을 드러내고 있다는 점이다. 즉 공직선거법상의 인터넷언론의 개념에는 '기사를 매개'하는 경우까지도 개념범위에 포함시키고 있다는 점이다. 따라서 일단 신문법상의 인터넷신문과 공직선거법상의 인터넷언론 간의 개념범위의 차이를 어떻게 이해하여야 하는가의 문제가 등장할 수 있다.

신문법상의 인터넷신문과 공직선거법상의 인터넷언론의 개념범위의 차이의 원인은 그 입법목적에서 발견할 수 있다. 즉 신문법은 "신문 등 정기간행물의 발행의 자유와 독립을 보장하고 정기간행물의 사회적 책임을 높여 언론의 자유신장과 민주적인 여론형성 및 국민의 복리증진을 도모하고 언론의 건전한 발전 및 독자의 권익보호에 기여함"을 목적으로, 그 외형적인 형태의 다양성에도 불구하고 기능적인 측면에서 전통적인 의미에서의 언론의 기능을 수행하는 언론기관의 보호와 규제를 위해서 제정된 법률이다. 따라서 신문법의 적용대상의 범위설정과 그 해석에 있어서는 기능적인 측면이 가장 중요한 요소가 된다. 하지만 공직선거법의 존립의의는 공직선거에 있어서의 '공정성확보'에 있기 때문에, 기능적인 측면 이외에도 '정보의 유통'이라는 요소를 고려할 수밖에 없다. 이러한 측면에서 공직선거법상의 인터넷언론이라는 개념이 '매개'의 경우까지 포함시킨 것은 일응 이해할 수 있다.

하지만 신문법상의 인터넷신문의 경우에도 '매개'의 경우까지 포함시키려는 것은 여러 모로 문제가 제기될 수 있다. 왜냐하면 그렇게 되는 경우에는, 인터넷신문의 개념이 포털의 뉴스서비스나 혹은 더 나아가서 일반적인 인터넷 컨텐츠유통과 차별적으로 정의될 수 없기 때문이다. 이러한 이유 때문에, 현행 신문법이 적용범위를 제한하기 위해서, '정치 · 경제 · 사회 · 문화 · 시사 등에 관한 보도 · 논평 및 여론, 정보 등의 전파'의 목적을 설정하고 있고, 또한 '발행의 지속성'이나 '기사생산의 독자성' 등과 같은 요소를 추가함으로써, 일반적인 인터넷 컨텐츠 내지 인터넷상의 일반적 정보유통과의 차별성을 상정하고 있는 것이다. 만약에 포털, 개인 홈페이지나 개인 블로그도 신문법상의 인터넷신문에 해당한다고 해석한다면, 이들 포털이나 개인 홈페이지, 개인 블로그에 대해서도 등록, 업무정지 및 등록취소제도가 적용될 가능성이 있는데, 이러한 경우는 인터넷상의 표현의 자유를 위축시킬 수 있는 위험성을 안고 있는 것으로 바람직한 현상이라고 볼 수 없다.

(3) 소 결

신문법과 언론중재법이 채택하고 있는 인터넷신문이라는 개념을 위와 같이 분석해 본 결과, 이들 두 가지 법률상의 인터넷신문이라는 개념은 그 외형적인 '형태'를 중심으로 파악되는 것이 아니라, 그것이 수행하는 '기능'을 중심으로 파악되고 있다는 점을 알 수 있다. 즉 '언론'으로서의 인터넷신문의 핵심적인 요소는 '형태'가 아니라 '기능'이라는 점이다.

이러한 맥락에서 신문법과 언론중재법에 의한 인터넷신문의 법제화는 '언론'으로서의 인터넷신문을 통한 피해발생시 피해자의 권리구체 차원에서 일단 그 의의를 발견할 수 있다. 즉 인터넷을 통하여 정치 · 경제 · 사회 · 문화 · 시사 등에 관한 보도 · 논평 · 여론 및 정보 등이 유통되고 있고, 실제로 많은 사람들이 이용하고 있으며, 정보제공과 여론형성이라는 기존 오프라인 신문의 기능과 동일한 기능을 수행하고 있으면서도, 한편으로는 정기간행물의등록에등관한법률의 적용을 받지 않고 전기통신기본법과 전기통신사업법의 규율을 받을 뿐이어서, 인터넷을 통한 공표로 인하여 피해를 입은 자가 반론보도청구를 할 수 없고 언론중재위원회의 간이한 권리구제를 받을 수도 없는 기존 법률상의 문제점 내지 법적 공백을 보완한다는 차원에서는 타당한 입법조치로 이해될 수 있다.

일반적으로 반론권으로 대표되는 언론중재제도의 존재의의는 언론으로 인한 일반인의 피해를 신속하게 구제하면서도, 동시에 언론보도의 공정성과 객관성을 향상시켜 언론보장을 더욱더 충실히 하기 위한 것으로 이해될 수 있다. 언론중재제도의 존재의의를 이렇게 인정하는 한, 언론의 발현형태가 오프라인매체이든 혹은 온라인매체이든 차별적으로 적용될 여지는 없을 것이다. 특히 인터넷신문의 개념을 '인터넷의 고유한 특성이 결여된 단지 기존 오프라인 신문의 다른 형태의 발간'으로 보는 경우[4]에는, 더욱 더 인터넷신문에 대해서 언론중재제도의 적용을 거부할 논리가 성립되지 않는다.

그러면 과연 포털의 뉴스서비스에 대해서도 위와 같이 인터넷신문에 적용되는

4) 예컨대 박선영, 언론정보법연구 Ⅰ — 21세기 표현의 자유 —, 법문사, 2002, 453면.

논리들이 적용될 수 있을까? 포털의 뉴스서비스는 기능적인 측면에서 신문법이나 언론중재법상의 인터넷신문과 차이가 분명히 난다. 즉 신문법이나 언론중재법이 인터넷신문을 법제화한 것은 기능적인 측면에서는 오프라인 상의 기존의 언론과 다르지 않지만, 법적 규율의 공백 속에 남겨져 있던 전자'신문'(electronic newspaper)을 법적 규율의 영역으로 포섭시키기 위한 것이었다. 그리고 신문법과 언론중재법의 존재의의는 '언론'으로서의 기능을 수행하는 매체에 대한 규제 및 지원, 피해구제를 규율하기 위한 것이다. 따라서 기능적인 측면에서 분명히 차이가 있는 포털의 뉴스서비스를 신문법이나 언론중재법의 규율대상에 포섭시키는 것은 입법정책적인 관점에서 '과잉포섭' 내지 '과잉규제'의 문제점을 드러낼 뿐만 아니라, 헌법적인 관점에서도 문제점을 노정시킬 가능성이 높다.

Ⅱ. 포털 관련 주요 법률 개정안의 내용 및 문제점

1. 포털 관련 주요 법률 개정안의 내용

2006년도에 국회의원들에 의해 국회에 정식으로 발의되거나 현재 제안되고 있는 포털 관련 주요 법률 개정안의 내용을 간단하게 살펴보면 다음과 같다.

대표발의 의원	개정안 명칭	발의일자	요지	내용
이승희	신문등의자유와기능보장에관한법률 일부개정법률안	2006.6.30 공청회	포털을 인터넷신문으로 포함	- '독자적 기사생산' 요건 삭제. - 포털 초기화면 50%이상 뉴스로 채울 것. - 불공정행위 방지(메일, 검색 등)
심재철	신문등의자유와기능보장에관한법률 일부개정법률안	2006.6.19	포털에 대한 언론책임 규정	- 인터넷포털의 정의를 방송·뉴스통신·신문·잡지·기타간행물의 기사를 인터넷을 통하여 상시적으로 보도·제공하거나 매개함으로써 언론의 기능을 행하는 인터넷홈페이지로 규정 - 인터넷포털사업자는 기사의 편성에 있어 자의적이거나 선정적인 편집을

				하여서는 아니 되고, 조회수를 조작하여서는 아니 되도록 규정하고 이를 위반하는 경우 1년 이하의 징역 또는 2천만원 이하의 벌금을 부과 - 인터넷포털사업자는 대통령령이 정하는 바에 따라 독자의 권익을 보호하기 위하여 자문기구로 인터넷포탈이용자위원회를 두어야 함
박찬숙	언론중재및피해구제등에관한법률일부개정법률안	2006. 7. 7	언론중재 대상에 포함	- 언론중재법의 적용대상인 인터넷신문의 개념에 정기간행물의 기사를 인터넷을 통하여 보도·제공하거나 매개하는 인터넷홈페이지도 포함
노웅래	언론중재및피해구제등에관한법률일부개정법률안	2006. 8. 31 공청회	언론중재 대상에 포함	- '뉴스서비스제공자'라는 개념의 신설: 언론으로부터 언론보도를 수신하여 상시적으로 게재하는 인터넷홈페이지를 경영, 관리하는 자로서 인터넷신문사업자가 아닌 자 - 인터넷 홈페이지에 게시된 언론보도에 대한 게시중지 등의 청구절차 마련 - 피해자의 청구에 따라 언론보도에 대하여 게시중지 등의 절차를 이행한 경우 당해 언론보도를 인터넷 홈페이지에 게시함에 따라 발생한 피해자의 법익 침해에 대한 뉴스서비스제공자 등의 책임 감면

2. 포털 관련 주요 법률 개정안의 문제점

2006년도에 국회의원들에 의해 국회에 정식으로 발의되거나 현재 제안되고 있는 포털 관련 주요 법률 개정안의 내용을 살펴보면 핵심적인 내용은 다음 두 가지로 축약될 수 있다.

첫째, 포털도 인터넷신문에 포함시켜, 전통적인 언론으로서의 책임을 부과하려는 시도이다.

둘째, 전통적인 언론에서의 피해구제절차로 활용되어 왔던 언론중재법의 적용대상에 포털을 포함시켜서, 언론중재법상의 피해구제수단 및 절차를 적용하려는 시도이다.

우선 포털도 인터넷신문에 포함시켜 전통적인 언론으로서의 책임을 부과하고 각종 규제장치들을 적용하려는 시도는 포털에 대한 기본인식에서부터 잘못된 시도라고 할 수 있다. 왜냐하면 언론의 고유기능이 '의제설정' 및 '여론형성'에 있음을 고려하면, 포털의 뉴스서비스가 자체적인 취재나 실질적인 편집기능을 수행하지 않는 한, 언론기능을 수행한다고 볼 수 없고, 따라서 기존의 언론 내지 언론기관과 동일시하기는 어렵기 때문이다. 이러한 관점에서 심재철 의원이 제안한 「신문등의자유와기능보장에관한법률 일부개정법률안」은 기본전제가 잘못되었다는 점에서 비판될 수 있을 것이다. 설령 기존의 언론 내지 언론기관과 동일시할 수 있다고 하더라도 이승희 의원이 준비 중인 「신문등의자유와기능보장에관한법률 일부개정법률안」의 내용 중의 하나인 포털 초기화면 50% 이상 뉴스로 채우라는 요건은 기존의 언론에서도 볼 수 없는 과도한 규제로서 표현의 자유, 영업의 자유 등을 침해하는 것으로 보인다.[5]

다음으로 언론중재법의 적용대상에 포털을 포함시켜서, 언론중재법상의 피해구제수단 및 절차를 적용하려는 시도는, 결과적으로는 인터넷언론의 공표로 피해를 입은 자에 대한 구제기회의 확대가능성이라는 측면에서는 바람직하다고 일응 생각할 수도 있다.[6] 하지만 전통적인 의미에서의 언론(방송이나 정기간행물 등)에 의한 명예훼손 등의 피해발생시 활용되어 왔던 언론중재법상의 구제절차는 일방성을 그 특징으로 하는 전형적인 매스미디어에 특화된 절차라고 할 수 있다. 그런데 포털은 기본적으로 쌍방향성, 상호작용성, 신속성, 전파성을 그 특징으로 하는 인터넷을 기반으로 하는 매체이다. 따라서 기존 언론중재법상의 구제절차를 인터넷을 기반으로 하는 포털에 대해서 곧바로 적용하는 것은 그 전제부터 잘못된 것이다. 이러한 측면에서 박찬숙 의원이 제안한 「언론중재및피해구제등에관한법률 일부개정법률안」이 인터넷의 특성을 고려하지 않고 단순히 언론중재법의 적용대상인 인터넷신문의 개념에 정기간행물의 기사를 인터넷을 통하여 보도·제공하거나 매개하는 인터넷 홈페이지도 포함시킨 것은 부적절하다고 할 수 있다.

---

5) 신문등의자유와기능보장에관한법률에서 규정된 신문발전위원회가 신문발전기금 지원 대상으로 정기간행물의 경우 뉴스면 비율 50% 이상을 조건으로 제시한 것은 신문발전기금의 지원대상으로서의 최소한의 요건을 제시한 것이므로, 이 기준을 하나의 규제기준으로 활용하여 강제하는 것은 문제가 있다.

6) 여기서 피해구제의 실효성이 있느냐의 문제는 또한 별도로 논의되어야 할 부분이다.

결국 포털을 포함한 인터넷에서의 피해발생시 적용될 수 있는 구제절차는, 그것을 언론중재법에서 규율하든 혹은 다른 법률 차원에서 규율하든, 인터넷의 고유한 특성들을 반영해야지만, 피해자의 신속한 피해구제 v. 표현의 자유의 극대화라는 기본권 내지 공익 간의 충돌을 조화롭게 해결할 수 있다. 이러한 측면에서 노웅래 의원이 준비 중인 「언론중재및피해구제등에관한법률 일부개정법률안」의 내용은 다른 의원들이 제안한 법률안의 내용에 비해 인터넷의 특성을 감안한 구제절차를 언론중재법에 담고 있다는 점에서 그나마 진일보한 내용이라고 할 수 있다.

제 7 절 인터넷포털의 뉴스전달 서비스로 인한 피해구제시스템 논의

황 승 흠*

Ⅰ. 인터넷포털의 뉴스전달 서비스의 성격 논의

인터넷 이용자의 수가 급격히 증가하면서, 인터넷포털의 영향력이 증대하면서 인터넷포털이 제공하는 뉴스 서비스가 언론인가의 문제가 제기되고 있다. 이 논의는 학술적인 차원에서 출발한 것이기보다는 몇몇 언론의 칼럼이나 국회에 제출된 법안에서 제기된 사항이다. 아직까지는 인터넷포털의 성격에 대해서 본격적인 논의가 이루어지고 있지 않다.

인터넷포털이 언론의 성격을 가지고 있는가의 문제는 포털 서비스제공사가 '뉴스 서비스'를 시작한데서 비롯된다. 제공서비스의 명칭이 뉴스 서비스이기는 하지만 정확한 표현은 뉴스전달 또는 배포 서비스라 하는 것이 타당할 것이다. 물론 인터넷포털 서비스제공자가 직접 뉴스기사를 제작하여 제공할 수 있다. 이 경우는 이미 언론이기 때문에 더 이상의 성격 논쟁은 필요하지 않다. 다만 「신문 등의 자유와 기능보장에 관한 법률」에서 정하는 인터넷신문의 요건에 독자적 기사 생산 비율이 있는 만큼 논의의 실익이 없는 것은 아니지만 이 글에서는 이에 대해서 논의하지 않을 것이다.

---

* 국민대학교 법과대학 부교수.

필자의 생각으로는 인터넷포털의 뉴스전달 서비스가 언론이어야 한다는 논의 또는 그렇지 않다는 논의가 사안의 본질에서 비껴난 것이 아닌가 하는 의문이 든다. 먼저 인터넷포털의 뉴스전달 서비스가 언론인가의 논의의 발생 배경을 살펴보기로 하자. 인터넷포털이 언론이어야 한다는 주장의 근거는 이것이 언론과 같은 기능을 한다는 것 또는 언론과 같이 상당한 사회적 영향력을 가진다는 것에 기초한 것으로 보인다. 그리고 인터넷포털이 언론의 범주에 포함될 때 그것의 사회적 책임성이 제고되고 이용자의 피해구제의 실효성이 보장되리라는 것이다.

좀더 구체적으로 문제를 보면, 어떤 뉴스로 인한 피해가 인터넷포털의 뉴스전달 서비스로 인하여 그 피해가 확산·증폭되었다는 점, 그리고 인터넷포털이 이러한 피해확산을 방치하고 있다는 주장이 이러한 논의의 출발점으로 보인다. 이러한 주장의 타당성 여부에 대한 검토는 이 글의 목적에서 벗어난다. 이는 단순한 주장보다는 보다 과학적인 증거를 필요로 하는 논의이다.

인터넷포털의 뉴스전달 서비스가 언론인가의 논의는 뉴스전달 서비스로 인한 피해구제를 어떻게 할 것인가의 문제에서 연유된 것은 분명해 보인다. 이렇게 보면 뉴스전달 서비스를 언론으로 보고자 하는 입장은 언론의 피해구제시스템으로 인터넷포털로 서비스로 인한 피해를 보다 효과적으로 구제하려는 입장으로 이해할 수 있다.

언론의 피해구제시스템은 「언론중재 및 피해구제에 관한 법률」(이하 '언론중재법'이라 한다)에 규정되어 있다. 언론의 피해구제시스템을 인터넷포털의 뉴스전달 서비스에 적용한다는 것은 언론중재법을 적용한다는 의미이다. 즉 인터넷포털의 뉴스전달 서비스가 언론인가의 논의의 귀착점은 언론중재법의 적용인 셈이다.

그런데 피해구제에 관한 논의는 실효성이 기준이 되어야 한다. 논리적 타당성보다는 실제로 피해구제가 효과적으로 이루어질 수 있는가에 초점을 맞추어야 한다는 의미이다. 다시 말해서 뉴스전달 서비스가 언론의 성격을 가지고 있는가와 같은 추상적인 논의가 아니라 보다 현실적인 논의가 필요하며, 효과적인 피해구제가 될 수 있다면 뉴스전달 서비스가 비록 언론이 아니라 할지라도(!), 언론중재법을 적용하는 방안을 검토할 수 있다고 보아야 한다.

Ⅱ. 인터넷포털의 뉴스전달 서비스로 인한 피해의 성격

언론중재법이 정하는 피해구제시스템이 인터넷포털의 뉴스전달 서비스로 인한 피해구제에 효과적인가를 살펴보기 위해서는 인터넷포털의 뉴스전달 서비스와 이로 인한 피해의 성격을 살펴볼 필요가 있다.

인터넷포털은 말 그대로 인터넷의 관문(gateway)이다. 대다수의 인터넷 이용자가 포털에서 시작하여 여기서 인터넷 서비스 이용을 종료한다. 인터넷포털은 인터넷의 허브(hub)라는 점에서 이용자에게 미치는 영향력은 상당하다. 어떤 이는 이를 '권력'이라고도 한다. 언론사 또한 인터넷 판(版) 신문을 서비스한다. 인터넷의 기술적 기반은 균등하게 적용되지만 인터넷 이용 패턴은 불균등하다. 인터넷 이용의 집중이 포털에서 일어난다. 또는 집중이 일어나는 지점이 포털이다. 처음에 인터넷포털이 뉴스전달 서비스를 시작했을 때 그것은 이용자를 붙잡기 위한 혹은 포털의 집중도를 높이려는 영업 전략의 하나였을 것이고, 뉴스를 제공하는 언론사의 입장에서는 수익 다변화의 일환이었을 것이다.

여기서 인터넷포털의 뉴스전달 서비스로 인한 피해의 성격을 정리해 본다. 첫째, 적어도 피해의 발생이나 원인의 문제에 있어서는 인터넷포털의 책임을 일률적으로 단정하기는 어려울 것이다. 뉴스전달 서비스의 대상이 되는 뉴스는 자신이 제작한 뉴스가 아니다. 다른 언론사가 제작한 뉴스를 전달 또는 배포하는 것이다.

일반적으로 명예훼손행위에 대한 책임의 인정은 편집통제권(editorial control)을 가지고 있느냐의 여부에 따라 결정되고, 이에 따라 신문사나 방송사와 같은 출판인(publisher)은 그 책임이 인정되는 반면에 전화사업자와 같은 공중통신사업자(common carrier)는 그 책임이 인정되지 않는다. 인터넷포털은 자신이 뉴스를 생산하지 않고 다른 언론사가 제작한 뉴스를 단지 전달한다는 측면에서는 공중통신사업자와 유사한 위치에 있다. 그런데 인터넷포털의 뉴스전달 서비스 제공 방식이 단순한 언론기사의 나열이 아니라는 점이 문제가 된다. 뉴스전달 서비스는 인터넷 이용자의 가독편의성을 위해서 메인화면이나 '뉴스 서비스' 초기화면에 일부 뉴스를 현출시킨다. 이는 신문의 '1면 톱기사'와 유사한 기능을 하는데, 이 점이 편집행위와 유사하다고 보아 언론의 성격이 있다고 보는 견해가 있다. 이에 대해서는 메인화면이나 '뉴스 서비스' 초기화면에 배치 여부는 유사기사의 빈도나 이용자에 의한 접속빈도에 따라 자동적으로 결정되므로 고전적 의미의 '의도적인' 편집이라 보기 어렵다는 반론이 있다.

둘째, 여기서 문제되는 것은 피해의 확산이다. 쌍방향성, 탈중심성, 이용자의 능동성, 접근의 용이성, 정보의 다양성이라는 인터넷 커뮤니케이션의 특성과 포털의 집중력 때문에 뉴스의 내용으로 인한 피해는 기하급수적으로 확대된다. 다시 말해서 인터넷 커뮤니케이션이 가지는 특성과 포털의 집중력이 결합하면서 뉴스의 사회적 파급도가 보다 강화된다는 것이다. 이 지점에서 뉴스를 취급하는 인터넷포털 서비스제공자가 주의를 기울여야 한다는 주장이 제기된 것이다. 인터넷포털 서비스제공자가 피해의 확산에 책임이 있다고 하는 혹은 그것을 방치했다는 주장이 타당한가의 여부는 별론(別論)으로 해도 포털이 뉴스전달 서비스로 인한 피해의 확산을 축소하려는 노력을 해야 한다는 요구를 배제하지 못한다. 적어도 자신의 영역 안에서 관리되고 있는 (혹은 관리가능성이 있는) 사항에 대해서는 비록 명시적인 법적 책임이 없다고 해도 피해의 확산을 방지하려는 사회적 책임이 부과된다는 것은 충분히 납득할 수 있다.

Ⅲ. 언론중재법이 정하는 피해구제제도의 적용

이러한 인터넷포털의 뉴스전달 서비스로 인한 피해의 특성을 볼 때, 과연 언론중재법의 피해구제시스템이 적용될 수 있는가를 검토해 보기로 한다. 먼저, 언론중재법에 따른 피해구제의 내용을 살펴보면 다음과 같다. 첫째, 정정보도청구권. 사실적 주장에 관한 언론보도가 진실하지 아니함으로 인하여 피해를 입은 자는 그 보도내용에 관한 정정보도를 언론사에 청구할 수 있다(제14조 제1항). 둘째, 반론보도청구권. 사실적 주장에 관한 언론보도로 인하여 피해를 입은 자는 그 보도내용에 관한 반론보도를 언론사에 청구할 수 있다(제16조 제1항). 셋째, 추후보도청구권. 언론에 의하여 범죄혐의가 있거나 형사상의 조치를 받았다고 보도 또는 공표된 자는 그에 대한 형사절차가 무죄판결 또는 이와 동등한 형태로 종결된 때에는 언론사에 이 사실에 관한 추후보도의 게재를 청구할 수 있다(제17조 제1항). 정정보도・반론보도・추후보도청구권은 일차적으로 언론사에 대해서 청구된다. 이에 관해서 분쟁이 있는 경우는 언론중재위원회에 조정・중재를 신청할 수 있으며, 법원에

소를 제기할 수 있다. 정정보도·반론보도·추후보도청구권의 행사에는 언론사의 고의·과실이나 위법성을 요하지 아니한다. 만일 언론사의 고의·과실 및 위법성이 있는 경우에는 별도로 손해배상을 청구할 수 있다.

언론중재법에서 정하는 피해구제 수단은 기본적으로 잘못된 기사의 내용을 수정하거나 반박을 하는 것이 핵심내용이다. 그것도 원래의 보도는 '없어지는 것'이 아니라 보도가 나간 이후에 새로이 정정·반론·추후보도를 하는 것이다. 이와 같은 수단은 '원래의' 뉴스를 제작한 자, 즉 언론사에게 적용될 수 있는 것이다. 그렇다면 뉴스전달 서비스를 하는 인터넷포털에 이를 적용할 수 있는가. 자신이 생산한 뉴스기사가 아닌데도 이에 대한 정정기사를 내는 것은 상정하기 어렵다. 물론 인터넷포털의 뉴스전달 서비스의 초기 형태를 보면, 기사제목이 지나치게 긴 경우 모니터 화면의 판형에 맞게 이를 축소·변경하는 경우가 있었다. 이러한 경우 그 변경에 대해서 정정을 요구할 수 있을 것이다. 이와 반대로 반론제기는 쌍방향성이라는 인터넷 커뮤니케이션의 특성상 얼마든지 가능할 것이다. 댓글이나 반론 배너를 통해서 피해자가 자신의 주장을 제한 없이 제시할 수 있다. 인터넷에서의 반론제기는 열려있기 때문에 따로 피해구제시스템을 만들 필요는 없다. 추후 보도 역시 원기사의 작성자가 아닌 이상 인터넷포털에게 이를 요구하기는 어렵다.

인터넷포털의 뉴스전달 서비스가 언론의 성격을 가지고 있다고 해도 정정보도·반론보도·추후보도청구권이라는 언론중재법이 정하는 피해구제 수단을 사실상 적용할 수 없다고 볼 수 있다. 더구나 언론중재법의 피해구제 수단은 원칙적으로 사후구제이며 많은 시간이 필요로 한다. 즉 언론중재위원회에 조정·중재를 신청한다고 해도, 이는 ADR로서 법원의 소송보다는 빠른 구제가 가능하지만, 인터넷의 시간으로는 매우 느린 구제이다. 언론중재의 결론이 나왔을 때는 이미 그 피해는 손쓸 수 없는 정도로 확산되었을 것이다.

결론적으로 말하면, 언론중재법으로 인터넷포털의 뉴스전달 서비스로 인한 피해를 결코 효과적으로 구제하지 못한다. 뉴스전달 서비스를 언론법의 범주의 넣고자 하는 논의는 문제를 복잡하게 할 뿐 아무런 해결책도 제시하지 못한다. 인터넷포털의 뉴스전달 서비스로 인한 피해구제시스템 논의는 그것이 언론인가 아닌가가 아니라 그것이 인터넷 커뮤니케이션에 기반하고 있다는 점에서 출발하여야 한다.

Ⅳ. 인터넷 커뮤니케이션의 특성에 기초한 피해구제시스템 논의

인터넷포털 사의 뉴스전달 서비스가 문제되는 것은 포털의 집중력과 인터넷 커뮤니케이션으로 인한 급속한 피해의 확산이다. 그렇다면 그 피해의 확산은 어떻게 저지할 수 있는가. 피해자의 입장에서 보면, 그 내용의 삭제가 핵심적인 관건이다. 가능하면 신속하게 삭제되는 것이 피해의 확산을 저지하는데 최선의 방법이라는 점은 분명하다. 그런데 삭제는 피해자가 할 수 있는 것이 아니다. 인터넷포털의 경우 그 뉴스를 취급하고 있는 포털 서비스제공자이다. 피해자는 포털 서비스제공자에게 삭제를 요청할 수 있을 뿐이다.

만일 인터넷포털의 뉴스전달 서비스가 언론의 성격이 있다고 한다면, 언론중재법 제30조 제 3 항이 정하는 인격권침해정지청구권이나 침해예방청구권의 행사를 통한 뉴스의 삭제청구를 생각할 수 있다. 하지만 인터넷포털이 언론사라 해도 인격권침해정지청구권 내지 침해예상청구권의 행사를 위해서는 "언론의 고의 또는 과실로 인한 위법행위"가 있어야 한다(제30조 제 1 항). 언론사가 기사를 삭제한다는 것은 "언론의 고의 또는 과실로 인한 위법행위"를 인정하는 것이다. 다시 말해서 언론중재법에 따른 삭제청구의 인정은 언론사가 고의 또는 과실로 위한 위법행위가 있었다는 점을 인정하는 것이며 기사의 삭제와는 별도로 손해배상 책임을 져야 한다. 따라서 언론중재법에 따른 인격권침해정지청구권의 행사를 통한 삭제청구는 언론사와의 다툼을 가져올 수밖에 없고, '즉각적 구제'라는 삭제청구의 목적을 달성할 수 없다.

이 점에서 인터넷포털의 뉴스전달 서비스를 언론으로 보고, 다시 말해서 인터넷포털 서비스제공자에게 언론사의 지위를 부여하여 언론의 책임법리를 통해 문제를 해결하려는 논의가 적어도 효과적인 피해구제라는 측면에서 심각한 결함이 있다는 것을 알 수 있다. 원칙적으로 언론사는 콘텐츠 제공자이기 때문에 자기가 제작한 콘텐츠의 내용에 대해서 법적 책임을 져야 한다. 이 때문에 뉴스의 내용으로 인한 '피해'를 주장하는 자가 있는 경우, 그 '주장' 만으로 어떤 피해 구제 조치를 하기는 어렵다. 적어도 그 뉴스 내용의 진실성에 대한 의심 또는 피해가 객관적으로 받아들여질 수 있는 정도가 되어야 구제 조치가 가능할 것이다. 이 점이 언론사와 피해자(일차적으로는 피해를 주장하는 자) 간의 다툼이 발생하는 근본원인이다. 이

다툼을 빨리 해결하기 위해서 제3자가 개입할 수 있다. 즉 제3자가 양측의 주장을 듣고 피해자 주장이 어느 정도 합리성이 있다면 구제조치를 명할 수 있다. 하지만 이러한 과정은 아무리 신속히 한다고 해도 여전히 인터넷의 속도감으로는 오랜 시간이 흐른 뒤이다. 언론의 책임 법리는 기사의 작성에 있어서 타인의 명예훼손을 방지하기 위한 강력한 예방 효과가 있지만 사후적인 구제조치, 특히 즉각적인 구제조치에는 기여하지 못한다. 즉각적인 구제조치마저도 언론사의 책임에 근거해야 하고 언론사는 그 책임을 쉽게 받아들이지 못하기 때문이다. 더구나 타인이 제작한 뉴스를 전달한 인터넷포털을 언론으로 본다면, 삭제청구를 받은 포털 서비스제공자는 일종의 딜레마 상태에 빠지게 된다. 자신이 제작한 뉴스도 아닌데 이로 인한 피해를 주장하는 자가 있다면 바로 삭제하는 것이 마땅하다. 그런데 언론사가 기사를 삭제했다는 것은 기사 내용에 대한 위법성의 인정을 의미한다. 삭제한다면 언론으로서 뉴스 내용에 대한 위법성을 인정하는 것이므로 사후적으로 손해배상 책임을 져야 한다. 이와 같은 딜레마 상황에서는 신속한 조치가 절대 일어날 수 없다.

인터넷포털의 뉴스전달 서비스가 언론이어야 한다는 논의는 그래야만 인터넷포털에 보다 더 책임을 부여할 수 있고, 피해자가 더욱 효과적으로 구제받을 것이라는 논의에 서 있는 것으로 보인다. 이는 문제의 한 쪽 측면만을 본 것이고, 인터넷 커뮤니케이션의 특성으로 볼 때 오히려 효과적인 구제가 어려울 수 있다. 보다 효과적인 구제, 다시 말해서 인터넷포털 서비스제공자가 문제되는 뉴스기사의 삭제조치를 원활하게 할 수 있게 하는 것이 문제라면 발상의 전환이 필요하다.

인터넷포털이 '배포자(distributor)'로서 다른 언론사의 뉴스를 전달한다는 측면에 주목해 보자. 배포자는 원칙적으로 자신의 서비스를 통해서 전달된 콘텐츠는 알지 못한다고 전제한다. 이렇게 본다면 인터넷포털은 원칙적으로 자신이 전달한 뉴스의 내용을 알지 못한다. 그렇지만 배포자가 자신의 전달한 콘텐츠를 "알거나 알 수 있었을 경우"에까지 면책되는 것은 아니다. 따라서 인터넷포털 서비스제공자도 자신의 전달한 뉴스의 내용을 "알거나 알 수 있었을 경우"에는 법적 책임이 발생한다. 어떤 경우에 "알거나 알 수 있었을 경우"로 보아야 하는가. 원칙적으로 인터넷포털 서비스제공자는 자신이 서비스하는 콘텐츠를 알지 못한다고 전제하므로 전달하는 뉴스의 내용을 일일이 모니터해야 하는 의무가 있다고 보기는 어렵다. 가장 분명하게 "알거나 알 수 있었을 경우"에 해당하는 경우는 피해를 주장하는 자로부터 삭제요청을 받았을 때이다. 배포자가 자신이 서비스하는 콘텐츠의 내용을 "알거나 알 수 있었을 경우"임에도 불구하고 계속 서비스한다면 그 콘텐츠를 제작한 자와 함께 책임을 질 수 있다. 인터넷포털의 경우도 뉴스전달 서비스로 인한 피해자가 삭제요청을 한 이후부터는 뉴스의 내용에 대해서 법적 책임을 질 수 있다. 삭제요청을 받은 인터넷포털 서비스제공자가 즉각 삭제를 한다고 해서 언론사와 같은 책임이 인정되는 것은 아니다. 배포자로서 그 뉴스의 내용을 알지 못하였다고 전제되기 때문에 삭제조치가 곧 책임인정으로 보기는 어렵다. 그럼에도 삭제요청을 받고 실제 삭제조치를 하기까지는 일정한 시간의 간격이 있을 수밖에 없고 비록 삭제요청을 받고 서비스한 기간이 짧다고 해도 "알거나 알 수 있었을 경우"에 해당하므로 그 부분에 대한 책임은 있다고 해야 한다.

인터넷포털 서비스제공자가 가지는 배포자로서의 측면을 강조하는 접근은 「정보통신망 이용촉진 및 정보보호 등에 관한 법률」(이하 '정보통신망법'이라 한다)에서 발견할 수 있다. 2001. 1. 16. 전면개정된 정보통신망법 제44조에서는 정보통신망을 이용하여 일반에게 공개를 목적으로 제공된 정보로 인하여 법률상 이익이 침해된 자는 해당 정보를 취급한 정보통신서비스제공자에게 당해 정보의 삭제 또는 반박내용의 게재를 요청할 수 있도록 하였다. 여기서 인터넷포털 서비스제공사는 정보통신서비스제공자에 해당하고 자신이 제공한 정보가 대상이 되므로 자신이 직접 제작한 것인가는 요건이 아니다. 인터넷 커뮤니케이션의 특성으로 볼 때 반박내용의 게재는 큰 의미는 없을 것이다. 반박내용의 게재를 막고 있는 인터넷포털 서비스제공사는 사실상 없기 때문이다. 이는 정보통신서비스제공자 중에서 기술적으로 반박내용의 게시를 불가능하게 한 경우가 있을 수 있기 때문이며 언론중재법에서 말하는 반론보도청구와 관련이 있는 것은 아니다. 이 규정에 의하면 정보의 내용, 즉 뉴스의 내용으로 인한 피해를 본 이용자는 인터넷포털 사에게 당해 정보의 삭제를 요청할 수 있으며 이 요청을 받은 정보통신서비스제공자[인터넷포털 서비스제공사]는 지체 없이 필요한 조치를 취해야 하고 그 결과를 신청인에게 통지해야 한다. 문제는 '필요한 조치를 취하라는 것'이 반드시 삭제 조치를 보장하는 것이 아니라는 점이다. 필요한 조치가 삭제일수도 있지만 반드시 그러한 것은 아니다. 법적으로 삭제를 강제하지 못하는 것은 일방적으로 정보를 삭제했을 때 정보통신서비스제공자(인터넷포털)의 정보제공자의 권익을 침해할 수 있기 때문이다. 사실 명예훼손 여부가 명확한 경우가 아니라면 인터넷포털 서비스제공자가 쉽게 정보를 삭제하기 어렵다. 또한 삭제조치에 관련한 책임문제가 명확하게 규정되어 있지 않았다. 그러기 때문에 기존의 정보통신망법 제44조는 그 중요성에도 불구하고 거의 주목받지 못했으며, 피해구제의 실효성 측면에서는 그다지 높은 평가를 받기 어려웠다.

2007년 1월 26일 공포된 개정 「정보통신망 이용촉진 및 정보보호 등에 관한 법률」에서는 인터넷에서 제공되는 정보의 내용으로 인한 피해구제의 실효성 제고를 위해서 동법 제44조를 전면적으로 개편하였다(시행일 2007. 7. 27). 개정법에서는 정보의 내용으로 인한 피해 확산의 실질적인 대책이라 할 수 있는 정보통신서비스 제공자의 삭제조치가 보다 원활하게 이루어질 수 있도록 하고 있다.

개정법 제44조의2는 구법 제44조의 내용을 보다 구체화하여 정보통신망을 통하여 일반에게 공개를 목적으로 제공된 정보로 인하여 “사생활의 침해 또는 명예훼손 등 타인의 권리가 침해된 경우” 그 침해를 받은 자는 해당 정보를 취급한 정보통신서비스제공자에게 “침해사실을 소명하여” 당해 정보의 삭제 또는 반박내용의 게재를 요청할 수 있게 규정하였다(개정법 제44조의2 제1항). ‘법률상 이익’이라는 모호한 규정에서 ‘사생활의 침해 또는 명예훼손’으로 명확히 규정한 반면, 피해자가 삭제요청을 할 때 침해사실을 소명하도록 하였다. 그리고 이에 관한 요청을 받은 정보통신서비스제공자는 지체 없이 “삭제, 임시조치 등의 필요한 조치”를 취하고 이를 즉시 신청인 및 “정보게재자”에게 통지하도록 하였다(개정법 제44조의2 제2항 전단). 필요한 조치를 “삭제, 임시조치 등”으로 특정하여 삭제 조치를 보장하도록 하였고, 절차적 관점에서 신청인 이외에 이해관계자인 정보게재자[정보제공자]에게도 조치사항을 통지하도록 하였다.

정보통신서비스제공자가 쉽게 삭제조치를 하지 못하는 것은 정보제공자의 권익침해 문제 때문인데, 이 문제의 해결을 위해 개정 정보통신망법 제44조의2는 삭제절차를 임시조치와 종국조치의 2단계로 구분하였다. 이에 따라 정보의 삭제요청을 받은 정보통신서비스제공자는 권리의 침해여부를 판단하기 어렵거나 이해당사자간의 다툼이 예상되는 경우에는 정보에 대한 접근을 임시적으로 차단하는 조치[임시조치]를 할 수 있도록 하였다(개정법 제44조의2 제4항). 이렇게 되면 적어도 이익충돌 문제 때문에 정보통신서비스제공자가 삭제를 주저하지는 않을 것이다. 일단 임시조치를 하고 상황을 판단할 수 있기 때문이다. 임시조치는 비록 종국적인 삭제는 아니지만 피해의 확산 방지의 실효성있는 대책이라 평가할 수 있다. 임시조치의 기간도 30일 이내(개정법 제44조의2 제 4 항 후단)인데 인터넷 커뮤니케이션의 특성상 30일은 상당히 긴 기간이다. 여기에 개정법은 정보통신서비스제공자가 정보에 대한 임시조치나 삭제조치로 인한 배상책임을 줄이거나 면제받을 수 있다고 하여(개정법 제44조의2 제 6 항), 임시조치 및 삭제조치가 보다 활성화될 수 있는 장치를 부가하였다. 정보통신서비스제공자가 이용자의 요청에 의해서 임시조치를 한 이후에 종국적인 삭제 여부에 관한 판단을 하여야 한다. 적어도 삭제나 임시조치에 대한 법적 책임은 자신에게 있다. 개정법에서는 이 문제에 대한 배상책임 경감 또는 면제가 가능하도록 규정해서 정보통신서비스제공자에게 보다 적극적인 조치를 하도록 주문하고 있다.

그런데 임시조치가 반드시 피해자의 요청이 있어야만 가능하다면, 피해의 확산 방지에 공백이 발생할 수 있다. 피해자가 그와 같은 정보의 존재를 모르는 경우이거나 인터넷 사용에 익숙하지 않은 경우라면 피해자의 요청만으로 문제를 해결하기 어렵다. 피해자가 요청했을 때에는 이미 피해의 확산이 되었기 때문이다. 개정법 제44조의3에서는 이 문제에 대해서 정보통신서비스제공자가 피해자의 요청 없이도 이 문제에 개입할 수 있는 길을 열어 두었다. 즉 정보통신서비스제공자는 자신이 취급하는 정보가 사생활의 침해 또는 명예훼손 등 타인의 권리를 침해한다고 인정되는 경우에는 임의로 임시조치를 할 수 있도록 하였다(개정법 제44조의3 제 1 항). 이는 정보통신서비스제공자에게 '선한 사마리아인'이 될 수 있는 길을 열어 준 것이다. 그리나 개정법이 피해자의 요청의 없이 한 임의의 임시조치에 대해서는 배상책임을 줄이거나 면제받을 수 있도록 하는 근거를 규정하지 않았기 때문에 과연 임의의 임시조치 제도가 활성화될 수 있을까에 대해서는 의문이 있다. 선한 사마리아인은 오히려 법적 책임의 늪에 빠져 들 수 있는데 과연 선한 사마리아인이 될 인터넷포털이 얼마나 될까.

그럼에도 개정 정보통신망법 제44조의2는 인터넷포털의 뉴스전달 서비스로 인한 피해의 구제에 이제까지 제시된 것 중 가장 효과적인 구제수단이 될 것임은 분명하다. 인터넷포털 서비스제공자를 언론이 아닌 '통신'이라는 관점에서 접근하여 임시조치와 면책이라는 강력한 법적 지지대를 제공하였다. 그렇지만 여기에도 어두운 그림자가 있다. 인터넷포털 서비스제공자는 이 규정을 토대로 피해자의 요청이 있으면 즉각적인 임시조치를 할 가능성이 매우 높다. 이는 피해자의 입장에서는 효과적인 구제이지만 일반 이용자에게는 그 뉴스기사를 보지 못하게 하는 효과가 있다. 문제는 임시조치는 아직 그것이 진정으로 피해를 주었는가가 판정되기 이전에 이루어진다는 것이다. 따라서 임시조치제도는 표현의 자유를 사실상 위축시키는 효과(chilling effect)를 가져올 수 있다. 또한 면책규정 역시 배상 책임을 줄이거나 면제받을 수 있다는 것이지 면제하는 것이 아니기 때문에 여전히 법원이 개입할 수 있는 여지가 있다. 구체적인 면책의 기준은 법원의 판례로 정해질 수밖에 없다는 의미에서 현재는 좀더 관망해야 할 필요가 있다.

집 필 진(차례순)

김 준 기　연세대학교 법과대학 교수
신 호 창　서강대학교 영상대학원 광고PR학과 교수
서 강 수　국정홍보처 컨텐츠운영단장
김 종 철　한겨레신문 논설위원
한 위 수　서울고등법원 부장판사
우 지 숙　서울대학교 행정대학원 교수
송 석 윤　서울대학교 법과대학 교수
유 정 아　방송인, 서울대학교 기초교육원 강사
이 소 영　법무법인 지평 변호사
문 건 영　법무법인 한결 변호사
차 형 근　차형근법률사무소 변호사
차 병 직　법무법인 한결 변호사, 참여연대정책자문위원장, 고려대학교 법과대학 겸임교수
김 재 형　서울대학교 법과대학 교수
윤 영 철　연세대학교 언론홍보영상학부 교수
문 재 완　한국외국어대학교 법과대학 교수
전 지 성　동아일보 사회부 법조팀 기자
이 수 형　삼성그룹 법무실 상무
유 희 준　SBS 보도제작2부 기자, 건국대 언론홍보대학원 강사
김 창 희　아르떼-프레시안 대표
신 효 섭　조선일보 논설위원
양 승 목　서울대학교 언론정보학과 교수
한 인 섭　서울대학교 법과대학 교수
김 택 환　중앙일보 멀티미디어랩 소장, 언론학 박사
우 병 현　UMC 대표
김 정 태　방송위원회 법제부장

방 석 호　　홍익대학교 법과대학 교수
김 영 욱　　한국언론재단 수석연구위원
박 정 용　　NHN 미디어서비스 유닛장
박 성 호　　NHN 정책실장
이 한 기　　오마이뉴스 뉴스게릴라본부장
성 동 규　　중앙대학교 신문방송학부 교수
변 희 재　　미디어비평가 · 미디어빅뉴스 대표
황 성 기　　한양대학교 법과대학 부교수
황 승 흠　　국민대학교 법과대학 부교수

편저자 약력

서울대학교 법과대학 졸업
제24회 사법시험 합격, 법학박사
헌법재판소 헌법연구관, 건국대학교 교수 역임
현재 서울대학교 법과대학 교수

법의지배센터 연구시리즈 2007-1
언론과 법의 지배

2007年 8月 20日 初版印刷
2007年 9月 1日 初版發行

編著者 정 종 섭
發行人 安 鍾 萬
發行處 博 英 社
서울 特別市 鍾路區 平洞 13-31番地
電話 (733)6771 FAX (736)4818
登錄 1952. 11. 18. 제1-171호(倫)

www.pakyoungsa.co.kr e-mail: pys@pakyoungsa.co.kr

定 價 30,000원 ISBN 978-89-10-51480-0